PHOTOSHOP 7.0 POUR LES PHOTOGRAPHES

Chez le même éditeur

B. Haynes, W. Crumpler. – **Photoshop Master Class.**
N°11178, 2003, 376 pages en quadri + CD-Rom PC/Mac.

M. Aaland. – **Photoshop Elements 2.** *Mode d'emploi.*
N°11197, 2003, 320 pages en quadri + CD-Rom PC/Mac.

G. Georges. – **Retouches photo.** *50 techniques express.*
N°11058, 2002, 260 pages + CD-Rom PC/Mac.

G. Niemetzky. – **Gestion de la couleur.**
Calibration et profils ICC pour l'image numérique et la chaîne graphique.
N°11034, 2002, 182 pages en quadri.

V. Risacher. – **Photoshop et les filtres.**
N°09291, 2001, 352 pages en quadri + CD-Rom PC/Mac.

V. Risacher. – **Photoshop et les textures.**
N°09231, 2000, 272 pages en quadri.

V. Risacher. – **Photoshop et la bichromie.**
N°09107, 1999, 144 pages en bichromie.

P. Labbe. – **Photoshop CS.**
À paraître.

M. Evening. – **Photoshop CS pour les photographes.**
À paraître.

C. Tarantino. – **Retouche photo étape par étape.**
À paraître.

P. Harcourt Davies. – **La macrophotographie.**
À paraître.

Dans la collection *Les Cahiers du designer*

P. Collandre et al. – **Photomontages créatifs avec Photoshop.**
N°11055, 2002, 92 pages en quadri.

C. Bruneau et al. – **Retouches photo avec Photoshop.**
N°11215, 2003, 92 pages en quadri.

Bengal et al. – **Illustrations avec Photoshop.**
N°11247, 2003, 84 pages en quadri.

C. Bruneau et al. – **Photomontages créatifs avec Photoshop (II).**
N°11365, 2003, 88 pages en quadri.

PHOTOSHOP 7.0 POUR LES PHOTOGRAPHES

MARTIN EVENING

Traduit et adapté par Daniel Garance

EYROLLES

ÉDITIONS EYROLLES
61, bd Saint-Germain
75240 Paris Cedex 05
www.editions-eyrolles.com

Première édition (en langue anglaise) publiée par Focal Press en 2002 sous le titre original *Adobe Photoshop 7.0 for photographers*, ISBN 0-240-51690-7 © Martin Evening 2002.
Cette édition est publiée en accord avec Elsevier Science Ltd, The Boulevard, Langford Lane, Kidlington, OX5 1GB, Grande-Bretagne.

Cet ouvrage a fait l'objet d'un reconditionnement à l'occasion de son 3e tirage (format semi-poche, nouvelle couverture et nouveau prix).
Le texte de l'ouvrage reste inchangé par rapport au tirage précédent.

Table des matières

Introduction XI

Remerciements XII

Quoi de neuf dans Photoshop 7 ? XII

Prise en charge de Mac OS X et de Windows XP XIII
- Explorateur de fichiers XIII
- Outils Correcteur et Pièce XIII
- Formes d'outil dynamiques XIII
- Améliorations de l'interface XIV
- Automatisation XIV
- Couleur automatique XIV
- Menu Filtre XV
- Fonctions Web XV
- Autres nouveautés XV

Chapitre 1 - Acquisition numérique **1**

La structure de l'image numérique 2

Les scanners 4

Comment choisir un scanner ? 4
- Résolution 4
- Plage dynamique 5
- Bits par pixel 5
- Vitesse de numérisation 6
- Logiciel 6
- Évaluation visuelle 8

Faire numériser des documents 8

Kodak Photo CD 8
- Qualité d'image et stockage 9
- Ouvrir une image Photo CD 10

Appareils photo numériques 10
- Appareils grand public 11
- Appareils de type reflex 11
- Appareils CCD moyen format 12
- Argentique et numérique 14
- Dos scanner 15

Faut-il passer au numérique ? 16
- Logiciels des appareils et stockage des images 17

Conclusion 17

Chapitre 2 - Résolution d'image 19
Pixels et vecteurs 20
Terminologie 21
Résolution et impression 24
Résolution des imprimantes à jet d'encre 24
Création d'un nouveau document 25
Modification des dimensions de l'image 26
Conclusions pratiques 29

Chapitre 3 - Configuration de Photoshop 31
Achat d'un système 31
Où acheter ? 33
Amélioration des performances 33
  Vitesse du processeur 33
  Mémoire vive et disques de travail 34
  Purger le Presse-papiers 35
  Configuration des paramètres de RAM 36
Photoshop et Mac OS X 36
  Installation de Mac OS X et de Photoshop 37
  Éléments partagés et non partagés 37
  Windows XP 38
Environnement de travail 38

Chapitre 4 - Gestion des couleurs 39
Pourquoi tous les espaces RVB ne sont-ils pas identiques ? 39
Gestion des couleurs en boucle fermée 41
Gestion des couleurs avec les profils ICC 41
Étalonnage du moniteur 44
  L'utilitaire d'étalonnage de Mac OS X 44
  Étalonnage avec Adobe Gamma 47
  Autres systèmes d'étalonnage 48
Utilisation des profils 49
Choisir un espace de travail RVB 50
  Apple RGB 51
  sRGB IEC 61966-2.1 51
  ColorMatch RGB 51
  ProPhoto RGB 51
  Adobe RGB (1998) 51
L'espace de travail RVB idéal 52
Les paramètres de couleurs de Photoshop 52

Règles de gestion des couleurs 53

Gestion des paramètres de couleurs 55

Conversion entre profils 56

Niveaux de gris 58

Fichiers anciens 58

Paramètres avancés de gestion des couleurs 60

Fusionner les couleurs RVB avec le gamma 61

Désaturer les couleurs du moniteur 61

Personnalisation de l'espace RVB 62

Conversion du RVB en CMJN 62

Moteur 63

Mode 64

Compensation du point noir 65

Simulation (images 8 bits/couche) 65

Création de paramètres CMJN personnalisés 65

Couleurs 66

Engraissement 67

Options de séparation 68

Densité du noir 69

Fichiers CMJN et Lab 69

La palette Infos 71

Le flux de travail avec gestion des couleurs ICC 72

Chapitre 5 - Gestion de fichiers et sortie finale 73

Impression et transparents à partir d'un fichier RVB 73

Sortie CMJN 74

Longévité des tirages 74

Options d'impression de Photoshop 75

Épreuves pour sortie sur presse 76

Impression CMJN ciblée 78

Affichage des couleurs de l'épreuve 79

Stockage des fichiers 81

Gestion de bases de données d'images 81

L'Explorateur de fichiers 82

Renommer des fichiers avec l'Explorateur 84

Check-list pour le prestataire de pré-presse 84

Protection des images 85

Chapitre 6 - L'espace de travail **87**
Préférences 87
Général 88
Gestion des fichiers 89
Affichage et pointeurs 90
Transparence et couleurs non imprimables 91
Unités et règles/Repères, grilles et tranches 91
Modules externes et disques de travail/Mémoire et cache de l'image 92
La barre d'état 94
Icône de la barre de titre 95
Ouverture d'une deuxième fenêtre de document 95
Règles, repères et grille 96
Magnétisme 97
Les palettes de Photoshop 97
Ancrage des palettes 98
Paramètres de l'espace de travail 98
Explorateur de fichiers 99
Palette Navigateur 100
Palette Infos 101
Barre d'options d'outils 102
Outils prédéfinis 103
Palette Caractère 103
Palette Paragraphe 104
Formes 104
Palette Formes 104
Palette Styles 106
Palette Nuancier 106
Palette Couleur 107
Gestionnaire des paramètres prédéfinis 107
Palette Scripts 108
Palette Historique 108
Palette Calques 108
Palette Couches 109
Palette Tracés 110
La boîte à outils 110
Les outils de sélection 112
Touches de modification 114
Lasso, Lasso polygonal et Lasso magnétique 115
Outil Déplacement 118
Outil Recadrage 119
Pointeurs de l'outil Recadrage 120
Outils Tranche et Sélection de tranche 122
Les outils de dessin 122

Outils Correcteur et Pièce ... 122
Pinceau ... 123
Crayon ... 123
Tampon et Tampon de motif ... 123
L'historique ... 124
Forme d'historique et instantané ... 124
Historique et utilisation de la mémoire ... 126
Historique non linéaire ... 127

Les autres outils ... 128
Forme d'historique artistique ... 128
Gomme, Gomme magique et Gomme d'arrière-plan ... 129
La commande Extraire ... 131
Dégradés ... 131
Dégradés de type Bruit ... 133
Pot de peinture ... 134
Outils de netteté : Goutte d'eau/Netteté/Doigt ... 134
Modification de tons : les outils Densité +, Densité – et Éponge ... 136
Plume et dessin de tracés ... 136
Outil Texte ... 137
Outils de création de formes ... 137
Outils d'annotation ... 138
Pipette et Échantillonnage de couleur ... 138
Outil Mesure ... 139
Outils de navigation : Main et Loupe ... 139
Couleurs de premier et d'arrière-plan ... 140
Mode Normal/Masque ... 140
Mode d'affichage ... 140
Bouton Passer à ... 141

En résumé ... 141

Chapitre 7 - Formats de fichier ... 143

Formats de fichier courants ... 144
TIFF (Tagged Image File Format) ... 144
EPS (Encapsulated PostScript) ... 145

DCS ... 146

PDF Photoshop ... 146
Importation de fichiers PDF ... 148
PICT ... 148
JPEG ... 149
GIF ... 151
Choix d'un format d'enregistrement pour le Web ... 151
Enregistrer pour le Web ... 152
PNG ... 158

L'avenir de la publication électronique ... 159

Chapitre 8 - Techniques de base de correction d'image **161**
Recadrage 161
Orientation et taille de la zone de travail 163
Rotation précise 164
Éléments extérieurs à l'image 164
Recadrage avec correction de la perspective 164
Analyse d'image 165
Correction des niveaux 166
Blancs spéculaires 168
Définition du point noir et du point blanc 171
Accentuation 172
  Accentuation pour l'impression 173
  Gain 173
  Rayon 175
  Seuil 175
Accentuation sélective 175

Chapitre 9 - Correction de couleurs **177**
Teinte/Saturation 177
Balance des couleurs avec la boîte de dialogue Niveaux 181
Variantes 181
Réglages automatiques 182
Balance des couleurs 183
La boîte de dialogue Variantes 184
Courbes 184
  Mode « crayon » 190
Remplacement de couleur 191
Plage de couleurs 193
Calques de réglage 193
  Combiner des calques de réglage 193
  Calques de réglage et modes de fusion 194
Images 16 bits/couche 196
Correction sélective 197

Chapitre 10 - Réparation d'image **199**
Utilisation du Tampon 199
Retouche d'un négatif couleur 202
Suppression des poussières avec la Forme d'historique 204

Utilisation de l'outil Correcteur ... 206
L'outil Pièce ... 209
Techniques d'utilisation du Correcteur ... 212
Copie de zones de l'image ... 215
Restauration d'une image ternie ... 217
Raccourcis clavier ... 219
Suppression de moirures ... 220
Numérisation d'images imprimées ... 221
Utilisations et caractéristiques des outils ... 223
Modes de fusion du Pinceau ... 223
Retouche de visages ... 224
Flou artistique ... 228
Récupération de détails dans les ombres ... 229
Outils Densité + et Densité – ... 231

Chapitre 11 - Techniques de montage ... 233

Sélections et couches ... 233
Couches et sélections en bref ... 234
  Sélection ... 234
  Mode Masque ... 235
  Couche alpha ... 235
  Tracé ... 235
Modification d'une sélection ... 237
Lissage et extension d'une sélection ... 237
Lissage et contour progressif ... 237
Calques ... 240
Modes de fusion ... 242
Masques vectoriels ... 249
  Ajout d'un masque de fusion vide ... 249
  Ajout d'un masque de fusion basé sur une sélection ... 249
  Affichage du masque de fusion dans la fenêtre du document ... 249
  Application et suppression du masque de fusion ... 251
Masques vectoriels ... 252
Liens entre calques ... 253
Gestion des groupes de calques ... 253
Groupes de calques ... 254
Options de fusion avancées ... 256
Couleurs de calque ... 257
Verrouillage des calques ... 257

Transformation 258
  Transformation paramétrée 260
  Répéter une transformation 261
  Transformation de sélections et de tracés 261
Dessin de tracés avec la Plume 261
Apprentissage de la Plume 262
La Plume en action 263
Photomontage 265
Masquage des cheveux 270
  Groupes d'écrêtage 275
La commande Extraire 277
Montage complexe 280
Suppression du cache 283
Viaduc de Ribblehead, par Ian McKinnell 284
Masques d'image 287

Chapitre 12 - Travail efficace dans Photoshop 291

Optimisation des performances 293
Menus contextuels 294
Sélection 295
Affichage des fenêtres 295
Déplacement et copie de sélections 295
Astuces diverses 298
Utilisation des scripts 299
  Exécution d'un script 299
  Enregistrement d'un script 299
  Résolution de problèmes liés aux scripts 300
  Traitement par lots 300
Programmation de scripts et autres fonctions d'automatisation 302
  Adapter l'image 303
  Collection d'images 303
  Planche Contact II 304
  Exportation de l'image transparente et Redimensionnement de l'image 305
  Galerie Web Photo 306
  Création d'un droplet 308
Calques et couches 310

Chapitre 13 - Effets de noir et blanc 317

Le mode Bichromie 318
Impression de bichromie 318

Virage coloré ... 321
Virages successifs ... 323
Solarisation ... 324
Conversion de couleur en noir et blanc ... 327
Simulation d'un film infrarouge ... 330
Ajout d'une bordure photographique ... 331

Chapitre 14 - Effets de couleur ... 333
Traitement croisé ... 333
Utilisation du Mélangeur de couches ... 336
Modes de fusion ... 337
Retouche avec les modes de fusion ... 339
Courbe de transfert de dégradé ... 340

Chapitre 15 - Effets de calque ... 343
Ombre portée ... 344
Ombre interne ... 345
Lueur externe/Lueur interne ... 345
Biseautage et estampage ... 346
Satin ... 346
Incrustation en dégradé ... 347
Incrustation de motif ... 347
Incrustation de couleur ... 348
Contour ... 348
Création de styles ... 348
Application d'effets à des calques ... 349
Effets de dessin ... 350
Paramètres de contour ... 351
Transformation et alignement ... 353
Ombre portée ... 355
Couches de tons directs ... 358
Ajout de texte ... 359
Sortie vectorielle ... 360

Chapitre 16 - Filtres ... 361
Filtres d'atténuation ... 361
La commande Estomper ... 361

Flou optimisé ... 362
Filtres de bruit ... 362
Filtres destinés aux couches alpha ... 362
Le filtre Dispersion ... 366
Fluidité ... 368
Filtres de rendu ... 373
  Nuages et Nuages par différence ... 373
  Halo ... 374
  Éclairage ... 375
  Placage de motif ... 377
  Transformation 3D ... 380
Utilisation pratique des filtres ... 381

Index ... 383

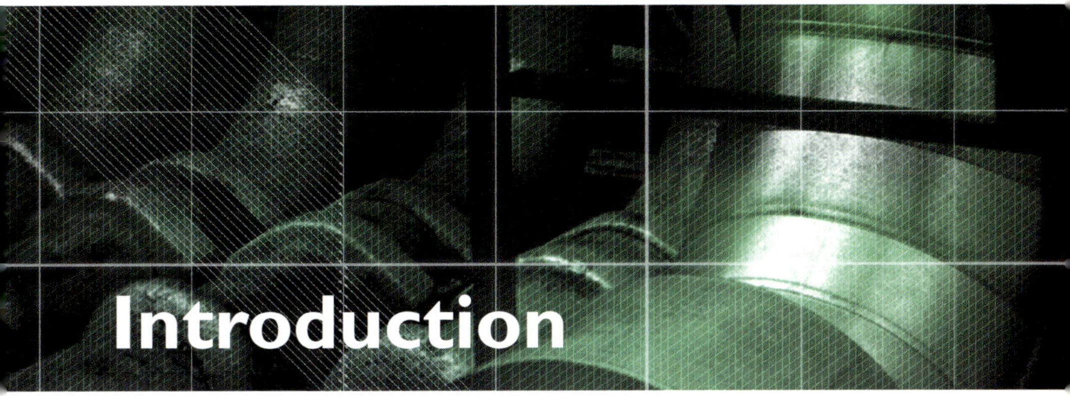

Introduction

Lorsque les systèmes de retouche d'image coûtaient plusieurs millions de francs, la retouche numérique était réservée à une petite élite. Photoshop a joué un rôle important en démocratisant la retouche d'image professionnelle. C'est là l'un des grands mérites de Photoshop : tout le monde ou presque peut y accéder.

Pour le photographe, le fait qu'il s'engage dans la voie de l'image numérique entraîne une responsabilité plus importante dans le processus de production. En conséquence, ce livre ne traite pas seulement de Photoshop, mais aussi de différentes implications techniques entourant le logiciel et l'image numérique en général. Les photographes dont les travaux apparaissent dans cet ouvrage (auteur compris) ont commencé à employer Photoshop avant d'être très familiarisés avec l'ordinateur ; nous avons dû apprendre entièrement cette nouvelle technologie. Par conséquent, en planifiant le contenu de ce livre, nous avons sélectionné les sujets qui intéresseront le plus toute personne souhaitant utiliser Photoshop comme une chambre noire numérique. En revanche, nous ne traitons pour ainsi dire pas du tout des sujets tels que les effets de texte en 3D ou l'illustration.

Nous utilisons un Apple Macintosh, mais nous indiquons tout au long du livre les raccourcis clavier Mac OS et Windows, complétés, lorsque cela est nécessaire, d'instructions spécifiques à chacun des deux systèmes. Lorsque le système d'exploitation n'est pas indiqué, le premier raccourci concerne Mac OS et le second Windows.

Remerciements

Nous souhaitons d'abord remercier Andrea Bruno, d'Adobe Europe, pour m'avoir suggéré d'écrire un livre sur Photoshop pour les photographes. Nous souhaitons également mentionner toute l'équipe éditoriale : Marie Milmore, Jennifer Welham, Beth Howard et Jane Reid de Focal Press. Merci aussi à Adam Woolfitt et à Mike Laye qui ont aidé à la fondation du forum Digital Imaging Group pour les photographes britanniques, ainsi qu'à tous les autres membres du forum et de l'association, et en particulier : Julian Calder, Laurie Evans, Jon Gibson-Skinner, Peter Hince, Thomas Holm, Ed Horwich, Bob Marchant, Ian McKinnell, Gwylim Johnston ainsi que Rod Wynne-Powell, qui a relu le manuscrit final et qui nous a été d'un grand secours. Enfin, nous voulons adresser une mention spéciale à notre « collègue » alpha-testeur Photoshop, Jeff Schewe pour son aide et son soutien au long de toutes ces années.

Nous souhaitons également citer les personnes, les sociétés et les clients suivants pour l'aide qu'ils nous ont apporté : Adobe, Amateur Photographer, Binuscan, Bookings, Steve Broback, Russell Brown, Camera Bits, Clippers, Clipso, Jeremy Cope, Chris Cox, Tom Fahey, Bruce Fraser, Karen Gauthier, Greta Macbeth, Nick Haddon, Mark Hamburg, Leon Herbert, Imacon Danemark, Thomas Knoll, Ricky Liversidge, MacUser UK, M&P Models, Models One, Nevs, Marc Pawliger, Pixl Danemark, Profile, Clair Rawlings, Herb Paynter, Red or Dead Ltd., Eric Richmond, Andrew Rodney, Schwarzkopf Ltd., Michael Smiley, la Smithsonian Institution, Susanne Sturton, Paul Smith, Martin Soan, Storm, Tapestry, Tresemme, Jim Williams, Russell Williams, Mark Williford et YU Salon. Et enfin, merci à mes amis, à ma famille et à feu ma mère pour son amour et ses encouragements.

Quoi de neuf dans Photoshop 7 ?

À chaque nouvelle version de Photoshop, on assiste au même débat autour de la question : était-il justifié de présenter cette nouvelle version comme une « vraie » mise à jour ou non ? Quelle que soit la réaction des journalistes et des auteurs tels que moi-même, ce sont en dernier recours les clients et utilisateurs de Photoshop qui décideront de l'opportunité de cette nouvelle version. Photoshop 7 comporte un grand nombre de nouveautés, certaines bien visibles, d'autres plus subtiles ; les principales d'entre elles sont décrites dans les pages qui suivent.

Prise en charge de Mac OS X et de Windows XP

La prise en charge de Mac OS X est sans doute la nouveauté la plus importante de Photoshop 7 pour beaucoup d'utilisateurs du Macintosh. Mac OS X est basé sur le système d'exploitation Unix, et bien que ce dernier système d'exploitation existe depuis longtemps, la dernière version de Photoshop a avoir été portée sur Unix est la 3. Le fait que Photoshop 7 puisse être exécuté dans le mode natif de Mac OS X sera sans doute un facteur décisif pour la plupart des utilisateurs de ce système d'exploitation. Photoshop 7 est également compatible avec Windows XP, la dernière version du système d'exploitation de Microsoft, qui est un héritier de Windows NT, avec la stabilité qui y est associée.

Explorateur de fichiers

L'Explorateur de fichiers est apparu pour la première fois dans Photoshop Elements ; Photoshop 7 en comprend une version améliorée. Cette nouvelle fonction est une bénédiction pour les photographes dans la mesure où elle permet d'afficher sous forme de vignettes et d'aperçus toutes les images d'un dossier donné. Ces images peuvent être classées par rang, et il est également possible de les renommer par lots, de les faire pivoter et d'afficher les métadonnées qu'elles contiennent, en particulier les données EXIF provenant des appareils photo numériques.

Outils Correcteur et Pièce

À première vue, l'outil Correcteur ressemble à une variante du Tampon, mais il s'agit en fait d'un outil de retouche très puissant. Le Correcteur permet de prélever la texture d'un point d'origine et de l'appliquer à la zone de destination tout en préservant les informations de couleur et de luminosité de la zone réparée. L'outil Pièce est une variante du Correcteur qui répare de plus grandes zones de l'image à partir de zones intactes. Il peut aussi servir à copier et à intégrer des éléments d'une zone à une autre de l'image.

Formes d'outil dynamiques

Le moteur de dessin de Photoshop comprend maintenant une grande quantité d'options de dynamique du Pinceau et permet d'exploiter toutes les options des tablettes graphiques récentes, ce qui permet (entre autres) d'imiter les outils artistiques traditionnels. La taille maximale des formes est maintenant de 2500 pixels, et d'autres améliorations subtiles ont été introduites, par exemple la possibilité d'appliquer l'outil Goutte d'eau à tous les calques d'un document. La grande variété des possibilités des formes de pinceaux va bien au-delà des besoins des photographes, mais la nouvelle palette Formes vous permettra néanmoins de vous livrer à des essais en visualisant immédiatement l'effet de la forme d'outil. Enfin, plusieurs modes de fusion pour les outils et les calques ont été ajoutés.

Améliorations de l'interface

Vous pouvez désormais enregistrer différentes configurations de palettes à l'aide de la commande Fenêtre > Espace de travail > Enregistrer l'espace de travail. Vous pouvez même enregistrer le changement d'espace de travail au moyen d'un script, ce qui vous permet de passer d'une configuration à l'autre avec un simple raccourci clavier. Les utilisateurs du Macintosh peuvent maintenant afficher les documents ouverts « en cascade », comme les utilisateurs Windows peuvent le faire depuis longtemps.

Les options de nombreux outils ont été modifiées, et il est possible d'enregistrer les paramètres des options des outils en tant qu'« outils prédéfinis ». Ainsi, vous pourrez par exemple enregistrer les paramètres de police, de corps, d'alignement et les autres attributs pour une utilisation donnée de l'outil Texte, puis revenir instantanément à ces paramètres quand besoin est. La barre d'état permet l'affichage des dimensions du document, et vous pouvez créer de nouveaux documents en vous basant sur des tailles de documents prédéfinies.

Automatisation

Toutes les opérations effectuées dans Photoshop peuvent désormais être scriptées en VBA ou en JavaScript. La fonction Changement de mode conditionnel permet, lors de l'enregistrement d'un script, de procéder à un changement de mode en fonction de conditions que vous déterminez. La commande Collection d'image a été revue et corrigée et permet maintenant de choisir différentes images source pour une même page, ainsi que d'ajouter le nom de fichier ou une légende pour chaque image. La fonction Planche contact II a enfin corrigé le problème des trop grands espaces entre vignettes. La fonction Galerie Web Photo offre de nombreuses options et formats prédéfinis supplémentaires : possibilité d'ajouter une adresse électronique dans les pages Web ou un filigrane sur les images, etc. L'outil Texte comprend maintenant une fonction de correction orthographique multilingue.

Couleur automatique

La commande Couleur automatique complète désormais les commandes Niveaux automatiques et Contraste automatique. Cette nouvelle commande tente de corriger les dominantes colorées en analysant les tons les plus clairs et les plus foncés de l'image et en les neutralisant. Il est possible de paramétrer le fonctionnement de la commande à partir des boîtes de dialogue Courbes et Niveaux, en choisissant par exemple de neutraliser également les tons moyens ou en déterminer le degré d'écrêtage auquel procède cette commande.

Menu Filtre

La taille des fenêtres d'aperçu des filtres a été doublée, ce qui facilite l'évaluation du résultat avant application du filtre à l'image. La commande Fluidité se trouve maintenant dans le menu Filtre et elle a également été revue : vous pouvez désormais zoomer dans l'image affichée dans l'interface de la commande, un nouvel outil (Turbulence) a fait son apparition, le « filet » de déformation peut être enregistré et appliqué à une autre image, et les autres calques de l'image peuvent être affichés en surimpression par-dessus l'image déformée.

La nouvelle commande Placage de texture permet de créer une texture à partir d'une sélection dans l'image. Elle pourra servir à des arrière-plans de page Web et d'une manière générale, toutes sortes de motifs et d'arrière-plans pour vos images.

Fonctions Web

La boîte de dialogue Enregistrer pour le Web de Photoshop comporte de nouvelles fonctions. Vous pouvez choisir différents paramètres d'enregistrement de fichier, rendre transparente une couleur spécifique dans une image GIF ou simuler un effet de transparence partielle. Vous pouvez également « protéger » les calques de texte et les masques vectoriels en limitant la compression JPEG (ou la diffusion, dans le cas d'images GIF) qui leur est appliquée. La fonction Tranches d'après les repères permet de créer automatiquement des tranches d'après les repères, comme son nom l'indique.

Autres nouveautés

La boîte de dialogue Taille de la zone de travail permet maintenant d'agrandir ou de réduire la zone de travail de manière « relative » par rapport à la zone de travail existante, en ajoutant par exemple 2 cm en haut et à droite de la zone de travail. Les fichiers PDF peuvent être protégés par un mot de passe pour empêcher, soit leur ouverture, soit leur modification, soit leur impression.

Vous trouverez des informations supplémentaires sur ce livre et sur Photoshop 7 sur le site (en anglais) consacré au livre, à l'adresse www.photoshopforphotographers.com.

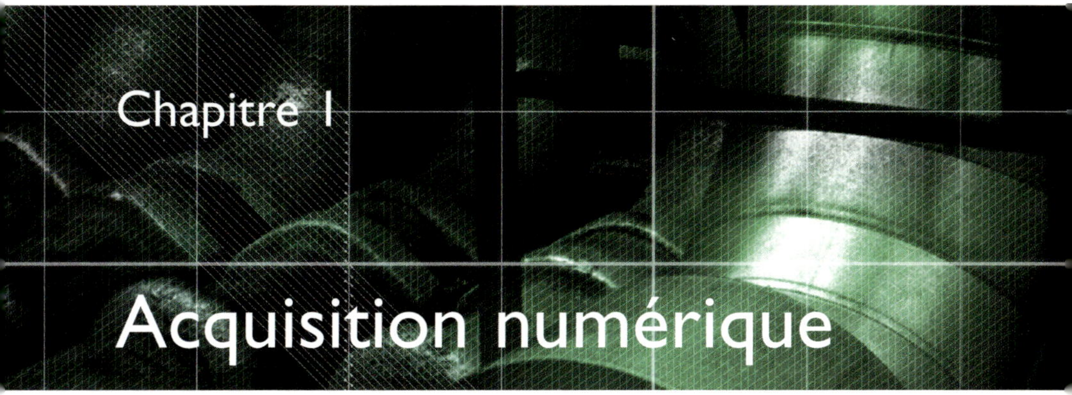

Chapitre 1

Acquisition numérique

Voilà une bonne quinzaine d'années que l'image numérique est largement répandue dans le monde de l'imprimé ; de nos jours, une photographie destinée à l'impression sera presque toujours numérisée à un moment ou à un autre. Auparavant, c'était l'imprimeur ou la société de pré-presse qui se chargeait de cette numérisation. Aujourd'hui, comme en témoigne le succès commercial de Photoshop, la numérisation est de plus en plus souvent effectuée par l'intermédiaire d'un ordinateur personnel.

Ce livre se doit donc de débuter par l'acquisition ou numérisation de l'image photographique. Il va de soi que la qualité du résultat final dépend de la qualité de l'original. Et, dans la mesure où vous pouvez être amené à effectuer vous-même la numérisation et la séparation, vous devrez peut-être vous intéresser à des sujets tels que la résolution d'image et la conversion en couleurs CMJN.

Rappelons que le produit final dont il est principalement question dans ce livre est le fichier numérique optimisé pour une impression offset. Les destinataires du document imprimé ne sont pas au fait des étapes intermédiaires de la réalisation du produit final. On peut donc se demander pourquoi certains clients tiennent à effectuer des vérifications sur les superbes diapositives qui ne sont qu'une étape intermédiaire de la réalisation du document, et qui ne représentent que très imparfaitement le résultat final.

Les diapositives et le film en général restent cependant un excellent moyen d'enregistrer et de stocker rapidement une énorme quantité d'informations visuelles. Dans le domaine de la photographie « live », le film est pour le moment irremplaçable. En revanche, en ce qui concerne les natures mortes, la photographie numérique permet d'obtenir de meilleurs résultats, pour peu que l'on dispose du matériel adéquat.

Il est possible de scanner n'importe quel type de support photographique : diapositives, négatifs noir et blanc ou couleurs, ou photos tirées sur papier. Cependant, chacun de ces médias est optimisé, non pas pour l'acquisition numérique, mais pour le traitement photographique. Ainsi, la gamme de tons d'un négatif est peu étendue par rapport à celle d'une diapositive parce que le négatif est optimisé pour la courbe sensitométrique du papier photo. De ce fait, l'obtention d'un résultat standard à partir de ces différentes sources dépend de la qualité du matériel et du logiciel de numérisation utilisé. Un film optimisé pour une impression CMJN serait un film inversible avec une plage de densité légèrement réduite et une capacité d'enregistrement des couleurs naturelles sans sursaturation des bleus et des verts. Le négatif offre une plus grande plage de luminosité que la diapositive, mais ses différences de tons subtiles risquent de disparaître à la numérisation si le scanner n'est pas d'une sensibilité suffisante.

La structure de l'image numérique

Une image numérique est une mosaïque de milliers, voire de millions, de pixels ; la luminosité, la teinte et la saturation de chacun de ces pixels sont définies. Dans une image en niveaux de gris, chacun des pixels a sa propre valeur de luminosité (mais ne contient pas d'information de teinte ou de saturation). Les images en niveaux de gris comportent jusqu'à 256 niveaux de gris ; ce type d'image est nommé image 8 bits. Dans une image à 1 bit par pixel (ou image « bitmap »), chacun des pixels est soit noir, soit blanc. Dans une image à 2 bits par pixel, le nombre maximal de niveaux de gris est de 4 (2^2) ; dans une image à 3 bits par pixel, il est de 8 (2^3), et ainsi de suite jusqu'à l'image 8 bits (2^8 ou 256 niveaux). L'image RVB est composée de trois couches colorées. Chacune de ces couches contient des informations de luminosité indiquant la proportion de la couleur donnée (rouge, vert et bleu) dans l'image. Si l'on combine les trois couches, on obtient pour chaque pixel d'une couleur RVB des informations de couleurs sur 24 bits, ce qui permet de représenter jusqu'à 16,7 millions de couleurs (2^{24}).

Les spécifications de votre scanner indiquent peut-être qu'il peut effectuer une numérisation sur 30, voire 36 bits. Photoshop gère des images comportant jusqu'à 16 bits/pixel pour chaque couche. Par conséquent, si votre scanner peut produire des images comportant plus de 8 bits/couche, vous pouvez les importer dans Photoshop en tant qu'images à 16 bits/couche (soit des images RVB 48 bits). Les versions récentes de Photoshop permettent d'appliquer certaines commandes aux images à 16 bits/couche : recadrage, utilisation de l'outil de clonage, correction des couleurs et utilisation de certains filtres tels le filtre d'Accentuation.

Image à 1 bits/pixel

Couche rouge (8 bits/pixel)

Figure 1.1 Le nombre de bits par pixel d'une image (bit depth), en tant que puissance de deux, détermine le nombre maximal de couleurs possibles. Une image à 1 bit/pixel contient 2^1 soit 2 tons, autrement dit, uniquement du blanc et du noir. Une image à 8 bits/pixel (image en niveaux de gris, ou chacune des couches d'une image RVB) peut contenir jusqu'à 256 (2^8) tons. La combinaison des trois couches d'une image RVB permet d'obtenir une image composite à 24 bits/pixel pouvant contenir jusqu'à 16,7 millions de couleurs différentes.

Couche verte (8 bits/pixel)

Couche bleue (8 bits/pixel)

Image composite (24 bits/pixel)

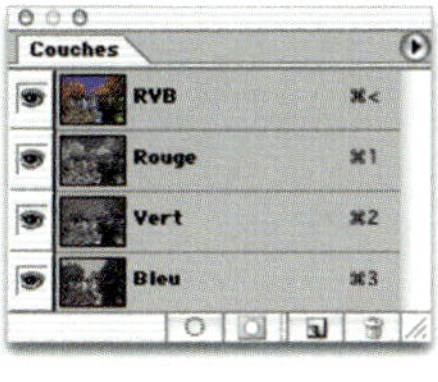

Les scanners

Le scanner effectue deux opérations : il lit les informations de l'original (diapositive, négatif ou tirage photographique) et convertit ces informations en pixel en fonction des paramètres de numérisation choisis.

Il existe deux technologies de scanner différentes : les scanners rotatifs (ou scanners à tambour) et les scanners à plat. Les scanners rotatifs sont des appareils relativement onéreux qui permettent d'obtenir des résultats d'une grande qualité, avec des résolutions maximales très élevées. En général, seules des entreprises spécialisées (pré-presse, imprimeur) font l'acquisition de ce type de matériel. Les scanners rotatifs ont été pendant longtemps le seul type de matériel employé par les professionnels qui cherchaient à obtenir des résultats de qualité, mais ils sont maintenant concurrencés par les scanners à plat.

Le principe du scanner à plat est similaire à celui de la photocopieuse. Il en existe de toutes sortes : du scanner bon marché et de qualité moyenne au scanner haut de gamme employé par les professionnels. Ce dernier comprend souvent un dos pour transparents qui rend possible la numérisation de diapositives et de négatifs, même grand format. Une variante du scanner à plat, le scanner de diapositives, ne permet de numériser que des documents transparents mais, en contrepartie, il offre généralement des résolutions plus élevées et certaines fonctions spécifiques (suppression de la poussière et des rayures à l'aide d'un système infrarouge, par exemple).

Comment choisir un scanner ?

Du point de vue du photographe, les scanners peuvent être répartis en trois catégories. Le scanner à plat est l'option la moins chère et il peut suffire à tous vos besoins s'il est équipé d'un dos pour transparents. Toutefois, seuls les modèles plus onéreux donnent des résultats satisfaisants pour la numérisation de films petit format. Si tel est l'usage principal que vous souhaitez en faire, optez plutôt pour un scanner de diapositives ; il en existe également qui permettent de scanner du film moyen format. Enfin, si vous avez besoin d'une qualité d'image irréprochable (et que vous avez les moyens), optez pour un scanner rotatif, par exemple l'un de ceux de la gamme Imacon Flextight.

Résolution

La résolution est généralement exprimée en pixels par pouce ; plus elle est élevée, plus les résultats obtenus avec le scanner seront détaillés. Ne prenez en compte que la résolution *optique* du scanner, et non la résolution *interpolée*. L'interpolation est une opération qui consiste à agrandir la taille en pixel de l'image *après* la numérisation ; Photoshop permet de réaliser cette opération bien mieux que la plupart des scanners.

La résolution optique des scanners à plat d'entrée de gamme est généralement de 600 x 1200 pixels par pouce à l'heure actuelle, et elle peut atteindre 3048 x 3048 pixels par pouce pour des modèles haut de gamme tels que le Heidelberg Linotype 1800. Les scanners rotatifs permettent d'atteindre des résolutions encore plus élevées.

Lors de la numérisation, n'utilisez pas de résolution plus élevée que la résolution optique de l'appareil ; si besoin est, interpolez ensuite l'image dans Photoshop. Dans certains cas, il est préférable d'effectuer la numérisation à la résolution optique du scanner même lorsqu'on n'a besoin que d'une image plus petite ; en réduisant ensuite la taille de l'image dans Photoshop, on supprime une partie du bruit optique que génèrent certains scanners.

Lorsqu'il est important d'obtenir une précision maximale, essayez de scanner deux fois le même document en lui faisant effectuer une rotation de 90° entre les deux numérisations, et comparez les deux images obtenues. Sachez enfin que, pour la plupart des scanners à plat, le fait de placer le document à numériser au milieu de la vitre donne les meilleurs résultats.

Plage dynamique

La plage dynamique est le critère de qualité essentiel d'un scanner ; c'est sans doute la raison pour laquelle cette information n'est que rarement spécifiée dans les caractéristiques techniques des scanners d'entrée de gamme ! Lorsque la plage dynamique captée par le scanner est trop faible, des détails sont perdus dans les zones foncées des transparents, voire, pour certains scanners d'entrée de gamme, dans les zones claires des tirages papier, qui sont alors « brûlées » (blanc pur). Si vous utilisez un scanner à plat et que ce problème se présente à vous, adaptez vos tirages papier à la plage dynamique du scanner : utilisez par exemple du papier plus doux et faites en sorte que les ombres soient légèrement plus claires et les zones claires légèrement plus foncées qu'habituellement. Certains photographes surexposent volontairement leurs films inversibles puis les sous-développent, produisant ainsi des ombres plus claires et plus faciles à scanner. La plage dynamique d'un tirage photographique est d'environ 2,2, ce qui est plus que les capacités de la plupart des scanners à plat d'entrée de gamme, et celle d'un Ektachrome peut aller de 2,85 à 3,6. Un bon scanner rotatif peut atteindre une plage dynamique de 3,8, mais il faut savoir que certaines valeurs indiquées par les fabricants sont quelque peu optimistes.

Bits par pixel

Si vous numérisez des négatifs, la plage dynamique a moins d'importance ; en revanche, il est important de mettre en évidence un maximum de détails à partir de cette plage réduite afin d'obtenir des tons continus. Comme nous l'avons vu, une image RVB comprend trois couches à 8 bits/pixel, chacune de ces couches pouvant comporter jusqu'à 256 tons différents. Si vous numérisez une image en 8 bits/couche et que vous essayez ensuite d'élargir sa plage tonale, il manquera certains tons à l'image. La plupart des scanners actuels offrent une numérisation sur 12 bits/couche ou plus, ce qui correspond à 4096 niveaux par couche. Dans une telle image, le nombre de tons par couche est suffisant pour permettre de modifier la plage tonale sans risquer la perte d'informations visuelles.

Lorsqu'une image comportant plus de 8 bits/couche est ouverte dans Photoshop, elle est convertie en fichier à 16 bits/couche (voyez le menu Image > Mode). Nous effectuons toujours la numérisation et les premières corrections d'images dans ce mode 16 bits/couche, qui est particulièrement utile pour les négatifs noir et blanc.

Vitesse de numérisation

L'affichage de l'aperçu, puis la numérisation proprement dite d'un document volumineux peut prendre beaucoup de temps ; par conséquent, assurez-vous que le scanner que vous envisagez d'acquérir soit assez rapide pour le travail que vous prévoyez d'effectuer. Les données fournies par les constructeurs sont généralement optimistes. Consultez des tests comparatifs (magazines, sites Web) pour vérifier les performances réelles des scanners. Prenez aussi en compte le temps nécessaire pour positionner les transparents : sur un scanner rotatif, il faut beaucoup plus de temps pour placer le transparent sur le tambour et le nettoyer ensuite que sur un scanner à plat.

Logiciel

Tous les scanners sont livrés avec un logiciel qui permet de définir les paramètres de numérisation. Il peut s'agir d'un logiciel séparé qui importe l'image à partir du scanner, puis qui l'enregistre sur le disque dur. Le fichier peut ensuite être ouvert dans Photoshop. Il peut également s'agir d'un plug-in ou d'un pilote TWAIN intégré à Photoshop. Dans ce cas, pour accéder au scanner, choisissez Fichier > Importation > *nom du scanner*.

Une bonne interface doit être simple d'emploi. L'aperçu du scan doit être clair et de bonne qualité pour permettre d'effectuer le plus de corrections possible et éviter d'avoir à trop modifier l'image définitive dans Photoshop.

La plupart des logiciels de scanner récents utilisent un système de gestion des couleurs ICC afin de gérer l'interprétation des couleurs lors de la transition entre scanner et Photoshop. Même les profils ICC génériques livrés avec la plupart des scanners récents pourront vous être utiles. Pour une gestion des couleurs précise, vous devrez éventuellement envisager de créer des profils personnalisés. En l'absence de système de gestion des couleurs ICC, les instructions du chapitre 4 vous indiqueront comment convertir une image de l'espace colorimétrique du scanner dans l'espace colorimétrique de Photoshop.

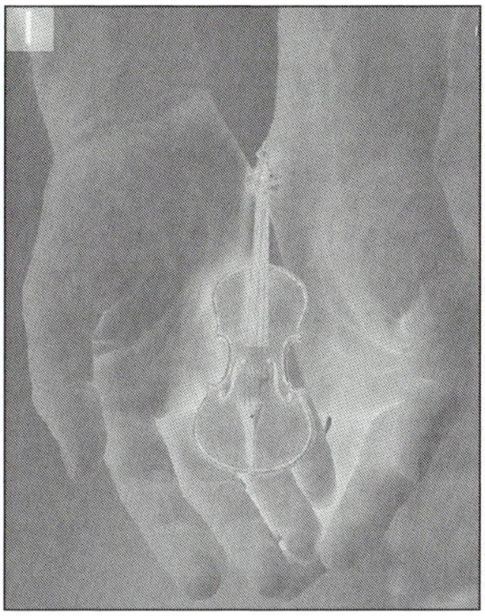

1 Le négatif noir et blanc contient un grand nombre de tons ; votre scanner doit pouvoir prendre en compte les différences de ton subtiles du négatif.

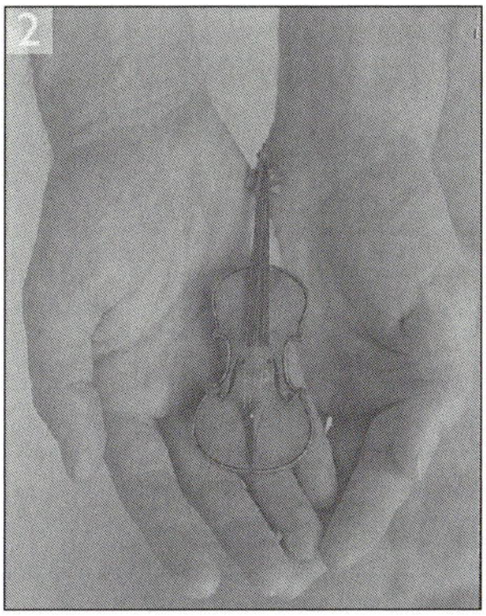

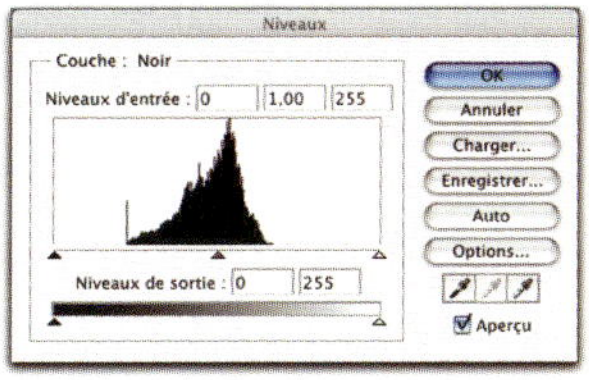

2 L'histogramme de l'image inversée, mais non ajustée par ailleurs, confirme que les tons clairs et foncés doivent être corrigés pour obtenir une gamme de tons complète.

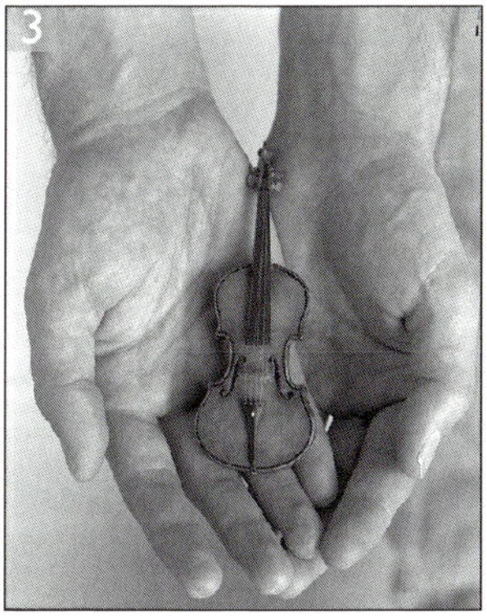

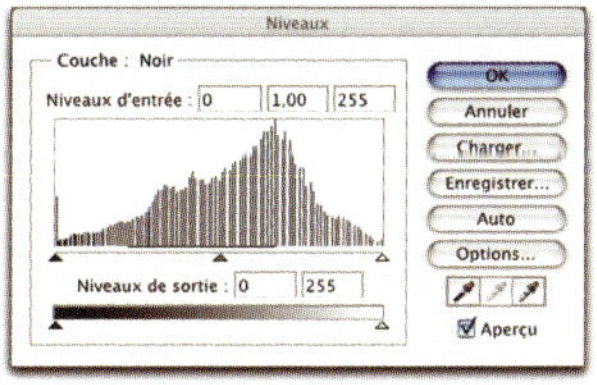

3 Si vous scannez en mode 8 bits/couche et que vous élargissez ensuite la plage tonale de l'image, l'histogramme comporte des « trous » qui indiquent qu'il manque des tons à l'image.

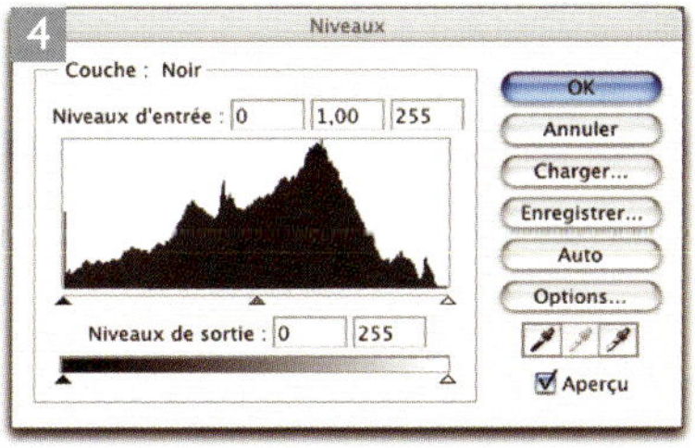

4 Si vous scannez sur plus de 8 bits/couche, l'image s'ouvrira dans Photoshop en mode 16 bits/couche. Après correction, l'histogramme restera lisse, preuve qu'aucune information visuelle n'est perdue.

Évaluation visuelle

Tous les scanners sont des périphériques RVB. Les capteurs CCD sont munis de trois ou quatre diodes colorées, en général une rouge, deux vertes et une bleue (la diode verte supplémentaire sert à rapprocher la sensibilité du capteur de celle de l'œil humain). Lorsque vous évaluez la qualité d'un scan, vérifiez séparément l'apparence de chaque couche en prêtant une attention particulière à la couche bleue, qui est toujours celle qui comporte le plus de bruit. Le bruit n'est pas apparent sur toutes les images, mais vous le verrez aisément si vous traitez régulièrement des photos sous-marines ou de ciels.

Faire numériser des documents

Si vous cherchez à obtenir une qualité de numérisation maximale et que votre budget ne vous permette pas d'acquérir un scanner haut de gamme, la meilleure solution consiste à faire appel à une société spécialisée (pré-presse, imprimeur) qui effectuera le travail à votre place. Le prix de tels scans est élevé, mais vous obtenez ainsi le meilleur de la technologie numérique. À quoi bon dépenser beaucoup d'argent en boîtiers et en objectifs si la numérisation n'est pas à la hauteur ?

Si vous faites appel à des professionnels de la numérisation, vous devez au préalable savoir quoi demander. Tous les scanners scannent en RVB, mais il est possible qu'on vous indique que « les scanners ne numérisent qu'en CMJN ». En réalité, cela veut dire que le scanner convertit automatiquement les fichiers RVB en CMJN « prêts à l'impression ».

Cependant, si vous souhaitez appliquer dans Photoshop des corrections à l'image numérisée, mieux vaut disposer d'images RVB que vous pourrez convertir ensuite en CMJN. En mode RVB, et contrairement au mode CMJN, toutes les fonctions de Photoshop sont disponibles. Par ailleurs, lorsqu'une image est numérisée directement en CMJN, elle est généralement « accentuée » (rendue plus nette) pour l'impression. Il est préférable d'effectuer cette opération soi-même une fois que les autres corrections de l'image sont terminées.

Kodak Photo CD

Le format Photo CD a été lancé par Kodak en 1992 en tant que support de stockage pour les images numériques pouvant être utilisé tant sur un ordinateur que sur un téléviseur de salon. Ce produit n'a pas rencontré le succès escompté auprès du marché amateur, mais les professionnels et la PAO l'ont en revanche rapidement adopté. Aujourd'hui, le format Photo CD ayant été abandonné par Kodak (et devenant donc de plus en plus difficile à obtenir), le seul format pouvant intéresser les photographes se nomme Photo CD Pro.

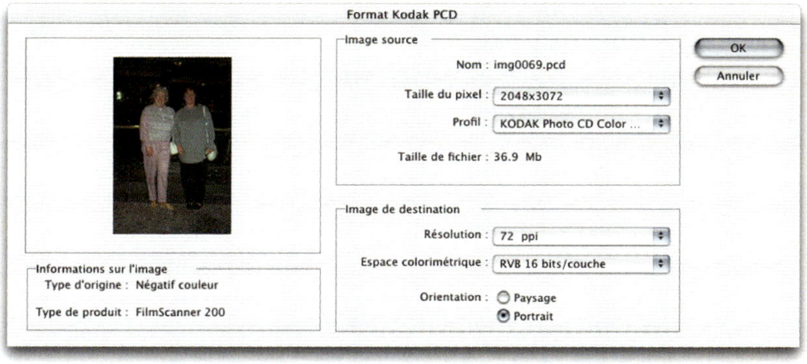

Figure 1.2 La boîte de dialogue Format Kodak PCD. À gauche, la boîte de dialogue indique de quel type d'émulsion provient l'image et quel scanner a été employé. Ces deux informations vous permettront de choisir le profil adéquat. Vous pouvez maintenant ouvrir une image Photo CD en mode 48 bits (16 bits/couche) ; d'après Kodak, les informations de luminance, en mode Lab, sont codées sur 12 bits/couche, ce qui permet de préserver une quantité maximale d'informations dans l'image ouverte dans Photoshop.

Un CD-Rom Photo CD Pro peut contenir jusqu'à 25 images provenant d'un film 35 mm, 120 ou 5 x 4. Chaque fichier d'image comprend six versions de l'image à différentes résolutions, qui vont de 64 x 96 pixels à 4096 x 6144 pixels (72 Mo). On peut également demander un Photo CD sans la résolution la plus élevée ; dans ce cas, chaque CD-Rom peut contenir jusqu'à cent images. Cette structure de fichier se nomme Image Pac. Son intérêt est que vous pouvez directement ouvrir l'image dans la résolution qui vous intéresse, sans avoir à la redimensionner par la suite. Le prix pour chaque image scannée peut aller de 10 à 30 €, ce à quoi il faut ajouter le prix du CD-Rom lui-même (10 à 30 € également). À titre de comparaison, une numérisation effectuée avec un scanner rotatif coûte de 60 à 150 € environ.

Qualité d'image et stockage

La qualité des images Pro Photo CD est proche de celle des scanners rotatifs, mais elle dépend aussi du technicien qui effectue la numérisation ; s'il est possible d'effectuer des corrections lors de la numérisation, le technicien choisira presque toujours de préserver l'aspect de l'image telle qu'elle apparaît sur la pellicule.

Les images numérisées sont stockées sur CD-Rom dans un format de fichier « sans perte visible d'information », ce qui fait du Photo CD un format particulièrement adapté à l'archivage. On peut par exemple envisager de créer des bibliothèques de ciels, de textures, etc., sur Photo CD.

Ouvrir une image Photo CD

Lorsque vous installez Photoshop, tous les plug-ins nécessaires pour ouvrir des images Photo CD sont automatiquement copiés sur votre disque dur. Sous Mac OS 9, vérifiez à l'aide du Gestionnaire d'extensions que les extensions KODAK PRECISION et CD-ROM sont activées. Si ce n'est pas le cas, activez-les et redémarrez l'ordinateur. Toujours sous Mac OS, ignorez le dossier « IMAGES » du CD-Rom. Ce dernier contient des images destinées à être affichées sur un téléviseur, qui ne conviennent donc pas pour un traitement numérique.

Pour ouvrir une image Photo CD dans Photoshop, procédez comme ceci :

- Insérez le CD-Rom Photo CD dans votre lecteur.
- Dans Photoshop, choisissez Fichier > Ouvrir, puis sélectionnez le CD-Rom à partir de la boîte de dialogue d'ouverture de fichier.
- Ouvrez le dossier Photo_CD du CD-Rom, puis le sous-dossier IMAGES.
- Sélectionnez l'image voulue en vous basant sur l'index imprimé livré avec le CD-Rom, puis cliquez sur Ouvrir.

La boîte de dialogue qui s'affiche propose différentes options. Dans la liste déroulante Pixels, choisissez la taille en pixels de l'image à ouvrir. Dans la liste déroulante Profil, choisissez le profil adéquat. Référez-vous à la section « Image Info » de la boîte de dialogue pour choisir le bon profil en fonction du scanner (« Type de produit ») et du type de pellicule. Pour les Pro Photo CD, le profil à choisir est Photo CD 4050 ; pour les Photo CD standards, choisissez Photo CD Universal. Pour les négatifs couleur, un seul type de profil (Color Negative) est disponible. En choisissant le bon profil, vous améliorez l'apparence de l'image, en particulier au niveau des tons foncés des diapositives.

Vous pouvez choisir d'ouvrir l'image en mode Lab (YCC) ou RVB. Depuis la version 5 de Photoshop, le risque de perte de tons lors de l'ouverture d'un Photo CD en mode RVB a beaucoup diminué. Si vous choisissez RVB, l'image sera automatiquement ouverte et convertie dans l'espace RVB par défaut que vous avez choisi. Notez que vous pouvez aussi ouvrir les images Photo CD en mode 16 bits/couche.

Appareils photo numériques

La photo argentique existe depuis plus de 150 ans, et elle continue à susciter beaucoup d'intérêt ; en effet les fabricants continuent d'améliorer les émulsions utilisées à l'heure actuelle. Toutefois, la photo numérique a connu un tel développement, ces dernières années, que les appareils photo numériques seront bientôt la principale méthode de prise de vue, tant à usage privé que professionnel.

Pour les particuliers comme pour les professionnels, l'avantage de la photo numérique est le même : le résultat est immédiatement visible et exploitable. Le professionnel, en particulier, n'a plus besoin de patienter en attendant le développement de la pellicule, puis d'envoyer un coursier au client pour obtenir son approbation. Le client peut quitter le studio avec le résultat final gravé sur un CD-Rom. Pour le client, c'est un gain de temps mais aussi d'argent, puisqu'il n'y a plus ni film, ni traitement, ni numérisation à payer.

Appareils grand public

Il existe un grand choix d'appareils à moins de 1000 €, à quoi il faut ajouter une ou plusieurs cartes mémoire afin d'obtenir une capacité de stockage suffisante. Dans cette gamme de prix, le nombre de mégapixels proposés par les appareils peut varier de 2 à 6. La qualité d'image obtenue avec ces appareils n'est pas professionnelle, mais vous pourrez obtenir des tirages de bonne qualité avec votre imprimante à jet d'encre, comparable ou supérieure à celle d'un minilab.

Les appareils grand public plus onéreux peuvent être employés dans certains contextes professionnels. Le Nikon Coolpix 5000 est un bon exemple : son objectif est de bonne qualité, il offre 5,24 mégapixels ainsi que différentes possibilités de réglage manuel. La principale limitation de ces appareils est qu'il ne sont pas directement conçus pour les professionnels. En témoignent par exemple la batterie d'une durée de vie limitée, la petite taille de la carte mémoire ou encore le délai entre le moment où l'on appuie sur le déclencheur et la prise de vue effective, ce qui limite l'intérêt de l'appareil pour les sujets en mouvement.

Appareils de type reflex

Il existe sur le marché plusieurs appareils se rapprochant des reflex traditionnels, par exemple le Fuji FinePix S602 (moins de 1000 €) ou encore les Olympus E-10 et E-20 (entre 1000 et 2000 €). Techniquement, il s'agit bien d'appareils reflex (munis d'un miroir) mais leurs objectifs ne sont pas interchangeables, ce qui limite leur domaine d'application. La qualité d'image est toutefois excellente, et il existe pour ces appareils des convertisseurs télé, macro et grand-angle à visser devant l'objectif.

Une catégorie au-dessus, on peut citer les Canon EOS D60, Fuji FinePix S2 Pro et Nikon D100, tous à moins de 3000 €. Ce sont de véritables boîtiers reflex à objectifs interchangeables (à monture Nikon AF en ce qui concerne le Fuji), et qui offrent un grand nombre de fonctions professionnelles.

Enfin, dans la catégorie des « vrais » appareils professionnels, on trouve à l'heure actuelle les Canon EOS 1D, Fuji FinePix S1 Pro, Kodak DCS 760 (monture Nikon AF), Contax N-Digital et Nikon D1H et D1X qui proposent une capture d'image de qualité professionnelle, une vitesse élevée pour la prise de vue en rafale et une réponse instantanée du déclencheur, en plus de l'arsenal habituel de fonctions professionnelles. Ces caractéristiques en font des appareils pouvant être employés dans toutes sortes de domaines, de la photo de presse à la photo de mariage et au portrait.

Appareils CCD moyen format

Voici quelques années, les options disponibles en matière de photographie numérique moyen format étaient très limitées, et leur coût prohibitif. Mais depuis, différentes sociétés ont commencé à produire des dos numériques s'adaptant aux appareils moyen format traditionnels.

Ces dos numériques utilisent différentes technologies qui sont décrites ci-dessous. En simplifiant, on peut dire que plus la qualité de l'image augmente, plus le temps d'exposition est long, et plus le dos est onéreux.

Dos CCD simple exposition. Les dos simple exposition *(one-shot)* utilisent une technologie similaire à celle des appareils petit format : une grille de pixels où chaque pixel enregistre des informations soit pour le rouge, soit pour le vert, soit pour le bleu.

Dos CCD exposition multiple. Les capteurs des dos CCD multiple exposition *(multiple shot)* sont monochromes, aussi trois ou quatre expositions du CCD sont

Figure 1.3 Cette photographie a été prise par Jon Gibson-Skinner à l'aide d'un dos moyen format Leaf.

effectuées à travers des filtres rouge, vert et bleu pour obtenir une image en couleurs. L'avantage de ce système est qu'il évite l'apparition d'artefacts qui réduisent la qualité des images provenant des CCD simple exposition. Inconvénient : la prise de vue n'est pas instantanée, ce qui ne permet pas l'utilisation de flashes. Toutefois, certains dos *multiple shot* fonctionnent également en mode *one-shot*.

Les fabricants de dos CCD se nomment Leaf, Sinar, Phase One, Kodak et Imacon. Tous leurs produits permettent d'obtenir une excellente qualité d'image, supérieure à celle du film. L'image est plus nette et ne comporte pas de grain, et sa plage dynamique est plus importante, en général 10 à 11 diaphragmes (contre 6 à 7 diaphragmes pour les négatifs et 4 à 5 diaphragmes pour les inversibles). De plus, une attention particulière est apportée à la réduction du bruit numérique.

Bien que le prix des dos numériques ait considérablement diminué ces dernières années, ils restent la partie la plus onéreuse de l'appareil, les premiers modèles coûtant environ 10 000 €. Est-il utile de préciser qu'étant donnée leur fragilité, il faut les manipuler avec la plus grande prudence ? Sachez par ailleurs qu'il existe des polices d'assurance spécifiques pour les appareils numériques plus coûteux.

Figure 1.4 Photo prise avec un appareil Hasselblad et une émulsion Fuji Velvia, numérisée à 2600 pixels/pouce avec un ScanMate 5000 pour obtenir un fichier RVB 24 bits de 100 Mo. Image affichée à une résolution de 100 %.

Photographe : Paul Webster.

Figure 1.5 Photo numérique réalisée avec un dos Phase One LightPhase, fichier RVB 24 bits de 48 Mo agrandi de 66 % par interpolation. Image affichée à une résolution de 100 %.

Argentique et numérique

Le rapport idéal entre résolution en pixels d'une image et trame d'impression est de l'ordre de 1,5. Dans le cas d'une image A4 destinée à un magazine et imprimée à 133 lignes/pouce, votre image RVB devrait avoir une résolution de 200 pixels/pouce. Cette image serait ensuite convertie en fichier CMJN de 15,5 Mo. En prenant en compte des marges éventuelles, le fichier RVB devra être d'au moins 12 Mo. Tous les appareils professionnels mentionnés ici sont capables d'enregistrer au moins 12 Mo de données RVB 8 bits par couche. Mais pour la plupart de ces appareils, le format A4 est loin d'être une limite. En effet, l'image enregistrée peut être agrandie beaucoup plus qu'une image provenant d'un film et scannée.

L'une des raisons qui obligent à utiliser de grands scans est le grain du film. En effet, le scanner prend en compte le grain lors de la numérisation, ce qui peut aboutir à des variations de couleur brutales d'un pixel à l'autre ; l'effet est particulièrement visible dans les zones de couleur pure. Lorsqu'une image numérisée comportant du grain est agrandie, le grain lui-même est également agrandi. Les images obtenues avec les appareils numériques ne comportent pas de grain, aussi peuvent-elles être agrandies sans faire apparaître des artefacts inesthétiques. Les figures 1.4 et 1.5 permettent de comparer le scan d'un film pour diapositive numérisé avec un scanner rotatif avec la même image obtenue avec un dos numérique LightPhase. Le fichier provenant du dos numérique est de taille modeste (4 Mo par couche, soit 12 Mo pour l'image RVB composite), mais elle est plus pure que l'image scannée : elle est dépourvue de grains et d'artefacts provenant de la surface de la pellicule ou du processus de numérisation. De ce fait, il est possible de doubler par interpolation le volume du fichier obtenu à l'aide d'un dos numérique et d'obtenir une qualité équivalente à celle d'un scan effectué avec un scanner rotatif.

Autre avantage des images prises avec un appareil numérique : du fait de l'absence de grain, on obtient des fichiers comprimés (sans perte de qualité) de volume nettement plus faible, de l'ordre de quelques Mo pour la figure 1.5, dont le volume initial était de 12 Mo.

Figure 1.6 Le capteur CCD de la plupart des appareils numériques est composé d'une mosaïque de pixels RVB rangés en carrés de 2 diodes de côté, chaque carré comportant un pixel rouge, deux pixels verts et un pixel bleu. Le Fuji S1 Pro utilise des pixels de forme hexagonale qui captent plus de lumière que les pixels traditionnels, d'où une sensibilité nominale plus élevée.

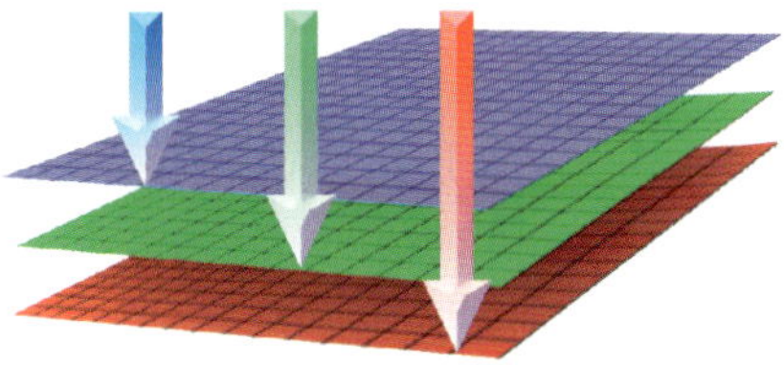

Figure 1.7 Le Foveon X3 est un nouveau type de capteur CCD où les pixels rouge, vert et bleu sont superposés au lieu d'être juxtaposés. De ce fait, il évite l'apparition d'artefacts tels que moirures et effets d'escalier. À l'heure actuelle, ce capteur est disponible dans un seul appareil, le Sigma SD-9 (à monture Sigma), qui est un appareil reflex visant le marché semi-professionnel.

Dos scanner

Comme leur nom l'indique, les dos scanner fonctionnent à la manière d'un scanner, une rangée de capteurs photosensibles parcourant la longueur du dos pour enregistrer l'image. L'image obtenue est de grande qualité, mais dans la mesure où il faut d'une à dix minutes pour la prise de vue, un tel système ne peut être employé qu'avec des sujets fixes (natures mortes, paysages…) et un éclairage continu. Les principaux fabricants de ce type d'appareil sont BetterLight, Phase One et Dicomed ; les dos qu'ils fabriquent sont destinés à des chambres grand format (5 x 4).

L'un des premiers photographes professionnels à utiliser ce type d'appareil est Stephen Johnson ; en fait, depuis 1994, toutes les prises de vue qu'il effectue sont numériques. Pour lui, l'intérêt du dos scanner est le degré de détail et la netteté (bien supérieurs à ceux du film) qu'il permet d'obtenir, mais aussi la plage tonale très large : les capteurs numériques permettent de préserver les détails des zones les plus claires et les plus foncées de l'image. Le site de Stephen Johnson se trouve à l'adresse www.sjphoto.com.

Figure 1.8 Photographie de Stephen Johnson. Copyright © 1994 Stephen Johnson.

Faut-il passer au numérique ?

En matière de photographie, nous vivons actuellement une époque charnière où la photographie numérique commence à offrir les mêmes possibilités que la photographie traditionnelle dans de nombreux domaines, la surclassant parfois.

Dans le cas d'un studio photo, l'intérêt du numérique est le gain de productivité qu'il apporte. Le client peut assister à la séance photo et approuver immédiatement l'image retouchée affichée à l'écran. Celle-ci peut ensuite être transmise par Internet à l'imprimeur (ou à tout autre destinataire), le travail étant alors terminé dans la journée. Dans la mesure où la conversion d'un studio en numérique représente un investissement considérable, il n'est pas déraisonnable de demander à ses clients des tarifs plus élevés pour une prise de vue numérique : après tout, le client gagne du temps et évite les frais de pellicule et de développement. Toutefois, tous les clients ne sont pas prêts à accepter cette logique.

Logiciels des appareils et stockage des images

Lors du passage au numérique, certaines habitudes doivent être modifiées. Ainsi, jadis, les clients recevaient des transparents ou des planches contact et la responsabilité du photographe s'arrêtait dès lors que la photo était approuvée. Aujourd'hui, il y a plus de facteurs à prendre en compte.

Ainsi, il faut un moyen de communiquer l'image terminée au client. Si le client est présent lors de la prise de vue, il peut approuver immédiatement le résultat et repartir avec un CD-Rom. Sinon, il faut trouver un moyen de lui transmettre les images. Les fonctions Galerie Web Photo et Planche Contact II de Photoshop peuvent s'avérer très utiles ici.

Autre problème du passage au numérique : alors que du point de vue du matériel, les appareils récents sont à la pointe de la technologie, ils utilisent souvent des logiciels « vieillots » qui ralentissent l'affichage des images. Ainsi, il faut une trentaine de secondes pour afficher une image du Nikon D1X, alors que la même image sera affichée en trois secondes dans Photoshop ! Il existe toutefois des solutions. Certains logiciels externes permettent d'accéder rapidement aux images des appareils ; c'est aussi le cas pour l'Explorateur de fichiers de Photoshop, qui affiche (pour certains appareils seulement) directement les fichiers bruts des appareils numériques.

Le stockage des images doit également être pris en considération. Il est possible de graver sur un CD-Rom une quarantaine de fichiers de 18 Mo chacun, mais il faut prendre en compte le temps de gravure, et ensuite le temps nécessaire pour lire les images stockées sur le CD-Rom. Et bien entendu, dans le cas de fichiers plus volumineux, le problème est d'autant plus difficile à résoudre. Vous serez sans doute amené à utiliser un logiciel de gestion de base de données d'images ; nous y reviendrons dans le chapitre 5.

Conclusion

Il ne fait plus de doute aujourd'hui que la photographie numérique s'imposera dans les années à venir. Mais pour le photographe, le passage de l'argentique au numérique n'est pas sans susciter des interrogations. Souvent, c'est sous la pression du client que se fait la transition, celui-ci espérant en tirer profit au niveau de la qualité, de la productivité et des coûts. Mais pour ceux qui débutent dans le numérique, les risques de catastrophe sont réels. En fait, il se pourrait qu'on assiste à la même évolution que celle de la PAO, voici quelques années. Quoi qu'il en soit, une fois la page tournée, vous ne souhaiterez plus revenir en arrière !

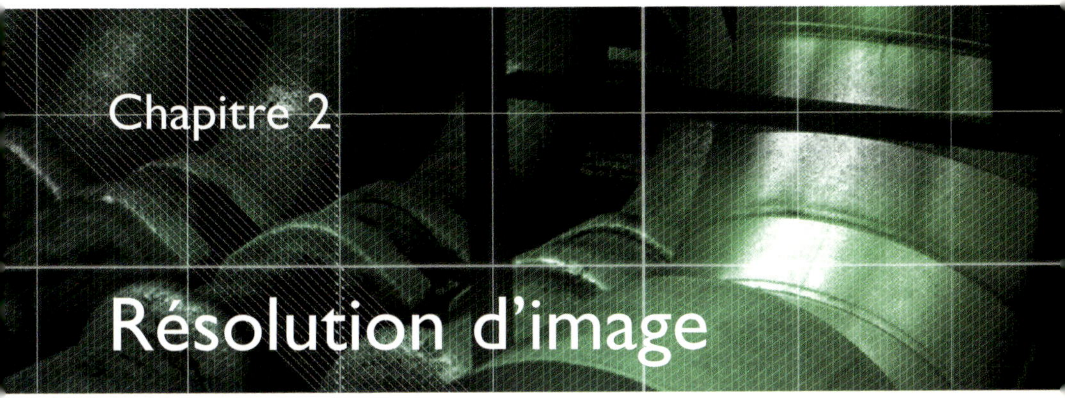

Chapitre 2

Résolution d'image

Ce chapitre traite de la résolution d'image et tente de répondre à deux questions fréquemment posées : comment définit-on la résolution d'une image numérique et quelle résolution est nécessaire lors de l'impression ? Les dimensions en pixels d'une image numérique sont absolues ; il s'agit donc du moyen le plus adapté pour décrire sa taille. On peut aussi utiliser comme unité le volume du fichier de l'image, mais cette mesure n'est pas aussi précise : une même image générera une taille de fichier différente selon qu'elle comporte ou non des couches ou des calques supplémentaires, qu'elle est enregistrée dans un format compressé, etc. Il reste que cette manière de décrire la taille de l'image est assez courante. À titre d'exemple, un appareil numérique « six mégapixels » génère des images RVB de six millions de pixels. Pour obtenir le volume d'une telle image, il faut multiplier cette valeur par le nombre de couches dont elle est composée (trois), ce qui donne 18 Mo au total.

La résolution d'une image est le rapport entre le nombre de pixels de l'image numérique et la taille (en pouces) de l'image imprimée. Ainsi, une image numérique de 3000 pixels de large pourra être imprimée sur un document de 10 pouces (25 cm) de large, à une résolution de 300 pixels/pouce, ou sur un document de 12 pouces (30 cm) de large, à une résolution de 250 pixels/pouce. Le rapport entre taille en pixels et résolution peut donc être exprimé comme suit : taille en pixels = taille physique x résolution (en pixels/pouce).

Pixels et vecteurs

Les images numériques sont composées de pixels ; de ce fait, tout changement de résolution modifie l'image. Il est possible d'agrandir une image composée de pixels mais, dans ce cas, la structure de l'image (les pixels) risque de devenir visible (voir figure 2.1). Illustrator est un exemple de logiciel de dessin vectoriel. Les objets dessinés dans Illustrator sont définis mathématiquement : si l'on dessine au moyen de ce logiciel un rectangle, tant ses dimensions, sa position dans la page que son remplissage peuvent être exprimés à l'aide d'équations mathématiques. Ce rectangle apparaîtra toujours net, qu'il soit affiché sur un écran d'ordinateur ou agrandi au format A1 et imprimé à 300 pixels/pouce (voir figure 2.2). Photoshop est quant à lui principalement un logiciel de traitement des pixels, mais il offre également des fonctions vectorielles : il permet de créer différents éléments (texte, masques vectoriels) dont la qualité ne se dégrade pas quand on modifie la taille du document, comme dans Illustrator.

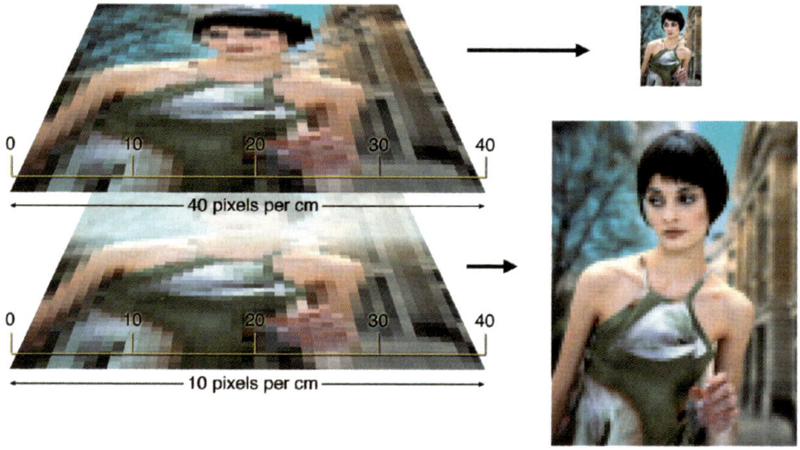

Figure 2.1 L'image ci-dessus mesure 40 pixels de large. Elle peut être imprimée de deux manières différentes, avec des résultats différents : à une résolution de 40 pixels/cm, elle mesure 1 cm de large et ses pixels sont difficiles à distinguer ; à une résolution de 10 pixels/cm, elle mesure 4 cm de large, mais ses pixels sont alors nettement visibles.

Figure 2.2 Les images numériques sont composées d'une mosaïque de pixels. De ce fait, les images numériques ont une taille en pixels fixe ; si vous agrandissez l'image en augmentant le nombre de pixels, la structure de l'image (la mosaïque de pixels) risque de devenir visible, comme ci-dessous à droite. Une image créée à l'aide d'un logiciel de dessin vectoriel tel que Illustrator est quant à elle composée de formes définies par des formules mathématiques. Par conséquent, elle peut être agrandie (ou réduite) à volonté, comme le montre l'exemple ci-dessous à gauche.

Photographe : Eric Richmond

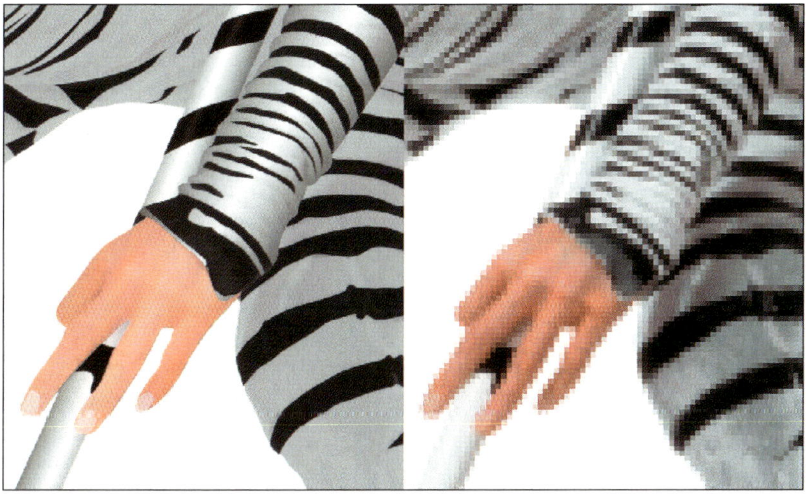

Terminologie

Avant de poursuivre, voici la définition de quelques termes employés dans le contexte de la résolution d'image.

pixels/pouce ou **ppi** (*pixels per inch*) : l'unité qui définit la résolution de l'image numérique. Cette unité était également employée pour les moniteurs d'ordinateur : les moniteurs Macintosh ont une résolution par défaut de 72 pixels/pouce alors que celle des PC est de 96 pixels/pouce. L'une des raisons pour laquelle les ordinateurs Macintosh utilisent cette résolution par défaut (et qui remonte aux tous premiers Macs) est que pour les infographistes, elle permet d'évaluer plus facilement la taille des caractères qu'ils utilisent par rapport à la page.

lpp (lignes/pouce) ou **lpi** (*lines per inch*) : le nombre de lignes de demi-teinte ou « cellules » par pouce, également nommé *trame* ou *linéature*. Ces termes datent d'avant la PAO. À l'époque, pour produire une plaque de demi-teinte, l'exposition du film se faisait à travers une plaque de verre comportant une trame de fines lignes qui formaient une grille uniforme. Lorsqu'une photographie à tons continus était exposée de cette façon, les zones sombres de la photographie étaient rendues par des gros points de demi-teinte, et les zones claires par de petits points, ce qui créait l'illusion d'une image à tons continus pour peu qu'elle ne soit pas vue de trop près.

dpi (*dots per inch*), ou **points/pouce** : l'unité qui définit la résolution des périphériques d'impression. Notez qu'on utilise parfois pour ces derniers l'unité « pixels/pouce », ce qui est inexact d'un point de vue technique, puisque les périphériques de sortie (flasheuse, imprimante...) ne produisent pas des pixels mais des points. L'unité à utiliser pour l'image numérique est donc le pixel/pouce, le point/pouce (ou dpi) devant être réservé aux spécifications des périphériques de sortie.

Supposons que vous disposiez d'une flasheuse dont la résolution soit de 2400 points/pouce. Si vous choisissez une trame de 150, le nombre de points de l'imprimante par cellule de demi-teinte est de 16. Avec une grille de 16 x 16 points, la flasheuse peut générer un point de demi-teinte dont la taille peut aller de 0 à 256 points imprimés. C'est cette variation de la taille du point (qui résulte d'un assemblage de points plus petits) qui crée l'illusion de tons continus dans l'image. Notez aussi que tout cela ne s'applique qu'à l'impression offset – les imprimantes à jet d'encre, par exemple, dont la résolution varie entre 360 et 1440 points/pouce, utilisent des méthodes très différentes pour rendre les tons d'une image.

Dans tous les cas, il faut retenir que la taille de l'image affichée à l'écran, même si l'on choisit un rapport d'affichage de 100 %, n'a aucun rapport avec la taille du document final, sauf s'il est destiné à un affichage sur écran (Web ou CD-Rom).

1 La trame de demi-teinte représentée ici a un angle de 0°. Si vous choisissez une résolution en pixels égale à deux fois la trame, le RIP *(raster image processor)* utilisera quatre pixels pour calculer la valeur de chaque point imprimé.

2 Lors d'une reproduction en CMJN, quatre plaques sont utilisées ; de ces dernières, seule la plaque jaune a un angle de 0°. En général, la plaque noire a un angle de 45°, et les angles des plaques cyan et magenta sont respectivement de 105 et de 75°. Comme vous pouvez le constater, lorsque la résolution en pixels est de deux fois la trame, il n'existe aucun rapport direct entre les pixels et la trame de demi-teinte quand la plaque n'a pas un angle de 0°.

La résolution est le nombre de pixels par pouce dans l'image numérique.

La trame ou linéature, exprimée en lignes/pouce (ou lpp), est le nombre de points ou cellules de demi-teinte par pouce.

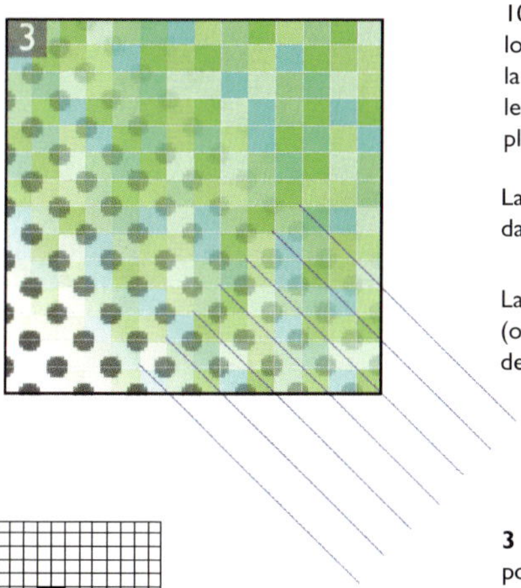

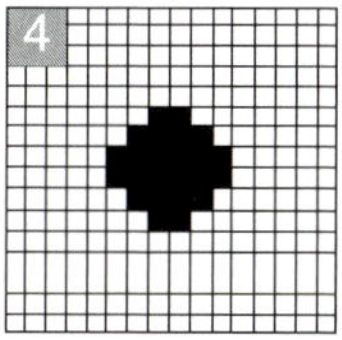

4 Chaque point de la trame de demi-teinte est calculé par le RIP en fonction du nombre de pixels qui compose l'image. Le point de trame de demi-teinte représenté ici est créé à l'aide d'une grille de 16 X 16 points. Cette grille peut donc théoriquement reproduire jusqu'à 256 nuances de gris. La trame du document imprimé correspond à la résolution de l'imprimante (en points/pouce) divisée par 16. Si on se base sur une résolution de 2400 points/pouce, la trame sera de 2400/16 = 150 lpp.

3 On ne dispose pas de formule empirique idéale pour calculer le meilleur rapport entre résolution d'image (en pixels/pouce) et trame. On utilise souvent un facteur 2 ou 1,5. La plaque noire est la plus inclinée (45°), et généralement la plus visible. Avec un facteur 1,41 (racine de 2), les pixels de l'image numérique seraient mieux synchronisés avec la trame de demi-teinte. Il n'existe pas de facteur correct ou incorrect : le RIP traitera les données issues des pixels quelle que soit la résolution de l'image. Si le nombre de pixels est trop faible, la qualité de l'image imprimée en pâtira. La réciproque n'est pas vraie : un nombre de pixels supérieur au nombre optimal ne donnera pas une image de meilleure qualité.

Résolution et impression

La structure du document imprimé (en offset) n'a aucun rapport avec la structure en pixels de l'image numérique. Un pixel de l'image numérique ne correspond pas à une cellule de trame de demi-teinte du document imprimé. Lors d'une impression CMJN, l'angle de trame varie en fonction de la plaque ; en général, la plaque jaune est à 0 ou 90°, la noire à 45°, la cyan à 105° et la magenta à 75°. Si la plaque noire a un angle de 45° et la plaque jaune un angle de 0 ou 90°, le rapport entre cellule de trame noire et cellule de trame jaune est de 1,41 (racine de 2). En conséquence, si l'on souhaite disposer d'au moins un pixel par cellule de trame de demi-teinte, le rapport entre résolution d'image (en pixels/pouce) et trame (en lignes/pouce) doit être d'au moins 1,41.

La plupart des imprimeurs demandent une résolution d'image dont le rapport soit de 1,41, de 1,5 ou de 2,0 par rapport à la trame. Pour obtenir le meilleur résultat possible, il faut que vous demandiez à votre imprimeur la trame et le rapport entre résolution et trame qu'il convient d'employer.

Pour déterminer la taille de l'image qui sera appropriée, vous devez donc éclaircir dès le début différents points :

- Quelle sera la taille (en cm ou en pouces) du document une fois imprimé ?
- Quelle est la trame employée par l'imprimeur (en lpp) ?
- Quel rapport entre résolution d'image et trame l'imprimeur vous demande-t-il d'employer ?
- Faut-il prévoir des marges, et l'image doit-elle être recadrée ?

Mieux vaut avoir répondu à ces questions avant la numérisation (ou l'acquisition) de l'image. Si l'une des informations est manquante, vous n'aurez d'autre possibilité que d'utiliser la résolution la plus élevée possible, et ensuite de réduire éventuellement la taille de l'image. Inconvénient de cette situation : les fichiers correspondants prennent plus de place sur le disque dur et sont plus longs à traiter. En revanche, il peut arriver que le maquettiste souhaite agrandir au dernier moment la taille de l'image dans la page ; dans ce cas, si vous utilisez un rapport de 2 entre résolution d'image et trame, les données de l'image seront suffisantes pour éviter une dégradation de l'image si un agrandissement de dernière minute est nécessaire.

Résolution des imprimantes à jet d'encre

Comme nous l'avons dit, la résolution d'une image doit être donnée en pixels/pouce pour éviter toute confusion avec les points/pouce (dpi) servant à spécifier la résolution de sortie des flasheuses. Le point/pouce est également employé pour les imprimantes à jet d'encre, mais dans ce contexte, son sens est légèrement différent.

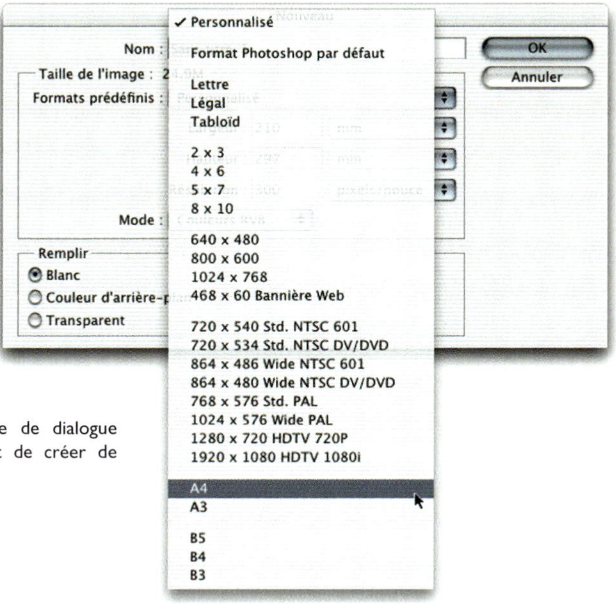

Figure 2.3 La boîte de dialogue Nouveau, qui permet de créer de nouveaux documents.

La plupart des imprimantes à jet d'encre projettent sur le papier un motif de gouttelettes d'encre qui créent l'illusion de tons continus. Cet effet est obtenu en variant le nombre de gouttelettes ou leur taille, voire les deux à la fois.

Pour obtenir le meilleur résultat possible avec une imprimante à jet d'encre, utilisez une résolution d'image (en pixels/pouce) qui soit une fraction entière de la résolution de l'imprimante. Ainsi, si la résolution maximale de votre imprimante est de 2880 dpi, donnez à votre image une résolution de 144 ou 288 pixels/pouce ; si elle est de 2400 dpi, utilisez des résolutions de 240 ou 120 pixels/pouce, etc. Une résolution d'image supérieure ne vous donnera sans doute pas de meilleur résultat imprimé.

Création d'un nouveau document

Pour créer un nouveau document dans Photoshop, choisissez Fichier > Nouveau. Vous affichez ainsi la boîte de dialogue de la figure 2.3. Vous pouvez choisir l'un des formats prédéfinis dans la liste déroulante pour définir automatiquement les dimensions de l'image. Vous devrez néanmoins entrer manuellement sa résolution. Vous avez également la possibilité de compléter la liste des formats prédéfinis. Pour ce faire, modifiez le fichier Nouveaux formats doc.txt qui se trouve dans le dossier Paramètres prédéfinis ; ouvrez ce fichier pour des indications détaillées sur la manière de procéder.

Modification des dimensions de l'image

Les dimensions et la résolution de l'image peuvent être modifiées à l'aide de la boîte de dialogue Image > Taille de l'image (voir figure 2.4). Par défaut, l'option Rééchantillonnage est cochée, ce qui vous permet de modifier les dimensions en pixels de l'image. Désactivez cette option, puis modifiez la largeur, la hauteur ou la résolution de l'image : comme vous pouvez le constater, toute modification de la largeur ou de la hauteur entraîne un changement de résolution et réciproquement. Utilisez la boîte de dialogue sans l'option Rééchantillonnage pour vous familiariser avec le rapport entre taille en pixels, taille en centimètres (ou en pouces) et résolution en pixels/pouce.

Pour agrandir ou réduire la taille en pixels d'une image, cochez l'option Rééchantillonnage, puis modifiez les valeurs des champs Largeur et Hauteur dans la partie supérieure de la boîte de dialogue. Dans ce cas, Photoshop crée de nouveaux pixels par approximation en se basant sur les pixels existants ; cette opération se nomme interpolation. Trois qualités d'interpolation sont disponibles dans la liste déroulante à droite de l'option Rééchantillonnage. Le rééchantillonnage Bicubique est celui qui donne la meilleure qualité d'image. Lorsque l'option Conserver les proportions est désactivée, vous pouvez modifier indépendamment la hauteur et la largeur de l'image, ce qui a pour effet de l'écraser horizontalement ou verticalement.

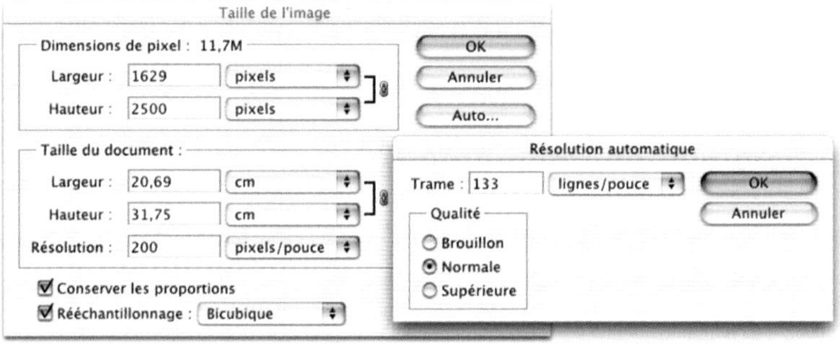

Figure 2.4 Pour modifier la résolution de l'image sans changer ses dimensions physiques, cochez l'option Rééchantillonnage et entrez la résolution voulue dans le champ Résolution. Pour modifier les dimensions physiques d'une image sans changer ses dimensions en pixels, désactivez l'option Rééchantillonnage. Le bouton Auto permet de choisir la résolution optimale pour l'impression en fonction d'une trame donnée.

D'une manière générale, il est préférable d'effectuer les opérations de rééchantillonnage dans Photoshop plutôt que dans le logiciel de base livré avec les scanners, et sur les scans bruts plutôt que sur des fichiers corrigés et renforcés avec le filtre Accentuation. Pour rééchantillonner des scans ou des images qui proviennent d'appareils photo numériques, on peut également recourir à d'autres logiciels (ResoLUT ou ColorShop, par exemple). Voici une astuce pour obtenir le meilleur résultat possible lors d'un rééchantillonnage : effectuez l'interpolation par étapes et non en une seule fois. Augmentez ou réduisez la résolution de l'image de 50 pixels/pouce à la fois. Si l'image initiale a une résolution de 300 pixels/pouce et si vous souhaitez la réduire, choisissez d'abord une résolution de 250 pixels/pouce, puis de 200 pixels/pouce, etc., jusqu'à ce que vous atteigniez les dimensions en pixels voulues.

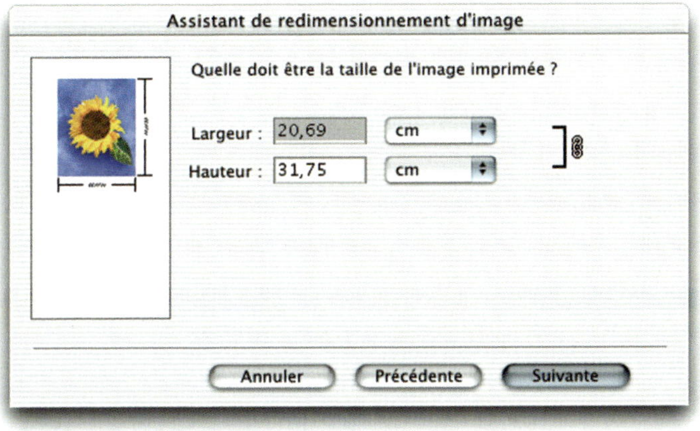

Figure 2.5 Si vous préférez ne pas avoir affaire à la boîte de dialogue Taille de l'image, faites appel à l'Assistant de redimensionnement d'image (dans le menu Aide). Il vous guidera tant pour les images destinées à l'impression que pour celles devant être placées sur un site Web.

Prévoyez grand : une fois qu'une image a été numérisée à une certaine résolution et manipulée, il n'est plus possible de revenir en arrière. Votre fichier ne servira peut-être à rien de plus volumineux qu'une séparation CMJN de 35 Mo, mais il est préférable d'être prudent : mieux vaut réduire la taille en pixels d'une image que l'augmenter. Supposons que vous souhaitiez intégrer un petit élément dans une scène qui comprend de nombreux détails. Pour intégrer cet élément d'une manière qui soit convaincante, un nombre suffisant de pixels est nécessaire pour pouvoir le manipuler facilement. En conséquence, il n'est pas forcément absurde d'effectuer des retouches sur des fichiers RVB de 100 Mo ou plus, même si pour une double page, un fichier RVB de 40 à 60 Mo (soit un fichier CMJN de 55 à 80 Mo) suffit dans la plupart des cas. Autre avantage des grandes tailles de fichier : il vous sera plus facile de vous adapter à la demande de vos clients, qui peuvent changer d'avis à tout moment. La figure 2.7 vous donnera une idée des résolutions et tailles de fichiers requises pour différents travaux courants.

				pouces	cm	pouces	cm
Taille en pixels	Mégapixels	Mo (RVB)	Mo (CMJN)	200 points/pouce	80 points/cm	300 points/pouce	120 points/cm
1600 x 1200	2	6	7,5	8 x 6	20 x 15	5,5 x 4	13,5 x 10
2400 x 1800	4,3	12,5	16,5	12 x 9	30 x 22,5	8 x 6	20 x 15
3000 x 2000	6	17,5	23,5	15 x 10	37,5 x 25	10 x 6,5	25 x 17
3500 x 2500	8,75	25	33,5	17,5 x 12,5	44 x 31	11,5 x 8,5	29 x 21
4000 x 2850	11,4	32,5	43,5	20 x 14	50 x 36	13,5 x 9,5	33,5 x 24
4500 x 3200	14,4	41	54,5	22,5 x 16	56 x 40	15 x 10,5	37,5 x 27
5000 x 4000	20	57	76	25 x 20	62,5 x 50	16,5 x 13,5	42 x 33,5

Figure 2.6 Le tableau ci-dessus met en rapport taille en pixels, mégapixels, taille de fichier en Mo et taille d'impression à différentes résolutions, en pouces et en cm.

Type de sortie	Trame (lignes/pouce)	Rapport 1,5 (pixels/pouce)	Mo monochrome	Mo CMJN	Rapport 2 (pixels/pouce)	Mo monochrome	Mo CMJN
Pleine page de journal A3	85	130	3	12,5	170	5,5	21,5
Pleine page de journal A3	120	180	6	24	240	10,5	42,5
Pleine page monochrome de magazine A4	120	180	3	–	240	5,3	–
Double page monochrome de magazine A4	120	180	6	–	240	10,6	–
Pleine page de magazine A4	133	200	3,7	14,8	266	6,5	26,1
Double page de magazine A4	133	200	8	29,6	266	13	52,2
Pleine page de magazine A4	150	225	4,7	18,7	300	8,3	33,2
Double page de magazine A4	150	225	9,4	37,4	300	17	66,4

Figure 2.7 Voici des indications quant aux tailles de fichier approximatives pour l'impression d'un fichier monochrome ou CMJN dans différents contextes. Le tableau comprend les valeurs pour deux rapports entre résolution (en pixels/pouce) et trame : 1,5 et 2.

Conclusions pratiques

Après toutes ces informations quelque peu contradictoires quant à la taille que doit avoir une image numérique, il est intéressant de savoir que les banques d'images demandent des fichiers d'une taille de 40 à 50 Mo aux photographes qui proposent des images numériques. Apparemment, les banques d'images considèrent que, pour la très grande majorité des achats d'images, cette taille de fichier est suffisante et qu'en fait, la plupart des images sont imprimées à partir de 20 Mo de données RVB ou moins. Vous pouvez être certain que dans n'importe quel magazine, la même quantité d'informations numériques a été employée pour réaliser les séparations de chaque page, et ce quelle que soit la taille des scans initiaux. Certains photographes et clients insistent malgré tout sur le fait que seul un film 20 x 25 permet d'obtenir une qualité suffisante pour un travail publicitaire. Notre point de vue est que le respect trop scrupuleux de ces règles empêche certains professionnels d'admettre que des images provenant d'appareils de plus petit format ou traitées à l'aide d'un ordinateur personnel peuvent être techniquement d'une qualité tout à fait suffisante.

Le sujet de l'image peut également avoir de l'importance. Une image qui présente d'une façon détaillée une machine complexe nécessitera plus de pixels pour une reproduction fidèle. *A contrario*, pour une photo de nuages, on pourrait tout à fait effectuer un agrandissement d'une petite image au-delà des limites habituellement admises.

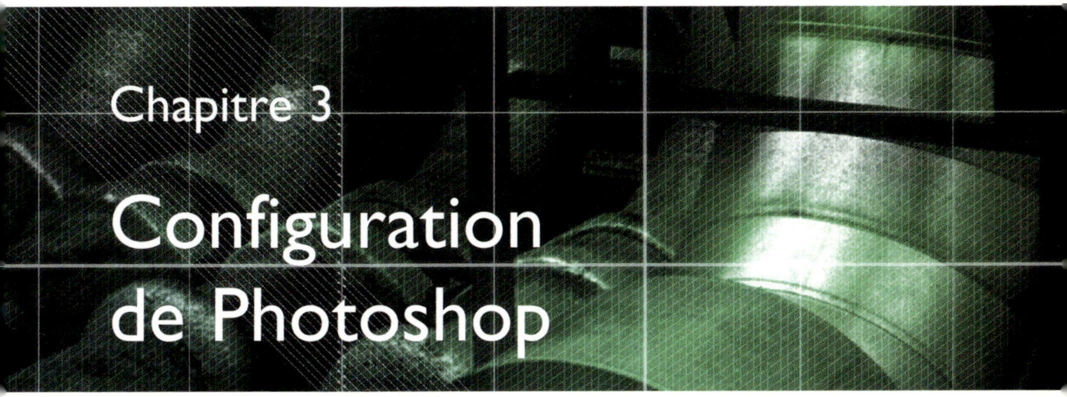

Chapitre 3 Configuration de Photoshop

Le premier élément qu'il convient de prendre en compte pour que les performances de Photoshop soient aussi bonnes que possible est le choix du système d'exploitation. Dans les premières éditions de ce livre, nous donnions encore des spécifications précises quant à l'ordinateur « minimum » pouvant être utilisé avec Photoshop. Aujourd'hui, quel que soit l'ordinateur que vous achetez, vous pourrez faire fonctionner convenablement Photoshop et compléter par la suite votre système pour le rendre plus performant.

Nous utilisons depuis toujours des Macintosh et c'est le système que nous connaissons le mieux. Toutefois, cette préférence n'est que personnelle, et le meilleur conseil que nous puissions vous donner, c'est de vous en tenir au système avec lequel vous êtes le mieux familiarisé, Mac OS ou Windows. Du point de vue des performances et de la convivialité, les deux systèmes sont presque identiques ; de plus, si vous décidez de changer de système, vous devrez racheter tous les logiciels dont vous avez besoin pour votre nouveau système.

Achat d'un système

Dans la mesure où même un ordinateur d'entrée de gamme permet aujourd'hui de faire fonctionner Photoshop, nous conseillons aux débutants de ne pas dépenser de sommes importantes pour un système haut de gamme ; vous pourrez toujours mettre à jour votre ordinateur par la suite. Un ordinateur que vous achèterez d'ici un à deux ans a toutes les chances d'être au moins deux fois plus performant que celui que vous achetez aujourd'hui.

À titre d'exemple, l'un des modèles d'entrée de gamme d'Apple, le iMac, dispose d'un processeur PowerPC G4 à 700 MHz, d'un écran plat de 17 pouces, de 128 Mo de mémoire vive (que nous conseillons d'étendre à 256 Mo ou plus), d'un disque dur de 40 Go ainsi que d'une carte graphique rapide. Le Power Mac G4 de base, quant à lui, dispose maintenant d'un double processeur PowerPC G4 à 867 MHz. Du côté de Windows, le choix est beaucoup plus vaste et il est difficile de désigner un système ou un autre, mais vous trouverez sans peine un système disposant d'un processeur Pentium III ou équivalent, d'un disque dur de 20 Go et de 256 Mo de mémoire vive. Par ailleurs, vous aurez besoin d'une version (relativement) récente de votre système d'exploitation pour pouvoir faire tourner Photoshop : Mac OS 9.04 à 9.2 ou Mac OS X, ou Windows 98, NT, ME, 2000 ou XP.

Moniteur. Après l'unité centrale, le moniteur est l'équipement le plus important de l'infographiste. Pour Photoshop, nous conseillons d'utiliser un moniteur CRT (cathodique) de 17 pouces au moins, les moniteurs 20 ou 22 pouces offrant bien entendu un confort supérieur. Les écrans plats TFT sont de plus en plus répandus et leur coût a considérablement diminué ces dernières années. Ils ont l'avantage d'occuper très peu de place sur le bureau. Toutefois, leur problème est que pour la plupart, ils ne peuvent être étalonnés correctement parce que leurs couleurs varient fortement en fonction de l'angle de vision de l'utilisateur. Toutefois, certains moniteurs TFT haut de gamme (Apple Cinema Display, Silicon Graphics) offrent un affichage relativement constant quel que soit l'angle de vision.

La plupart des systèmes récents permettent de raccorder deux écrans au même ordinateur, au prix, éventuellement, d'une seconde carte graphique. Un second écran plus petit vous servira par exemple à afficher les palettes de Photoshop, libérant ainsi de l'espace dans l'interface. Inconvénient du second moniteur : il ne peut être étalonné indépendamment du premier.

CD-Rom et périphériques de stockage. Il est aujourd'hui difficile de trouver des ordinateurs dépourvus de lecteur de CD-Rom rapide. En revanche, vous pourriez envisager l'achat d'un second disque dur comme disque de travail, ainsi que d'un périphérique de stockage externe : lecteur Zip ou graveur de CD-Rom. Ces types de périphériques vous serviront à archiver vos images (et à garder vos disques aussi peu remplis que possible, ce qui les rend plus performants) et aussi à les transmettre à des tiers.

Connexions. Les deux normes actuelles en matière de connexion de périphériques sont les ports USB et Firewire. Tous les ordinateurs récents comportent au moins un port USB (et il est possible de raccorder jusqu'à 127 périphériques USB à un ordinateur par l'intermédiaire de hubs) ; les ports Firewire n'équipent pour le moment que les ordinateurs Apple. Ils permettent un taux de transfert très élevé, mais les périphériques disposant d'une telle interface sont rares pour le moment. Enfin, une connexion SCSI ne sera nécessaire que si vous disposez de périphériques plus anciens qui font appel à cette interface.

Tablette graphique. Nous vous conseillons fortement de faire l'acquisition d'une tablette graphique. Celle-ci remplace la souris en tant que périphérique d'entrée et présente l'avantage d'être sensible à la pression. Certains utilisent des tablettes au format A4, d'autres préfèrent des tablettes plus petites (format A5 ou A6) ; l'avantage de ces dernières est qu'elles nécessitent moins de déplacement de la main, ce qui facilite les opérations de dessin. Enfin, le Cintiq est un nouveau périphérique lancé par Wacom qui combine écran LCD et tablette graphique, permettant ainsi de dessiner directement « sur » l'écran. Ce type de tablette intéressera sans doute plus les illustrateurs que les photographes, mais les premières réactions à son égard semblent très positives, et il se combine bien avec les formes dynamiques de Photoshop 7.

Où acheter ?

Les marchands de matériel en ligne proposent généralement des prix défiant toute concurrence, avec un service après-vente qui peut être excellent ou catastrophique. Essayez de connaître les expériences d'autres acheteurs avant de passer commande. Dans la mesure où ces marchands travaillent avec des marges extrêmement faibles, on ne peut espérer de leur part un service très rapide ni très efficace en cas de problème. Si vous avez besoin d'un équipement qui fonctionne sept jours sur sept sans interruption, faites plutôt appel à un revendeur spécialisé qui vous fournira des conseils personnalisés et surtout, qui pourra vous offrir une solution de rechange en cas de problème soudain avec votre matériel.

Amélioration des performances

Si possible, installez Photoshop sur un ordinateur séparé et évitez d'y installer d'autres applications ; utilisez un autre ordinateur pour vos applications bureautiques, votre connexion Internet, etc. Le fonctionnement de Photoshop en sera plus rapide.

Vitesse du processeur

Lors du choix d'un processeur, ne vous fiez pas uniquement à la vitesse exprimée en MHz. Les performances d'un processeur Power PC 800 MHz ne peuvent être comparées à celles d'un Pentium III 800 MHz, et ces dernières ne peuvent être comparées à celles d'un Athlon 800 MHz, ni même à celles d'un

Pentium II 800 MHz. Autre facteur à prendre en compte : la vitesse du bus du processeur, qui est celle à laquelle le processeur peut envoyer et recevoir les informations. La plupart des systèmes actuels proposent une vitesse de bus de 100 MHz ou plus.

Mémoire vive et disques de travail

Lorsqu'on utilise Photoshop, la quantité de mémoire vive (RAM) disponible est un facteur essentiel. Si les spécifications de Photoshop indiquent un minimum de 35 Mo de mémoire vive disponible pour pouvoir faire fonctionner le logiciel, en pratique, nous vous conseillons d'acquérir et d'installer autant de mémoire vive que vos moyens vous le permettent. Le type de mémoire le plus courant à l'heure actuelle se nomme DIMM, mais il peut varier en fonction de votre ordinateur. La quantité de mémoire que vous pouvez installer dépend du nombre de connecteurs dont dispose votre carte mère et de la taille des barrettes de mémoire. Ainsi, avec 3 connecteurs, vous pouvez installer 3 barrettes de 512 Mo, soit 1,5 Go de mémoire au total. Les bénéfices d'une mémoire accrue sont importants au niveau des performances.

Pour les versions précédentes de Photoshop, on considérait qu'il fallait disposer d'une quantité de mémoire égale à trois à cinq fois le volume de l'image. Avec la palette Historique, cette valeur peut être revue à la hausse pour peu qu'on choisisse d'utiliser un nombre important d'étapes d'historique et que les modifications réalisées sur l'image s'appliquent à l'image entière (filtres ou réglages, par exemple) ; d'autres éléments, les calques, par exemple, augmentent encore la consommation de mémoire.

Dans la mesure où le système ne dispose pas toujours d'une mémoire vive suffisante, Photoshop fait appel au disque dur en tant qu'extension de la RAM ; le disque dur qui fait office de mémoire vive est nommé « disque de travail » dans la terminologie de Photoshop. De ce fait, l'espace libre disponible sur le disque dur doit être au moins équivalent à la mémoire vive allouée à Photoshop. Si vous avez alloué 200 Mo de mémoire vive à Photoshop, mais que vous ne disposiez que de 100 Mo d'espace libre sur votre disque de travail, Photoshop n'utilisera que 100 Mo de RAM. Pour le traitement des images, nous vous conseillons de garder au moins 2 Go de libres sur votre disque dur.

Photoshop est conçu pour exploiter aussi efficacement que possible la mémoire disponible. Le logiciel tentera de préserver autant de RAM que possible pour effectuer les calculs qui nécessitent plus de mémoire vive et stockera sur les disques de travail les informations moins cruciales telles que la « version précédente » de l'image.

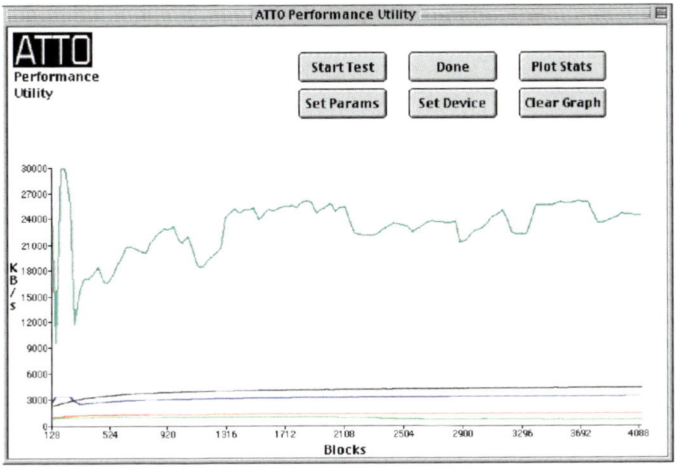

Figure 3.1 Le graphique présenté ci-dessus montre les taux de transfert de différents disques, mesurés à l'aide de l'utilitaire ATTO ; il représente la vitesse de transfert (axe vertical) en fonction de la taille des blocs transférés (axe horizontal). Dans ce comparatif, le disque le plus lent est le disque magnéto-optique, le lecteur Zip étant légèrement plus rapide. Les disques durs AV (interne et externe) sont plus rapides encore, mais les performances du disque dur SCSI 3 RAID sont de loin les meilleures.

En vert : disque magnéto-optique ; en rouge : lecteur Zip ; en bleu : disque dur AV externe ; en noir : disque dur AV interne ; en bleu clair : disque dur SCSI 3 RAID.

Dès lors que la mémoire vive n'est plus suffisante, les performances de Photoshop dépendent pour l'essentiel du disque de travail. Dans tous les cas, il est préférable d'utiliser comme disque de travail un disque supplémentaire, distinct de celui où se trouvent Photoshop ou le système d'exploitation. Les disques externes RAID reliés au système par une connexion SCSI-3 offrent des performances nettement supérieures aux disques standards, comme le montre la figure 3.1. La connexion FireWire (IEEE 1394) permet en principe un débit supérieur à la connexion SCSI-3, mais, pour la plupart, les disques dur y faisant appel ne l'exploitent pas correctement.

Purger le Presse-papiers

Évitez de faire fonctionner d'autres logiciels en même temps que Photoshop (logiciel de PAO, par exemple). À moins que vous ne travailliez sur de petits fichiers, il est préférable d'enregistrer le fichier ouvert, de fermer Photoshop, puis d'ouvrir le logiciel de PAO. Sur le long terme, vous gagnerez du temps en procédant ainsi.

N'oubliez pas non plus de purger de temps à autre le Presse-papiers (si vous n'avez plus besoin de l'image qui s'y trouve), l'Historique (ici encore, si vous n'en avez plus besoin), l'annulation de la dernière commande, ou tout à la fois. Utilisez pour cela la commande Édition > Purger.

Configuration des paramètres de RAM

Mac OS 9. À partir du Finder, ouvrez le menu « Pomme » et choisissez « À propos de votre ordinateur ». La boîte de dialogue qui apparaît indique quelle quantité de RAM reste libre pour les applications (voir « Plus gros bloc inutilisé »). Retrouvez ensuite l'icône de Photoshop, sélectionnez-la, puis choisissez Fichier > Lire les informations > Mémoire. Attribuez ensuite toute la mémoire disponible à Photoshop, moins 5 à 10 Mo.

Windows et Mac OS X. Lors de l'installation de Photoshop, 60 % de la RAM est automatiquement allouée au logiciel (50 % sous Windows). Sous Mac OS X, vous pouvez augmenter cette proportion jusqu'à 90 % si vous disposez d'assez de mémoire vive ; sous Windows, ne dépassez pas 75 à 85 % dans la mesure où le pourcentage ne prend pas en compte les ressources utilisées par le système d'exploitation. Dans Photoshop, choisissez Édition (Windows) ou Photoshop (Mac OS X) > Préférences > Mémoire et mémoire cache. Entrez la valeur voulue dans la boîte de dialogue et relancez Photoshop pour que les modifications soient appliquées.

Photoshop et Mac OS X

Mac OS X est un système d'exploitation entièrement nouveau, basé sur le système d'exploitation Unix. De ce fait, les plug-ins et périphériques non compatibles avec OS X n'apparaissent pas dans le menu correspondant ou ne peuvent être utilisés. Seuls recours : attendre que les plug-ins ou les pilotes des périphériques aient été réécrits pour OS X, ou changer de périphérique.

Photoshop 7 fonctionne quant à lui tant dans l'environnement Classic que dans le nouvel environnement OS X. Si vous faites vos premiers pas sous OS X, vous constaterez que le lancement du système d'exploitation est plus rapide et qu'il est plus stable. En particulier, lorsqu'une application « plante », elle ne risque plus de faire « planter » l'ensemble du système d'exploitation. N'espérez pas en revanche que Photoshop 7 soit plus rapide sous OS X que sous OS 9, sauf si vous avez pour habitude d'ouvrir plusieurs applications à la fois. OS X consomme également plus de mémoire (128 Mo), ce qui en laisse d'autant moins à Photoshop.

Et ce n'est pas tout. L'interface de Mac OS X elle-même (boutons en relief, coins arrondis, effets de transparence…) consomme une partie non négligeable des ressources du processeur, jusqu'à 10 % pour un processeur G3. En conclusion, Mac OS X est un système d'exploitation à l'interface élégante, mais il ne faut pas espérer que Photoshop y fonctionne plus rapidement que sous Classic. En fait, il est même remarquable que les ingénieurs d'Adobe aient réussi à adapter Photoshop de telle manière qu'il fonctionne presque aussi vite sous OS X que sous Classic.

Installation de Mac OS X et de Photoshop

Si possible, installez OS X dans une partition distincte de celle qui contient OS 9 ; vous pourrez ainsi démarrer en mode OS 9 si nécessaire (voir ci-dessous).

Seules les applications OS X peuvent être exécutées en mode OS X ; c'est le cas pour Photoshop. Vous pouvez lancer une application non-OS X directement à partir d'OS X, mais dans ce cas, elle sera lancée en mode Classic (elle apparaîtra dans une fenêtre du système d'exploitation OS 9). Si vous faites appel à des plug-ins ou des modules d'importation ou d'exportation externes, vous ne pourrez les utiliser que s'ils sont compatibles avec OS X. À défaut, ils n'apparaîtront pas dans le menu correspondant (ce qui risque d'être le cas pour un certain nombre d'entre eux).

En attendant que ces plug-ins et modules soient adaptés à OS X, vous pouvez procéder comme suit : installez les modules dont vous avez besoin, qu'ils soient compatibles ou non. Ensuite, lorsque vous effectuez une tâche pour laquelle vous avez besoin d'un module non compatible OS X, ouvrez Photoshop en mode Classic. Sélectionnez l'icône de l'application Photoshop et choisissez Fichier > Afficher les infos, puis cochez l'option Ouvrir en environnement Classic. Vous pourrez ainsi faire fonctionner les modules externes non-OS X.

En ce qui concerne les périphériques dont les pilotes ne sont pas compatibles avec OS X, le fait de démarrer Photoshop en environnement Classic ne vous sera d'aucun secours. Vérifiez sur le site du constructeur s'il existe des versions mises à jour du pilote. À défaut, la seule solution consiste à redémarrer l'ordinateur à partir d'une partition où vous avez installé OS 9 afin que votre système soit en « vrai » mode OS 9.

Éléments partagés et non partagés

En résumé, vous n'avez besoin d'installer qu'une seule version de Photoshop ; nous vous conseillons de l'installer dans la partition qui contient OS X. Selon vos besoins, vous pouvez ainsi démarrer le logiciel de trois manières : soit en mode natif OS X, soit sous OS X en mode Classic, soit après avoir démarré le système à partir de la partition OS 9, pour obtenir une compatibilité maximale avec les anciens pilotes et plug-in. Notez que si certains éléments restent communs quelle que soit la manière dont vous lancez Photoshop (dossiers Paramètres prédéfinis et Modules externes, en particulier), les préférences ne le sont pas. Vous devrez donc définir vos préférences deux fois dans Photoshop, une fois en mode Classic et une fois en mode OS X.

Windows XP

Windows XP est le dernier système d'exploitation de Microsoft. Il s'agit d'un « descendant » de Windows NT, et de ce fait, il est beaucoup plus robuste que les systèmes d'exploitation Windows 95/98/ME. En particulier, les applications s'y ouvrent en mode protégé, ce qui signifie, en pratique, qu'une application qui « plante » ne provoquera pas un « plantage » de l'ensemble du système. Par ailleurs, la nouvelle interface apporte différents perfectionnements, comme la possibilité de visualiser un dossier d'images sous la forme d'un diaporama. Autre nouveauté : la possibilité de revenir à la configuration précédente, ce qui peut s'avérer utile quand un pilote qu'on vient d'installer pose problème.

Environnement de travail

Votre environnement de travail est important. Choisissez une chaise de bureau confortable ; placez les moniteurs de telle manière que leur haut se trouve au niveau de vos yeux. Faites en sorte que l'éclairage soit constant tout au long de la journée, évitez la lumière directe frappant l'écran et assurez-vous que les murs soient peints d'une couleur neutre.

Les haut-parleurs externes doivent être blindés ou placés à bonne distance des moniteurs. D'autres sources de champs magnétiques (moteurs des imprimantes à jet d'encre, voire câblage passant dans les murs) peuvent également être une source d'interférences avec le moniteur. Il se peut que vous n'ayez d'autre choix que de faire blinder votre moniteur lui-même. Pour éviter que votre matériel ne soit endommagé par des pics ou des chutes de tension, placez un onduleur entre l'ordinateur et l'alimentation électrique.

Chapitre 4

Gestion des couleurs

Ce chapitre a pour objet de vous aider à vous familiariser avec les principes de la gestion des couleurs. Nous verrons d'abord pourquoi la gestion des couleurs est nécessaire. Comme vous le constaterez, il existe des raisons historiques pour lesquelles certains utilisateurs pensent ne pas avoir besoin de la gestion des couleurs à l'aide de profils ICC proposée par Photoshop. Vous verrez ensuite quels sont les avantages de cette gestion des couleurs et enfin comment optimiser les paramètres de couleurs de Photoshop. Cette dernière partie décrit en détail les paramètres de la boîte de dialogue Couleurs de Photoshop.

La figure 4.1 illustre très bien le problème auquel ont été confrontés tous ceux qui ont tenté de faire correspondre les couleurs d'un original et d'une image numérisée, ou d'une image numérisée et d'une sortie imprimée. Pourquoi existe-t-il de telles différences entre l'écran et la sortie papier ? Votre moniteur comprend sans doute des boutons permettant de régler la luminosité, le contraste et d'autres paramètres, et vous pouvez aussi modifier la sortie de l'imprimante par l'intermédiaire de son interface. Mais quels paramètres faut-il employer ? Et même si vous parvenez à faire correspondre écran et sortie papier, comment faire pour que l'image qui s'affiche sur votre moniteur s'affiche d'une manière identique sur le moniteur de quelqu'un d'autre ?

Pourquoi tous les espaces RVB ne sont-ils pas identiques ?

Les figures 4.1 et 4.2 montrent l'importance de la gestion des couleurs. Vous pouvez vous contenter de paramétrer votre imprimante et votre moniteur pour obtenir une sortie papier assez proche de l'affichage de l'écran, mais la gestion des couleurs

Figure 4.1 Les images présentées ci-dessus sont une simulation de ce qui se produit lorsqu'on envoie une image directement vers une imprimante sans effectuer la moindre compensation colorimétrique. L'image de gauche représente ce que vous voyez sur votre moniteur, et l'image de droite le résultat imprimé.

Vous pensez peut-être qu'il suffirait de rendre l'image originale moins bleue pour obtenir une version imprimée identique à l'original. Effectivement, cette opération permettrait sans doute de régler une partie du problème mais, lorsqu'on cherche à obtenir des couleurs identiques sur différents périphériques numériques, le problème est plus complexe. Avec le système de gestion de couleurs qui fait partie de Photoshop depuis sa version 5, vous pourrez utiliser des profils ICC pour obtenir une correspondance des couleurs très précise entre le scanner et le moniteur, puis entre le moniteur et l'imprimante.

Client : Clipso. Modèle : Sheri, agence Nevs.

Figure 4.2 Tous les périphériques numériques ont leurs caractéristiques de sortie propres, même si pris isolément, ils semblent tous donner le même résultat, un peu comme les murs d'écrans de télévisions des magasins d'électroménager.

vous permettra de combiner à volonté différents périphériques, et pas seulement un écran et une imprimante. Comme l'illustre la figure 4.2, tout périphérique, qu'il s'agisse d'un appareil photo numérique, d'un scanner, d'un moniteur, d'une imprimante... a ses caractéristiques propres. Et tant que ces caractéristiques ne sont pas quantifiées, vous ne pourrez pas communiquer efficacement avec vos périphériques, et encore moins avec les périphériques appartenant à des tiers.

Gestion des couleurs en boucle fermée

Les professionnels de l'image numérique et de l'impression n'ont pas attendu Photoshop 5 et les profils ICC pour mettre en place des techniques qui permettent de s'assurer que les couleurs soient fidèlement reproduites. La méthode qui était (et qui est toujours) utilisée consistait à gérer les couleurs en boucle fermée. Le scanner et le logiciel du scanner étaient étalonnés, et des tables spécifiques de conversion de RVB en CMJN étaient créées. Avec ce type de système, l'affichage du moniteur est étalonné de telle sorte qu'il corresponde à la sortie imprimée.

Cette solution donne de très bons résultats, mais elle n'est utilisable que lorsque les périphériques d'entrée, d'affichage et de sortie sont connus et en nombre limité, ce qui était encore généralement le cas voici quelques années. De nos jours, la situation a changé : de plus en plus souvent, c'est le photographe qui fournit des fichiers numériques à l'imprimeur, et les photographies elles-mêmes peuvent provenir de différentes sources : appareil numérique, scanner rotatif, Photo CD... Dans ce cas, pour pouvoir fonctionner en boucle fermée, il est nécessaire de créer des tables de conversion pour chaque paire de périphériques (appareil numérique/moniteur, appareil numérique/imprimante, scanner/imprimante, etc.), ce qui devient très vite irréaliste.

Gestion des couleurs avec les profils ICC

C'est pour cette raison que l'ICC (International Color Consortium), une association des principaux acteurs de l'image numérique comprenant notamment Apple, Microsoft, Adobe, Kodak, Agfa Gevaert et Sun Microsystems, a mis au point un système permettant une interprétation constante des couleurs d'une image, quel que soit le périphérique utilisé. Ce système de gestion des couleurs est intégré à la plupart des systèmes d'exploitation. Il se nomme ColorSync chez Apple et ICM (Image Color Management) chez Microsoft.

En l'absence de gestion des couleurs, l'imprimeur peut obtenir les tons voulus en modifiant les valeurs CMJN d'une image, parce qu'il sait quelles valeurs de cyan, de magenta, de jaune et de noir permettent d'obtenir un ton donné. Ainsi, dans l'exemple de la figure 4.3, le tableau du haut indique quelles valeurs utiliser pour obtenir un ton chair en fonction du papier employé. En ce qui concerne le RVB, il n'existe pas de telles formules « traditionnelles » pour obtenir un ton chair. Il est toutefois possible de définir pour chaque périphérique RVB (imprimante à jet d'encre, moniteur…) les valeurs de rouge, de vert et de bleu qui donneront le ton voulu. À partir de ces valeurs, on pourrait en théorie établir une table des correspondances pour toutes les couleurs RVB. Et ensuite, il serait possible de mettre en place un système qui donnerait une signification à ces valeurs RVB pour n'importe quel espace colorimétrique RVB. C'est exactement ce que font les profils ICC, à ceci près qu'un profil comprend plusieurs centaines de points de référence et non un seul. Ces valeurs sont lues et interprétées automatiquement par Photoshop.

CMYK ink values	Cyan	Magenta	Jaune	Noir
Euroscale Coated v2	09	28	33	0
3M Matchprint Euroscale	07	25	30	0
US Web uncoated (SWOP)	08	23	29	0
Generic Japan pos proofing	07	28	33	0

RVB pixel values	Rouge	Vert	Bleu
Adobe RVB	220	190	165
Pictrograph 3000	231	174	146
Lambda	230	184	158
Epson 9000 RGB	231	179	123

Figure 4.3 Les tableaux ci-dessus indiquent les valeurs colorées du ton chair dans différents espaces RVB et CMJN.

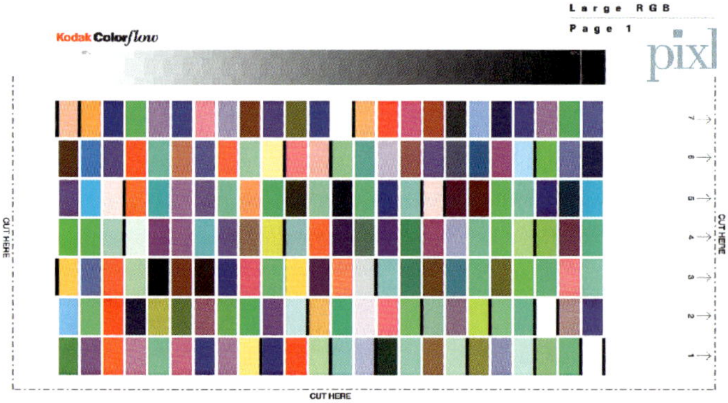

Figure 4.4 Voici un exemple de charte de couleurs Kodak servant à créer un profil ICC. Nous avons d'abord téléchargé sur le site de Pixl (www.pixl.dk) cinq fichiers comprenant des chartes de couleurs, dont celle-ci, puis nous les avons ouverts tous les cinq dans Photoshop et nous les avons imprimés directement sans faire appel à la gestion des couleurs. Nous avons ensuite renvoyé à Pixl les chartes imprimées, qui contenaient au total plus de 800 échantillons de couleurs. Ces échantillons ont été mesurés à l'aide d'un spectrophotomètre X-Rite et les mesures obtenues ont permis d'établir un profil colorimétrique pour notre imprimante Pictrography, que Pixl nous a envoyé par courrier électronique.

La figure 4.4 montre une charte de couleurs Kodak qui permet de créer un profil ICC. Nous avons imprimé cette charte sans utiliser la gestion des couleurs afin de déterminer à quoi ressemblent les couleurs « brutes » générées par l'imprimante. Les rectangles de couleur ont ensuite été mesurés à l'aide d'un spectrophotomètre, ce qui a permis de déterminer avec précision les caractéristiques de l'imprimante et de générer un profil qui lui correspond. Pour obtenir les couleurs voulues sur un périphérique de sortie, il ne suffit pas de corriger simplement les rouges, les bleus et les verts : comme l'illustre la figure 4.5, les différences entre périphériques proviennent de la différence d'espace colorimétrique qu'ils sont capables d'appréhender.

Figure 4.5 Les photos ci-dessus ont été reproduites sans aucune gestion des couleurs. On voit que, du fait des différences entre les espaces colorimétriques des différents périphériques, les images résultantes sont également très différentes les unes des autres.

Étalonnage du moniteur

La première étape de la mise en place de la gestion des couleurs consiste à étalonner le moniteur. Il existe pour cela plusieurs méthodes. Au minimum, utilisez l'utilitaire d'étalonnage fourni avec votre système d'exploitation afin d'étalonner le moniteur et de créer un profil de base pour celui-ci. Il existe toutefois des solutions donnant de meilleurs résultats, mais qui nécessitent l'acquisition d'un appareil externe. Par ailleurs, certains moniteurs haut de gamme (Apple, Barco) disposent d'un système d'étalonnage intégré. Quelle que soit la méthode utilisée, l'objectif est d'optimiser le contraste et la luminosité du moniteur, d'y obtenir une balance des couleurs neutre et de générer un profil colorimétrique du moniteur. Comme nous verrons plus loin, le profil du moniteur sera automatiquement employé par Photoshop pour afficher correctement sur l'écran tous les fichiers disposant eux-mêmes d'un profil.

Avant de commencer l'étalonnage, le moniteur doit avoir été sous tension depuis au moins une demi-heure afin d'avoir eu le temps de chauffer et de se stabiliser. Faites disparaître du Bureau de l'ordinateur tout motif et toute couleur pouvant causer une interférence visuelle ; idéalement, choisissez comme arrière-plan du Bureau un gris foncé.

Sous Mac OS, la version 7 de Photoshop n'installe plus automatiquement l'utilitaire Adobe Gamma. Pour étalonner votre moniteur sous Mac OS X, utilisez l'utilitaire d'étalonnage du système d'exploitation ; si vous utilisez Mac OS 9, vous trouverez Adobe Gamma dans le dossier Goodies du CD-Rom de Photoshop. Nous parlerons d'Adobe Gamma un peu plus loin.

L'utilitaire d'étalonnage de Mac OS X

Pour lancer l'utilitaire d'étalonnage, ouvrez les Préférences Système, cliquez sur Moniteurs puis sur l'onglet Couleur, et enfin sur le bouton Étalonner. L'écran d'accueil est une présentation de l'utilitaire. Cochez le bouton Mode expert, en bas de l'écran.

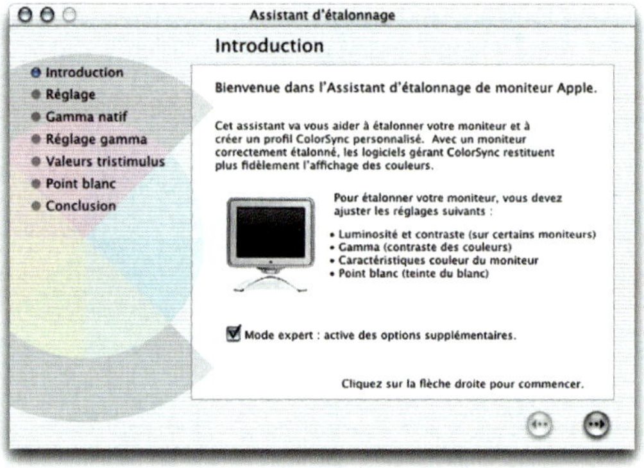

Contraste et luminosité. Cette étape n'apparaît que si vous utilisez un moniteur cathodique (CRT). La première étape consiste à corriger la luminosité du moniteur afin que l'ellipse située dans le carré soit juste visible, mais que les deux moitiés du carré apparaissent noires. Vous optimisez ainsi la plage dynamique du moniteur.

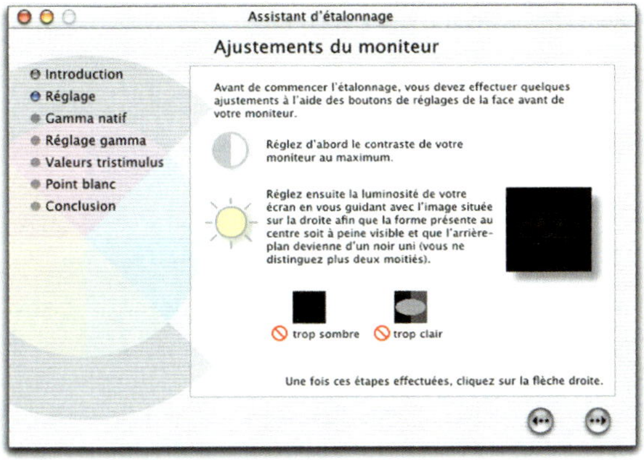

Neutralisation des couleurs. Comme la précédente, cette étape ne concerne que les écrans cathodiques. Vous y verrez trois carrés, un rouge, un vert et un bleu. Suivez les instructions pour corriger le gamma des trois couleurs ; le logo Apple doit se confondre avec le motif rayé de l'arrière-plan.

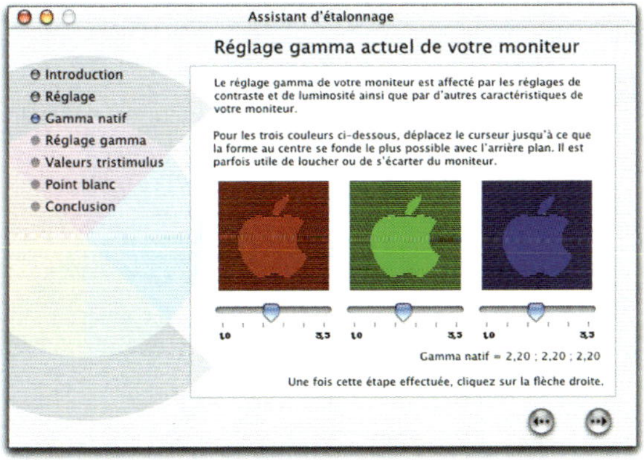

Réglage du gamma. La troisième étape permet de définir le gamma de l'écran. Gardez la valeur par défaut, 1,8, qui est le gamma standard du Macintosh.

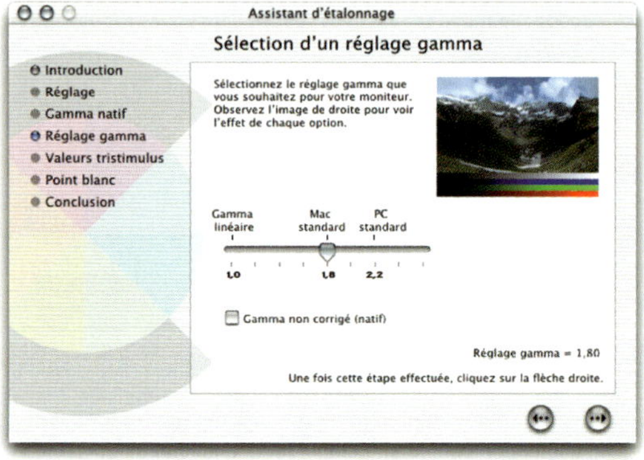

Point blanc. Nous vous conseillons d'utiliser comme point blanc la valeur par défaut, D65 (6500 K). Vous pourriez être tenté de choisir un point blanc de 5000 K, ce qui correspond à une table lumineuse étalonnée, mais votre écran paraîtra alors terne et présentera une légère dominante jaune.

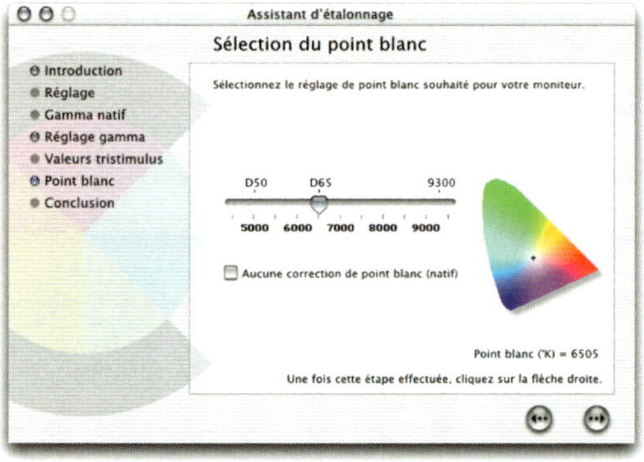

Conclusion. Donnez un nom au profil de moniteur puis cliquez sur le bouton Créer.

Vous avez créé un profil qui décrit les caractéristiques du moniteur utilisé. Photoshop utilisera désormais ce profil sans qu'aucune intervention supplémentaire ne soit nécessaire de votre part.

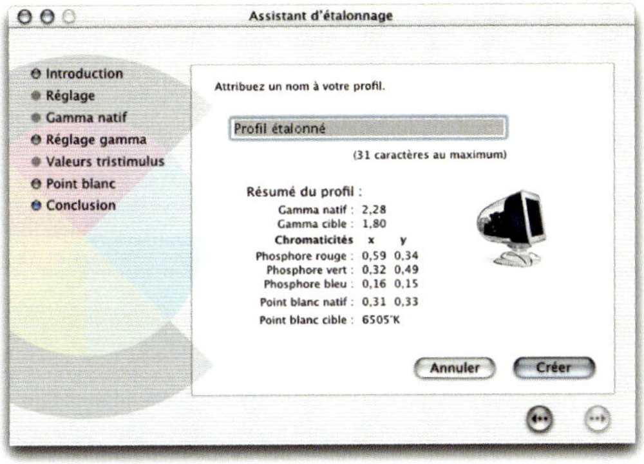

Étalonnage avec Adobe Gamma

Sous Windows, utilisez l'utilitaire Adobe Gamma qui se trouve dans le Panneau de configuration, ou à défaut dans le dossier Program Files/Fichiers communs/Adobe/Calibration.

Lors du lancement, Adobe Gamma propose deux modes de fonctionnement : Assistant (étape par étape) ou Panneau de commande. Choisissez Assistant puis cliquez sur Suivant. Si vous disposez déjà d'un profil, par exemple un profil générique fourni par le fabricant de votre moniteur, cliquez sur Charger et utilisez-le en tant que point de départ. Sinon, utilisez n'importe quel profil existant. L'Assistant vous demande ensuite d'augmenter au maximum le contraste de l'écran, puis de modifier la luminosité afin d'obtenir un carré noir avec une marge blanche. L'étape suivante détermine automatiquement le type de photophore employé par le moniteur. Ensuite, corrigez le gamma du rouge, du vert et du bleu ; le cas échéant, désactivez l'option Affichez une seule courbe gamma.

Le gamma par défaut est de 2,20, et c'est le plus adapté pour la plupart des cartes graphiques Windows. Le point blanc devrait être de 6500 K ; en cas de doute, cliquez sur Mesurer puis suivez les instructions qui s'affichent. L'écran suivant vous demande si vous souhaitez utiliser un point blanc autre que celui défini à l'étape précédente. Si vous n'avez pas de raison précise d'utiliser un autre point blanc, choisissez Identique au matériel.

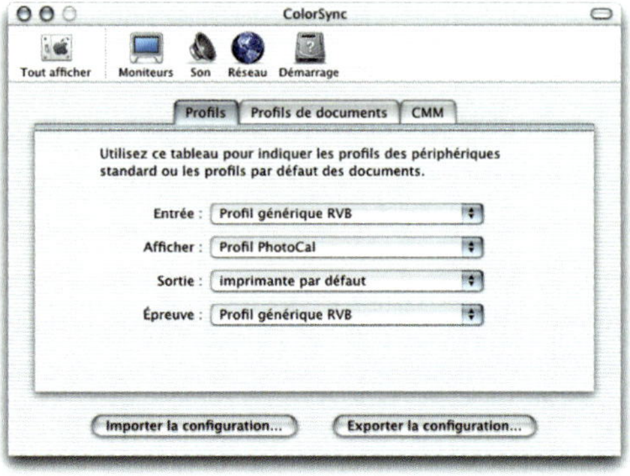

Figure 4.6 Si vous utilisez un système d'étalonnage autre que celui du système d'exploitation, vous devrez choisir celui-ci dans la liste déroulante Afficher dans ColorSync, sous Préférences Système (Mac OS X) ou dans la liste déroulante Moniteur du Tableau de bord ColorSync (Mac OS 9). Sous Windows, reportez-vous aux instructions fournies avec le système d'étalonnage.

Autres systèmes d'étalonnage

L'étalonnage « à vue » réalisé avec ColorSync ou Adobe Gamma permet d'améliorer l'affichage du moniteur et de générer un profil pour celui-ci, mais il n'est pas d'une très grande précision. Pour obtenir des résultats plus précis, utilisez un appareil de mesure externe. Il s'agit généralement d'un système à ventouse qu'on applique à l'écran, qui effectue automatiquement toutes les mesures et tous les réglages et qui génère ensuite un profil. Les premiers prix pour ce type d'appareil sont d'environ 250 à 300 €, logiciels compris, et permettent déjà d'obtenir de très bons résultats. Voici quelques modèles :

- Monitor Spyder, de ColorVision (www.colorvision.com) ;
- MonacoSENSOR, de Monaco Systems (www.monacosys.com) ;
- X-Rite DTP-92 (www.xrite.com) ;
- Gretag Macbeth (www.gretagmacbeth.com).

Notez que si presque tous les moniteurs CRT (cathodiques) peuvent être étalonnés, ce n'est pas le cas des moniteurs LCD (à écran plat) : seuls certains modèles récents peuvent être étalonnés, et il faut pour ces moniteurs utiliser des systèmes d'étalonnage spécifiques, les modèles standards à ventouse risquant d'endommager l'écran.

L'affichage de votre moniteur varie dans le temps. De ce fait, il est important de réaliser de nouveaux étalonnages à intervalles réguliers afin que son affichage reste toujours normalisé.

Utilisation des profils

La figure 4.7 montre comment fonctionne la gestion des couleurs pour les fichiers ouverts dans Photoshop et comportant un profil colorimétrique. Dès lors qu'un fichier comporte un profil, Photoshop lit ce dernier et l'interprète, tant pour les fichiers CMJN que RVB. L'espace colorimétrique de l'image est automatiquement adapté à celui du moniteur pour obtenir une représentation de l'image aussi juste que possible.

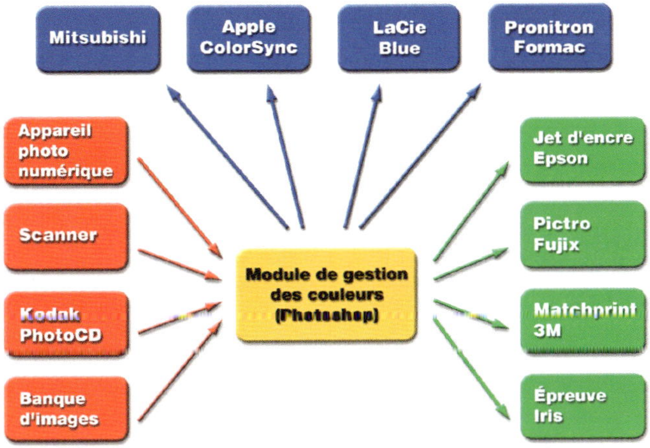

Figure 4.7 Le système de gestion des couleurs de Photoshop repose sur des profils de couleurs qui décrivent les caractéristiques de chacun des périphériques employés, et ce de l'acquisition jusqu'à la sortie finale. Photoshop lit les profils correspondant au périphérique d'entrée (à gauche, en rouge) et applique aux images une conversion en fonction du périphérique de sortie (à droite, en vert) en préservant au mieux les couleurs. L'étalonnage du moniteur (en haut, en bleu) à l'aide d'Adobe Gamma ou d'un autre système de mesure des couleurs permet d'obtenir un affichage correct des couleurs à l'écran.

Lors de l'impression du fichier, vous devrez effectuer une conversion de votre espace de travail courant dans l'espace de travail de l'imprimante. Nous reviendrons plus en détail sur cette question un peu plus loin. Avec la figure 4.8, nous revenons sur le problème que nous avons évoqué en début de chapitre. L'impression à partir du fichier initial donnait des tons de chair trop bleus. Le profil que nous avons créé pour notre imprimante prend en compte cette déviation, et la compense en rendant les tons de chair plus rouges, sans pour autant modifier les autres couleurs. On obtient ainsi une sortie plus proche de l'original. Dans Photoshop, il est ainsi possible de gérer la couleur d'un document à partir de son acquisition jusqu'à son affichage sur écran et son impression.

Figure 4.8 Comme l'a montré la figure 4.1, l'envoi direct des données de couleur à l'imprimante sans compensation donne un résultat incorrect. En revanche, si on applique au document une conversion de profil avec un profil correspondant à l'imprimante de sortie, les couleurs du document seront modifiées d'une manière invisible afin que soient prises en compte les caractéristiques de l'imprimante, ce qui permettra d'obtenir des couleurs plus représentatives de l'original. L'image rouge vif « convertie » compense les manques dans l'espace colorimétrique du périphérique de sortie.

Choisir un espace de travail RVB

Nous vous conseillons fortement d'utiliser la gestion des couleurs pour votre travail, mais vous ne pouvez pas compter sur le fait que tout le monde en fasse autant. En tant qu'utilisateur d'une version de Photoshop ultérieure à 5.0, le choix de votre espace de travail RVB n'est pas d'une importance capitale pour peu que vous utilisiez toujours le même : Photoshop est capable de convertir une image d'un espace de travail dans un autre sans perte significative de données. Toutefois, il est important de savoir à quoi ressembleront vos fichiers RVB profilés quand ils seront affichés dans un environnement sans gestion des couleurs, sur le Web, en particulier. Les pages qui suivent vous aideront à choisir l'espace de travail RVB le mieux adapté à vos besoins.

Apple RGB

C'est l'ancien standard du moniteur 13 pouces d'Apple ; il n'y a plus vraiment de raisons de l'utiliser aujourd'hui ; en revanche, si vous disposez d'images anciennes créées sur un Macintosh et dont le gamma est de 1,8, le profil manquant pour cette image est très probablement Apple RGB.

sRGB IEC 61966-2.1

Le sRGB a été conçu en tant que standard pour les appareils numériques grand public : appareils photo numériques, imprimantes à jet d'encre... Il est prévu pour le gamma de 2,2 qui est la norme pour les moniteurs des ordinateurs PC. Si vous disposez d'images sans profil provenant d'un appareil numérique ou d'un scanner grand public, vous pouvez généralement lui attribuer le profil sRGB. En revanche, il n'est pas adapté au pré-presse dans la mesure où il provoque une perte dans les tons cyan : une séparation CMJN basée sur un fichier sRGB n'atteint jamais plus de 75 à 85 % d'encrage cyan.

ColorMatch RGB

Cet espace de travail repose sur l'affichage des moniteurs Radius Pressview ; son gamma est de 1,8, et il est employé par certains utilisateurs de Macintosh. Cet espace colorimétrique n'est pas plus étendu que celui de la plupart des moniteurs, mais c'est un espace standard compatible avec les fichiers Macintosh anciens sans profil au gamma de 1,8.

ProPhoto RGB

Un espace colorimétrique RVB étendu adapté aux travaux photographiques tels que sorties sur transparents ou imprimantes à jet d'encre qualité photo. Lorsqu'on travaille dans un espace colorimétrique étendu tel que celui-ci, il est préférable de n'utiliser que le mode 16 bits/couche de Photoshop.

Adobe RGB (1998)

L'espace Adobe RGB (1998) est devenu le standard de facto pour les documents destinés à être convertis en CMJN. Ainsi, les paramètres de couleur pré-presse de Photoshop utilisent tous Adobe RGB en tant qu'espace de travail par défaut. C'est l'espace que nous utilisons nous-mêmes ; il est assez étendu pour permettre une bonne conversion du RVB au CMJN.

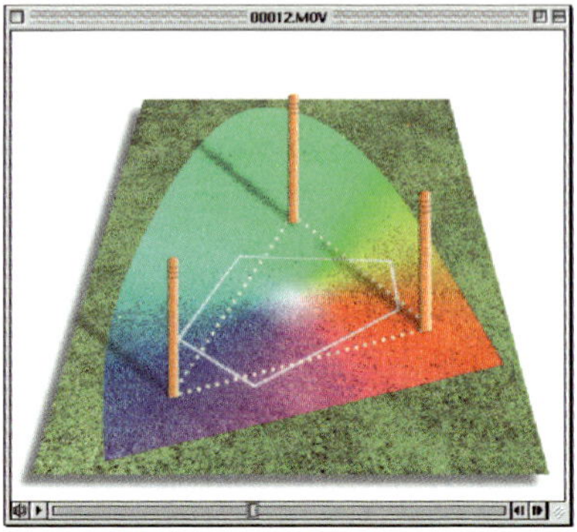

Figure 4.9 Espaces de travail RVB.

L'espace de travail RVB idéal

Si vous sélectionnez un espace de travail RVB correspondant à l'espace colorimétrique de votre moniteur, vous n'utilisez pas tout le potentiel de Photoshop et surtout, vous risquez de perdre une partie de la gamme de couleurs CMJN. Avec un espace de travail trop étendu, Wide Gamut RGB, par exemple, vous obtiendrez des écarts trop importants entre tons colorés dans la mesure où chaque couche ne peut contenir que 256 tons. Vous pouvez toutefois utiliser un espace colorimétrique étendu si vous ne travaillez qu'en mode 16 bits/couche, mais nous vous conseillons de ne pas utiliser d'espace plus étendu que Adobe RGB.

Figure 4.10 L'espace colorimétrique CMJN est généralement plus limité que l'espace RVB du moniteur. Mais, inversement, certaines couleurs CMJN ne peuvent être reproduites correctement sur un moniteur RVB normal. L'illustration présentée ci-contre montre un spectre de couleurs qui a été volontairement postérisé dans Photoshop. Comme vous pouvez le constater, les fuseaux colorés deviennent plus larges dans les zones jaune et cyan du spectre. Il s'agit des couleurs où l'affichage RVB est limité par rapport à l'espace colorimétrique CMJN.

Les paramètres de couleurs de Photoshop

La boîte de dialogue Couleurs (Édition > Couleurs) de Photoshop est accessible à partir du menu Photoshop (Mac OS X) ou Édition (Mac OS 9 et Windows). Elle est presque identique à celle d'Illustrator 9 (voir figure 4.14). La première option de cette boîte de dialogue est la liste déroulante Paramètres. Elle comprend des paramètres de gestion des couleurs prédéfinis que l'on choisit en fonction de l'utilisation que l'on veut faire de Photoshop. Ainsi, si vous travaillez pour le pré-presse en Europe, choisissez« Défauts Prépresse Europe » (si vos images sont destinées au Web, choisissez « Graphiques Web par défaut »). Tous les autres paramètres de la boîte de dialogue sont alors modifiés en conséquence. Les réglages prédéfinis conviennent dans la plupart des situations, mais vous serez parfois amené à modifier l'un ou l'autre d'entre eux. La section précédente concernant les espaces de travail RVB vous aidera à choisir le cas échéant un autre espace de travail ; en ce qui concerne les paramètres CMJN et Niveaux de gris, il en sera question plus tard.

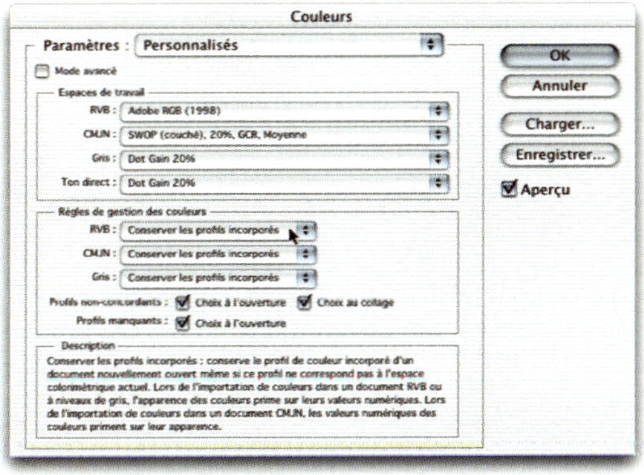

Figure 4.11 La boîte de dialogue Couleurs de Photoshop. Tous les paramètres de couleur de Photoshop peuvent être définis à partir de cette boîte de dialogue, le logiciel étant livré avec sept paramètres optimisés pour différentes situations. Pointez sur les différentes options pour en afficher une description, en bas dans la boîte de dialogue.

Règles de gestion des couleurs

Avec l'option Conserver les profils incorporés, le profil des documents que vous ouvrez dans Photoshop est conservé par défaut, qu'il corresponde ou non à votre espace de travail en cours. Vous pouvez ouvrir plusieurs fichiers à la fois, chacun dans son propre espace colorimétrique. Pour vous y retrouver plus facilement, choisissez l'option Profil du document dans les options d'affichage de la barre d'état, en bas dans la fenêtre du document (Mac OS) ou de l'application (Windows). Ainsi, vous saurez toujours dans quel espace colorimétrique se trouve un document donné. Vous noterez que Photoshop modifiera automatiquement l'affichage en prenant en compte le profil de moniteur que vous avez créé avec Adobe Gamma (ou avec un autre utilitaire).

Si vous choisissez la règle Conversion en RVB, le document sera converti par défaut dans votre espace de travail courant. La même chose s'applique aux documents CMJN et en niveaux de gris. Vous observerez que, dans le cas d'un document CMJN, il est presque toujours préférable de préserver le profil d'origine, dans la mesure où ce profil correspond en général à la presse de sortie et que, par conséquent, il n'existe pas de raison d'en changer.

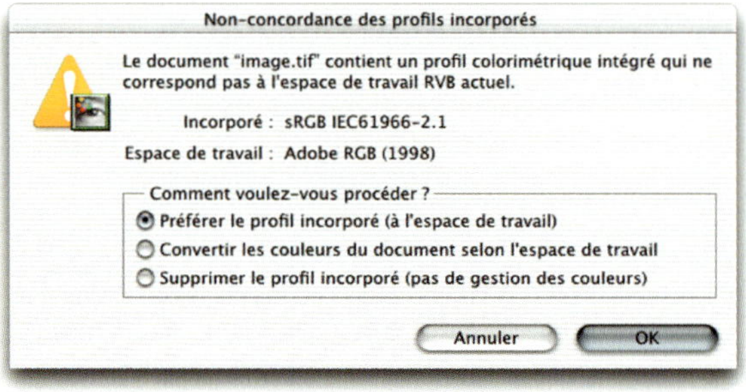

Figure 4.12 Avec la règle Conserver les profils incorporés, vous verrez apparaître la boîte de dialogue présentée ci-dessus lorsque vous ouvrirez un document dont le profil ne correspond pas à l'espace de travail en cours et si l'option « Profils non-concordants : Choix à l'ouverture » est cochée. Avec la règle Conversion en RVB, c'est la deuxième option (Convertir les couleurs du document selon l'espace de travail) qui aurait été cochée.

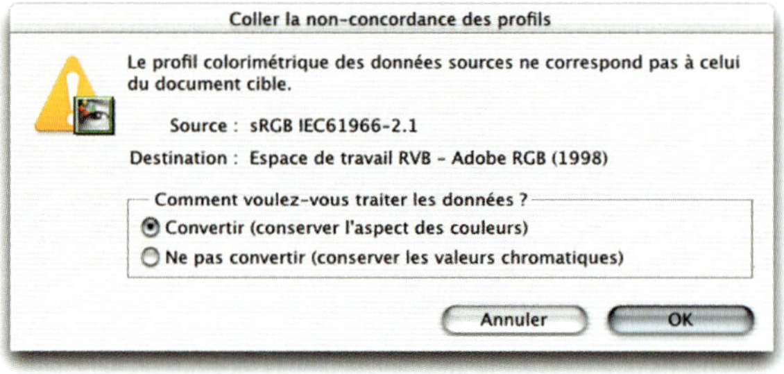

Figure 4.13 Lorsque vous effectuez un copier-coller entre des images dont les espaces colorimétriques ne concordent pas, vous verrez s'afficher la boîte de dialogue ci-dessus, pour peu que l'option « Profils non-concordants : Choix au collage » soit cochée dans la boîte de dialogue Couleurs.

Avec la troisième option Désactivées, Photoshop conservera le profil des documents lorsqu'il correspond à l'espace de travail en cours. En cas de non-concordance, le profil du document est supprimé (après affichage d'une boîte de dialogue d'avertissement). En cas d'absence de profil, Photoshop n'en ajoutera pas de nouveau.

Les paramètres prédéfinis de la boîte de dialogue Couleurs permettent à l'utilisateur de choisir d'un seul clic de souris une configuration de gestion des couleurs adaptée. Par ailleurs, avec la gestion des couleurs par défaut, un document comportant un profil ne correspondant pas à l'espace de travail courant est ouvert, modifié et enregistré tout en préservant le profil initial. Ainsi, même un débutant ne maîtrisant pas les subtilités de la gestion des couleurs dans Photoshop peut utiliser un flux de gestion de couleurs sans grand risque d'erreur.

Gestion des paramètres de couleurs

Une fois que vous serez plus à l'aise avec la gestion des couleurs, vous souhaiterez sans doute utiliser d'autres paramètres que ceux qui sont prédéfinis dans Photoshop. Par exemple, vous pourrez modifier les options d'un des paramètres prédéfinis pour l'adapter aux caractéristiques d'impression d'une presse donnée. L'espace de travail RVB par défaut est Adobe RGB (1998) ; pour les espaces de travail CMJN, le choix est le même que dans les précédentes versions de Photoshop, à ceci près que deux options sont désormais disponibles pour les papiers européens et américains : couché et non couché (*coated* et *uncoated*).

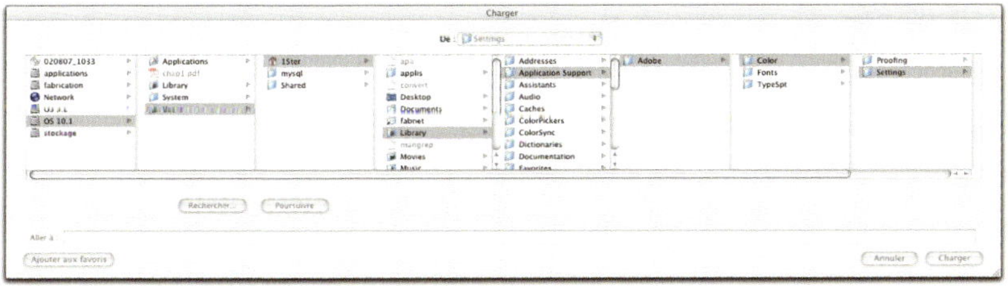

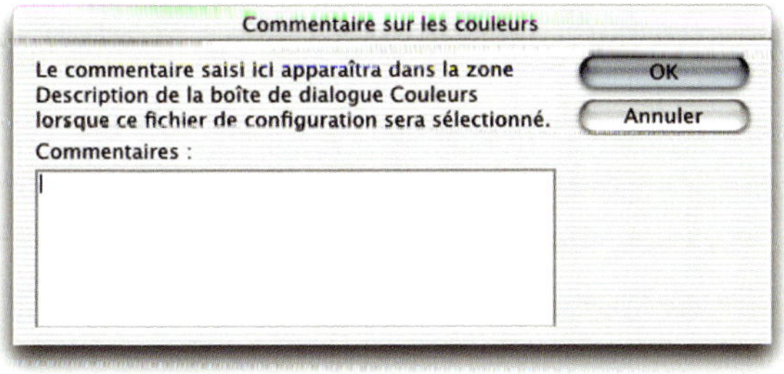

Figure 4.14 Vous pouvez charger et enregistrer des paramètres de couleur à partir de la boîte de dialogue Couleurs. Le dossier dans lequel ces paramètres sont enregistrés est Dossier Système\Support aux applications\Adobe\Color\Settings (Mac OS 9), Users*nom de l'utilisateur*\Library\Application Support\Adobe\Color\Settings (Mac OS X) ou Program Files\Fichiers communs\Adobe\Color\Settings (Windows). Les fichiers de préférences ont automatiquement l'extension .csf. Vous pouvez ajouter une description à votre fichier ; celle-ci apparaîtra en bas dans la boîte de dialogue Couleurs. Enfin, vous pouvez transférer les fichiers de préférences d'un utilisateur et d'un système à l'autre, et même (pour certains d'entre eux) d'un logiciel Adobe à l'autre.

Vous pouvez enregistrer vos paramètres personnalisés à partir de la boîte de dialogue Couleurs (voir figure 4.14). Une fois le fichier de paramètres enregistré dans le dossier adéquat, son nom apparaît dans la liste déroulante Paramètres.

Conversion entre profils

Lorsque vous effectuez un copier-coller (ou un glisser-déposer) entre des images dont le profil est différent et que l'option « Profils non-concordants : Choix au collage » est cochée dans la boîte de dialogue Couleurs (voir figure 4.11), une boîte de dialogue demande si vous souhaitez convertir ou non les données de couleur en fonction du profil du document de destination (voir figure 4.12). Si vous choisissez Convertir, l'apparence visuelle des couleurs sera préservée par rapport au document de destination.

Selon les paramètres choisis dans la boîte de dialogue Couleurs, la conversion entre profils se fera automatiquement (ou non) à l'ouverture du document. Vous pouvez également effectuer une conversion de profil une fois que le document est ouvert, en utilisant la commande Image > Mode > Convertir en profil (voir figure 4.15). Dans la mesure où il est possible d'effectuer à tout moment une conversion de profil, il est préférable de préserver le profil initial du document à l'ouverture et d'en changer éventuellement plus tard, si le besoin s'en fait sentir. Ainsi, vous pourrez par exemple travailler sur une image qui provient d'un appareil photo numérique et qui est munie du profil correspondant. Même si vous gardez le profil initial de l'image, celle-ci s'affichera correctement. La conversion dans l'espace colorimétrique RVB de votre choix peut se faire ultérieurement. Un autre exemple peut concerner le traitement d'une image qui est destinée à une impression sur une imprimante pour laquelle vous disposez d'un profil personnalisé, l'imprimante elle-même ne reconnaissant pas les profils ICC. Dans ce cas, la conversion de profil vous permettra de faire correspondre les couleurs de l'image avec les couleurs qui peuvent être reproduites par le périphérique de sortie.

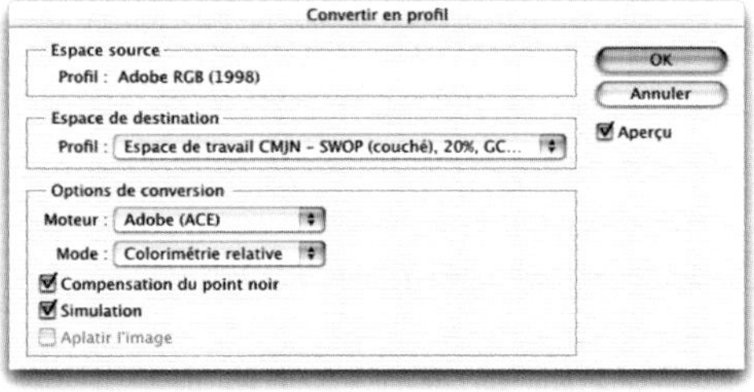

Figure 4.15 La boîte de dialogue Convertir en profil est similaire à la boîte de dialogue Profil à profil des versions précédentes de Photoshop. La gestion des couleurs de Photoshop 6 et 7 a été améliorée dans la mesure où il n'est pas nécessaire d'effectuer une conversion de profil pour obtenir un affichage correct du document. Cependant, cette boîte de dialogue peut s'avérer utile dans certains cas, par exemple pour convertir un document en fonction du profil d'un périphérique de sortie qui ne prend pas en charge la gestion des couleurs ICC.

Lorsque le profil d'un document diffère de l'espace de travail courant, le mode de couleur du document, dans la barre de titre, est suivi d'un astérisque.

Si vous savez que le profil d'un document n'est pas correct, utilisez la commande Image > Mode > Attribuer un profil. Supposons que vous ouvriez un document RVB, dépourvu de profil, dont les couleurs ne semblent pas justes. Vous présumez que le fichier provient d'un espace de travail Apple RGB mais, pour le moment, il est affiché comme si son espace de travail était Adobe RGB (1998). La commande Attribuer un profil vous permettra dans ce cas d'attribuer le profil correct au document (dans cet exemple, Apple RGB). Cette même commande permet de supprimer le profil d'un document.

Si vous optez pour la règle Conserver les profils incorporés ou Conversion en RVB (ou en CMJN, ou en Niveaux de gris), cochez les deux options Choix à l'ouverture. Ainsi, lors de l'ouverture d'un document qui ne comporte pas de profil ou dont le profil ne correspond pas à l'espace de travail (voir figure 4.16), vous pouvez attribuer le profil correct au document (ou préserver le profil existant). Notez que les choix que vous effectuez dans la boîte de dialogue Non-concordance des profils incorporés ou Profil manquant sont mémorisés par Photoshop et seront affichés par défaut lors de la prochaine ouverture de cette boîte de dialogue pour ce mode de couleur.

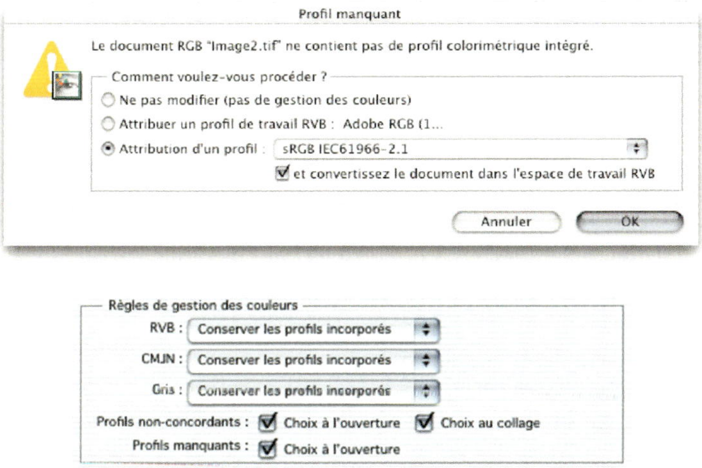

Figure 4.16 Lorsque l'option Conserver les profils incorporés ou Conversion en RVB/CMJN/Niveaux de gris est sélectionnée que les options Choix à l'ouverture sont cochées pour les Profils non-concordants et les Profils manquants dans la boîte de dialogue Couleurs, Photoshop vous permet d'attribuer un profil à vos documents lors de leur ouverture, puis de les convertir dans l'espace de travail courant.

Niveaux de gris

Les images en niveaux de gris sont également gérées via la boîte de dialogue Couleurs. Si vous prévoyez de créer des images qui sont destinées au Web ou à des présentations multimédia, utilisez le paramètre prédéfini Graphiques Web par défaut. L'espace de travail des niveaux de gris aura ainsi un gamma de 2,2, ce qui correspond au gamma de la plupart des écrans PC. Bien entendu, vous ne pouvez être assuré que vos images seront correctement affichées sur tous les systèmes, en raison des différences qui existent entre les plates-formes. En particulier, le gamma de 2,2 donne une image plus sombre que le gamma de 1,8 du Macintosh.

Les paramètres de l'espace de travail de niveaux de gris sont indépendants des paramètres CMJN. Choisissez votre espace de travail en fonction de l'engraissement prévu de la presse. La figure 4.28 indique des valeurs d'engraissement pour différents types d'impression. Si vous cochez l'option Mode avancé, vous pouvez indiquer une valeur de gamma avec une courbe d'engraissement personnalisée. Deux règles de gestion des couleurs sont disponibles : Conserver les profils incorporés et Convertir en niveaux de gris. Encore une fois, cochez les options Choix à l'ouverture. Ainsi, lorsque le profil du document en niveaux de gris que vous ouvrez ne correspond pas à l'espace de travail, vous pouvez choisir d'utiliser le profil du document ou de le convertir dans l'espace de travail courant. En cas d'absence de profil, vous pourrez au choix laisser le document sans profil ou lui attribuer un profil et le convertir dans l'espace de travail courant.

Fichiers anciens

Si vous adoptez un espace de travail RVB défini, vous risquez de rencontrer certains problèmes lors de l'échange de fichiers avec des utilisateurs de Photoshop 4 ; en effet, dans Photoshop 4, l'espace de travail RVB employé est le RVB moniteur. Les figures 4.17 et 4.18 illustrent ce problème. Il faut donc adopter une procédure particulière en fonction de la situation :

- Le destinataire utilise Photoshop 6 ou 7 avec l'option Conserver les profils incorporés. Aucun problème dans ce cas, vos images s'ouvriront correctement même en cas de différence entre espaces de travail RVB.
- Le destinataire utilise Photoshop 6 ou 7 avec l'option Conversion en RVB. Aucun problème non plus : vos images s'ouvriront correctement ; elles seront converties à l'ouverture dans l'espace de travail RVB du destinataire.
- Le destinataire utilise Photoshop 5.*x*. Dans ce cas, il doit utiliser soit l'option Convertir en couleurs RVB, soit l'option Choix à l'ouverture, et, dans ce dernier cas, choisir Convertir en couleurs RVB dans la boîte de dialogue qui s'affiche à l'ouverture du document.

- Le destinataire utilise Photoshop 4 (ou tout logiciel ne prenant pas en charge les profils de couleurs). Vous pouvez dans ce cas soit enregistrer l'image en mode Lab, auquel cas le destinataire devra convertir l'image dans son propre espace RVB à l'ouverture, soit lui attribuer le profil correspondant à l'espace de travail du destinataire (Apple RGB, par exemple) à l'aide de la commande Image > Mode > Convertir en profil.

Figure 4.17 Une image comportant un profil ouverte dans Photoshop 4 (à droite). Si l'espace de travail RVB du profil de l'image est plus large que l'espace de travail du moniteur dans Photoshop 4, les couleurs du document apparaîtront moins saturées dans Photoshop 4. Pour y remédier, utilisez Photoshop pour affecter au document (Image > Mode > Convertir en profil) le profil correspondant au RVB du moniteur de destination.

Figure 4.18 Une image provenant de Photoshop 4 dépourvue de profil, ouverte dans Photoshop 6 ou 7 sans gestion des couleurs. Si l'espace de travail sélectionné dans Photoshop est plus étendu que celui du fichier de Photoshop 4, l'espace colorimétrique RVB du fichier initial sera étendu en conséquence dans Photoshop. Ce problème ne se pose pas dès lors que la gestion des couleurs est activée (options Conserver les profils incorporés ou Convertir en RVB) et que les options Choix à l'ouverture sont cochées.

Lorsque vous transmettez à un tiers un document qui comprend un profil RVB, complétez-le avec un fichier « lisezmoi » indiquant au destinataire qu'il ne doit pas ignorer le profil et que celui-ci n'est pas là par hasard. Dans le cas d'images destinées à un affichage sur écran (Web, CD-Rom...), utilisez la commande Convertir en profil pour leur affecter le profil sRGB.

La situation inverse – l'ouverture d'un fichier qui provient d'une version ancienne de Photoshop – ne pose des problèmes que si vous désactivez la gestion des couleurs. Il n'y a guère que certaines situations spécifiques pour lesquelles il s'avère nécessaire de désactiver la gestion des couleurs. Dans le cas de documents qui proviennent de Photoshop 4, la méthode la plus sûre consiste à choisir « Émuler Photoshop 4 » dans la liste déroulante Paramètres de la boîte de dialogue Couleurs.

Paramètres avancés de gestion des couleurs

Les paramètres avancés de la boîte de dialogue Couleurs ne s'affichent que si vous cochez l'option Mode avancé (voir figure 4.19). Ces paramètres permettent de définir dans les moindres détails le fonctionnement de la gestion des couleurs de Photoshop ; toutefois, nous vous conseillons de ne les modifier qu'une fois que vous serez familiarisé avec tous les concepts de la gestion des couleurs, et que vous aurez parcouru ce chapitre jusqu'au bout.

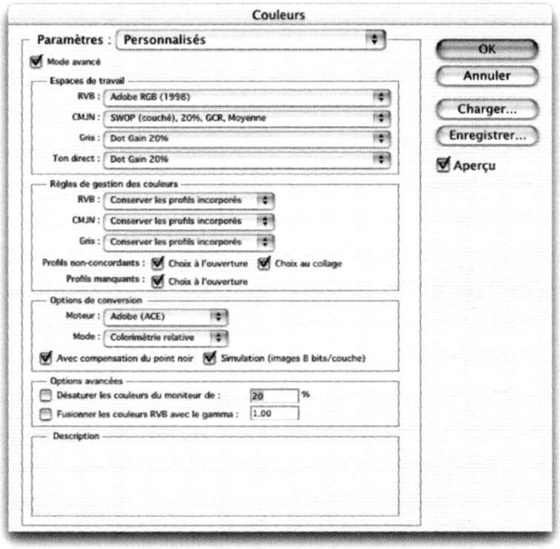

Figure 4.19 La boîte de dialogue Couleurs en mode avancé, qui permet d'accéder aux fonctions avancées de gestion des couleurs. Dans la suite de ce chapitre, nous verrons les autres options qui sont proposées par cette boîte de dialogue.

Fusionner les couleurs RVB avec le gamma

Cette option vous permet de modifier la façon dont Photoshop fusionne les couleurs entre les calques. Lorsque la fusion se fait avec un gamma supérieur à 1,0, un contour noir apparaît entre les couleurs contrastées ; pour les puristes, une fusion avec un gamma supérieur à 1,0 n'est pas « correcte ». Cependant, pour d'autres utilisateurs, le gamma de 1,0 fait apparaître un halo clair autour des zones de contraste, alors que les bords foncés permettent d'obtenir un effet de recouvrement. De ce fait, par défaut, Photoshop utilise un gamma de 2,2 pour la fusion, mais vous pouvez choisir un gamma de 1,0 si vous êtes sûr de votre fait.

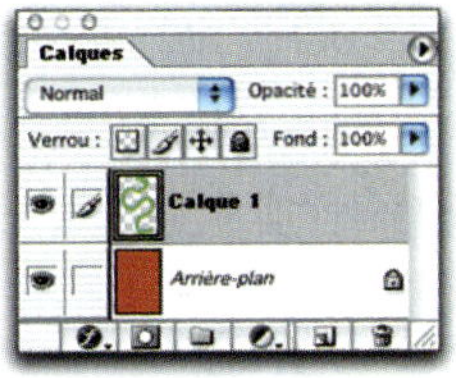

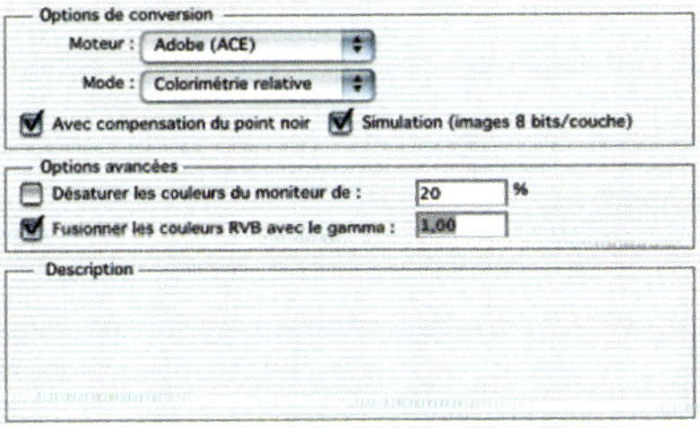

Figure 4.20 Ici, nous avons appliqué le pinceau avec un vert RVB pur sur un calque audessus d'un fond d'un rouge pur. Lorsqu'on active ensuite l'option « Fusionner les couleurs RVB avec le gamma » et qu'on choisit un gamma de 1,0, les bords foncés autour des zones de contraste disparaissent.

Désaturer les couleurs du moniteur

L'option Désaturer les couleurs du moniteur permet de visualiser une gamme de couleurs plus étendue que celle du RVB du moniteur. En réduisant la saturation du moniteur, vous serez plus à même de comparer différents espaces colorimétriques. Cette fonction n'est utile que si vous employez des espaces colorimétriques très étendus tels que Adobe RGB ou Wide Gamut RGB.

Personnalisation de l'espace RVB

Il est également possible de définir les caractéristiques de votre espace de travail RVB. Pour ce faire, choisissez RVB personnalisé dans la liste déroulante RVB, sous Espaces de travail, puis entrez les valeurs de votre choix dans la boîte de dialogue qui apparaît. Nous vous conseillons toutefois de laisser aux experts ce type de personnalisation et d'employer les espaces de travail prédéfinis. En particulier, ne modifiez pas le gamma de votre espace de travail : n'oubliez pas que vous ne « voyez » jamais votre espace de travail RVB, et qu'il n'influe pas sur la façon dont vos images sont affichées à l'écran tant que la gestion des couleurs est activée.

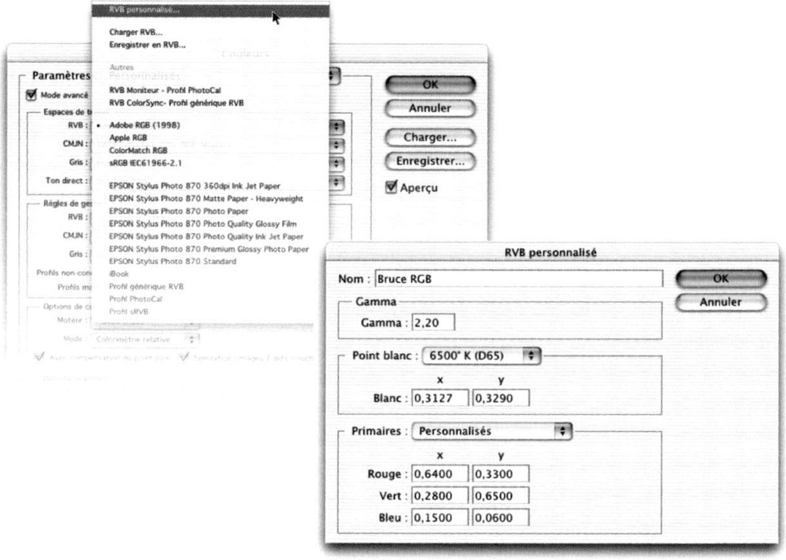

Figure 4.21 La boîte de dialogue RVB personnalisé, qui permet de créer un espace de travail RVB personnalisé. Ici, la boîte de dialogue comprend les paramètres de l'espace de travail « BruceRGB », qui a été conçu par Bruce Fraser en tant qu'espace de travail optimisé pour le pré-presse.

Conversion du RVB en CMJN

Pour effectuer la conversion d'un document RVB en CMJN, les paramètres de la conversion doivent être définis au préalable ; ils n'ont pas d'effet sur des documents déjà convertis. Dans Photoshop, le fait de changer les paramètres CMJN ne modifiera pas l'apparence du document et n'y incorporera pas un profil erroné. En revanche, les nouveaux paramètres seront employés pour toutes les conversions ultérieures en CMJN, ainsi que pour les épreuves écran (Affichage > Format d'épreuve > Espace de travail CMJN).

Parmi les réglages prédéfinis pour le pré-presse européen, on dispose de deux options : Euroscale Coated v2 (papier couché) et Euroscale Uncoated v2 (papier non couché). Par ailleurs, différents autres réglages sont disponibles pour les États-Unis et pour le Japon. Enfin, vous pouvez créer un espace de travail CMJN personnalisé en choisissant CMJN Personnalisé dans la liste déroulante. Utilisez ensuite l'option Enregistrer en CMJN, dans la même liste déroulante, pour enregistrer votre fichier dans le dossier Library\ColorSync\Profiles (Mac OS X), Dossier Système\Profils ColorSync (Mac OS 9), WINNT\system32\COLOR (Windows NT/2000) ou Windows\System\COLOR (Windows 9*x*\Me).

En cochant l'option Mode avancé, différentes autres options de conversion CMJN deviennent accessibles. Ces options sont décrites ci-après.

Moteur

Par défaut, le moteur de conversion sélectionné est Adobe (ACE). Sous Mac OS, on peut également choisir les moteurs Apple ColorSync, CMM Apple ou Heidelberg CMM. Sous Windows, on peut opter pour le moteur Microsoft ICM. Nous vous conseillons de garder le moteur par défaut, qui est le plus performant et qui effectue les conversions dans un espace colorimétrique de 20 bits par couche.

Figure 4.22 Voici une image RVB qui a été modifiée dans l'espace Adobe RGB. La conversion en CMJN a ensuite été effectuée à l'aide d'un profil ICC et avec le mode Perceptive.

Figure 4.23 Cette image a été traitée dans l'espace sRGB ; le dégradé a été ajouté pour illustrer les faiblesses de cet espace dans le cas d'images qui sont destinées à l'impression. La conversion en CMJN a été effectuée de la même façon que pour l'image précédente. Une partie des tons cyan et vert ont disparu, et le ton de la peau est légèrement plus chaud.

Infos CMJN	A	B	C
Cyan	97	75	95
Magenta	10	6	9
Jaune	96	8	5
Noir	0	0	0

Infos CMJN	A	B	C
Cyan	84	72	75
Magenta	18	7	10
Jaune	80	8	6
Noir	1	0	0

Figure 4.24 Chaque image RVB a sa propre gamme de couleurs ; ici, imaginez une scène qui comporte du ciel bleu et de la verdure dont les couleurs sont à l'extérieur de la gamme CMJN. Avec le mode Colorimétrie relative, au milieu, une partie des couleurs sont perdues, sauf si on rectifie manuellement l'image. Avec le mode Perceptive, à droite, la gamme de couleurs de l'image est « comprimée » de telle manière que toutes les couleurs de l'image de départ se trouvent à l'intérieur de l'espace colorimétrique CMJN. Les couleurs résultantes sont moins vives qu'elles ne l'étaient avec la méthode précédente.

Mode

Le mode Perceptive est celui qui est le plus adapté aux photographies. Les couleurs de l'image situées à l'extérieur de la gamme CMJN sont comprimées de façon que les couleurs de l'image de départ se trouvent à l'intérieur de la gamme, le rapport visuel entre les couleurs étant préservé. La figure 4.24 montre le fonctionnement de ces deux modes.

Avec le mode Saturation, la saturation des couleurs qui ne peuvent être imprimées est préservée aux dépens de leur teinte et de leur luminosité. Ce mode permet donc d'obtenir des couleurs aussi vives dans l'image CMJN que dans l'image RVB. Il est particulièrement adapté à la conversion de graphiques d'entreprise, où il est important que les couleurs restent saturées.

Avec le mode Colorimétrie relative, les couleurs de l'image situées à l'extérieur de la gamme de couleurs CMJN sont converties dans la couleur la plus proche située à l'intérieur de cette gamme. Il se peut donc que plusieurs couleurs de l'original soient rendues par une seule couleur dans l'image convertie, ce qui peut poser problème si l'image originale comprend des couleurs situées très à l'extérieur de la gamme CMJN. Nous vous conseillons d'afficher une épreuve écran de votre image pour détecter cet éventuel problème. Tant que l'image est en mode RVB, elle peut être modifiée manuellement pour améliorer la qualité de la conversion finale.

Le mode Colorimétrie absolue, enfin, convertit les couleurs du RVB en CMJN d'une manière exacte et sans modifier les points blanc et noir. Il faut recourir à cette méthode s'il est important qu'une ou plusieurs couleurs soient reproduites telles quelles, comme les couleurs d'un logo ou d'une charte graphique (pensez au « jaune Kodak », par exemple).

Compensation du point noir

Lorsque cette option est activée, la couleur neutre la plus sombre de l'espace colorimétrique RVB est convertie dans la couleur neutre la plus sombre de l'espace colorimétrique de destination. Lors d'une conversion en CMJN à partir de Photoshop 6 ou 7, nous vous conseillons de toujours garder cette option cochée.

Simulation (images 8 bits/couche)

Un effet de bandes peut parfois se produire lors de la conversion en CMJN, en particulier lorsque l'image comprend des transitions de couleurs très progressives dans des zones claires et saturées. L'effet de bandes qui apparaît à l'écran ne sera pas nécessairement visible sur le document imprimé ; tout dépend de la trame employée lors de l'impression. Quoi qu'il en soit, cette option permet de réduire les risques que cet effet n'apparaisse lors de la conversion entre espaces colorimétriques.

Création de paramètres CMJN personnalisés

Si vous souhaitez effectuer des séparations précises, vous pouvez générer vos propres profils CMJN en choisissant CMJN personnalisé dans la liste déroulante CMJN, sous Espaces de travail. La figure 4.25 montre la boîte de dialogue CMJN personnalisé, autrement dit la boîte de dialogue « classique » de paramétrage de la conversion CMJN. De préférence, enregistrez séparément chacune des configurations CMJN que vous créez et n'oubliez pas de leur donner un nom explicite afin de vous rappeler dans quel contexte vous les utilisez.

Une fois les paramètres mis en place et enregistrés, avec les commandes Affichage > Format d'épreuve > Espace de travail CMJN et Affichage > Couleurs non imprimables (pour l'espace de travail CMJN courant), vous pourrez afficher une épreuve écran de votre image (voir chapitre 5) et corriger si besoin est les couleurs qui ne peuvent être imprimées (voir chapitre 9).

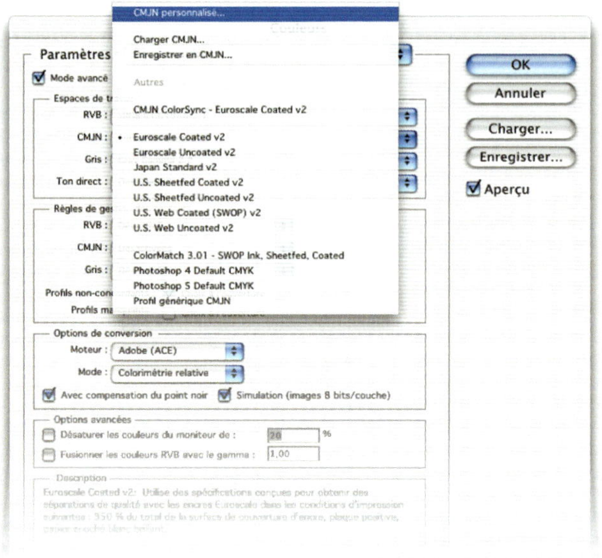

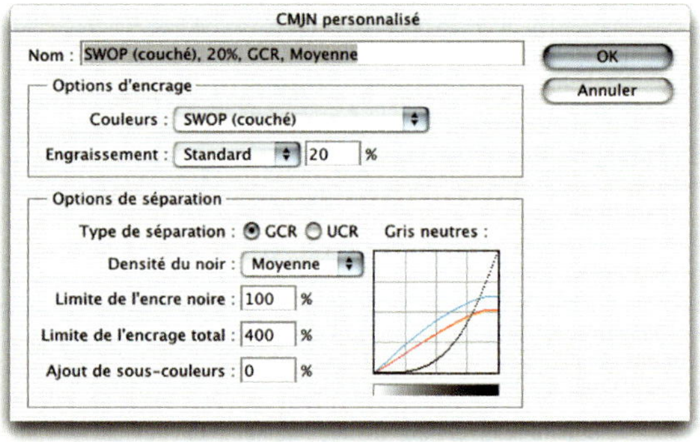

Figure 4.25 Sélectionnez CMJN personnalisé dans la liste déroulante CMJN pour ouvrir la boîte de dialogue CMJN personnalisé. Cette boîte de dialogue permet de définir des paramètres de conversion CMJN précis en fonction de vos besoins.

Couleurs

Dans la liste déroulante Couleurs, faites votre choix en fonction des recommandations de votre imprimeur. Ainsi, les utilisateurs européens de Photoshop opteront généralement pour Eurostandard (couché), (journal) ou (non couché). Ces types d'encres génériques sont adéquats pour la plupart des impressions. Si votre imprimeur vous propose d'autres types d'encres, choisissez Autre dans la liste déroulante pour ouvrir la boîte de dialogue de la figure 4.26.

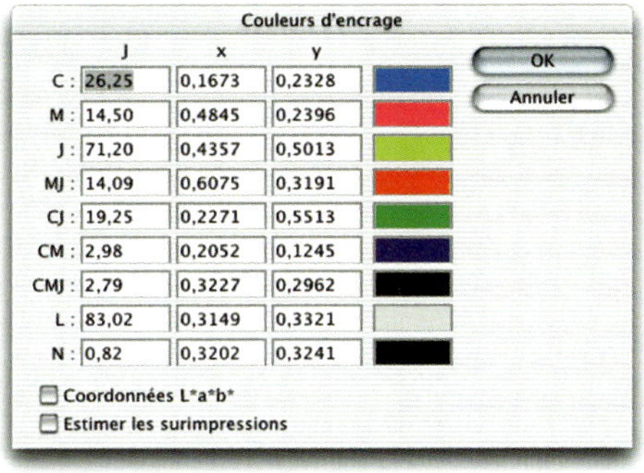

Figure 4.26 La boîte de dialogue Couleurs d'encrage. Pour des impressions spéciales avec des encres personnalisées ou sur du papier de couleur, vous pouvez entrer les valeurs colorimétriques d'un échantillon réel des différentes couleurs et combinaisons de couleurs proposées dans la boîte de dialogue.

Engraissement

L'engraissement correspond à la diffusion de l'encre dans le papier après son application, et dépend du type de presse et de papier employés. La valeur d'engraissement employée dans la boîte de dialogue CMJN personnalisé détermine le niveau de luminosité des films qui sont générés à partir du fichier CMJN et qui serviront à réaliser les plaques d'impression. Plus la valeur d'engraissement sera élevée, plus les films serontclairs parce que la presse aura besoin d'appliquer moins d'encre pour obtenir des points de demi-teintes de taille correcte.

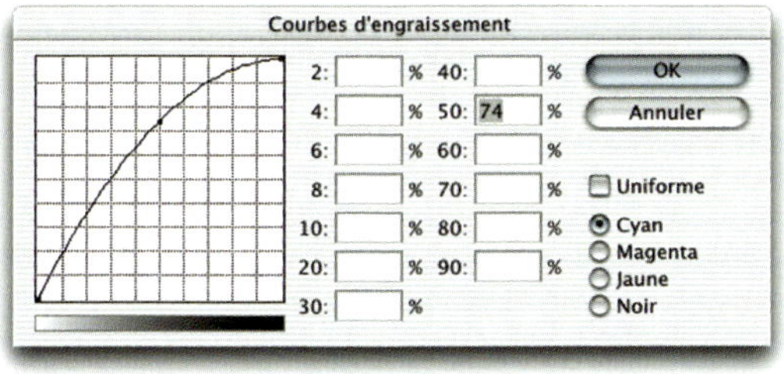

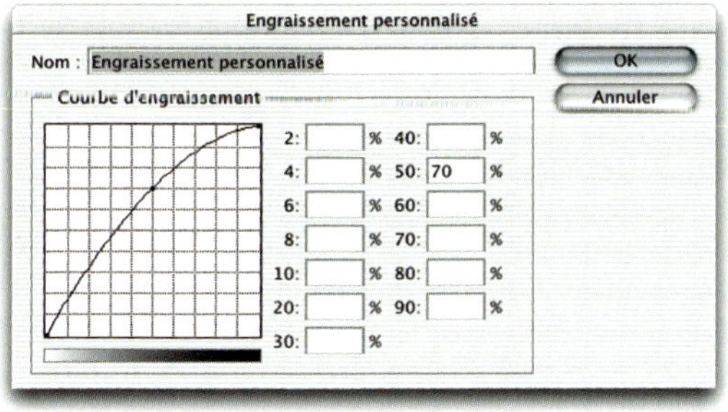

Figure 4.27 Si vous sélectionnez Courbes dans la liste déroulante Engraissement, vous affichez la boîte de dialogue Courbes d'engraissement. Si votre imprimeur peut vous fournir les valeurs d'engraissement en fonction des pourcentages, entrez-les dans cette boîte de dialogue. L'engraissement peut varier en fonction de la plaque. Si c'est le cas, désactivez l'option Uniforme de façon à pouvoir entrer des valeurs distinctes pour chaque plaque.

Si vous sélectionnez Engraissement personnalisé dans la liste déroulante Espace de travail : Gris de la boîte de dialogue Couleurs, vous verrez apparaître une boîte de dialogue similaire. Si vous enregistrez des paramètres de couleurs destinés à être employés pour des séparations CMJN et en niveaux de gris, vérifiez que les valeurs d'engraissement sont bien identiques pour la plaque noire dans les deux cas.

La valeur d'engraissement ne modifiera en rien l'affichage de l'épreuve écran, puisque le système de gestion des couleurs de Photoshop fera toujours en sorte de vous présenter l'apparence de l'image une fois qu'elle est correctement imprimée. En revanche, comme nous venons de le mentionner, vous obtiendrez des films d'apparence différente si vous utilisez des valeurs d'engraissement différentes pour un même document.

Options de séparation

Ces options définissent le type de séparation utilisé et les limites d'encrage maximales. Par défaut, les paramètres sont Type de séparation : GCR, Densité du noir : Moyenne, Limite de l'encre noire : 100 %, Limite de l'encrage total : 300 %, Ajout de sous-couleurs : 0 %. En principe, pour connaître les valeurs qu'il convient d'utiliser, interrogez votre imprimeur ; en pratique, nous savons d'expérience que la plupart des imprimeurs disent qu'il faut employer les paramètres par défaut de Photoshop. Si c'est cette situation que vous rencontrez, utilisez l'espace de travail CMJN correspondant le mieux au type d'impression à réaliser ou reportez-vous (à titre indicatif seulement !) au tableau de la figure 4.28.

La séparation UCR (*undercolor removal*, retrait des sous-couleurs) est celle qui est la plus couramment employée à l'heure actuelle. Elle consiste à ne remplacer les encres cyan, magenta et jaune par de l'encre noire que dans les zones de couleur neutre. Un autre avantage de ce type de séparation est qu'elle permet de réduire le pourcentage d'encrage total sur les presses à grande vitesse. Elle n'est toutefois pas adaptée à tous les types d'impression.

Pour les images qui comportent principalement des zones sombres et, d'une manière générale, lorsqu'on cherche à obtenir une impression de grande qualité, il est préférable d'utiliser la méthode GCR (*gray component replacement*, remplacement du gris) avec un peu d'ajout de sous-couleurs (UCA). Dans une séparation GCR, l'encre noire est employée dans des proportions plus importantes dans les zones où les trois autres encres sont appliquées simultanément. L'ajout de sous-couleurs permet de rétablir un peu de couleur dans les ombres et de leur donner de la vie et du relief. Le pourcentage d'encre noire est déterminé par le paramètre de densité du noir (voir ci-après). Lorsque vous effectuez une conversion à partir de Photoshop, il est en général préférable d'utiliser une séparation GCR avec une densité du noir faible à moyenne et un ajout de sous-couleurs de 0 à 10 %. Vous obtenez ainsi une courbe de noir plus longue et un meilleur contraste.

Densité du noir

Ce paramètre détermine la quantité de noir qui sera employée pour générer les tons gris et noirs. Pour une image de type photographique, mieux vaut utiliser une densité faible ou moyenne. À titre indicatif, sachez que nous avons employé pour ce livre une densité du noir maximale pour toutes les figures qui comprennent des boîtes de dialogue. Par conséquent, seule la plaque noire est employée pour tous les tons gris neutre (c'est le cas de la figure 4.26), et les éventuelles variations de couleurs lors de l'impression n'affectent pas la neutralité du gris.

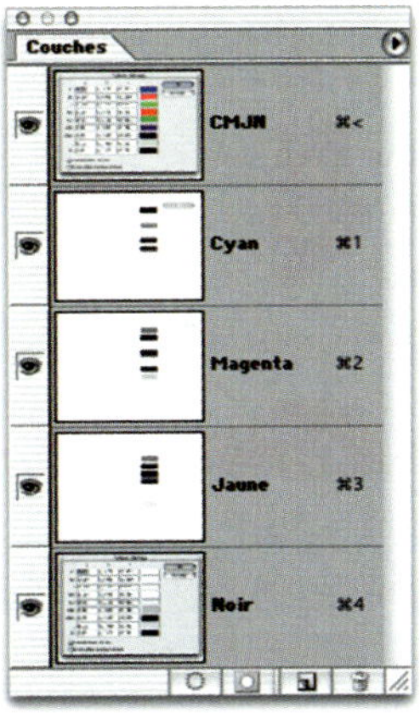

Fichiers CMJN et Lab

Évitez les conversions aller-retour entre CMJN et RVB. Il est préférable de garder un fichier maître RVB, puis de le convertir en CMJN en utilisant les paramètres adaptés à l'impression à effectuer. La conversion d'un espace CMJN dans un autre n'est pas recommandée, mais en l'absence d'un document maître RVB, il n'existe pas d'autre solution. Photoshop simplifie ce type de conversion : il suffit de spécifier le profil de destination dans la boîte de dialogue Convertir en profil. Avec l'option Conserver les profils incorporés, les fichiers CMJN munis d'un profil peuvent être ouverts sans conversion, préservant ainsi les valeurs numériques et offrant une épreuve écran exacte. Nous faisons en sorte que tous nos fichiers soient munis d'un profil ICC, à l'exception de ceux destinés au Web.

Les fichiers Lab dépourvus de profil s'ouvrent dans Photoshop sans qu'aucune boîte de dialogue ne s'affiche. En effet, le mode Lab est le mode colorimétrique le plus universel ; certains considèrent d'ailleurs que l'enregistrement des fichiers en mode Lab est un moyen de résoudre les problèmes de non-concordance entre profils RVB. Toutefois, l'espace colorimétrique du mode Lab est si étendu qu'on risque de voir apparaître des « trous » entre une couleur et la suivante lorsqu'on travaille en 8 bits/couche.

Paramètres de séparation	Encre	Méthode de séparation	Engraissage	Densité du noir	Limite de l'encre noire	Limite de l'encrage total	Ajout de sous-couleurs
Europe							
Papier feuilles couché (sheetfed coated)	Euroscale couché	GCR	10-15 %	Faible/ Moyenne	95 %	320-350 %	0-10 %
Papier feuilles non couché (sheetfed uncoated)	Euroscale non couché	GCR	15-25 %	Faible/ Moyenne	95 %	260-300 %	0-10 %
Papier bobines couché (web press coated)	Euroscale couché	GCR	15-20 %	Faible/ Moyenne	95 %	300-320 %	0-10 %
Papier bobines non couché (web press uncoated)	Euroscale non couché	GCR	20-30 %	Faible/ Moyenne	95 %	260-300 %	0-10 %
Papier bobines journal (web press newsprint)	Euroscale journal	GCR	30-40 %	Moyenne	85-95 %	260-280 %	0-10 %
États-Unis							
Papier feuilles couché (sheetfed coated)	SWOP couché	GCR	10-15 %	Faible/ Moyenne	95 %	320-350 %	0-10 %
Papier feuilles non couché (sheetfed uncoated)	SWOP non couché	GCR	15-25 %	Faible/ Moyenne	95 %	260-300 %	0-10 %
Papier bobines couché (web press coated)	SWOP couché	GCR	15-20 %	Faible/ Moyenne	95 %	300-320 %	0-10 %
Papier bobines non couché (web press uncoated)	SWOP non couché	GCR	20-30 %	Faible/ Moyenne	95 %	260-300 %	0-10 %
Papier bobines journal (web press newsprint)	SWOP journal	GCR	30-40 %	Moyenne	85-95 %	260-280 %	0-10 %

Figure 4.28 Les valeurs ci-dessus sont des suggestions de paramètres pour différents types d'impression ; elles correspondent aux paramètres prédéfinis de Photoshop. Pour des paramètres plus précis, mieux vaut se renseigner auprès de votre imprimeur.

La palette Infos

Étant donné les limitations de l'affichage du moniteur (plage dynamique limitée, faiblesse des jaunes...), certains professionnels se basent uniquement sur les valeurs numériques pour évaluer une image. Il est vrai que lorsqu'on cherche à obtenir des gris neutres, la palette Infos et la Pipette sont les outils les plus précis : quand les valeurs de R, V et B sont identiques, on a affaire à un gris, pour peu qu'on se trouve dans un espace RVB linéaire (Adobe RGB, par exemple).

Lors de l'impression CMJN, les choses ne sont pas si simples. Un gris neutre n'est pas composé de proportions identiques de cyan, de jaune et de magenta. Les tons neutres comporteront toujours plus de cyan que de magenta et de jaune parce que l'encre d'impression cyan tend à absorber une plus grande proportion de sa couleur complémentaire (le rouge) que les encres magenta et jaune. C'est aussi la raison pour laquelle un noir CMJ est toujours brunâtre et nécessite le recours à la plaque noire pour obtenir profondeur et neutralité.

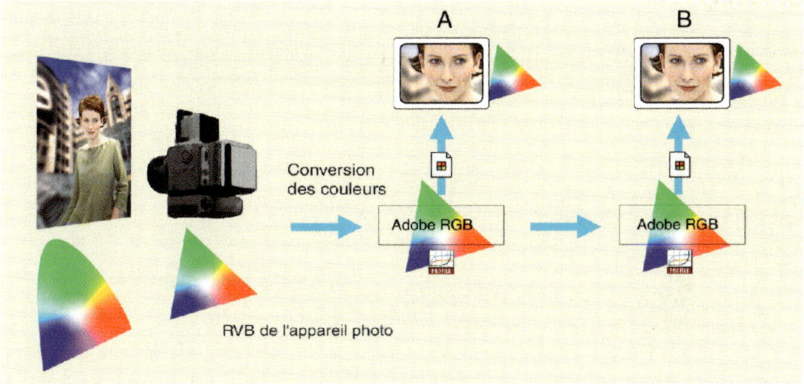

Figure 4.29 Cette figure et la suivante illustrent l'utilisation d'un flux de production RVB qui fait appel à des profils de couleurs. La prise de vue initiale a été effectuée à l'aide d'un appareil numérique ayant ses propres caractéristiques, qui déterminent la gamme de couleurs qu'il est capable d'acquérir. Photoshop lit les informations fournies par le profil que l'appareil photo a incorporé à l'image ; ces informations sont employées pour convertir les couleurs de l'image dans l'espace de travail Adobe RGB (1998). Ce fichier RVB peut maintenant être transmis à tout autre utilisateur de Photoshop (version 5 et plus) utilisant l'espace de travail Adobe RGB (1998).

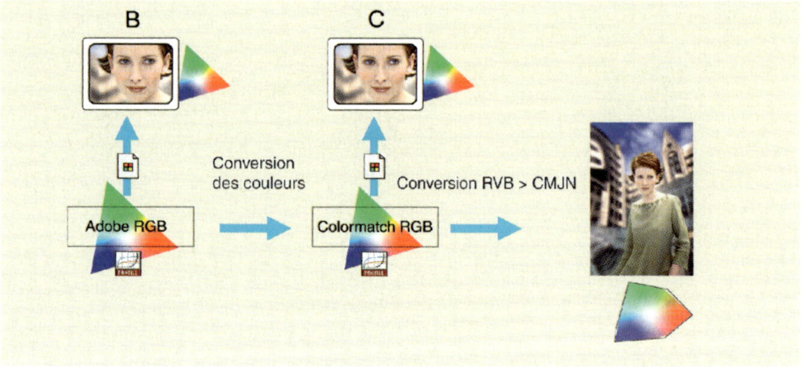

Figure 4.30 L'espace de travail Adobe RGB est un espace virtuel – il ne peut être affiché sur un moniteur (ni sur aucun périphérique). Le moniteur dispose d'un profil (qui a été créé à l'aide d'Adobe Gamma) qui permet à Photoshop d'effectuer une conversion « à la volée » des données Adobe RGB pour l'affichage sur écran. Bien que le moniteur ne permette pas d'afficher toutes les couleurs de l'espace Adobe RGB, les valeurs colorées sont préservées tout au long des modifications que vous appliquez à l'image. Vous pouvez également transmettre l'image à un utilisateur qui emploie un autre espace de travail, ColorMatch RGB, par exemple. Dans ce cas, Photoshop convertit l'image d'un espace colorimétrique dans l'autre sans perte significative d'informations de couleurs. Les couleurs de l'image ayant été correctement gérées tout au long de son traitement, la conversion en CMJN se fait à partir d'un espace colorimétrique suffisamment étendu pour éviter toute perte de couleur. Cette perte n'aurait pu être évitée si on avait utilisé une image dont le RVB aurait été celui du moniteur, plus limité.

Le flux de travail avec gestion des couleurs ICC

Maintenant que vous êtes arrivé à la fin de ce chapitre, examinez un instant l'illustration de la figure 4.29. Il s'agit du parcours possible d'une image de l'acquisition jusqu'à la conversion en CMJN. Si on suppose que la gestion des couleurs ICC est employée tout au long de la chaîne, les données de l'image n'ont besoin d'être converties que deux fois : la première fois de l'espace RVB de l'appareil numérique dans l'espace de travail RVB, et une deuxième fois de l'espace de travail RVB dans l'espace CMJN de sortie. Dans l'exemple de la figure 4.30, une conversion RVB-RVB supplémentaire a lieu parce qu'un autre utilisateur travaille dans un espace RVB différent. Mais comme vous le voyez, le système de gestion des couleurs de Photoshop permet d'obtenir une reproduction fidèle des couleurs à l'écran et de minimiser le nombre de conversions des couleurs afin d'obtenir une image imprimée dont la gamme de couleurs soit la plus fiable et la plus complète possible.

Chapitre 5
Gestion de fichiers et sortie finale

Dans le précédent chapitre, nous avons traité de la gestion des couleurs, qui permet essentiellement de préserver les couleurs lors du passage d'un périphérique à l'autre. Dans ce chapitre, nous parlerons de la sortie physique des images. Plusieurs types de sorties peuvent être envisagés : épreuves destinées à être soumises à la vérification des couleurs et à l'approbation du client, impression CMJN ou tirages spéciaux de type Fuji Pictrography ou Iris.

Au cours de ces dernières années, la qualité des tirages qu'il est possible d'obtenir à partir d'une imprimante couleur s'est considérablement améliorée. Nombre de photographes préfèrent désormais ces types d'impression au tirage classique sur papier argentique. Deux raisons probables à ce nouveau comportement : *primo*, dans Photoshop, le photographe peut déterminer avec précision l'apparence qu'aura l'image, et *secundo*, la gamme de papiers disponibles est sensiblement plus large que celle que propose la photo argentique. Il existe de nombreux types d'imprimantes et méthodes d'impression ; la première étape consiste donc à faire un bon choix en la matière, en fonction du résultat que l'on cherche à obtenir.

Impression et transparents à partir d'un fichier RVB

Bien des photographes préfèrent rester en RVB tout au long de leur travail et fournir une sortie finale en RVB. Les deux technologies principales permettant une sortie directe en RVB sont les agrandisseurs numériques et l'imprimante Pictrography de Fuji.

Les *agrandisseurs numériques* (Durst Lambda, CSI LightJet 5000, etc.) permettent d'obtenir un tirage sur papier photo ou transparent grand format, directement à partir de l'image RVB. Ces appareils remplacent les chambres noires traditionnelles chez les prestataires de pré-presse.

L'imprimante *Fuji Pictrography* permet d'obtenir des tirages sur un papier de type argentique à un format maximal A3. En tant que propriétaire de ce type d'imprimante, nous apprécions la qualité des couleurs et de la surface (brillante) du papier, ainsi que la vitesse du tirage (deux minutes). Précisons que d'après Fuji, les tirages Pictrography ont la même durée de vie qu'une photo argentique traditionnelle.

Sortie CMJN

Si l'imprimante Pictrography permet d'obtenir de très bons résultats, la gamme de couleurs qu'elle peut reproduire est plus large qu'une gamme CMJN ; par conséquent, elle ne peut être employée pour fournir à un imprimeur une épreuve de l'image que l'on souhaite imprimer en quadrichromie. Pour ce type de travail, l'imprimante à jet d'encre est la meilleure option.

Les stations *Scitex Iris* sont celles qui permettent d'obtenir la meilleure qualité d'image. Le papier est monté sur un tambour qui tourne tandis que la tête d'impression le parcourt dans le sens de la longueur. Dans la mesure où la durée de vie des encres standards n'est pas très importante, les tirages Iris ne peuvent être employés que pour des épreuves (il existe cependant des encres spéciales qui résistent aux UV). En revanche, il est possible d'utiliser n'importe quel type de papier. Deux qualités d'impression sont disponibles : normale ou haute qualité (archive) ; un même prestataire de pré-presse proposera soit l'une, soit l'autre, mais pas les deux, à moins de disposer de deux stations Iris.

Les *imprimantes à jet d'encre* sont sans doute le périphérique le plus employé par les photographes pour la réalisation d'épreuves. Les deux principaux fabricants d'imprimantes à jet d'encre sont Epson et Hewlett Packard. On trouve des imprimantes à jet d'encre bon marché qui permettent d'obtenir des résultats d'excellente qualité. La gamme Stylus Photo d'Epson, en particulier, utilise six encres (les encres CMJN, plus une encre cyan clair et une encre magenta clair) pour reproduire avec plus de précision les tons clairs de l'image.

Les systèmes de gestion des couleurs (ColorSync sous Mac OS, ICM sous Windows) sont pris en charge par ces imprimantes, mais ils ne fonctionnent qu'à condition d'utiliser les encres et le papier fournis par leur fabricant. Toutefois, pour ce qui est du papier, le choix est de plus en plus diversifié. Enfin, si vous effectuez régulièrement des impressions avec ce type d'imprimante, l'encre et le papier vous coûteront rapidement plus cher que l'imprimante elle-même ; cette solution n'en est pas moins très économique.

Longévité des tirages

Si vous vendez des « tirages » numériques, vos clients attendront *a priori* que leur longévité soit identique à celle de tirages argentiques. Les encres standards des imprimantes à jet d'encre ne permettent pas aujourd'hui d'assurer une telle longévité. Il existe toutefois depuis peu des encres spéciales, telles celles de la firme Lysonic, compatibles avec les imprimantes à jet d'encre Epson. Ces encres sont très résistantes à la lumière (et donc d'une longévité très élevée), pour peu qu'on utilise le papier adéquat. Le succès de ces encres a incité Epson à proposer une gamme d'imprimantes, d'encres et de papiers de qualité « archive ». Cependant, si vous souhaitez proposer de « vraies » photographies, utilisez une imprimante Pictrography. Son coût est bien entendu bien plus élevé que celui d'une imprimante à jet d'encre, mais inférieur à celui d'un mini-lab, qui correspond sans doute au standard que vous cherchez à atteindre.

Options d'impression de Photoshop

Sous Photoshop, la configuration de l'impression se fait à l'aide de quatre boîtes de dialogue : Format d'impression, Imprimer, Imprimer avec aperçu et Imprimer un exemplaire. Pour choisir une imprimante sous Mac OS 9, utilisez le Sélecteur, dans le menu Pomme. Sous Mac OS X, ouvrez le dossier Applications/Utilities et lancez l'utilitaire Print Center. Sous Windows, choisissez Fichier > Format d'impression, puis sélectionnez l'imprimante voulue dans la liste déroulante Nom.

Figure 5.1 La commande Imprimer avec aperçu affiche la boîte de dialogue ci-dessus. Vous pouvez y positionner avec précision l'image dans la page et modifier ses dimensions. La partie inférieure de la boîte de dialogue, permet d'ajouter différentes informations utiles à l'imprimeur : gamme de nuances, repères de montage, traits de coupe… Vous pouvez aussi définir les options de gestion des couleurs (option Gestion des couleurs, dans la liste déroulante). Si vous effectuez une sélection avant d'ouvrir la boîte de dialogue et que vous cochez ensuite l'option Imprimer la sélection, seule la sélection sera imprimée.

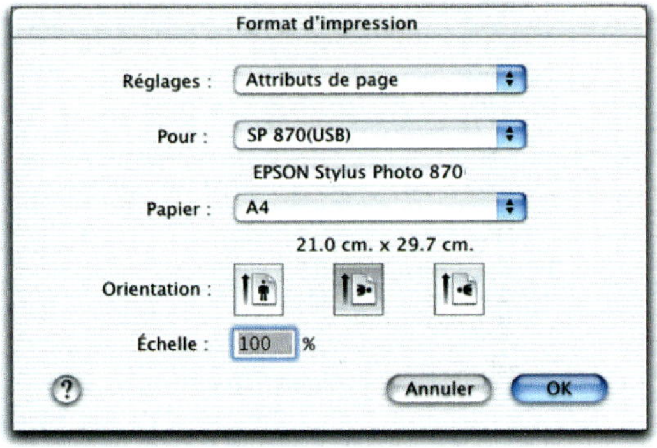

Figure 5.2 La boîte de dialogue Format d'impression.

La boîte de dialogue Imprimer avec aperçu permet de déterminer la taille et le positionnement de l'image dans la page. Cette boîte de dialogue comprend également des options supplémentaires, qui apparaissent lorsque vous cochez la case Afficher plus d'options.

Épreuves pour sortie sur presse

Pour obtenir le meilleur résultat possible lors d'une sortie sur presse, essayez de demander le maximum d'informations à votre imprimeur. Celui-ci pourra éventuellement vous fournir un profil ICC ou les spécifications des encres et de la presse. Ouvrez ensuite la boîte de dialogue Édition > Couleurs, choisissez CMJN personnalisé dans la liste déroulante CMJN, puis entrez dans la boîte de dialogue CMJN personnalisé les informations qu'il vous a fournies. Convertissez ensuite votre fichier RVB en CMJN et enregistrez-le au format TIFF ou EPS, puis transmettez ce fichier à l'imprimeur en même temps qu'une épreuve CMJN, qui lui montrera à quoi le document imprimé est censé ressembler. Lorsque vous fournissez une épreuve à l'imprimeur, celle-ci doit provenir d'un périphérique CMJN : les contraintes doivent être identiques pour vous et pour l'imprimeur, qui se basera sur votre épreuve pour tenter d'obtenir le même résultat à partir de sa presse. Vous pouvez aussi fournir à l'imprimeur un fichier RVB comprenant un profil ICC et lui confier la conversion en CMJN ; ce qui importe, c'est que vous vous soyez mis d'accord au préalable.

La boîte de dialogue ci-après montre les paramètres des imprimantes à jet d'encre Epson. Les paramètres des imprimantes d'autres marques sont similaires. Pour effectuer une impression sur une imprimante à jet d'encre, procédez comme suit : Dans la boîte de dialogue Imprimer (figure 5.1), cochez Plus d'options. Ouvrez la section Gestion des couleurs ; assurez-vous que l'Espace source est Document et que le Profil est Identique à la source. Affichez ensuite les paramètres avancés de configuration de l'imprimante (la démarche à suivre pour y accéder varie selon le système d'exploitation et l'imprimante). Sélectionnez le type de papier que vous employez et, pour obtenir le meilleur résultat possible, la résolution d'impression la plus élevée et le tramage le plus fin. En contrepartie, l'impression sera plus lente. Enfin, dans les paramètres de gestion des couleurs, cochez l'option ColorSync (Mac OS) ou ICM (Windows) afin que l'imprimante utilise automatiquement le profil correspondant au type de papier que vous avez sélectionné.

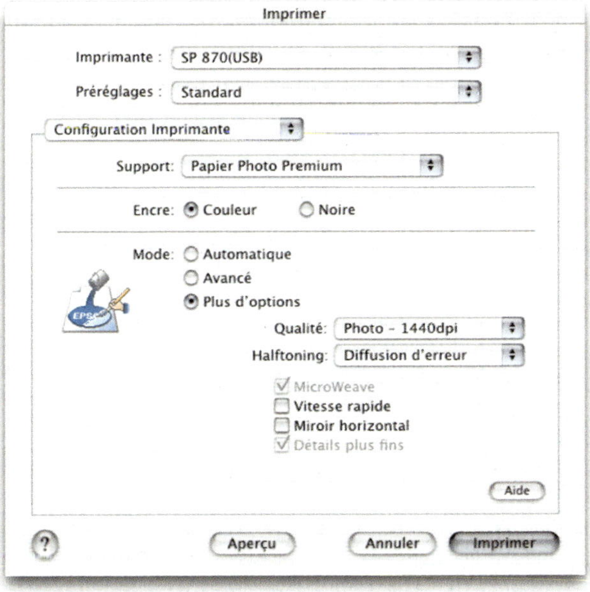

Figure 5.3 La section Configuration imprimante de la boîte de dialogue Imprimer. Sélectionnez le support d'impression employé, cliquez sur Plus d'options et choisissez la résolution d'impression la plus élevée.

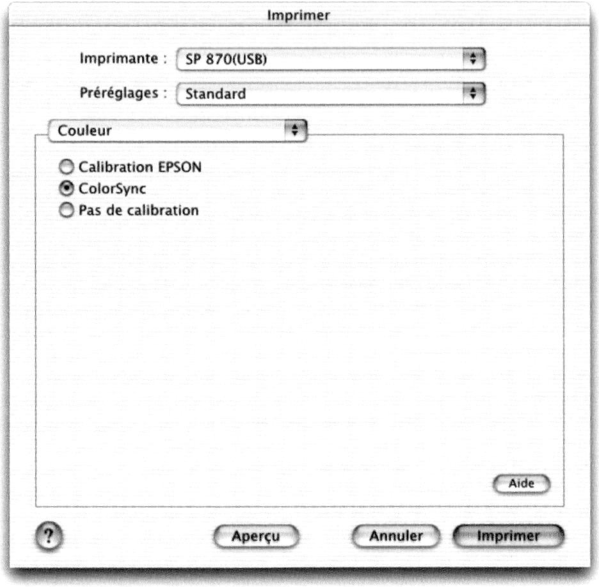

Figure 5.4 Après avoir sélectionné les options de configuration de l'imprimante, choisissez l'option ColorSync ou ICM dans les options de couleur. Ainsi, l'imprimante utilisera automatiquement le profil adapté au support que vous avez choisi à la figure 5.3.

Bien qu'elles utilisent des encres CMJN, il faut fournir à ces imprimantes des images au format RVB. La conversion en CMJN est effectuée en interne par les imprimantes.

Les imprimantes à jet d'encre sont bien adaptées à l'impression de photos destinées à des portfolios ou à des expositions temporaires. Si les couleurs du tirage devaient passer, il suffirait d'effectuer un nouveau tirage. Elles peuvent également servir à montrer à l'imprimeur l'objectif qu'on cherche à atteindre lors de l'impression en CMJN ; toutefois, à quelques exceptions près, elles ne sont pas conçues pour fournir des épreuves de contrôle contractuelles.

Impression CMJN ciblée

Quand vous fournissez une épreuve CMJN à votre imprimeur, celle-ci est destinée à lui montrer à quoi doit ressembler l'image imprimée. Il est préférable dans ce cas d'utiliser une imprimante d'épreuvage afin que l'imprimeur ait la certitude que les couleurs de l'épreuve sont bien imprimables.

Vous pouvez toutefois simuler les limitations de l'impression CMJN à l'aide de votre imprimante à jet d'encre. Pour ce faire, nous supposerons que le format d'épreuve choisi dans Photoshop est l'espace CMJN de la sortie finale. Dans l'exemple de la figure 5.5, nous avons une image Adobe RGB, qui a été affichée dans le format d'épreuve personnalisé 3M Matchprint Euroscale dans Photoshop. Dans la boîte de dialogue Imprimer, c'est ce dernier format (celui de l'impression finale) qui doit être utilisé comme espace source. Nous avons par ailleurs choisi le profil spécifique à notre imprimante et le Mode Colorimétrie relative afin que la sortie de l'imprimante soit limitée à l'espace de travail CMJN cible. Dans ce cas précis, pour éviter gestion des couleurs en double, nous désactivons l'option de gestion des couleurs de l'imprimante (ColorSync ou ICM) de la figure 5.4.

Figure 5.5 Les paramètres utilisés pour simuler une sortie CMJN sur presse sur une imprimante à jet d'encre.

Affichage des couleurs de l'épreuve

En principe, une épreuve est un document sur papier, produit à l'aide d'une imprimante CMJN, mais il est également possible d'afficher une « épreuve » à l'écran. Photoshop est capable de simuler à l'écran avec une assez bonne précision l'apparence que le document aura une fois imprimé en CMJN, sans pour autant que les données de l'image elle-même ne soient modifiées.

Si vous travaillez sur un document RVB et que vous choisissez Affichage > Format d'épreuve > Espace de travail CMJN, Photoshop affiche le document tel qu'il apparaîtrait si vous le convertissiez de l'espace de travail RVB dans l'espace de travail CMJN. Vous pouvez également créer n'importe quel autre type d'espace de travail ; pour cela, choisissez Affichage > Format d'épreuve > Personnalisé. Enregistrez ensuite le format d'épreuve (il comporte l'extension .psf) dans le dossier Dossier Système\Support aux applications\Adobe\Color\Proofing (Mac OS 9), Users*nom de l'utilisateur*\Library\Application Support\Adobe\Color\Proofing (Mac OS X) ou Program Files\Fichiers communs\Adobe\Color\Proofing (Windows). Votre format personnalisé apparaîtra ensuite dans le sous-menu Affichage > Format d'épreuve.

Une fois que vous avez sélectionné un format d'épreuve, affichez le document dans le format correspondant en choisissant Affichage > Couleurs de l'épreuve ou utilisez le raccourci Cmd/Ctrl+Y pour activer et désactiver cet affichage. Le format dans lequel le document est affiché apparaît dans la barre de titre du document, sous la forme RVB/*Espace de travail*.

Vous pouvez ouvrir plusieurs fenêtres pour un même document et choisir pour chacun un format d'épreuve différent, ce qui vous permettra de comparer différents types de sortie sur presse. Vous pouvez également utiliser cette fonction pour simuler un affichage sur un moniteur Macintosh ou Windows (avec les formats RVB Macintosh et RVB Windows).

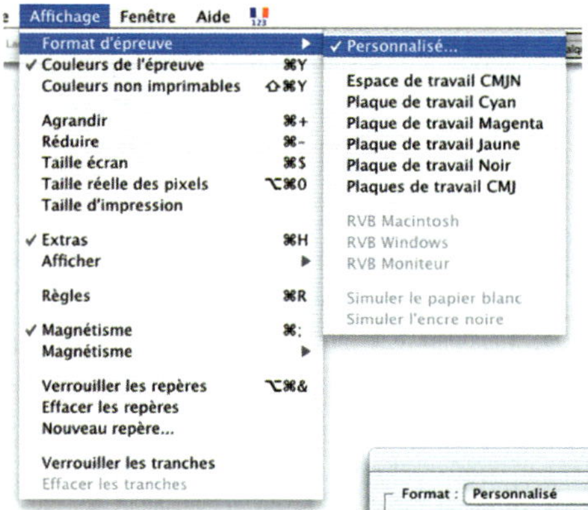

Figure 5.6 Le sous-menu Affichage > Format d'épreuve vous permet de choisir un espace de travail (autre que l'espace de travail courant) dans lequel vous pourrez afficher le document. Le raccourci Cmd/Ctrl+Y permet ensuite d'activer et de désactiver cet affichage. Si vous choisissez Personnalisé, vous pouvez sélectionner votre imprimante (ici, l'Epson Stylus Photo 870). L'option Conserver les valeurs chromatiques montre à quoi ressemblera le document sans gestion des couleurs.

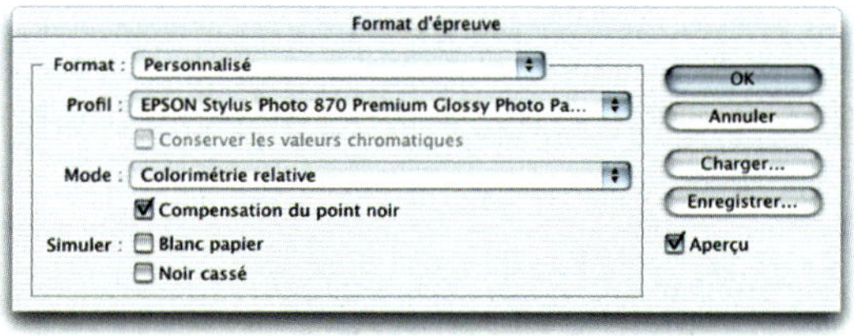

La boîte de dialogue Format d'épreuve propose les options Blanc papier et Noir cassé ; tant que ces options ne sont pas activées, Photoshop simule simplement sur l'écran l'apparence du document, une fois converti dans l'espace colorimétrique CMJN ; si vous cochez les deux options Blanc papier et Noir cassé, Photoshop simule en outre la couleur du papier et les limites de l'encre noire.

Stockage des fichiers

Le support le plus universel, à l'heure actuelle, est le CD-Rom. Aujourd'hui, tous les ordinateurs sont fournis avec un lecteur de CD-Rom et il est possible de trouver des graveurs de CD-Rom à relativement bon marché ; quant aux CD-Rom eux-mêmes, leur prix est peu élevé. Leur inconvénient tient à ce que, s'ils sont endommagés, toutes les données qu'ils contiennent sont perdues. Par conséquent, veillez à effectuer une copie de sauvegarde supplémentaire de tous les documents importants que vous stockerez séparément. Les lecteurs Jaz permettent quant à eux de stocker 1 ou 2 Go chacun avec des temps d'accès comparables à ceux d'un disque dur. Ils s'avèrent utiles pour gérer rapidement des quantités importantes de données, y compris en tant que support de stockage provisoire avant archivage sur CD-Rom ou sur bande magnétique.

Gestion de bases de données d'images

Nous connaissons un photographe qui, à la demande de son client principal, s'est entièrement équipé en numérique, investissant une petite fortune en matériel. Après quelques mois, ce même client a demandé au photographe de revenir à l'argentique sous prétexte qu'il lui était plus facile de parcourir des piles de transparents que de retrouver les images cherchées dans les piles de CD-Rom. Ceci pour illustrer le fait que, si vous ne gérez pas correctement vos stocks d'images, vous aurez beaucoup de mal à retrouver par la suite les images que vous cherchez. *A contrario*, avec un stock d'images numériques bien gérées, leur recherche s'avère plus facile qu'avec des images physiques.

Votre expérience vous a sans doute amené à enregistrer soigneusement les fichiers dans les dossiers auxquels ils appartiennent. Les images numériques posent cependant un problème particulier dans la mesure où les fichiers correspondants sont volumineux et que, par conséquent, plusieurs disques ou CD-Rom sont forcément nécessaires pour les stocker tous. Il est donc important de choisir un système de numérotation et de classement cohérent pour votre support d'archivage, sous peine, dans un délai d'un an, de ne plus retrouver les images que vous cherchez.

Si vous avez un nombre important d'images à gérer, nous vous conseillons de faire appel à un utilitaire spécialisé, permettant de créer des catalogues d'images et d'ajouter des descriptions à chaque image afin, ensuite, d'effectuer des recherches en fonction de différents critères. Vous pouvez également ajouter directement des informations à chacune de vos images à partir de Photoshop, en choisissant Infos dans le menu Fichier. Le format de ces informations est compatible avec le standard NAA/IPTC, qui est employé dans le domaine de la presse écrite. Vous pouvez même créer un script qui se charge de l'enregistrement des données dans la boîte de dialogue Infos. Ainsi, ces informations peuvent ensuite être stockées d'un simple clic de souris à partir de la palette Scripts. Par ailleurs, le groupe Pixel Genius (dont je suis membre) a créé un plug-in d'extraction de métadonnées (gratuit, mais en anglais) pour Photoshop. Vous trouverez plus d'informations à ce sujet sur le site www.pixelgenius.com.

L'Explorateur de fichiers

L'Explorateur de fichiers est l'une des principales nouveautés de la version 7 de Photoshop. Il existe bien sûr d'autres logiciels destinés à l'affichage et à la gestion des images, mais l'intérêt de l'Explorateur de fichiers est qu'il permet d'effectuer ces opérations directement à partir de Photoshop.

L'Explorateur de fichiers est initialement affiché en tant qu'onglet dans le conteneur de palettes de la barre d'options, mais vous pouvez y accéder par différents autres moyens : menu Fenêtre, commande Fichier > Parcourir ou raccourci Maj+Cmd/Ctrl+O. Bien qu'il apparaisse dans le conteneur de palettes, l'Explorateur de fichiers fonctionne plutôt comme une fenêtre de document : il disparaît derrière les autres palettes.

Dans son coin supérieur gauche, l'Explorateur de fichiers comporte une arborescence de dossiers qui vous permet de parcourir le contenu de vos disques. Lorsque vous cliquez sur l'un des dossiers de ce volet, toutes les images du dossier apparaissent sous la forme de vignettes sur le côté droit de l'Explorateur. Photoshop met en cache ces vignettes afin d'accélérer leur affichage lorsque vous ouvrez à nouveau ce dossier. Vous pouvez afficher les vignettes à plusieurs résolutions ou avec leurs détails, c'est-à-dire des informations supplémentaires sur les images. Le menu de l'Explorateur comprend l'option Exporter la mémoire cache, qui crée deux fichiers de cache directement dans le dossier des images. Utilisez cette fonction lorsque vous gravez un CD-Rom d'images : si vous gravez en même temps les deux fichiers de cache, les vignettes seront affichées instantanément dans l'Explorateur de fichiers.

Lorsque vous sélectionnez l'une des vignettes, un aperçu de l'image apparaît dans un volet à gauche. Pour agrandir cet aperçu, faites glisser les barres qui séparent les volets. Vous pouvez attribuer un ordre d'importance (rang) à chacune des images, en sachant que les valeurs les plus « basses » sont les premières : A avant B et 1 avant 2. Pour cela, effectuez un clic droit/Ctrl+clic sur la vignette et choisissez un rang. Les options de tri, en bas, vous permettent de classer les photos selon différents critères. Le bouton de rotation, en bas et à droite, permet de faire pivoter la vignette de l'image sélectionnée. Attention : l'image elle-même restera inchangée tant que vous ne l'aurez pas ouverte dans Photoshop.

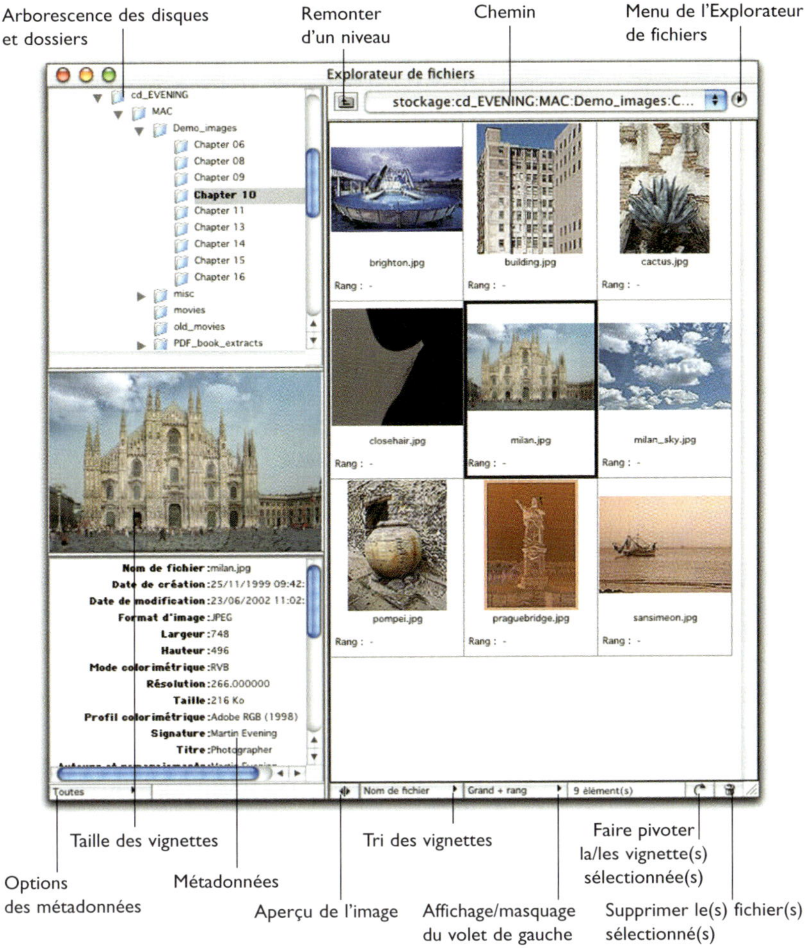

Figure 5.7 L'explorateur de fichiers.

Le volet inférieur gauche affiche les métadonnées du fichier et en particulier les données EXIF, c'est-à-dire les informations enregistrées en même temps que l'image par l'appareil photo numérique : date et heure de la prise de vue, mais aussi objectif, temps d'exposition et ouverture, et même numéro de série de l'appareil. Vous pouvez aussi choisir d'afficher toutes les informations du fichier, et pas seulement les informations EXIF.

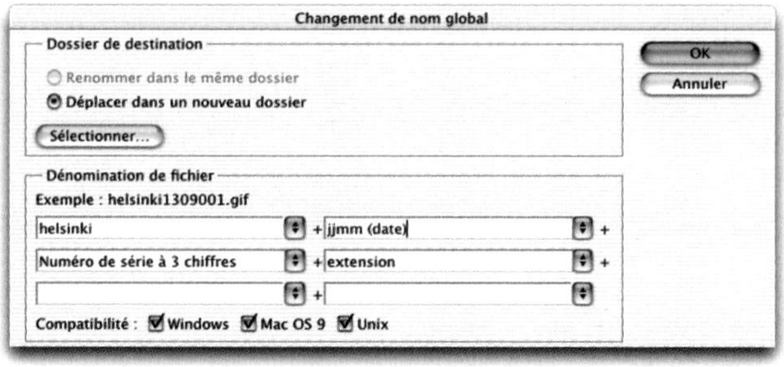

Figure 5.8 La boîte de dialogue Changement de nom global.

Renommer des fichiers avec l'Explorateur

Pour renommer un fichier à partir de l'Explorateur, double-cliquez sur sa vignette et entrez un nouveau nom. Si vous sélectionnez deux vignettes ou plus, vous pouvez choisir l'option Changement de nom global dans le menu de l'Explorateur. La boîte de dialogue qui apparaît vous permet de renommer les fichiers sélectionnés en fonction de différents critères, et éventuellement de les placer dans un nouveau dossier. Il aurait été plus utile de disposer d'une option permettant de copier et de renommer les fichiers plutôt que de les déplacer, mais vous pouvez effectuer cette opération à partir de l'Explorateur : créez un nouveau dossier, sélectionnez les vignettes des images voulues, enfoncez la touche Opt/Alt puis faites glisser les vignettes sur le nouveau dossier.

Check-list pour le prestataire de pré-presse

Le format le plus couramment accepté est le format TIFF Macintosh non comprimé ; certains prestataires qui travaillent sous Windows ou Unix demanderont que vous utilisiez le format TIFF IBM PC (qui peut également être lu sous Mac OS), mais cela arrive de moins en moins souvent. Par ailleurs, il est préférable de supprimer toutes les couches alpha. Cela vaut également pour les tracés, sauf ceux qui servent de masque dans un fichier EPS ou TIFF.

En ce qui concerne les dimensions et la résolution de l'image, tout dépend de l'impression effectuée ; renseignez-vous auprès de l'imprimeur ou du prestataire. Appliquez un renforcement à l'image en fonction des besoins ; dans le cas d'une impression sur presse, la perte de netteté est telle qu'il faut rendre l'image avec une netteté très exagérée par rapport à l'affichage sur moniteur. Assurez-vous que vous avez choisi le bon mode colorimétrique, RVB ou CMJN. Certains prestataires utilisent du matériel qui effectue la conversion RVB vers CMJN en interne (imprimantes Iris, par exemple).

Protection des images

Si le piratage des images n'est pas un phénomène nouveau, le fait qu'elles puissent être diffusées d'une manière électronique augmente considérablement les risques dans ce domaine. Et tous ceux dont le travail concerne le marché des banques d'images sont concernés.

Il existe aujourd'hui deux systèmes de protection des images, qui fonctionnent selon le même principe : toute image peut être « marquée » par son propriétaire au moyen d'un filigrane invisible. Ce dernier résiste entre autres aux opérations de recadrage, de modification des couleurs et de changement de taille, et reste (généralement) présent dans l'image, même après impression puis numérisation. Lorsqu'une image ainsi marquée est ouverte, l'utilisateur est informé que l'image est soumise à un copyright, et le code inclus dans le filigrane permet de retrouver l'auteur de l'image et de négocier sa vente.

Les deux sociétés qui ont développé un tel système sont Signum Technology (SureSign) et Digimarc Corporation (Digimarc). Les deux systèmes fonctionnent selon le principe d'un abonnement annuel, à quelques nuances près. Pour le système SureSign, le tarif annuel est forfaitaire, quel que soit le nombre d'images marquées, et un code d'identification unique peut être attribué à chaque image ; dans le système que propose Digimarc, le tarif varie selon le nombre d'images marquées et selon que le marquage des images est identique pour toutes les images ou que chaque image a son propre code. Digimarc propose un service (payant) supplémentaire, le « MarcSpider », un moteur de recherche automatique des images qui comprennent le filigrane Digimarc. Vous trouverez le plug-in Digimarc sur le CD-Rom de Photoshop, et une version de démonstration (en anglais) du plug-in SureSign.

Chapitre 6

L'espace de travail

Avant de passer à la pratique, nous allons nous intéresser aux préférences et à l'interface de Photoshop. Si vous utilisez d'autres logiciels d'Adobe, Illustrator et InDesign, en particulier, l'interface vous paraîtra familière. Beaucoup de raccourcis clavier sont également identiques dans la plupart des logiciels Adobe : ainsi, dans ces trois logiciels, le raccourci Cmd/Ctrl+barre d'espacement permet d'accéder à la Loupe. Vous constaterez par ailleurs que les fonctions de certains outils ont été développées par rapport aux versions précédentes de Photoshop. Ce chapitre présente les outils et les palettes de Photoshop ; utilisez-le comme une référence lorsque vous parcourrez le reste de ce livre.

Préférences

Les préférences de Photoshop sont accessibles à partir du menu Édition (Windows et Mac OS 9) ou du menu Photoshop (Mac OS X). Elles sont stockées dans un fichier de préférences qui se trouve dans le dossier Système (Mac OS), dans un sous-dossier du dossier Windows (Windows 98) ou du dossier Documents and Settings (Windows 2000). Si vous supprimez, déplacez ou renommez ce fichier, vous retrouverez les préférences par défaut du logiciel. Photoshop générera un nouveau fichier de préférences quand vous quitterez à nouveau le logiciel. Les utilisateurs de Mac OS X constateront que les préférences de Photoshop ne sont pas partagées entre OS 9 et OS X. Par conséquent, vous devrez définir vos préférences Photoshop sous les deux systèmes d'exploitation si vous passez régulièrement de l'un à l'autre. La même chose est vraie pour les paramètres prédéfinis de Photoshop (scripts, listes de motifs, etc.).

Une description des principales options de préférences de Photoshop est présentée ci-après ; pour les options qui ne sont pas évoquées, on peut garder les paramètres par défaut sans grand risque de se tromper.

Général

Exporter le Presse-papiers. En désactivant cette option, on gagne du temps lorsqu'on ferme Photoshop ; il faut la garder activée si l'on doit régulièrement coller le contenu du Presse-papiers dans une autre application après avoir quitté Photoshop.

Fenêtres redimensionnées par zoom clavier. Quand cette option est cochée, la fenêtre de l'image s'agrandit ou se réduit automatiquement lorsqu'on emploie un raccourci clavier tel que Cmd/Ctrl++ ou Cmd/Ctrl+–.

Maj auto des fichiers ouverts. Quand cette option est cochée, les documents sont automatiquement mis à jour lorsqu'on passe de Photoshop à ImageReady, et inversement. Sinon, les logiciels demanderont à l'utilisateur de confirmer la mise à jour.

Curseurs dynamiques. Quand cette option est cochée, la couleur des barres est modifiée au fur et à mesure dans la palette Couleur lorsqu'on fait glisser les curseurs.

Position des palettes. Quand cette option est cochée, Photoshop mémorise la position des palettes lors de la fermeture du logiciel.

Touche Maj pour changer d'outil. Quand cette option est cochée, il faut utiliser la touche Maj combinée avec le raccourci clavier d'un outil pour afficher les différents outils « masqués » dans la boîte à outils. Quand elle est désactivée, il suffit d'appuyer à plusieurs reprises sur la touche correspondant à l'outil, sans touche Maj.

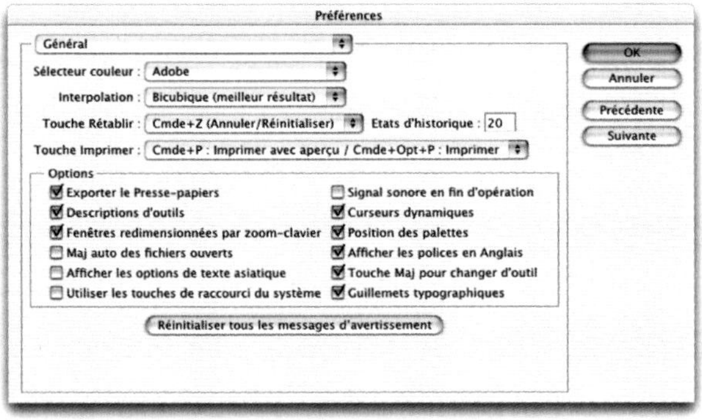

Figure 6.1 La section Général de la boîte de dialogue Préférences.

Réinitialiser tous les messages d'avertissement. Certains messages d'avertissement comportent l'option « Ne plus afficher ». Si vous la cochez, vous ne verrez plus s'afficher le message d'avertissement correspondant. Cliquez sur le bouton Réinitialiser tous les messages d'avertissement pour rétablir l'affichage de ces messages.

Gestion des fichiers

Aperçus d'image. Les aperçus d'image sont des vignettes qui s'affichent dans la boîte de dialogue d'ouverture et d'enregistrement de documents. Leur seul inconvénient est qu'ils rendent légèrement plus volumineux les fichiers auxquels ils sont rattachés. En conséquence, cette option est désactivée par défaut lorsque vous utilisez la fonction Enregistrer pour le Web. Sous Mac OS, on peut choisir les systèmes d'exploitation pour lesquels on va enregistrer un aperçu d'image. On peut aussi ajouter une icône à un fichier : ainsi les images seront-elles faciles à identifier à partir du Finder.

Extension. Pour le Web, il est préférable d'utiliser des extensions en minuscules (l'option par défaut).

Choix avant l'enregistrement des fichiers TIFF multicalque. Depuis Photoshop 6, il est possible d'enregistrer une image au format TIFF tout en préservant ses calques. Toutefois, les fichiers TIFF avec calques ne sont pas reconnus par tous les logiciels. Si vous prévoyez que vos fichiers TIFF risquent d'être ouverts dans des logiciels qui posent des problèmes de compatibilité, cochez cette option. Vous pourrez alors choisir d'aplatir l'image lors de l'enregistrement. Pour préserver les calques de l'image, vous devrez enregistrer une deuxième copie de l'image au format Photoshop ou PDF.

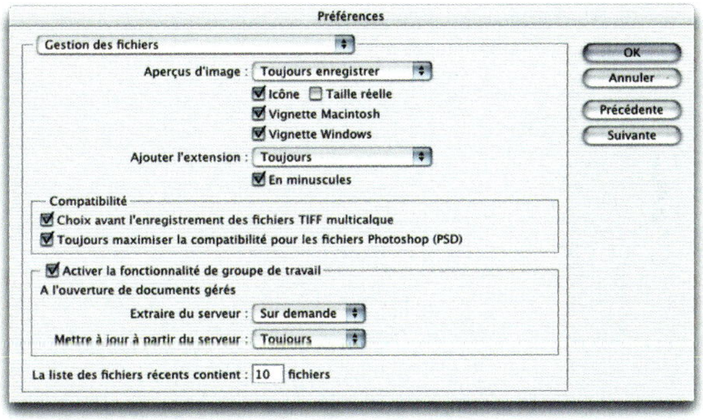

Figure 6.2 La section Gestion des fichiers de la boîte de dialogue Préférences.

Toujours maximiser la compatibilité pour les fichiers Photoshop (PSD). Lorsque cette option est cochée, tous les fichiers au format Photoshop (.psd) que l'on enregistre comprennent en plus une version aplatie de l'image, ce qui permet de les ouvrir dans les versions antérieures du logiciel (mais les informations spécifiques à Photoshop 7 sont perdues). En contrepartie, le fichier qui en résulte est plus volumineux. Enfin, la présence d'une version aplatie de l'image accélère l'affichage de la vignette dans l'Explorateur de fichiers.

Activer la fonctionnalité de groupe de travail. Cette fonction se rapporte à l'utilisation d'un serveur WebDAV, qui est employé pour le travail de groupe sur un projet donné. Lorsqu'un utilisateur « extrait » un fichier du serveur, lui seul peut le modifier tant qu'il n'est pas « archivé » à nouveau. On évite ainsi qu'un même fichier soit modifié par plusieurs utilisateurs à la fois.

Affichage et pointeurs

Pointeurs outils dessin. Avec l'option Standard, le pointeur de la souris est représenté par l'icône de l'outil de dessin sélectionné. On peut également choisir l'option Précis (le pointeur prend alors l'apparence d'une « cible ») ou Forme d'outil (le pointeur prend l'apparence de la forme sélectionnée).

Pointeurs autres outils. Comme pour les pointeurs des outils de dessin, avec l'option Standard (l'option par défaut), le pointeur de la souris prend l'apparence de l'icône de l'outil sélectionné. Cette option peut être utile lorsqu'on débute avec Photoshop mais, pour travailler avec plus de précision, il est préférable de choisir l'option Précis.

La touche de verrouillage des majuscules (Verr. Maj.) permet de basculer entre les pointeurs Standard et Précis, ou Précis et Forme d'outil, selon les options sélectionnées dans la boîte de dialogue Préférences.

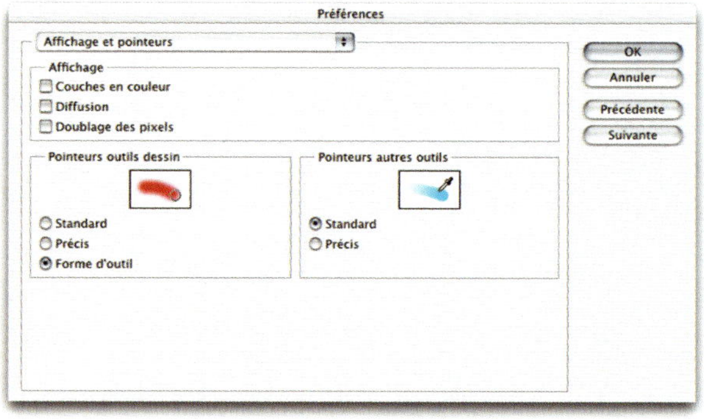

Figure 6.3 La section Affichage et pointeurs de la boîte de dialogue Préférences.

Transparence et couleurs non imprimables

Transparence. Par défaut, les zones entièrement transparentes d'une image sont représentées par un damier blanc et gris. On peut y modifier les paramètres d'affichage de la transparence selon ses besoins ou ses préférences.

Couleurs non imprimables. Ces options s'appliquent lorsqu'on travaille en mode RVB ou Lab et que l'on a activé l'option Affichage > Couleurs non imprimables. Les couleurs qui ne font pas partie de la gamme de couleurs définies comme imprimables sont alors affichées dans la couleur qui est définie ici.

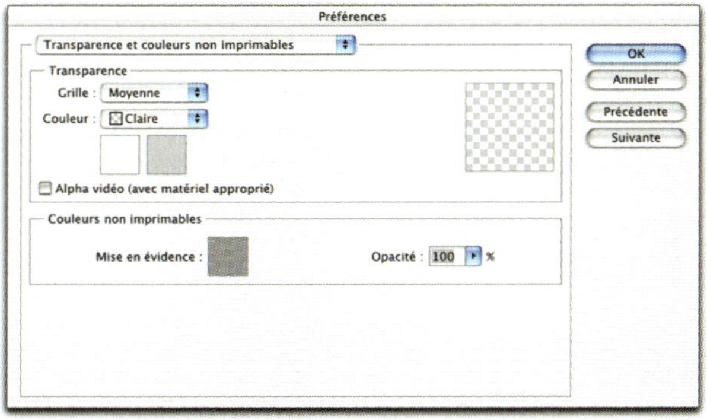

Figure 6.4 La représentation de la transparence peut être modifiée : on peut sélectionner d'autres couleurs pour le damier, ainsi que des cases plus ou moins grandes.

Unités et règles/Repères, grilles et tranches

Ces deux sections permettent de paramétrer l'apparence et les unités de ces éléments de Photoshop. Il est également possible de modifier l'unité des règles à l'aide du menu de la palette Infos ou en effectuant un clic droit (Windows) ou un Ctrl+clic (Mac OS) sur une règle pour afficher son menu contextuel. Nous reparlerons des repères, des règles et des tranches un peu plus bas dans ce chapitre. La section « Résolutions prédéfinies des nouveaux documents » détermine les résolutions par défaut qui s'affichent dans la boîte de dialogue Nouveau (document).

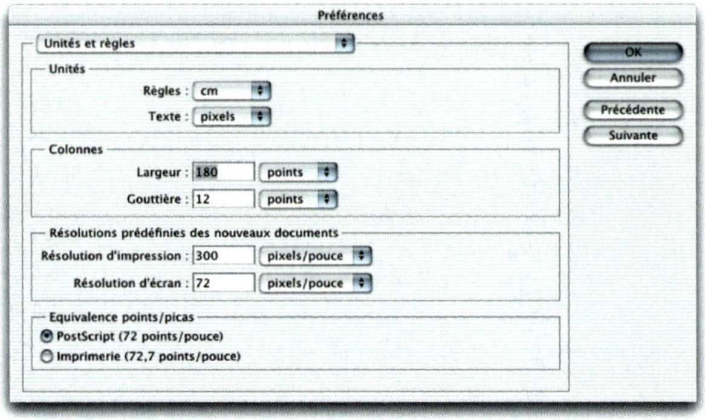

Figure 6.5 Vous pouvez choisir pour les règles différentes unités : pixels, pouces, centimètres, millimètres, points, pica ou pourcentage. Cette dernière unité est particulièrement intéressante si l'on souhaite enregistrer des scripts dont l'effet doit s'appliquer proportionnellement aux dimensions de l'image.

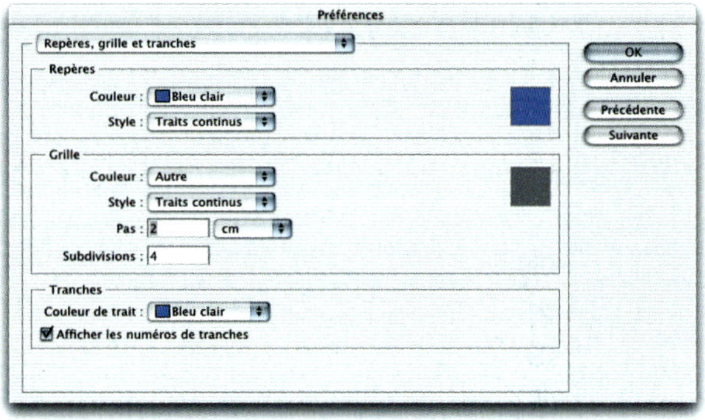

Figure 6.6 Cette section permet de définir l'apparence des repères et de la grille. On peut modifier tant la couleur de ces éléments que leur aspect (ligne continue, tirets, pointillés).

Modules externes et disques de travail/Mémoire et cache de l'image

Répertoire des modules externes complémentaires. Le dossier Modules externes (plug-ins) est automatiquement reconnu dès lors qu'il se trouve dans le même dossier que Photoshop. On peut également définir un dossier de modules externes supplémentaire en cochant l'option correspondante, puis en cliquant sur le bouton Sélectionner.

Disques de travail. Choisissez de préférence comme disque de travail un disque distinct de celui où se trouvent Photoshop et le système d'exploitation ; faites également en sorte qu'il soit le plus vide possible.

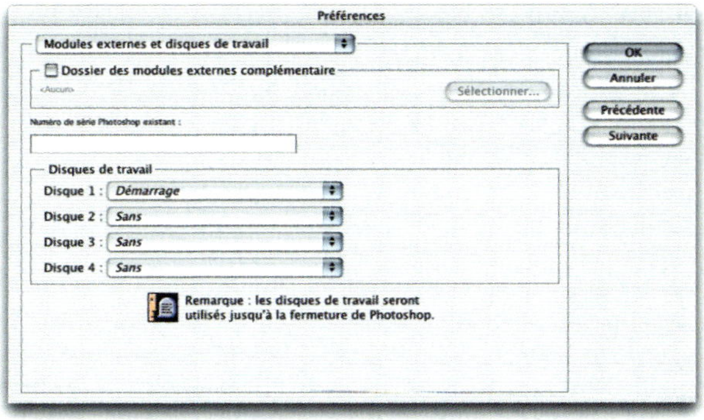

Figure 6.7 On peut définir un dossier de modules externes supplémentaire, par exemple de façon qu'il soit partagé avec une autre application.

Mémoire cache. Le nombre de niveaux de mémoire cache détermine la vitesse de rafraîchissement des images à l'écran. Photoshop stocke en mémoire des versions de l'image en cours à des résolutions plus faibles (1/4, 1/16e, 1/64e, etc.) afin d'accélérer le rafraîchissement du contenu de l'écran lorsqu'on effectue des opérations sur l'image. On peut choisir d'employer de 1 à 8 niveaux de mémoire cache (le nombre de niveaux choisi détermine aussi le nombre d'images de la « pyramide d'images » du format TIFF). Une valeur plus élevée augmente la vitesse de rafraîchissement, mais aussi la quantité de mémoire consommée par Photoshop.

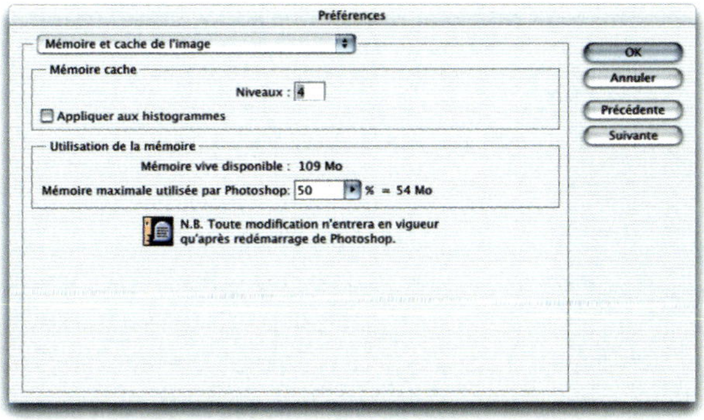

Figure 6.8 La valeur 4 est généralement la plus adaptée quant au nombre de niveaux de cache. Utilisez une valeur plus faible si vous ne travaillez que sur des images de faibles dimensions (768 x 768 pixels ou moins), et une valeur plus élevée si vous travaillez régulièrement sur des images de grande taille (3072 x 3072 pixels ou plus).

Utilisation de la mémoire. Sous Windows et Mac OS X, on peut définir en pourcentage la quantité de mémoire employée par Photoshop ; par défaut, le pourcentage de RAM alloué à Photoshop va de 50 à 75 %. On peut réduire cette valeur mais, si vous traitez des images volumineuses, une allocation de mémoire insuffisante pour Photoshop peut ralentir considérablement toutes les opérations.

La barre d'état

La barre d'état, dans le coin inférieur gauche de la fenêtre du document (Mac OS) ou de la fenêtre de l'application (Windows), affiche des informations supplémentaires sur le document actif.

Tout à gauche, un champ indique le rapport de zoom de l'image en pourcentage. On peut saisir dans ce champ la valeur de son choix ; les valeurs possibles vont de 0,2 % à 1600 %. Au milieu se trouve le bouton du serveur de groupe de travail, qui permet d'extraire ou d'archiver un document partagé via un serveur WebDAV.

En cliquant sur le champ suivant, on affiche un aperçu de la position et de la taille de l'image dans la page imprimée. En enfonçant la touche Opt/Alt et en cliquant dans le même champ, on affiche les informations de taille et de résolution du document. Avec la touche Cmd/Ctrl, on affiche le nombre de carreaux dont l'image est constituée. Enfin, on peut modifier les informations affichées dans le champ lui-même en cliquant sur la flèche située à sa droite. Les options disponibles sont les suivantes :

Documents. Affiche le volume (en Ko ou Mo) du document actif. Le premier représente le volume du document aplati, et le second son volume avec tous ses calques.

Profil de document. Affiche le profil affecté au document actif.

Dimensions du document. Affiche les dimensions du document (en cm, pixels, pouces...).

Fichiers de travail. Le premier chiffre indique la quantité de RAM employée, et le second la quantité de RAM disponible pour Photoshop. Ce second chiffre reste constant ; il ne change que si l'on modifie la quantité de mémoire allouée à Photoshop (ce qui nécessite de relancer le logiciel). Pour réduire la quantité de mémoire consommée, évitez de procéder à une série de modifications affectant l'ensemble de l'image.

Efficacité. Indique en pourcentage les performances actuelles de Photoshop. Il s'agit en fait d'une version « simplifiée » de l'affichage du volume des disques de travail. Lorsque le pourcentage devient faible, il convient de purger le Presse-papiers ou les informations d'annulation (Édition > Purger > Presse-papiers/Annulation).

Durée. Permet de chronométrer les opérations effectuées par Photoshop. Le chronomètre est remis à zéro dès que l'on sélectionne un nouvel outil ou une nouvelle commande.

Outil actif. Indique le nom de l'outil sélectionné. Cette fonction pourra faire office d'aide-mémoire pour les utilisateurs qui masquent la boîte à outils en cours de travail.

Icône de la barre de titre

Les utilisateurs de la version Mac OS verront s'afficher une vue en réduction de l'image active dans la barre de titre de sa fenêtre. Celle-ci est voilée lorsque le document a changé depuis son dernier enregistrement. En enfonçant la touche Ctrl et en faisant glisser cette icône, vous déplacerez le fichier correspondant sur votre disque dur. Enfoncez la touche Cmd et cliquez sur l'icône pour afficher la hiérarchie de dossiers dans lesquels se trouve le document et accéder à ceux-ci.

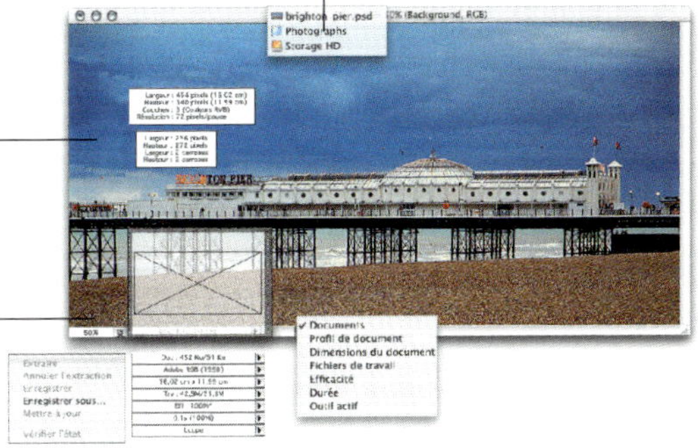

Figure 6.9 La fenêtre de document et les options de la barre d'état sous Mac OS.

Ouverture d'une deuxième fenêtre de document

On peut ouvrir deux ou plusieurs fenêtres pour un même document en choisissant Fenêtre > Documents > Nouvelle fenêtre. L'image s'affiche alors dans une nouvelle fenêtre. Il est ainsi possible d'afficher l'une des images en mode Taille écran et de visualiser un détail de l'image dans l'autre fenêtre à l'aide d'un rapport de zoom plus important. Comme nous l'avons indiqué au chapitre 4, on peut également utiliser cette fonction pour afficher une même image dans plusieurs espaces colorimétriques différents.

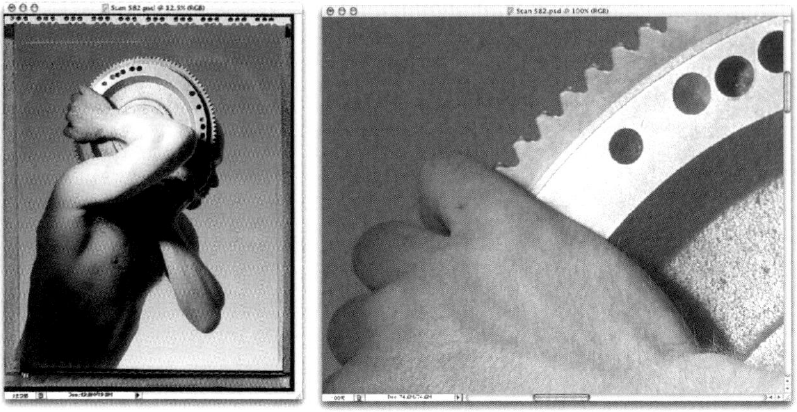

Figure 6.10 Pour afficher une deuxième fenêtre pour un document donné, choisissez Fenêtre > Documents > Nouvelle fenêtre. Les modifications effectuées dans l'une des fenêtres sont automatiquement répercutées dans l'autre. On peut aussi employer cette fonction pour afficher une même image dans deux espaces colorimétriques différents, par exemple deux espaces colorimétriques CMJN.

Photographie : Eric Richmond.

Règles, repères et grille

La grille permet d'aligner les éléments d'une image en fonction des axes horizontal et vertical (choisir Affichage > Afficher > Grille). Le pas de la grille peut être modifié à partir de la boîte de dialogue Préférences (Édition > Préférences > Repères, grille et tranches).

Les repères peuvent être placés n'importe où dans l'image et servent à aligner et à positionner avec précision les éléments d'une image. On peut ajouter à tout moment de nouveaux repères à l'image ; pour ce faire, les règles doivent être affichées (Affichage > Règles). Pour créer un nouveau repère, pointez sur l'une des règles, enfoncez le bouton de la souris, puis faites glisser vers le bas ou la droite. Relâchez le bouton de la souris une fois que le repère est correctement positionné. Vous pouvez par la suite le déplacer à l'aide de l'outil Déplacement.

On peut définir avec précision la position d'un repère en choisissant la commande Affichage > Nouveau repère ; ce même menu propose les commandes Effacer les repères et Verrouiller les repères.

Figure 6.11 On peut ici observer la grille (à l'arrière-plan) et les repères. Pour afficher la grille, choisissez Affichage > Afficher > Grille. Pour créer un repère, affichez les règles (Affichage > Règles), pointez sur une règle, enfoncez le bouton de la souris et faites glisser vers l'intérieur de l'image. Il est possible de modifier l'orientation d'un repère en cours de création à l'aide de la touche Opt/Alt.

Magnétisme

Lorsque l'option Magnétisme est cochée dans le menu Affichage, les repères, la grille, les tranches, les limites du document et les limites des calques deviennent « magnétiques ». Pour activer ou désactiver le magnétisme, on peut également utiliser le raccourci clavier Cmd+; (Ctrl+;). Voici les effets du magnétisme :

- Les outils de la boîte à outils s'alignent automatiquement avec les repères et la grille ; par ailleurs, l'outil Recadrage s'aligne automatiquement avec les limites du document.
- Le contenu des calques, lorsqu'il est déplacé, s'aligne avec les repères, la grille, et les limites du document et des autres calques (cela n'est valable que pour les zones du calque dont l'opacité est supérieure à 50 %).
- Les repères eux-mêmes s'alignent avec les limites des calques lors de leur création. Si l'on enfonce la touche Maj en créant un repère, ce dernier s'alignera avec la marque la plus proche de la règle.

Les palettes de Photoshop

Les palettes de Photoshop (ainsi que la boîte à outils) peuvent être déplacées à l'écran en les faisant glisser depuis leur barre de titre. On peut modifier la hauteur (et dans certains cas la largeur) d'une palette en faisant glisser son coin inférieur droit. Pour rétablir sa taille par défaut, cliquez sur le bouton de réduction (Windows) ou de zoom (Mac OS), dans le coin supérieur droit de la palette. Un second clic réduit le groupe de palettes. En double-cliquant sur son onglet, vous réduirez le groupe de palettes.

Les palettes sont groupées par deux ou trois par défaut ; pour faire passer une palette au premier plan de son groupe, cliquez sur son onglet. Vous pouvez extraire une palette d'un groupe de palettes en pointant sur son onglet et en faisant glisser vers l'extérieur ; vous créez ainsi un nouveau groupe de palettes. Il est également possible d'insérer une palette dans un groupe en la faisant glisser par son onglet sur le groupe voulu.

Ancrage des palettes

Vous avez également la possibilité d'ancrer les palettes verticalement les unes aux autres (voir figure 6.12). En procédant ainsi, vous gagnerez de la place à l'écran, et il sera plus facile de redimensionner les palettes les unes par rapport aux autres sans qu'elles se masquent mutuellement.

Pour ancrer les palettes les unes aux autres, commencez par les séparer toutes. Faites ensuite glisser l'une d'entre elles par son onglet au niveau du bord inférieur d'une autre ; le pointeur de la souris doit se trouver juste au-dessus du bord inférieur de la palette. Lorsque vous voyez apparaître une double barre horizontale, relâchez le bouton de la souris ; les deux palettes sont maintenant solidaires. Répétez cette opération pour ancrer ou grouper toutes les palettes en fonction de vos préférences.

Vous pouvez ensuite redimensionner les palettes les unes par rapport aux autres. Pointez sur la barre horizontale qui sépare les groupes de palettes : le pointeur prend la forme d'une double flèche. Faites ensuite glisser vers le haut ou le bas. Il vous est également possible de faire glisser le coin inférieur droit de chaque groupe de palettes pour modifier la hauteur totale de l'ensemble de palettes ancrées les unes aux autres.

Figure 6.12 Les palettes de Photoshop 7 ancrées verticalement les unes par rapport aux autres.

Paramètres de l'espace de travail

Quand une palette n'est pas visible à l'écran, utilisez le menu Fenêtre pour la faire réapparaître. La touche de tabulation masque et fait apparaître en une seule fois toutes les palettes. Avec Maj+Tab, vous masquez ou affichez toutes les palettes, sauf la boîte à outils et la barre d'options.

Pour rétablir la position initiale des palettes, choisissez Fenêtre > Espace de travail > Réinitialiser la position des palettes. Vous pouvez enregistrer la position de vos palettes en tant qu'espace de travail : choisissez Fenêtre > Espace de travail > Enregistrer l'espace de travail, puis entrez un nom dans la boîte de dialogue. Vous pouvez ainsi passer instantanément d'une configuration de l'espace de travail à l'autre. Vous pouvez même enregistrer des scripts correspondant à l'ouverture de vos espaces de travail et attribuer à chacun une touche de raccourci, ce qui vous permettra de passer d'une configuration à l'autre en appuyant simplement sur une touche. Si vous disposez d'un deuxième moniteur, placez-y l'ensemble des palettes, votre image pouvant alors être affichée sur toute la surface du moniteur principal.

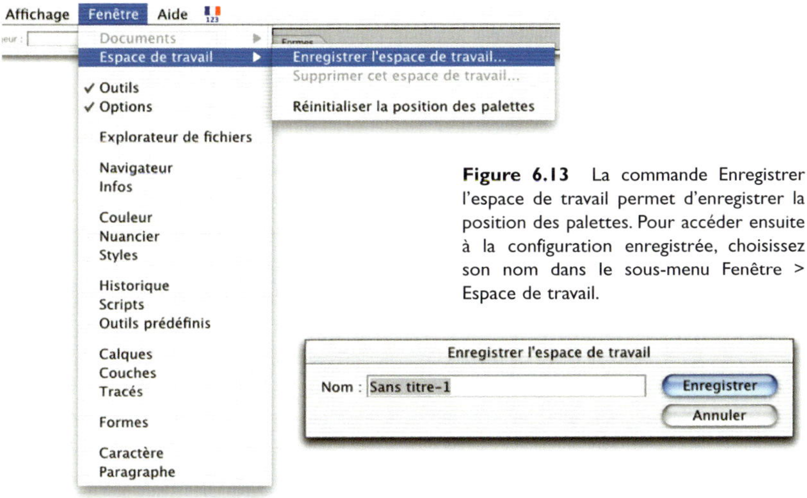

Figure 6.13 La commande Enregistrer l'espace de travail permet d'enregistrer la position des palettes. Pour accéder ensuite à la configuration enregistrée, choisissez son nom dans le sous-menu Fenêtre > Espace de travail.

Explorateur de fichiers

L'Explorateur de fichiers a été traité dans le chapitre précédent. Son mode de fonctionnement est une sorte de croisement entre une fenêtre de document et une palette de Photoshop. Vous serez probablement amené à l'agrandir autant que possible. Par défaut, il est ancré au conteneur de palettes ; l'intérêt de cette position est qu'on peut ainsi ouvrir une image d'un double-clic, et qu'ensuite l'image apparaît et l'Explorateur se ferme tout seul (si vous enfoncez la touche Alt/Opt en double-cliquant, l'Explorateur reste affiché à l'écran). Bien entendu, si vous disposez d'un deuxième moniteur, vous pouvez y laisser l'Explorateur de fichiers affiché en permanence.

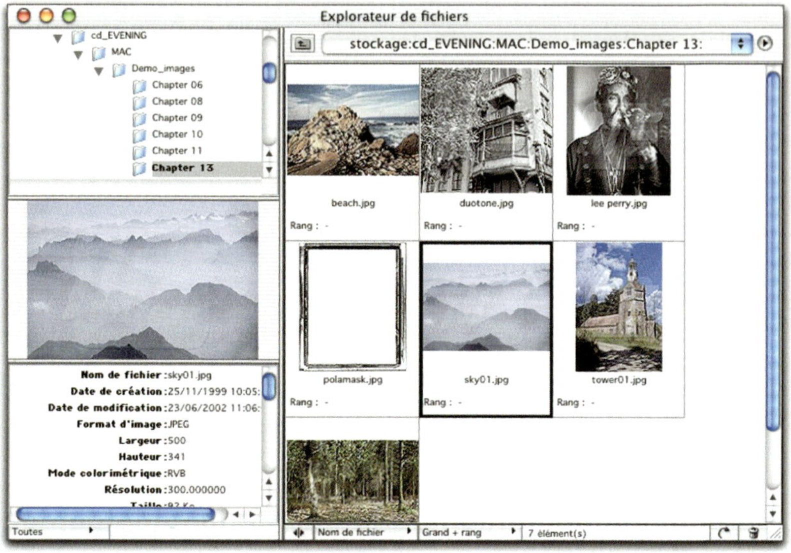

Figure 6.14 La palette Explorateur de fichiers.

Palette Navigateur

La palette Navigateur est groupée par défaut avec la palette Infos. Elle permet de se déplacer rapidement dans l'image et de modifier son rapport de zoom. La palette affiche une version en réduction de l'image active ; pour se déplacer dans l'image, il suffit de faire glisser le rectangle rouge qui représente les limites de la fenêtre du document. Il est possible de modifier la couleur de ce rectangle à partir du menu de la palette.

Vous pouvez définir directement la zone que vous souhaitez afficher dans la fenêtre du document en enfonçant la touche Cmd/Ctrl et en la faisant glisser dans l'image de la palette. On peut également définir le rapport de zoom en faisant glisser le curseur qui se trouve en bas dans la palette, ou en cliquant sur l'un ou l'autre des deux boutons qui représentent des montagnes. Enfin, on peut entrer la valeur de pourcentage de son choix dans le champ qui se trouve dans le coin inférieur gauche de la palette ; il suffit ensuite d'appuyer sur Entrée.

Il est aussi possible d'agrandir à volonté la taille de cette palette pour obtenir un aperçu plus grand de l'image, comme le montre la figure ci-dessus.

Palette Infos

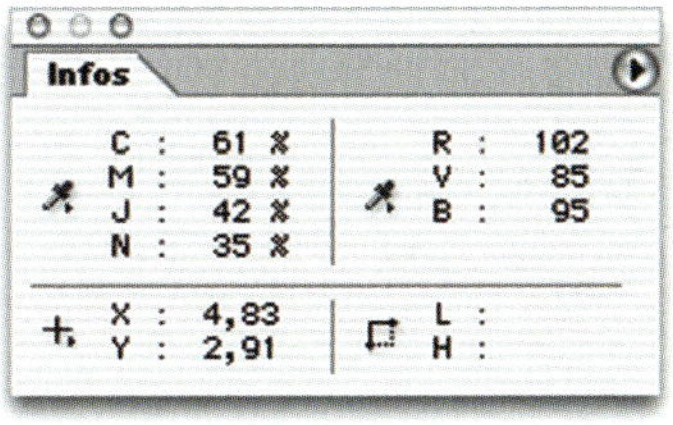

Cette palette fournit des informations en rapport avec la position du pointeur de la souris. Ces informations concernent à la fois les coordonnées du pointeur et les valeurs colorimétriques du pixel qui se trouve sous le pointeur. Par ailleurs, la palette affiche des informations supplémentaires en fonction de l'outil sélectionné, par exemple la taille de la sélection créée avec le Rectangle de sélection.

Le menu de la palette permet de modifier les unités de la règle et de la palette elle-même. Par défaut, la palette affiche les valeurs RVB et CMJN d'une couleur, mais on peut choisir d'autres types d'affichage. Lorsqu'on travaille en mode RVB et que l'on utilise l'affichage par défaut de la palette, les couleurs qui ne peuvent être imprimées dans l'espace de travail CMJN sélectionné sont indiquées par un point d'exclamation.

Barre d'options d'outils

Par défaut, la barre d'options s'affiche en haut de l'écran, ancrée à la barre de menus. Elle peut être séparée de la barre de menus en pointant sur son extrémité gauche et en faisant glisser.

La partie droite de la barre d'options comprend un rectangle gris foncé, le conteneur de palettes, qui sert à stocker les palettes ; cette zone n'est visible que si l'on dispose d'une résolution d'écran de 1024 x 768 pixels ou plus. Pour y insérer une palette, faites-la glisser par son onglet sur le rectangle gris. Affichez les palettes ainsi stockées en cliquant sur leur onglet. Vous pouvez exploiter cette fonction en plaçant dans la barre d'options les palettes que vous employez le plus souvent, puis en utilisant le raccourci Maj+Tab pour masquer toutes les palettes à l'exception de la boîte à outils et de la barre d'options. Les palettes fréquemment employées restent alors accessibles d'un clic de souris.

Pour déplacer les onglets des palettes dans le conteneur de palettes, effectuez un clic droit sur l'onglet et choisissez l'une des commandes du menu contextuel.

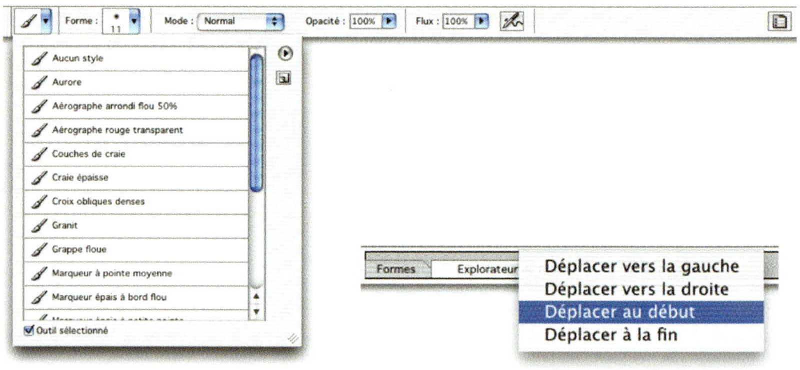

Figure 6.15 La barre d'options d'outils ainsi que le conteneur de palettes et son menu contextuel.

Outils prédéfinis

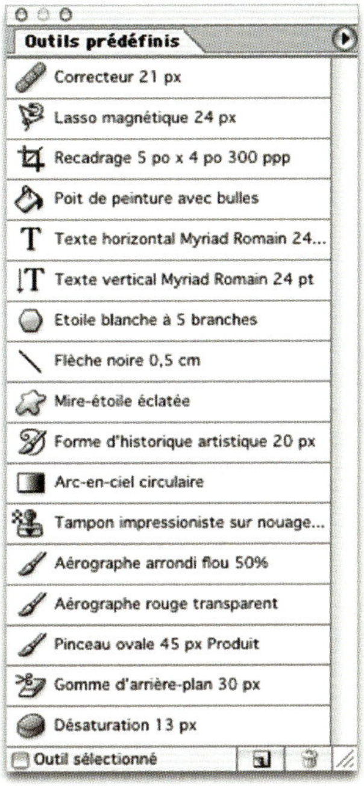

La palette Outils prédéfinis permet de stocker des paramètres d'outils. Chaque outil de Photoshop a sa propre série d'options ; avec la palette Outils prédéfinis, vous pouvez enregistrer tous les paramètres des options d'un outil en tant qu'« outil prédéfini » et accéder ensuite instantanément à ces paramètres. Ainsi, si vous utilisez souvent les mêmes paramètres de résolution et de taille d'image lorsque vous employez l'outil Recadrage, stockez ces paramètres en tant qu'outil prédéfini. L'option Outil sélectionné, en bas dans la palette, restreint son affichage au seul outil sélectionné dans la boîte à outils.

La palette Outils prédéfinis est particulièrement utile pour stocker les paramètres des formes de Pinceau. Nous vous conseillons d'ailleurs d'essayer les paramètres prédéfinis de Pinceau fournis avec Photoshop : dans le menu de la palette Outils prédéfinis, choisissez Formes. Autre utilisation de la palette Outils prédéfinis : elle vous permettra de stocker les paramètres de l'outil Texte (police, corps, attributs, couleur…) que vous employez le plus fréquemment, ce qui peut s'avérer particulièrement utile lors de la création d'un site Web.

Palette Caractère

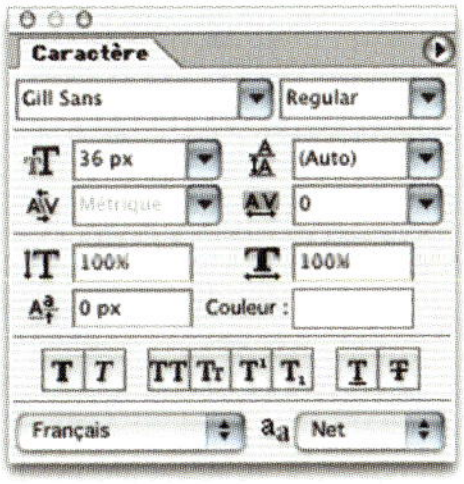

La palette Caractère permet de définir les attributs des caractères créés avec l'outil Texte : corps, interligne, approche, crénage, couleur, etc. Cette palette offre plus ou moins les mêmes options de paramétrage des caractères que celles proposées par InDesign. Pour afficher la palette Caractère lorsque l'outil Texte est sélectionné, cliquez sur le bouton Palettes de la barre d'options.

Palette Paragraphe

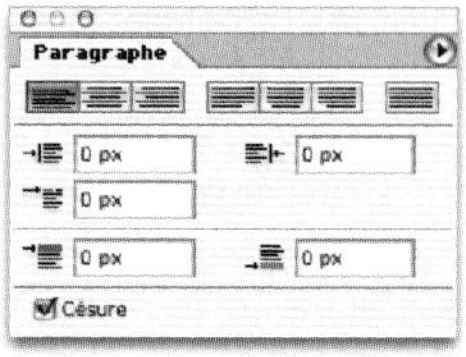

Lorsque vous créez des blocs de texte, la palette Paragraphe permet de modifier des paramètres tels que justification, retrait ou césure.

Formes

Parmi les formes standards de Photoshop, la plus petite a une taille d'un pixel et des bords nets, la plus grande mesure 300 pixels et elle a des bords diffus, et toutes sortes d'autres formes sont livrées avec le logiciel. Pour sélectionner une forme lorsqu'un outil de dessin est activé, cliquez sur le bouton comprenant une flèche, à droite de la forme en cours dans la barre d'options. Effectuez un clic droit/Ctrl+clic pour afficher la liste des formes en cours de dessin. Cliquez sur la forme voulue puis recommencez à peindre pour refermer la liste, ou double-cliquez sur la forme pour refermer immédiatement la liste. Le raccourci Maj+clic droit/Maj+Ctrl+clic permet d'accéder au menu des modes de fusion. Les touches « , » et « : » (virgule et deux-points) ont pour effet de réduire et d'agrandir la forme sélectionnée.

Vous pouvez créer une nouvelle forme en cliquant sur le bouton de nouvelle forme de la liste des formes. Vous affichez ainsi la boîte de dialogue Nom de la forme qui vous permet de choisir son nom. Cliquez sur OK pour ajouter la forme à la liste. Les utilisateurs des versions précédentes de Photoshop constateront que l'Aérographe a disparu. Il est remplacé par l'option du même nom, dans la barre d'options.

Palette Formes

La liste des formes de la barre d'options ne détermine que l'aspect de la forme elle-même (la « pointe ») et sa taille (au moyen d'un curseur). Vous pouvez déterminer d'autres paramètres de la forme, en particulier les options de dynamique de forme, à l'aide de la palette Formes qui se trouve initialement dans le conteneur de palettes.

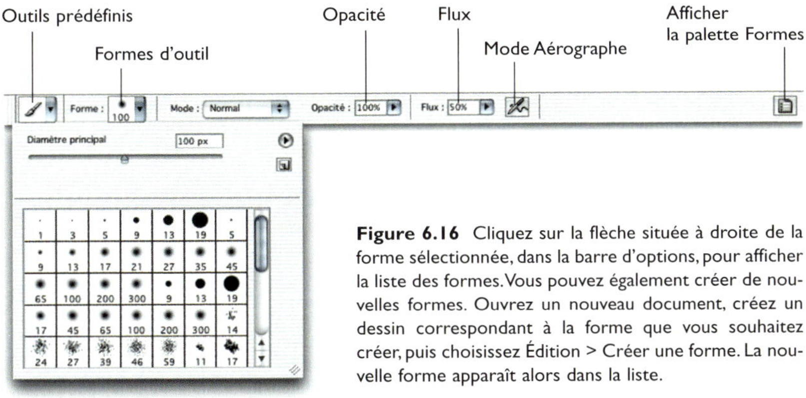

Figure 6.16 Cliquez sur la flèche située à droite de la forme sélectionnée, dans la barre d'options, pour afficher la liste des formes. Vous pouvez également créer de nouvelles formes. Ouvrez un nouveau document, créez un dessin correspondant à la forme que vous souhaitez créer, puis choisissez Édition > Créer une forme. La nouvelle forme apparaît alors dans la liste.

Si vous disposez d'une tablette graphique, vous pouvez faire réagir vos formes à différents paramètres du stylet : pression, mais aussi inclinaison et molette (à condition que votre stylet dispose de ces fonctions). Pour ce faire, choisissez « Pression de la plume », « Inclinaison de la plume » et « Molette de stylet » dans les listes déroulantes Contrôle de la palette Formes.

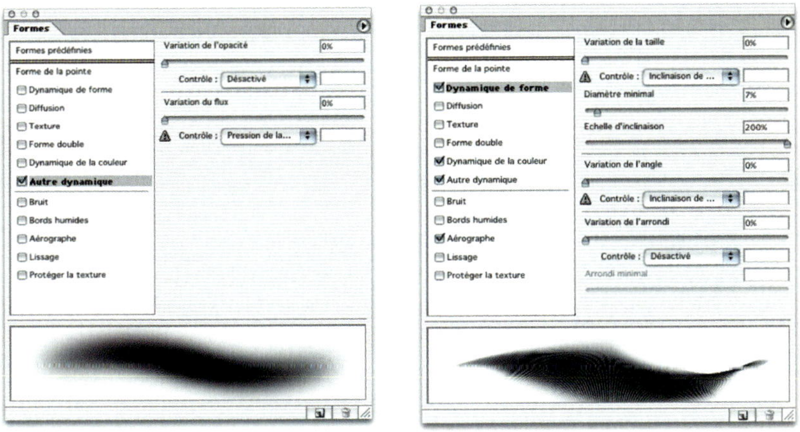

Figure 6.17 Sélectionnez l'une des catégories dans la liste de gauche de la palette Formes pour afficher les options correspondantes à droite dans la palette.

La plupart des options de dynamique comportent également un curseur qui introduit une variation aléatoire de l'effet correspondant. Vous pouvez ainsi faire varier de nombreux paramètres : taille, angle, diffusion, couleur, flux, opacité... Les options de Texture et de Forme double permettent respectivement d'appliquer une texture à la forme et de combiner deux formes entre elles pour créer le trait du Pinceau. Une fois que vous avez créé une forme à votre goût, n'oubliez pas de cliquer sur le bouton Créer une forme, en bas dans la palette, pour ajouter votre forme à la liste des formes.

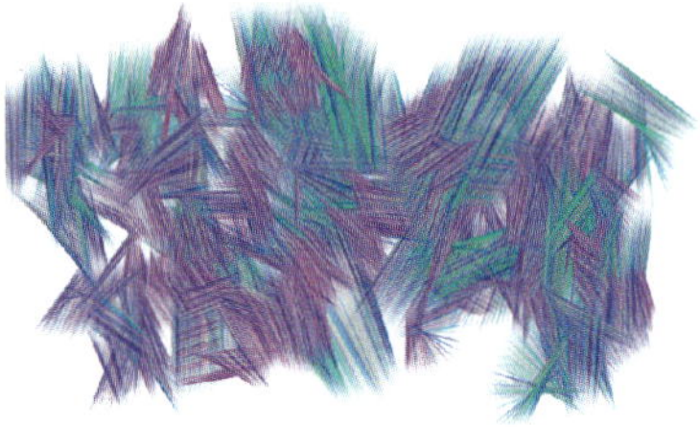

Figure 6.18 Ici, nous nous sommes basés sur l'outil prédéfini Aurore (voir figure 6.17). Nous avons choisi le violet comme couleur d'arrière-plan, et nous avons décidé de faire varier l'angle de la forme en fonction de l'inclinaison du stylet de la palette graphique.

Palette Styles

Les styles sont des ensembles d'effets de calque prédéfinis. Vous pouvez créer vos propres styles, qui apparaîtront alors dans la palette. Celle-ci présente sous une forme visuelle le résultat de l'application d'un style à un calque.

Palette Nuancier

Cliquez sur une couleur de la palette Nuancier pour la sélectionner en tant que couleur de premier plan. Pour y ajouter une couleur, cliquez dans la zone vide en bas dans la palette. Une boîte de dialogue vous demandera alors de donner un nom à cette couleur. Enfoncez la touche Opt/Alt et cliquez pour supprimer une couleur. Le menu de la palette vous permet de remplacer ou de compléter le nuancier en cours.

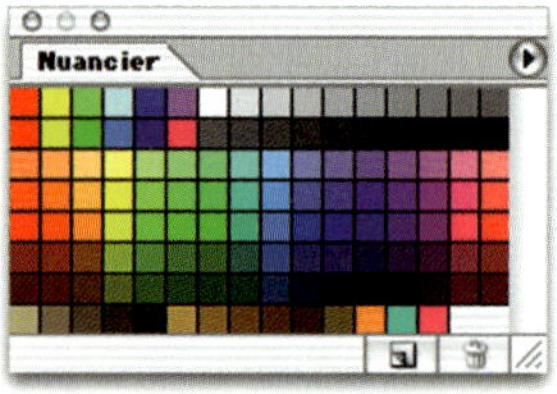

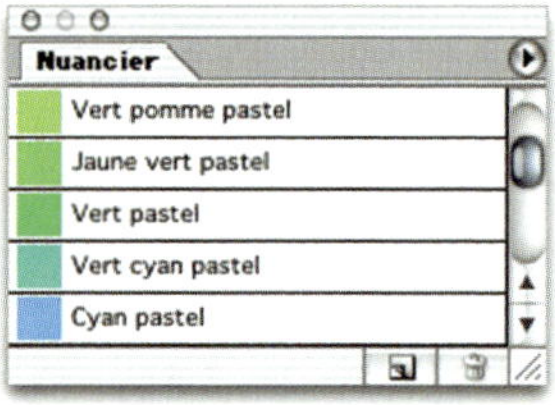

Palette Couleur

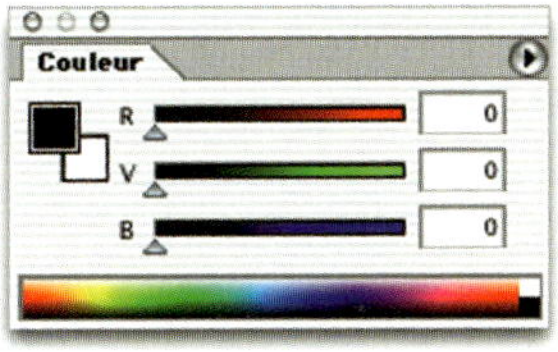

Avec cette palette, on définit les couleurs de premier et d'arrière-plan à l'aide de curseurs. On peut également cliquer directement dans les barres colorées ou dans le spectre de couleurs, en bas dans la palette. Le menu de la palette permet de choisir le mode de sélection des couleurs, avec entre autres la possibilité de limiter les couleurs qui peuvent être sélectionnées aux couleurs Web. Lorsqu'une couleur non imprimable est sélectionnée, un signe « danger » s'affiche. Enfin, on peut sélectionner rapidement le noir et le blanc à l'aide des cases correspondantes, à droite du spectre de couleurs.

Gestionnaire des paramètres prédéfinis

Comme son nom l'indique, le Gestionnaire des paramètres prédéfinis permet de gérer les listes d'éléments prédéfinis : formes d'outils, nuances, dégradés, styles, motifs, contours d'effets de calque, formes vectorielles personnalisées et outils prédéfinis. La figure 6.19 montre comment utiliser le Gestionnaire des paramètres prédéfinis pour remplacer les formes vectorielles en cours. Il est possible de remplacer les éléments existants ou de les compléter par d'autres. Dès lors qu'un ensemble d'éléments est enregistré sur votre disque dur, vous pouvez le recharger instantanément. Vous pouvez également modifier le mode d'affichage des éléments des différentes listes, comme le montre la figure 6.20.

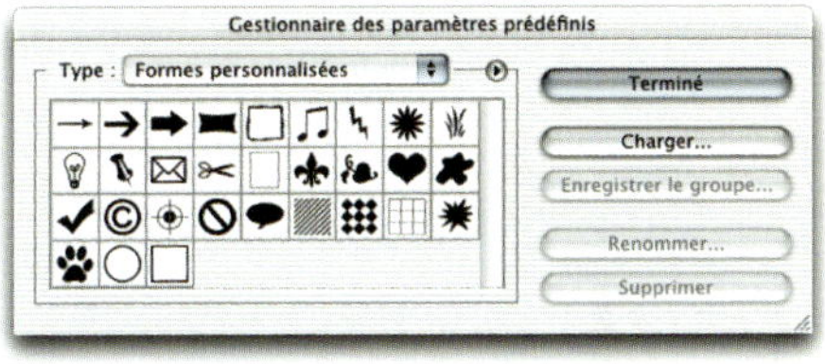

Figure 6.19 Utilisez le Gestionnaire de paramètres prédéfinis pour charger ou remplacer des listes d'éléments prédéfinis.

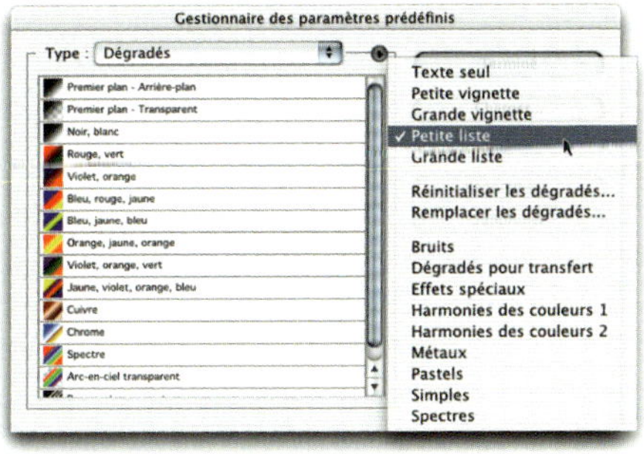

Figure 6.20 Vous pouvez modifier la présentation des listes d'éléments dans le Gestionnaire des paramètres prédéfinis.

Palette Scripts

Les scripts sont des séries d'actions enregistrées. Par défaut, la palette Scripts propose un ensemble de scripts prédéfinis. Comme leurs noms l'indiquent, ces scripts permettent d'automatiser certaines tâches telles que la création d'une vignette ou l'ajout d'un cadre « façon bois » à une image. On peut également charger des groupes de scripts supplémentaires à partir du menu de la palette. Pour exécuter un script, sélectionnez-le dans la palette et cliquez sur le bouton de lecture.

Nous verrons au chapitre 12 qu'il est également possible de créer ses propres scripts.

Palette Historique

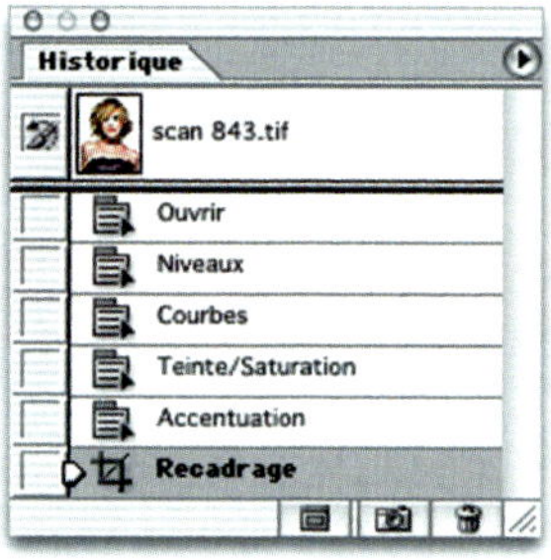

Photoshop peut mémoriser les états antérieurs d'une image lorsqu'on y applique des modifications ; ces états (il peut y en avoir entre 1 et 1000, selon vos préférences) sont enregistrés dans la palette Historique. Vous pouvez revenir à un état antérieur simplement en cliquant dessus dans la palette. Il est aussi possible de rétablir partiellement un état antérieur à l'aide de l'outil Forme d'historique. Sachez enfin que plus le nombre d'états d'historique est élevé, plus Photoshop consomme de mémoire. Nous reviendrons sur ce point plus avant dans ce chapitre.

Palette Calques

Les calques peuvent être comparés à des feuilles d'acétate superposées au-dessus d'un fond opaque. Chaque calque peut contenir différents éléments visuels : une copie du fond, une partie d'un autre calque, du texte, etc. Les calques de réglage, quant à eux, ont pour seule fonction de modifier les paramètres visuels des calques sous-jacents. Les calques peuvent faire partie de groupes ; par ailleurs, la limite de 99 calques au maximum ne s'applique plus.

On peut appliquer un masque à un calque. Il peut s'agir soit d'un masque de type bitmap (masque de fusion), soit d'un masque vectoriel. Il est également possible de choisir différents modes de fusion pour les masques, de leur appliquer des effets (ombre portée, relief, etc.). Enfin, une partie des commandes du menu de la palette Calques est également accessible à partir du menu Calque.

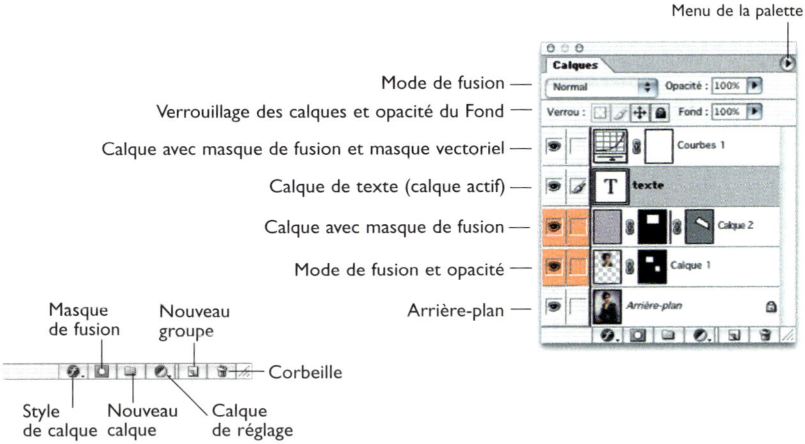

Palette Couches

Une image Photoshop en mode Niveaux de gris est composée d'une seule couche 8 bits, ce qui permet de définir 256 niveaux de gris par pixel. Les images RVB sont composées de trois couches : Rouge, Vert et Bleu. Les images CMJN sont composées de quatre couches : Cyan, Magenta, Jaune et Noir. La palette Couches de Photoshop affiche les couches dans cet ordre, avec une « couche » composite supplémentaire, tout en haut dans la palette. Vous pouvez afficher chacune des couches en cliquant dessus ou en utilisant le raccourci clavier indiqué à droite dans la palette.

Lorsque vous mémorisez une sélection (Sélection > Mémoriser la sélection), vous créez une nouvelle couche alpha dans la palette ou vous remplacez une couche alpha existante. Pour certaines impressions spéciales, la couche alpha peut servir à stocker des informations telles que celles qui ont trait à des vernis ou à des encres supplémentaires. Il est possible de créer dans Photoshop 6 des couches de tons directs, ce qui permet de visualiser l'aspect final d'un document, encres supplémentaires comprises.

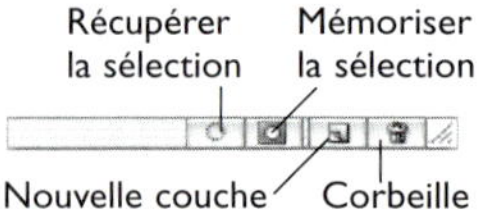

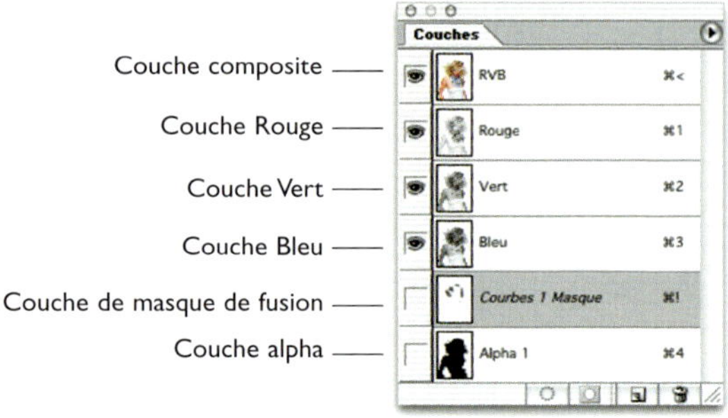

Palette Tracés

Un tracé est une forme mathématique qui, contrairement à un bitmap, ne varie pas en fonction de la résolution et peut être modifié à volonté sans dégradation de sa qualité. On peut importer des tracés à partir d'Illustrator ou d'autres logiciels de dessin vectoriel, ou en créer directement dans Photoshop à l'aide de la Plume ou des outils de forme. Un tracé qui vient d'être créé s'affiche dans la palette Tracés en tant que Tracé de travail ; il est préférable de mémoriser un tel tracé pour éviter qu'il ne disparaisse lors de la création du tracé suivant. Pour cela, faites-le glisser sur le bouton de nouveau tracé ou double-cliquez sur sa vignette. Pour renommer un tracé, double-cliquez sur son nom.

Un tracé peut servir, entre autres, de base à une sélection et de masque à un calque, ou encore faire office de masque dans un fichier EPS ou TIFF.

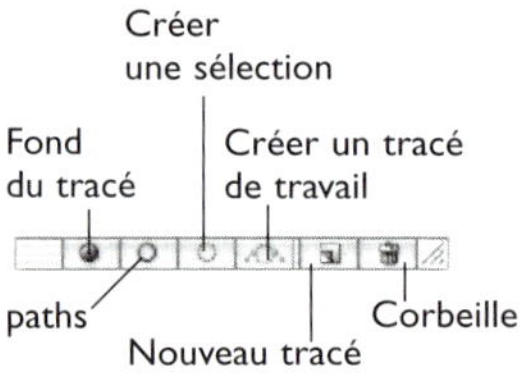

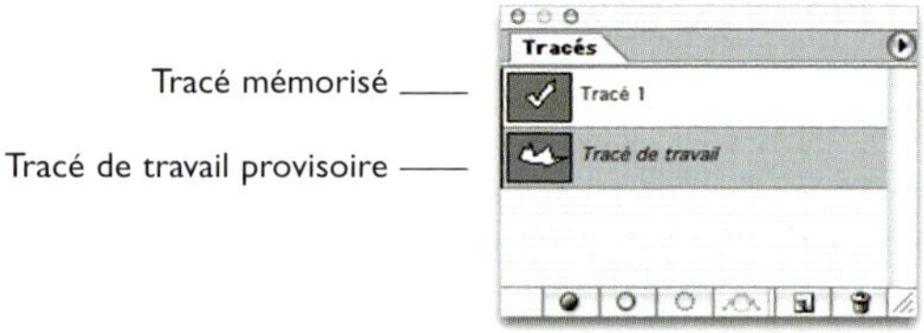

La boîte à outils

La boîte à outils comprend cinquante-cinq outils ; leurs icônes facilitent l'identification de leur fonction respective. Lorsqu'un outil est sélectionné, ses options s'affichent dans la barre d'options. La figure 6.21 montre tous les outils de la boîte à outils. Comme vous pouvez le constater, une touche du clavier est associée à chacun de ces outils ; pour afficher ce raccourci clavier, pointez quelques instants sur l'outil correspondant pour afficher son info-bulle, ou cliquez dessus et gardez le bouton de la souris enfoncé, dans le cas d'outils masqués (voir ci-après). Ainsi, en appuyant sur la touche C, vous activez l'outil Recadrage.

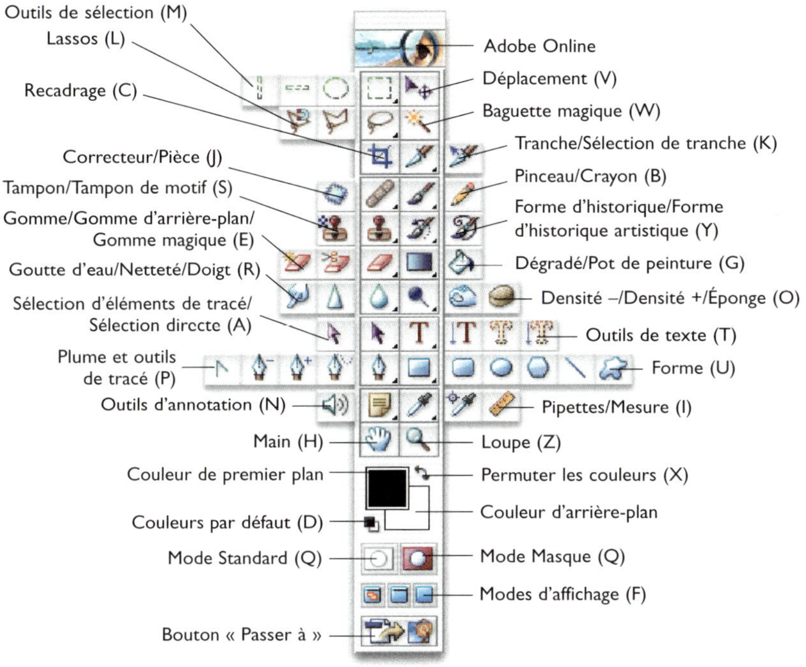

Figure 6.21 La boîte à outils avec, entre parenthèses, les raccourcis clavier pour chacun des outils.

Certains outils sont initialement masqués « sous » d'autres outils ; dans ce cas, le bouton correspondant comprend un petit triangle dans son coin inférieur droit. Pour les afficher, cliquez sur l'outil et gardez le bouton de la souris enfoncé pendant quelques instants. Lorsqu'un raccourci clavier correspond à plusieurs outils, on peut passer de l'un à l'autre en enfonçant la touche Maj et en appuyant sur la touche correspondant à l'outil. On peut aussi enfoncer la touche Opt/Alt et cliquer sur l'outil voulu dans la boîte à outils pour passer d'un outil à l'autre dans le cas d'outils masqués.

Si vous choisissez un outil et qu'un symbole d'interdiction s'affiche quand vous essayez de l'appliquer, il est probable que votre image soit en mode 16 bits/couche ; dans ce mode, vous ne pouvez employer les outils de dessin. Cliquez alors dans l'image pour afficher une boîte de dialogue qui vous indique pourquoi l'opération est illégale.

En cliquant sur le bouton situé tout en haut dans la boîte à outils, vous ouvrez la boîte de dialogue Adobe Online. Cette boîte de dialogue vous permet d'être informé des mises à jour du logiciel et d'accéder à d'autres informations du site d'Adobe.

Les outils de sélection

Dans Photoshop, les fonctions d'édition sont similaires à celles des autres logiciels : on peut couper, copier et coller des pixels comme on le ferait avec du texte dans un logiciel de traitement de texte, par exemple. Pour annuler la dernière opération effectuée, utilisez la commande Édition > Annuler ou cliquez sur l'état voulu dans la palette Historique.

Les outils de sélection permettent de définir une zone particulière de l'image qui peut ensuite être modifiée séparément, transformée en calque, copiée ou coupée. En conséquence, l'utilisation des outils de sélection dans Photoshop est similaire à la sélection de texte dans un logiciel de traitement de texte.

Différents outils de sélection sont à votre disposition. Le Rectangle et l'Ellipse de sélection permettent respectivement de créer des sélections de forme rectangulaire et ellipsoïdale. Le Lasso permet de créer des sélections à main levée ; il en existe deux variantes, le Lasso polygonal et le Lasso magnétique.

La Baguette magique permet de sélectionner des zones de l'image en fonction de leur couleur. Ainsi, une boîte aux lettres d'un jaune uni pourra être sélectionnée d'un seul clic de souris. Toutefois, cet outil n'est pas d'une très grande fiabilité. Il ne fonctionne généralement bien qu'avec de petites images (images destinées à un affichage sur écran).

Vous pouvez modifier la tolérance de la Baguette magique afin qu'elle sélectionne plus ou moins de pixels en fonction de leur similarité avec le pixel sur lequel vous cliquez. Lorsque vous cliquez dans l'image, Photoshop sélectionne tous les pixels adjacents dont les valeurs colorées se situent à l'intérieur de la plage de tolérance définie dans la barre d'options. Ainsi, si la valeur moyenne du pixel sur lequel vous cliquez est de 120 et que la valeur de tolérance choisie est de 32, Photoshop sélectionne tous les pixels adjacents dont la valeur colorée est comprise entre 88 et 152.

La commande Sélection > Modifier > Lisser permet de rendre plus lisse l'apparence de la sélection créée avec la Baguette magique. Pour la création de sélections complexes, il est préférable d'utiliser la commande Sélection > Plage de couleur, dont le fonctionnement est similaire à celui de la Baguette magique, mais qui permet de définir plus précisément la zone à sélectionner.

Nous n'utilisons jamais la Baguette magique pour effectuer des sélections précises dans l'image ; en revanche, elle peut s'avérer utile pour créer une sélection grossière d'une zone basée sur sa couleur. En résumé, même s'il ne s'agit pas de renoncer entièrement à l'utilisation de cet outil, il ne faut pas trop s'en remettre à lui quand on effectue des opérations de masquage. Nous verrons dans cet ouvrage des techniques plus sophistiquées pour créer des masques.

1 La Baguette magique peut être employée pour sélectionner les pixels dont la couleur est similaire à celle du pixel où l'on clique. Ainsi, si vous cliquez dans une zone bleue du ciel, tous les pixels bleus alentour seront sélectionnés. L'option Pixels contigus étant activée, les autres zones bleues du ciel ne sont pas sélectionnées.

2 Quand l'option Pixels contigus est désélectionnée, la Baguette magique permet de sélectionner partout dans l'image les pixels d'une valeur colorée proche, et pas seulement ceux adjacents à l'endroit où l'on clique.

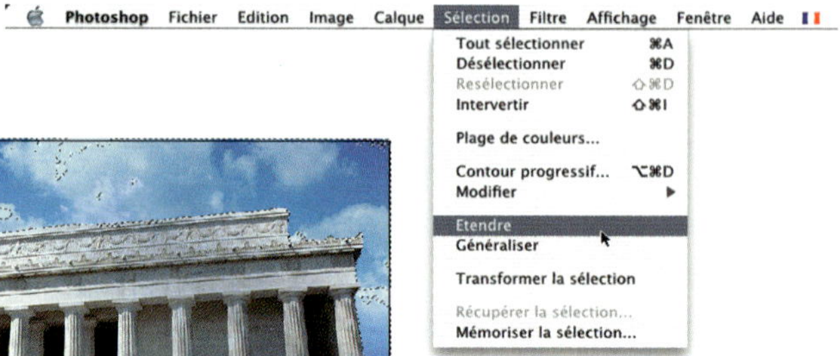

3 Une fois que l'on a sélectionné les pixels voulus, la commande Sélection > Étendre agrandit la sélection en fonction de la valeur de tolérance indiquée dans la barre d'options.

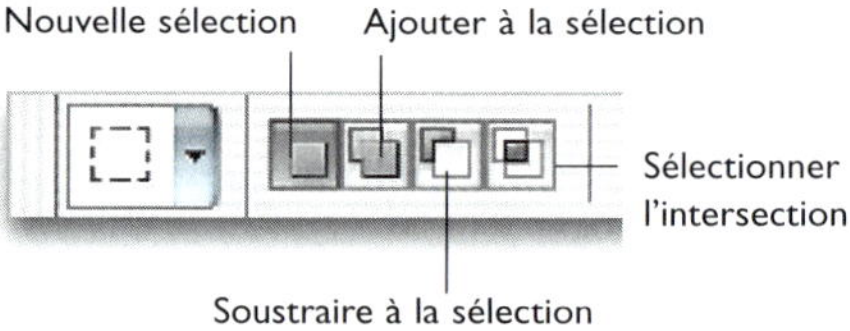

Figure 6.22 La barre d'options propose quatre modes de sélection pour chacun des outils de sélection : Nouvelle sélection, Ajouter à la sélection, Soustraire à la sélection et Sélectionner l'intersection. On peut également faire appel à des touches du clavier pour obtenir le même résultat.

Touches de modification

Les claviers des systèmes Macintosh et Windows sont légèrement différents ; ainsi, tout au long de cet ouvrage, nous indiquons les touches de raccourci pour Macintosh suivies de leur équivalent pour Windows, par exemple sous la forme Opt/Alt ou Cmd (Ctrl)+S.

La touche qui équivaut à la touche Commande (Cmd) du Macintosh est la touche Ctrl de Windows. De même, la touche équivalant à la touche Option (Opt) du Macintosh est la touche Alt de Windows. Enfin, la touche Ctrl du Macintosh permet d'afficher des menus contextuels en combinaison avec le bouton de la souris ; cette combinaison correspond au bouton droit de la souris sous Windows. Ces différentes touches, ainsi que la touche Maj (majuscules), permettent de modifier le fonctionnement de certains outils et d'effectuer rapidement certaines opérations. Avec un peu d'expérience, vous y recourrez sans même avoir besoin de regarder le clavier.

Lorsque vous utilisez la touche Maj avec le Rectangle ou l'Ellipse de sélection, vous créez une forme carrée ou circulaire. Lorsque vous combinez l'un de ces outils avec la touche Opt/Alt, la sélection résultante est centrée autour du point sur lequel vous avez initialement cliqué. Ces deux touches peuvent également être combinées pour créer une sélection ronde ou carrée centrée autour du point sur lequel vous avez initialement cliqué.

Voici une autre astuce utile : enfoncez la barre d'espacement sans relâcher le bouton de la souris pendant que vous dessinez une sélection avec le Rectangle ou l'Ellipse de sélection. Vous pouvez alors repositionner la sélection dans l'image. Si vous relâchez ensuite la barre d'espacement, vous pouvez continuer à modifier la sélection en cours de création.

Une fois que l'image comporte une sélection, les touches de modification changent de fonction. La touche Maj combinée avec n'importe quel outil de sélection (y compris la Baguette magique) permet de compléter la sélection existante ; la touche Opt/Alt, quant à elle, permet de la réduire. La combinaison Maj+Opt/Alt crée pour sa part une intersection entre la sélection existante et la sélection nouvellement créée.

Nous reviendrons sur les différentes techniques de sélection au chapitre 11, qui est consacré au photomontage.

Lasso, Lasso polygonal et Lasso magnétique

Le fonctionnement du Lasso est similaire à celui des autres outils de sélection ; les mêmes touches de modification s'y appliquent. En ce qui concerne le Lasso standard, il suffit de faire glisser la souris en dessinant la forme de la sélection que vous souhaitez créer. Lorsque vous relâchez le bouton de la souris, le dernier point de la sélection est automatiquement relié au premier en ligne droite.

Avec le Lasso polygonal, cliquez successivement pour définir les différents points du contour de la sélection, qui sont reliés par des lignes droites. Pour revenir provisoirement en mode dessin à main levée, enfoncez la touche Opt/Alt et faites glisser la souris. Une fois que vous relâchez la touche, vous revenez au mode de fonctionnement habituel de l'outil. Pour refermer la sélection, positionnez le pointeur au-dessus du point de départ (un petit cercle apparaît) et cliquez.

Le Lasso magnétique et la Plume libre avec l'option Magnétique utilisent le même algorithme ; en conséquence, ils fonctionnent d'une manière identique, à ceci près que le premier crée une sélection, et la seconde un tracé. Dans les deux cas, vous pouvez choisir une « Largeur » dans la barre d'options ; cette option correspond à la zone dans laquelle l'outil tente de détecter un contour. Lorsque l'outil détecte un contour, il le longe automatiquement.

Ces outils intéresseront les débutants et ceux qui ont des difficultés à se familiariser avec la Plume. Employé avec une tablette graphique, vous pouvez élargir ou réduire la « zone de sensibilité » de l'outil en modifiant la pression exercée sur le stylet. À défaut de tablette graphique, utilisez la souris avec les touches « , » (virgule) et « : » (deux-points), qui permettent d'augmenter et de réduire la zone de sensibilité.

La seule manière de déterminer si les outils magnétiques peuvent vous être utiles est de les essayer. En pratique, ces deux outils dessinent un tracé (un « pseudo-tracé » dans le cas du Lasso magnétique) défini au fur et à mesure à l'aide d'une série de points d'ancrage. Vous pouvez définir la distance entre ces points à l'aide du champ Fréquence de la barre d'options ; le champ Déviation du contour (ou Contraste, dans le cas de la plume) détermine le contraste minimal que doit présenter un contour pour être reconnu comme tel par l'outil. Lorsque vous longez ensuite un contour avec l'outil, celui-ci crée automatiquement un tracé qui suit ce contour.

1 Lorsque l'image présente un contour nettement défini, le Lasso magnétique parvient très facilement à le suivre, comme ici le col de la chemise ; il suffit pour cela de longer le contour avec l'outil. Celui-ci crée automatiquement une série de points d'ancrage. La croix, au centre du pointeur, permet de travailler avec plus de précision.

2 La taille de la zone prise en compte pour la détection du contour peut être augmentée en réduisant la pression exercée avec le stylet (et inversement), si vous disposez d'une tablette graphique. Vous pouvez ainsi créer très rapidement des contours précis.

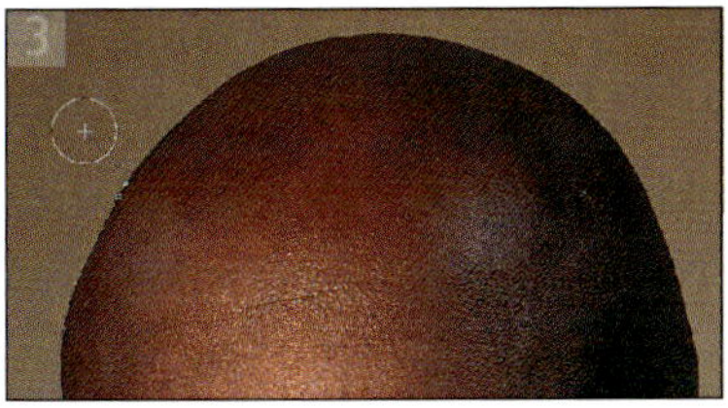

3 Une telle situation permet de travailler très librement. L'outil n'ajoute pas de nouveau point d'ancrage tant qu'il ne détecte pas de contour. Le tracé suit le contour à la manière d'un aimant. Pour faire défiler le contenu de la fenêtre en cours de travail, enfoncez la barre d'espacement ; vous accédez ainsi provisoirement à l'outil Main sans interrompre l'opération en cours.

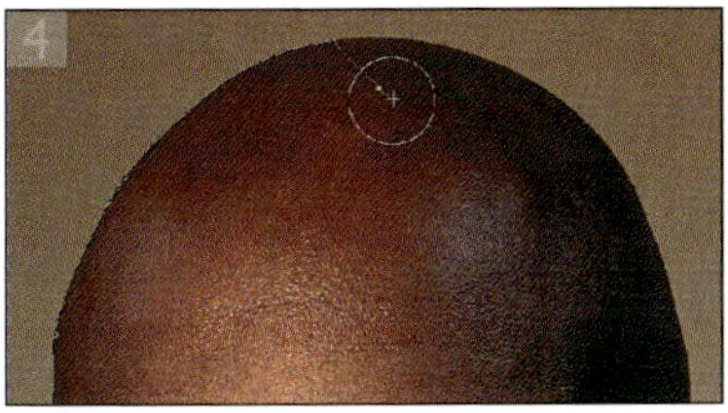

4 et **5** Si vous vous écartez trop du contour, revenez en arrière avec l'outil et appuyez sur la touche de suppression pour effacer les points d'ancrage erronés (vous pouvez ainsi effacer autant de points d'ancrage que nécessaire). Pour refermer la sélection, appuyez sur la touche Entrée ou double-cliquez. L'outil rejoindra le point de départ en tentant de suivre le contour.

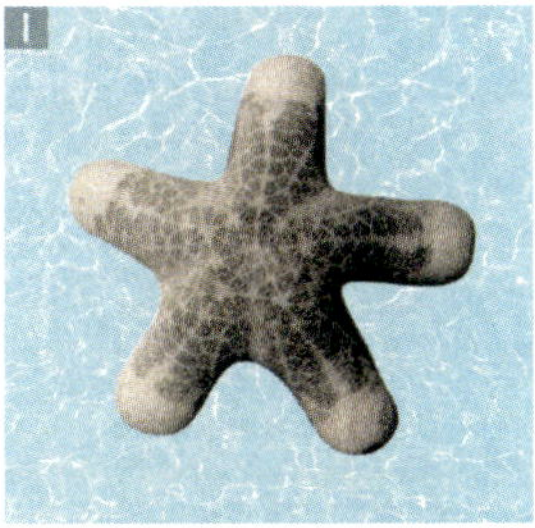

1 Les outils magnétiques de Photoshop analysent l'image pour tenter de déterminer ses contours. Le problème est que Photoshop ne perçoit pas toujours les contours d'une forme aussi bien que peut le faire l'œil humain.

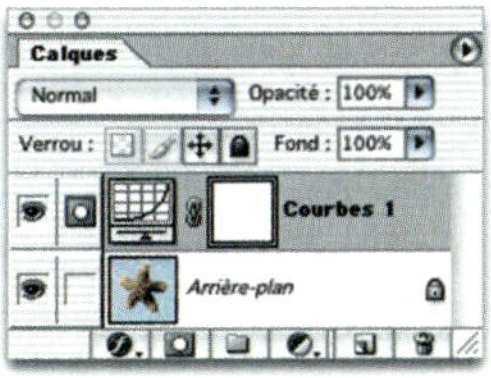

2 Parfois, la solution consiste à ajouter un calque de réglage provisoire à l'image. Ici, nous avons ajouté un calque de réglage de type Courbes à l'image et nous avons donné à la courbe une forme de S. Le contour est maintenant beaucoup mieux défini et les outils magnétiques de Photoshop n'auront pas de mal à le suivre. Une fois la sélection ou le tracé défini, supprimez le calque de réglage.

Photographie : Peter Hince.

On peut revenir en arrière à tout moment par rapport au tracé en cours de création. Si Photoshop a inséré un ou plusieurs points d'ancrage au mauvais endroit, appuyez autant de fois que nécessaire sur la touche de suppression pour les effacer. On peut aussi créer des points d'ancrage à la main en cliquant avec la souris.

En enfonçant la touche Opt/Alt, on passe du Lasso magnétique au Lasso standard, ce qui permet de définir le tracé à main levée lorsque le contour de la forme n'est pas net. Enfin, il est inutile de garder enfoncé le bouton de la souris lors de l'utilisation du Lasso magnétique : un clic suffit pour définir le point de départ du contour, et les éventuels clics ultérieurs permettent de définir des points d'ancrage supplémentaires.

Pour refermer une sélection, cliquez sur son point de départ. Double-cliquez ou appuyez sur la touche Entrée pour fermer automatiquement la sélection avec une ligne déterminée par l'outil de sélection (qui tentera donc de suivre le contour de la forme). Enfin, la combinaison Opt/Alt+double-clic referme la sélection avec une ligne droite.

Outil Déplacement

Cet outil permet non seulement d'effectuer des opérations de déplacement mais aussi de transformation et d'alignement. Les opérations de transformation peuvent être effectuées dès lors que l'option Afficher le cadre de sélection est activée dans la barre d'options ; un rectangle en pointillé apparaît alors autour de l'objet. On peut ensuite déformer l'objet en faisant glisser les poignées carrées situées sur le pourtour du cadre de sélection.

Lorsque deux ou plusieurs calques sont liés et que l'outil Déplacement est sélectionné, on peut cliquer sur les boutons d'alignement et de répartition, dans la barre d'options ; on obtient ainsi le même résultat qu'avec les commandes des sous-menus Calque > Aligner les calques liés et Calque > Répartir les calques liés (voir le chapitre 15 pour plus d'informations à ce sujet).

On peut activer l'outil Déplacement à tout moment en enfonçant la touche Cmd/Ctrl, sauf lorsque l'un des outils suivants est actif : Tranche, Sélection de tranche, Main et les outils de tracé. La touche Opt/Alt combinée à l'outil Déplacement permet de copier l'élément sélectionné par glisser-déposer.

L'outil Déplacement peut être utilisé pour :

- déplacer des calques et des sélections d'une image à l'autre par glisser-déposer ;
- déplacer des images ou des sélections de Photoshop dans d'autres applications ;
- déplacer le contenu d'un calque ou le contenu d'une sélection ;
- copier une sélection (en combinaison avec la touche Opt/Alt) ;
- appliquer une transformation à un calque ou une sélection ;
- aligner et/ou répartir des calques.

L'outil Déplacement permet de déplacer, soit le contenu du calque, soit le contenu de la sélection ; en revanche, on déplace soit le contenu du calque, soit le contenu de la sélection active. Lorsque l'option Sélection automatique du calque est active, l'outil Déplacement active automatiquement le premier calque de la palette qui se trouve sous le pointeur. On peut désactiver provisoirement cette option lorsqu'elle est activée ou l'activer lorsqu'elle est désactivée en enfonçant la touche Cmd/Ctrl. Enfin, la combinaison Cmd+Ctrl+clic (Mac OS) ou Ctrl+clic droit (Windows) affiche dans un menu contextuel tous les calques qui se trouvent sous le pointeur, ce qui permet de gagner du temps lorsqu'on travaille sur une image qui comprend de nombreux calques.

Outil Recadrage

Lorsque vous appliquez l'outil Recadrage, la zone de l'image qui doit être supprimée est recouverte d'un voile, ce qui permet de mieux visualiser l'image résultante. La figure 6.23 montre le résultat obtenu lorsque cette option (qui se nomme « Protéger ») est active ; par défaut, le voile est noir et d'une opacité de 75 %. On peut modifier la couleur et l'opacité de ce voile à partir de la barre d'outils mais, en général, les valeurs par défaut font très bien l'affaire.

Avec l'option Supprimer, les zones voilées sont supprimées lorsque l'outil Recadrage est appliqué ; lorsqu'on choisit l'option Masquer, le contenu des calques extérieur au rectangle de recadrage est simplement masqué, le contenu de l'Arrière-plan étant lui supprimé dans tous les cas. On peut retrouver le contenu masqué des calques en les déplaçant ou en choisissant la commande Image > Tout faire apparaître. L'image est alors agrandie en fonction du contenu « réel » des calques.

Pointeurs de l'outil Recadrage

Pointeur placé sur l'une des poignées latérales : redimensionnement du rectangle dans une seule direction

Pointeur à l'intérieur du rectangle : déplacement du rectangle

Pointeur à l'extérieur du rectangle : rotation du rectangle

Client : Clipso. Modèle : Gillian, agence Nevs.

Figure 6.23 Le rectangle de recadrage. Lorsque vous faites glisser l'une des poignées situées dans les coins du rectangle, celui-ci est modifié tant horizontalement que verticalement. Vous pouvez déplacer le centre de rotation du rectangle en le faisant glisser.

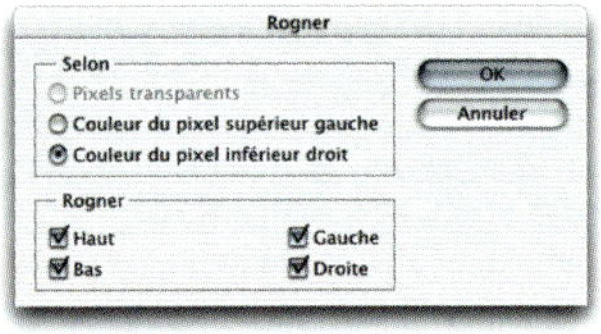

Figure 6.24 Dans cet exemple, la commande Image > Rogner est employée pour recadrer l'image en supprimant les pixels transparents de son pourtour. Seules les zones entièrement transparentes sont recadrées.

Définissez le rectangle de recadrage en faisant glisser l'outil dans l'image. Vous pouvez ensuite le modifier à l'aide des poignées situées sur son pourtour. Ses bords se « colleront » aux bords du document si l'option Affichage > Magnétisme > Limites du document est activée. Pour préserver les proportions du rectangle de recadrage, enfoncez la touche Maj tout en faisant glisser. Pour faire pivoter le rectangle, positionnez le pointeur à l'extérieur du rectangle et faites glisser. Vous pouvez aussi déplacer le centre de rotation du rectangle. Une fois que la taille et la position du rectangle vous satisfont, utilisez la touche Entrée pour confirmer le recadrage ; la touche Esc/Echap permet de l'annuler.

On peut utiliser la commande Rogner (Image > Rogner) au lieu de l'outil Recadrage. Elle sert à supprimer toutes les zones d'une couleur donnée ou les zones transparentes qui se trouvent sur le pourtour d'une image (voir figure 6.24).

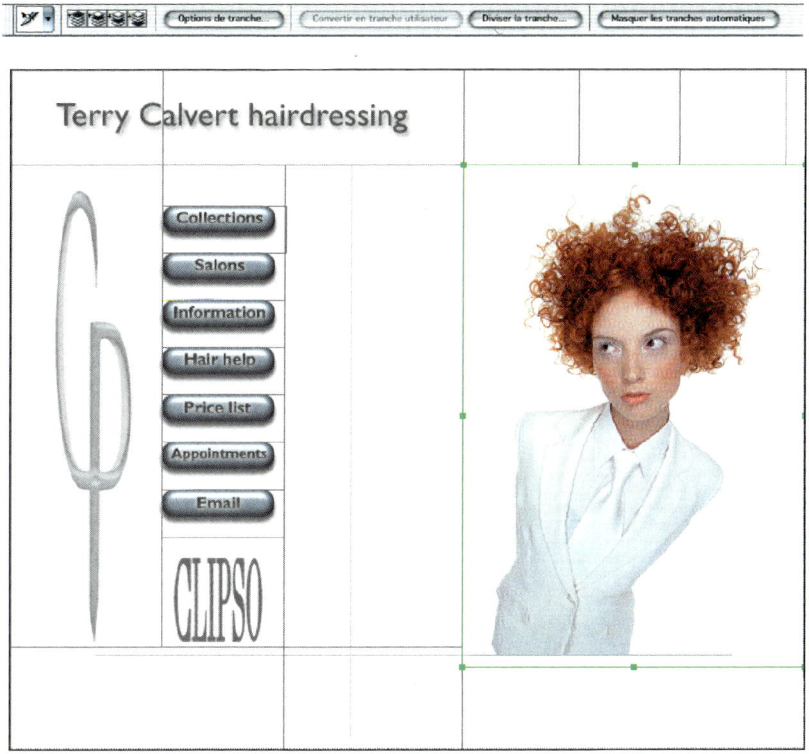

Figure 6.25 L'outil Tranche permet de découper l'image en rectangles. Chaque rectangle (ou tranche) peut ensuite être optimisé séparément. Choisissez Calque > Nouvelle tranche d'après un calque pour créer une tranche basée sur le calque actif. Cette tranche sera automatiquement mise à jour si vous modifiez le contenu du calque.

Outils Tranche et Sélection de tranche

Les tranches, qui ne sont employées que lors de la création de pages Web, permettent de diviser l'image en zones rectangulaires qui sont enregistrées en tant qu'images distinctes lors de l'exportation pour le Web. Photoshop génère automatiquement des « tranches auto » pour remplir les zones où aucune tranche n'est définie (voir figure 6.25). Vous pouvez aussi créer automatiquement des tranches à partir des repères en cliquant sur le bouton correspondant de la barre d'options.

Pour modifier la taille des tranches, utilisez l'outil Sélection de tranche (basculez d'un outil à l'autre avec la touche Cmd/Ctrl). Lorsque cet outil est sélectionné, le bouton Options de tranche de la barre d'options permet de spécifier différents paramètres. Pour définir avec précision les paramètres d'enregistrement de chaque tranche, passez à ImageReady ou utilisez la boîte de dialogue Enregistrer pour le Web (Fichier > Enregistrer pour le Web).

Les outils de dessin

Sous les outils de déplacement et de sélection se trouvent les outils de dessin et de modification des pixels. Les options communes à ces outils concernent le mode de fusion et les paramètres d'opacité. Si vous disposez d'une tablette graphique, vous pouvez paramétrer le fonctionnement du stylet à l'aide de la palette Formes, dont il a été question plus haut. En l'absence d'une tablette graphique, les listes déroulantes Contrôle de la palette Formes offrent l'option Estomper, qui permet de réduire progressivement les différents effets en fonction d'un nombre d'étapes défini.

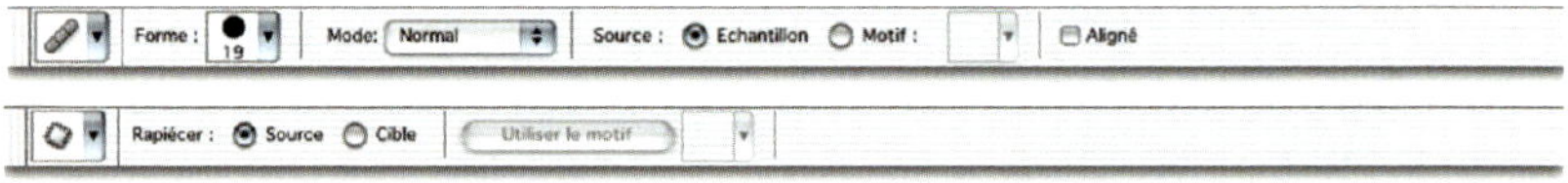

Outils Correcteur et Pièce

Ces deux outils de retouche permettent de réparer et de corriger très efficacement les images abîmées. Nous verrons au chapitre 10 comment les employer.

Pinceau

C'est l'outil standard pour la retouche d'image. On peut employer cet outil avec une grande variété de formes d'outils, plus ou moins dures et plus ou moins grandes (jusqu'à 2500 pixels de diamètre). Dans le mode Aérographe, l'outil continue à ajouter de la « peinture » même lorsqu'il est à l'arrêt. L'option de Flux détermine alors la vitesse à laquelle la peinture est ajoutée. Le bouton situé à droite dans la barre d'options permet d'afficher et de masquer la palette Formes.

Crayon

Le Crayon fonctionne d'une manière similaire au Pinceau, à ceci près qu'il ne permet de créer que des formes dures (pixellisées). L'option Inversion auto applique la couleur d'arrière-plan lorsque l'endroit où on peint est de la couleur du premier plan. On peut également accéder à cette fonction en enfonçant la touche Opt/Alt.

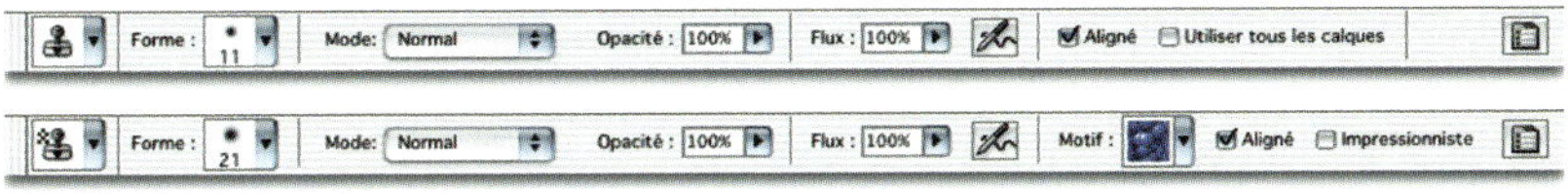

Tampon et Tampon de motif

Le Tampon est un outil indispensable pour certaines retouches d'image, en particulier celles qui comprennent des taches (nous y reviendrons au chapitre 10). Il permet de reproduire les pixels d'une partie de l'image dans une autre zone. Cochez l'option Aligné, puis définissez le point d'origine en enfonçant la touche Opt/Alt et en cliquant une fois. Lorsque vous dessinez ensuite, vous reproduisez l'image à partir du point d'origine que vous avez défini. Vous pouvez également définir le point d'origine dans une autre image que celle dans laquelle vous dessinez, ce qui peut être utile pour « importer » des motifs ou des éléments qui proviennent d'images extérieures.

Par défaut, l'image appliquée avec le Tampon ne provient que du calque actif. On peut cocher l'option Utiliser tous les calques pour que tous les calques soient pris en compte. Le Tampon de motif permet quant à lui de peindre avec le motif de votre choix.

L'historique

Avant que l'historique ne fasse son apparition dans Photoshop 5, les possibilités pour revenir en arrière étaient très limitées (principalement, au moyen de la fonction d'instantané et de la commande Annuler). Cette fonction exploite intelligemment le fait que Photoshop découpe l'image en « carreaux » lors de son traitement pour minimiser la consommation de mémoire.

On peut considérer la fonction d'historique comme une commande d'annulation qui permet de revenir jusqu'à 1000 étapes en arrière, mais ses possibilités vont bien au-delà. Ainsi, la palette Historique combinée à l'outil Forme d'historique vous permettra d'éviter des suites d'opérations fastidieuses telles que la duplication d'une partie d'une image sur un nouveau calque, la retouche de ce calque, puis sa fusion avec le calque sous-jacent.

La palette Historique affiche successivement les différents états d'une image au fur et à mesure que l'on y effectue des opérations (voir figure 6.27). Pour revenir à un état antérieur, cliquez dessus dans la palette ou faites glisser le curseur triangulaire de la palette à l'endroit voulu. On peut modifier le nombre maximal d'étapes enregistrées dans la palette à partir de la boîte de dialogue Édition > Préférences > Général. Une fois le nombre maximal d'états atteint, les états les plus anciens (au début de la liste) sont supprimés au fur et à mesure.

Forme d'historique et instantané

Pour créer un instantané, cliquez sur le bouton de nouvel instantané, en bas dans la palette Historique. Les instantanés sont stockés dans la partie supérieure de la palette ; ils permettent de mémoriser l'état actuel de l'image tant que celle-ci reste ouverte. Par défaut, un instantané de l'image est créé à l'ouverture du document. On peut empêcher Photoshop de créer automatiquement cet état en choisissant l'option correspondante dans la boîte de dialogue Options d'historique (accessible à partir du menu de la palette). Dans cette même boîte de dialogue, on peut choisir de créer automatiquement un nouvel instantané lors de chaque enregistrement du document. Une autre solution consiste à cliquer sur le bouton de duplication du document actuel (en bas à gauche dans la palette) et à enregistrer séparément ce nouveau document. Cette dernière solution présente l'avantage de consommer beaucoup moins de mémoire.

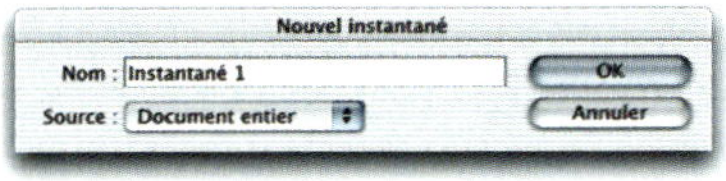

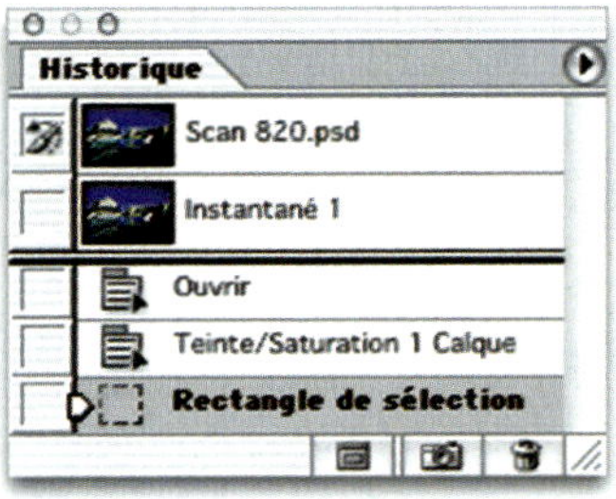

Figure 6.26 Cliquez sur le bouton de nouvel instantané, en bas dans la palette Historique pour enregistrer un instantané de l'état actuel de l'image. Si vous enfoncez la touche Opt/Avant de cliquer, trois options sont proposées : vous pouvez enregistrer le document tel quel, le document aplati (calques fusionnés), ou uniquement le calque actif. Le bouton adjacent permet de créer un nouveau document à partir de l'état d'historique sélectionné.

Pour utiliser la Forme d'historique, ouvrez la Palette d'historique et cliquez dans la case située à gauche de l'état d'image ou de l'instantané à partir duquel vous souhaitez dessiner ; l'icône de l'outil apparaît dans la case. Lorsque vous dessinez ensuite avec l'outil, celui-ci reproduit le contenu de l'état ou de l'instantané sélectionné. Nous verrons au chapitre 10 comment on peut exploiter la Forme d'historique pour éviter d'avoir à créer et à fusionner des calques lors d'une retouche d'image.

La palette Historique n'a pas exactement la même fonction que la commande Annuler. Ainsi, certaines actions ne peuvent être annulées qu'à l'aide de la commande Annuler (par exemple, la suppression d'un état de l'historique). *A contrario*, la palette Historique ne doit pas être simplement considérée comme un moyen de revenir en arrière en cas de problème (comme c'est le cas dans Illustrator) ; elle peut s'avérer utile pour travailler plus efficacement.

État d'historique	Mémoire consommée
Ouverture du document	61,2
Calque de réglage Niveaux	138,9
Calque de réglage Courbes	139,9
Tampon	158,3
Tampon	159,1
Tampon	160,1
Rectangle de sélection	139,7
Contour progressif 100 pixels	149,9
Intervertir la sélection	162,6
Calque de réglage Niveaux	175,3
Aplatir l'image	233,5
Filtre Accentuation	291,7
Fermeture du document	

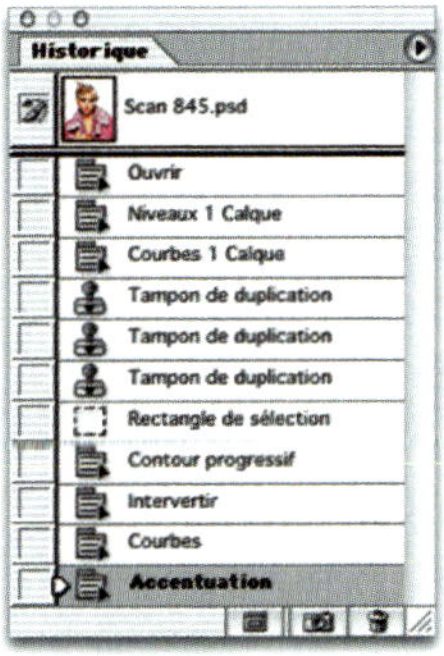

Figure 6.27 Le tableau ci-contre montre de quelle manière la mémoire consommée par Photoshop évolue au cours d'une session donnée. La taille de l'image initiale était de 38,7 Mo et 250 Mo de mémoire étaient alloués à Photoshop. Comme vous pouvez le constater, les modifications apportées à l'image n'augmentent pas d'une manière significative la mémoire utilisée tant qu'elles restent mineures. Dans la palette Historique, l'état actif s'affiche dans une couleur distincte et il est marqué par un curseur triangulaire.

Historique et utilisation de la mémoire

On pourrait supposer que l'enregistrement des états successifs d'une image consomme une quantité astronomique de mémoire. Ce n'est pourtant pas nécessairement le cas en pratique ; tout dépend du type de modifications que l'on applique à l'image. En effet, Photoshop découpe toutes les images en « carreaux ». Ces derniers sont visibles à l'écran lorsqu'on applique une modification globale à une image et que Photoshop rafraîchit l'affichage.

Photoshop enregistre dans l'historique les modifications apportées aux carreaux (et non à l'image entière). En conséquence, si l'on applique un trait de pinceau à l'intérieur d'un seul carreau, seules les modifications qui le concernent seront enregistrées dans l'historique. La figure 6.27 montre que la consommation de mémoire n'augmente pas systématiquement, au fur et à mesure de l'ajout de nouveaux états. Une fois le premier calque de réglage ajouté, l'ajout d'un deuxième calque n'augmente pas significativement la mémoire consommée (seul l'affichage est mis à jour). Cela est également vrai pour les opérations suivantes effectuées avec le Tampon. Seuls le nouveau calque de réglage, l'aplatissement de l'image et le filtre Accentuation provoquent une nette augmentation du volume de mémoire utilisé.

La commande Édition > Purger > Historique permet de maintenir à un niveau raisonnable l'espace occupé sur les disques de travail. Dans le cas d'une très grande image, il peut être préférable de réduire à un le nombre d'états d'historique. En revanche, si les performances de votre système vous permettent d'enregistrer un nombre important d'étapes d'historique sans que les performances du logiciel en souffrent, il n'y a aucune raison de vous en priver.

Figure 6.28 Cette figure montre la structure sous-jacente d'une image Photoshop en cours de traitement. L'image est divisée horizontalement en quatre carreaux, et verticalement en trois carreaux. Ce découpage permet à la fonction d'historique de consommer moins de mémoire : ainsi, lorsqu'une opération ne modifie qu'un ou deux carreaux de l'image, seules les modifications apportées à ces derniers seront enregistrées en mémoire.

Historique non linéaire

Par défaut, l'option Accepter un historique non linéaire de la palette Historique est activée (désactivez-la à partir de la boîte de dialogue Options d'historique, à laquelle on accède par l'intermédiaire du menu de la palette). Lorsque c'est le cas, le fait de sélectionner un état antérieur dans la palette Historique puis d'effectuer de nouvelles opérations ne supprime pas les états intermédiaires ; les nouveaux états sont simplement ajoutés à la fin de la liste. On peut donc partir dans différentes directions à partir d'une même image. Il faut faire preuve d'un peu de prudence et de réflexion dans l'utilisation de cette fonction, mais il n'en demeure pas moins qu'elle permet d'exploiter plus efficacement la mémoire disponible. Nous en verrons des exemples pratiques au chapitre 11.

Combinaison de touches	Effet
Cmd+Z (Ctrl+Z) (Annuler/Rétablir)	
Cmd+Z (Ctrl+Z)	Annuler/Rétablir
Cmd+Opt+Z (Alt+Ctrl+Z)	Aller vers l'arrière dans l'historique
Cmd+Maj+Z (Ctrl+Maj+Z)	Aller vers l'avant dans l'historique
Cmd+Maj+Z (Ctrl+Maj+Z)	
Cmd+Z (Ctrl+Z)	Aller vers l'arrière dans l'historique
Cmd+Maj+Z (Ctrl+Maj+Z)	Aller vers l'avant dans l'historique
Cmd+Y (Ctrl+Y)	
Cmd+Z (Ctrl+Z)	Aller vers l'arrière dans l'historique
Cmd+Y (Ctrl+Y)	Aller vers l'avant dans l'historique

Figure 6.29 Voici à quoi correspondent les différents raccourcis clavier en fonction de l'option choisie dans la section Général de la boîte de dialogue Préférences. L'option par défaut est Annuler/Rétablir. Les deux autres options fonctionnent de manière identique (mais avec des raccourcis différents) ; elles désactivent la fonction Annuler/Rétablir. Par ailleurs, la combinaison Cmd/Ctrl+Y empêche d'utiliser ce même raccourci pour afficher les couleurs de l'épreuve (Affichage > Couleurs de l'épreuve).

Les autres outils

Forme d'historique artistique

L'outil Forme d'historique artistique est apparu avec Photoshop 5.5. Il permet d'appliquer à l'image le contenu d'un état antérieur (ou de l'état actuel) de l'image, mais ce contenu est rendu abstrait de différentes manières en fonction des options choisies, ce qui permet d'obtenir des effets « artistiques », pour peu qu'on utilise les bons réglages. L'option Fidélité détermine dans quelle mesure les couleurs résultantes ressembleront aux couleurs initiales, et l'option Zone définit la zone recouverte par les traits de peinture.

1 Pour essayer les possibilités de la Forme d'historique artistique, nous avons appliqué à l'image ci-contre le filtre Contours > Contour encré. Ensuite, nous avons cliqué dans la palette Historique à gauche de l'image initiale afin de sélectionner cette image en tant que source.

2 Le facteur le plus important est le Style de dessin utilisé – dans cet exemple, nous avons principalement employé le style Touche. La forme d'outil a également de l'importance ; nous avons donc utilisé plusieurs formes, en particulier les formes de type « Pinceau ».

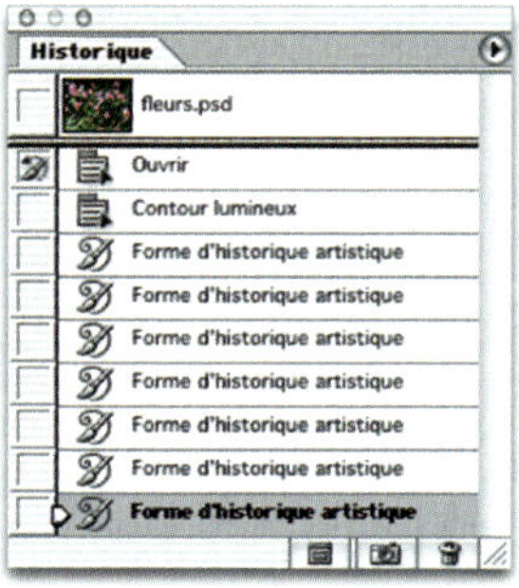

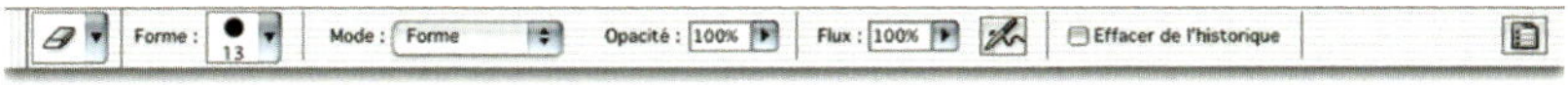

Gomme, Gomme magique et Gomme d'arrière-plan

La Gomme supprime les pixels de l'image en les rendant transparents ou, si elle est appliquée sur le Fond, en leur donnant la couleur d'arrière-plan. Quatre modes sont disponibles pour la Gomme : Pinceau, Aérographe, Crayon et Carré. Si l'on coche l'option Effacer de l'historique, la Gomme fonctionne exactement comme la Forme d'historique (contrairement à ce que le nom de cette option pourrait faire croire). Certains stylets de tablette graphique disposent d'une extrémité « gomme » qui fonctionnera comme telle dans Photoshop, sans qu'il soit nécessaire de sélectionner l'outil Gomme.

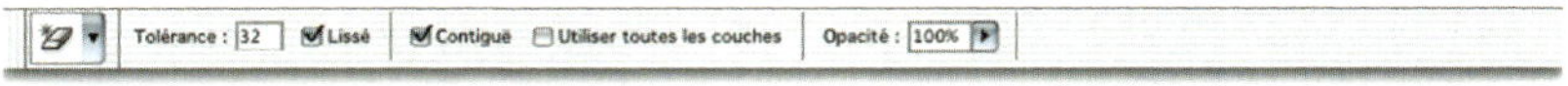

1 Le fonctionnement de la Gomme magique est similaire à celui de la Baguette magique, à ceci près qu'elle efface des zones de l'image de couleur similaire au lieu de les sélectionner. Pour cette raison, il est préférable de copier l'image sur un calque avant d'appliquer cet outil. Gardez bien en mémoire que la Forme d'historique vous permet de rétablir les pixels effacés par erreur.

2 Dans ce premier exemple, nous avons cliqué dans le ciel à mi-hauteur, à gauche de la flèche de l'église, l'option Contiguë étant cochée. En conséquence, tous les pixels d'une zone continue, et dont la couleur faisait partie de la plage de tolérance spécifiée (32), ont été effacés.

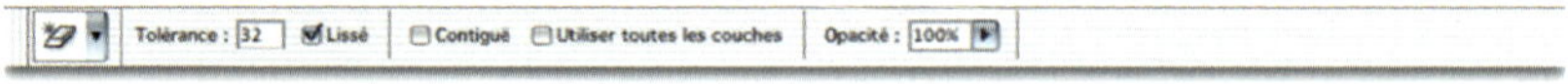

3 Lorsque l'option Contiguë est désactivée, tous les pixels de l'image dont la couleur fait partie de la plage de tolérance sont effacés. Ici, nous avons cliqué au même endroit que dans l'exemple 2. Presque tous les pixels du ciel ont été effacés en une seule fois, ainsi qu'une partie du toit. Pour rétablir ces derniers pixels, nous pourrions faire appel à la Forme d'historique.

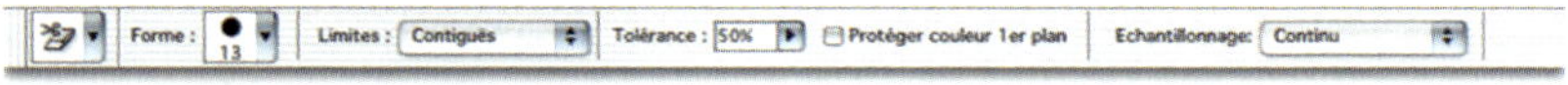

4 La Gomme d'arrière-plan permet de travailler avec plus de précision. Ici, nous avons choisi les options d'échantillonnage : Une fois et Limites : Aux contours. En conséquence, les pixels effacés sont ceux qui sont « décontaminés » : les nuances de bleu qu'ils comportent (en raison de la proximité du ciel) sont supprimées. L'option Limites : Aux contours permet de mieux préserver la netteté du contour.

La Gomme d'arrière-plan, à l'endroit où elle est appliquée, rend transparentes les zones de l'image, mais seuls les pixels de couleur similaire sont effacés. La Gomme magique, quant à elle, fonctionne à la manière d'un « pot de peinture inversé » : elle rend transparents tous les pixels contigus d'une couleur similaire à celui où l'on clique. On notera que cet outil, de même que la Baguette magique et le Pot de peinture, dispose d'une option Contiguë (ou Pixels contigus). Lorsqu'elle est désactivée, tous les pixels de l'image sont affectés par l'outil, et pas seulement une zone continue, partant de l'endroit où l'on clique dans l'image.

La commande Extraire

1 La commande Extraire (Image > Extraire) de Photoshop est un outil de masquage sophistiqué dont les performances peuvent être comparées à celles de plug-ins commerciaux du même type. Combinez-la avec la Gomme d'arrière-plan qui permettra de supprimer les pixels « oubliés » par cette commande. La première étape consiste à définir le contour de l'objet à l'aide du Sélecteur de contour (en haut et à gauche dans la boîte de dialogue) ; cette tâche est facilitée par l'option Sélection optimisée. Une fois le contour défini, remplissez-le avec l'outil Remplissage.

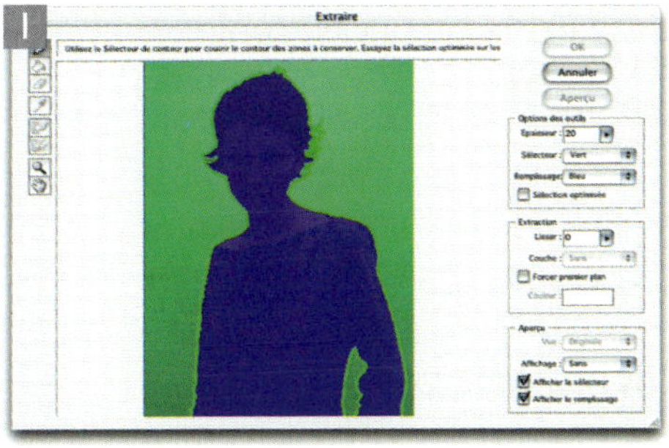

Client : YU Salon. Modèle : Kate Broe, agence M&P.

2 Lorsque vous cliquez sur le bouton Aperçu, Photoshop efface toutes les zones extérieures à l'objet détouré. Vous pouvez alors affiner le masquage à l'aide des outils Sélecteur de contour, Remplissage et Gomme ainsi que l'option Lisser. Il est également possible d'employer les outils Nettoyage et Retouche de contour pour supprimer les artefacts restants. Tant que la boîte de dialogue reste ouverte, vous pouvez appliquer les modifications souhaitées sans qu'elles soient définitives. Ensuite, cliquez sur OK. Nous verrons au chapitre 11 un exemple pratique d'utilisation de cette commande.

Dégradés

L'outil Dégradé permet de créer des dégradés linéaires, radiaux, « inclinés », réfléchis ou en losange. Sélectionnez le style de dégradé dans la barre d'options. Pour choisir les couleurs du dégradé, cliquez sur la flèche située à droite du dégradé sélectionné. Le premier dégradé de la liste va de la couleur de premier plan à la couleur d'arrière-plan, et le second de la couleur de premier plan à la transparence.

Appliquez l'outil Dégradé en le faisant glisser dans l'image ; le dégradé remplit entièrement l'image ou le calque, l'effet du dégradé s'appliquant entre les deux points où vous avez fait glisser l'outil. La touche Maj permet de contraindre le dégradé à des multiples de 45°. L'option Inverser permet d'appliquer le dégradé en sens inverse. Laissez cochée l'option Simuler : le dégradé comportera ainsi une légère diffusion, ce qui réduira les risques de passage abrupt d'une couleur à l'autre. Si le dégradé choisi comprend des zones transparentes, cochez l'option Transparence pour que celle-ci soit prise en compte.

La liste des dégradés de la barre d'options propose un certain nombre de dégradés prédéfinis, mais vous pouvez également créer les vôtres ou modifier des dégradés existants (voir les exemples illustrés ci-après).

Vous pouvez également appliquer des dégradés sous la forme de calques de remplissage. Dans la palette Calques, cliquez sur le bouton de création de calques de réglage et choisissez Dégradé. Vous créez ainsi un calque de type particulier (un calque de remplissage), accompagné d'un masque de fusion. Vous pouvez ensuite modifier à tout moment les caractéristiques du dégradé (type de dégradé, angle, couleurs, etc.).

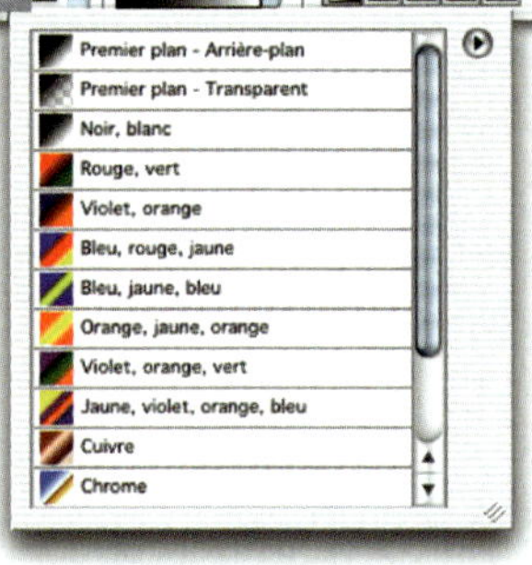

1 Pour créer un dégradé personnalisé, cliquez sur le dégradé affiché dans la barre d'options. Ainsi, vous ouvrez l'éditeur de dégradé. En cliquant sur le bouton situé à droite du dégradé, vous ouvrez la liste des dégradés, ici en mode d'affichage Petite liste.

2 Cliquez sur le petit carré situé à gauche sous la barre de dégradé pour le sélectionner, puis double-cliquez dessus (ou cliquez sur la case Couleur) pour afficher le Sélecteur de couleur. Choisissez une nouvelle couleur pour l'extrémité gauche du dégradé (ici un bleu vif).

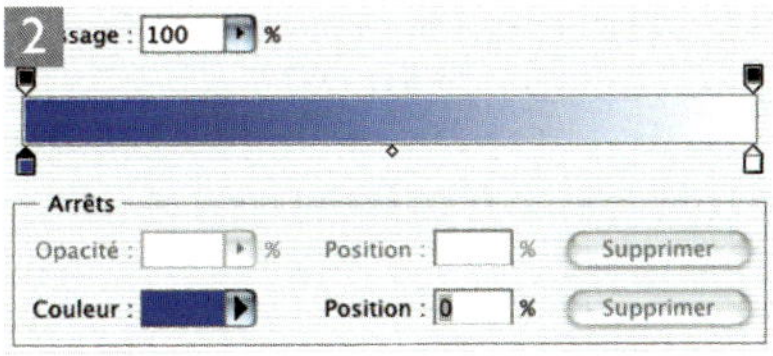

3 En cliquant au-dessus de la barre de dégradé, vous créez un nouveau carré qui définit la transparence. La partie inférieure de la boîte de dialogue se modifie de façon que vous puissiez choisir une valeur d'opacité. Le carré peut être déplacé à volonté sur la barre de dégradé, ainsi que les « points médians » représentés par des losanges.

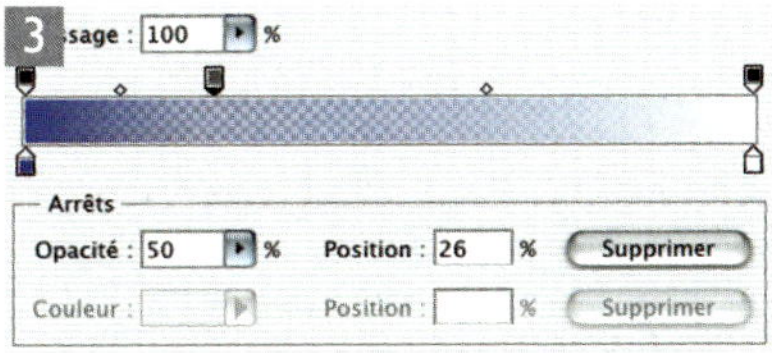

4 Nous avons ajouté un autre carré de transparence, mais nous avons choisi pour ce dernier une opacité de 100 % afin que la zone située à droite de ce carré soit opaque. Nous avons par ailleurs ajouté un carré de couleur supplémentaire sous la barre et nous lui avons donné la couleur pourpre. Une fois le dégradé en place, il suffit de lui donner un nom à l'aide du champ Nom et de cliquer sur OK. Il est alors ajouté à la liste des dégradés en cours.

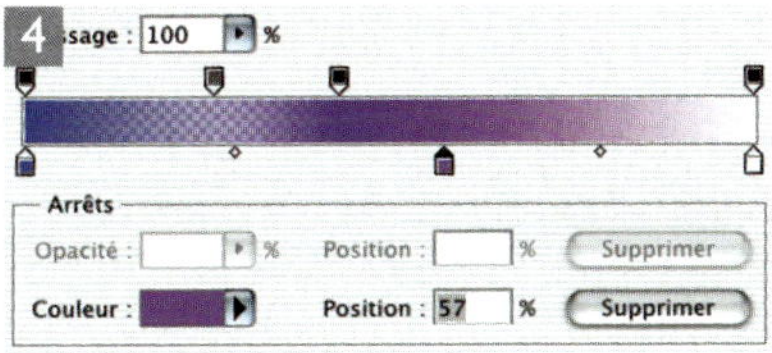

Dégradés de type Bruit

1 Les paramètres de l'éditeur de dégradé en mode « Bruit » sont entièrement distincts de ceux du mode « Dégradé uniforme ». Lorsque vous choisissez Bruit dans la liste déroulante Type de dégradé, le contenu de la barre de dégradé est remplacé par un dégradé qui comprend de nombreuses variations abruptes de couleur. Cliquez sur Phase initiale aléatoire pour créer un nouveau dégradé ; chaque nouveau clic sur ce bouton crée un dégradé différent.

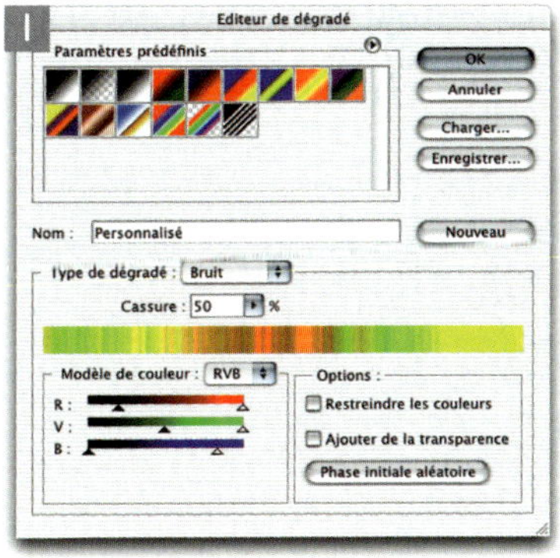

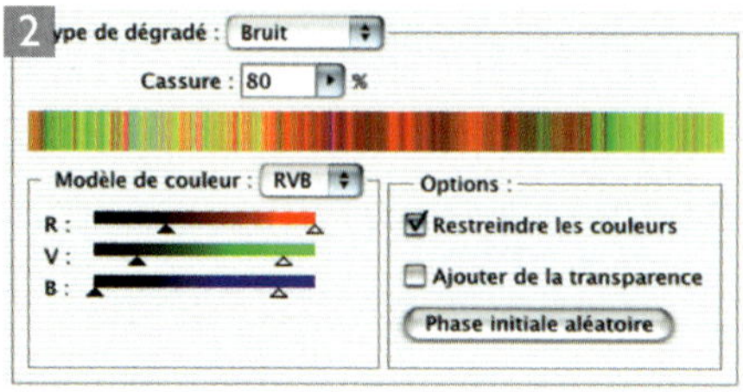

2 Augmentez la valeur de Cassure pour augmenter le contraste entre les couleurs. Les curseurs, en bas dans la boîte de dialogue, permettent de définir les couleurs que le dégradé pourra comporter. En mode RVB, le curseur de droite détermine la proportion de la couleur donnée dans le dégradé alors que le curseur de gauche détermine la proportion de couleurs complémentaires.

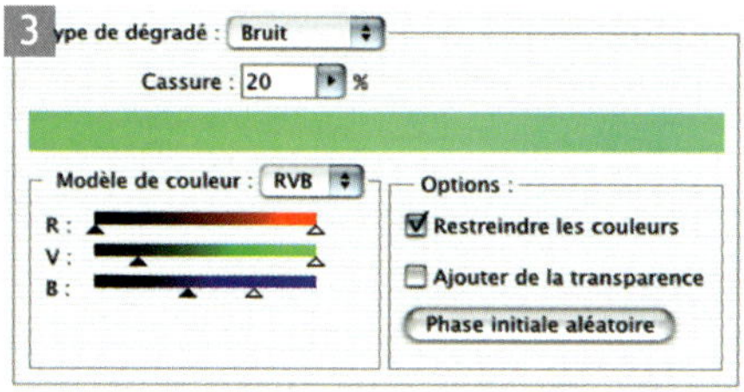

3 En mode Bruit, l'Éditeur de dégradé permet de se livrer à toutes sortes d'expérimentations. Il peut être intéressant d'essayer des valeurs de Cassure plus faibles, par exemple.

Nous reparlerons des dégradés au chapitre 14, qui est consacré aux effets de colorisation. Nous verrons en particulier comment on peut employer la fonction Courbe de transfert de dégradé.

Pot de peinture

Le Pot de peinture fonctionne à la manière de la Baguette magique, mais il remplit une zone de l'image en fonction de la valeur de tolérance qui est spécifiée dans la barre d'options au lieu de créer une sélection. Il est donc généralement préférable de faire appel à la Baguette magique ou à la fonction Plage de couleurs. Le Pot de peinture pourra en revanche être utile pour remplir rapidement l'intérieur d'un masque de fusion ou d'un masque créé en mode Masque. Il peut enfin être employé pour effectuer un remplissage avec un motif plutôt qu'avec une couleur unie ; pour ce faire, choisissez Motif dans la liste déroulante Fond de la barre d'options et sélectionnez un motif dans la liste adjacente.

Outils de netteté : Goutte d'eau/Netteté/Doigt

Pour adoucir les contours d'une image, n'utilisez pas le Doigt mais plutôt l'outil Goutte d'eau. L'effet de ce dernier outil équivaut à l'application locale d'un des filtres de flou de Photoshop. Nous nous en servons couramment pour adoucir des contours après avoir combiné deux images, ou après avoir modifié localement un masque enregistré sur une couche alpha. L'outil Netteté, en revanche, est d'une utilité moindre dans la mesure où il produit des artefacts gênants. Il est préférable de créer une sélection aux contours progressifs autour de la zone à corriger, puis d'appliquer le filtre Accentuation. Lorsque l'un de ces deux outils est sélectionné, vous pouvez basculer de l'un à l'autre avec la touche Opt/Alt.

En faisant glisser le Doigt, vous « étalez » la couleur des pixels à partir de l'endroit où vous faites un clic. Cet outil donne de meilleurs résultats lorsqu'il est combiné à une tablette graphique. L'option Peinture au doigt applique d'abord la couleur de premier plan avant d'étaler la peinture.

RACCOURCIS POUR LES OUTILS DE MODIFICATION DE TONS	
Outil Densité–	**Effet**
Opt/Alt+Maj+S	Tons foncés
Opt/Alt+Maj+M	Tons moyens
Opt/Alt+Maj+H	Tons clairs
Touche Opt/Alt	Basculer vers l'outil Densité+
Outil Densité+	**Effet**
Opt/Alt+Maj+S	Tons foncés
Opt/Alt+Maj+M	Tons moyens
Opt/Alt+Maj+H	Tons clairs
Touche Opt/Alt	Basculer vers l'outil Densité+
Outil Éponge	**Effet**
Opt/Alt+Maj+S	Mode Saturer
Opt/Alt+Maj+D	Mode Désaturer

Figure 6.30 Raccourcis clavier pour les outils de modification de tons.

Modification de tons : les outils Densité+, Densité– et Éponge

Les icônes qui représentent les outils Densité+ et Densité– sont inspirées des techniques utilisées en photographie traditionnelle pour éclaircir et assombrir certaines zones d'un tirage photographique. Dans Photoshop, on peut par ailleurs déterminer à quelles valeurs de l'image s'appliqueront ces effets : Tons foncés, Tons moyens ou Tons clairs. Ainsi, on peut assombrir les tons foncés d'une image sans affecter les tons clairs adjacents.

L'outil Densité– peut être employé en lieu et place du Tampon pour supprimer les rides et les autres lignes du visage, sans pour autant faire disparaître la texture sous-jacente, à condition d'utiliser une valeur d'exposition très faible.

L'outil Éponge, quant à lui, dispose de deux modes : Saturer et Désaturer, qui permettent respectivement d'augmenter et de réduire la vivacité des couleurs.

Le tableau de la figure 6.30 indique comment passer d'un mode d'outil à l'autre à l'aide du clavier. Comme pour les outils Goutte d'eau/Netteté, la touche Opt/Alt permet de basculer provisoirement de l'outil Densité+ à l'outil Densité–, et inversement.

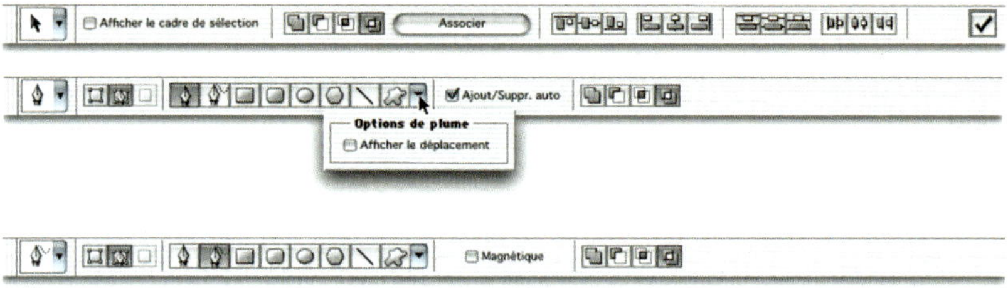

Plume et dessin de tracés

Photoshop dispose d'un ensemble complet d'outils de dessin vectoriel. Ces derniers fonctionnent de la même manière que les outils équivalents des logiciels de dessin vectoriel tels qu'Illustrator ou FreeHand. Le chapitre 11 comprend des instructions plus détaillées sur la manière d'utiliser la Plume.

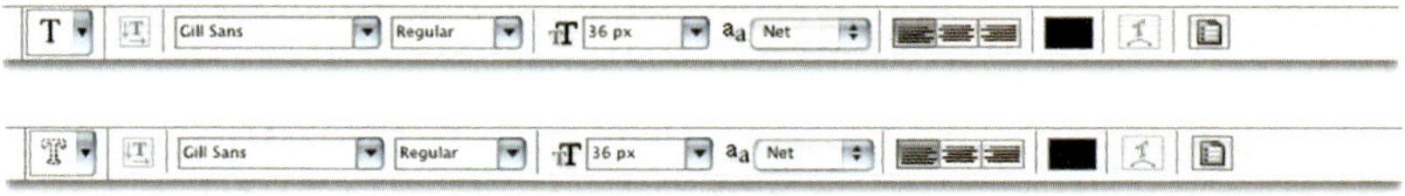

Outil Texte

L'outil Texte permet de saisir et de modifier du texte directement dans l'image. Il y a deux façons d'utiliser cet outil : soit en cliquant dans le document et en tapant ensuite le texte voulu, soit en faisant glisser pour définir un rectangle, ce qui permet ensuite de créer un bloc de texte de dimensions précises. Cliquez sur le bouton Palettes de la barre d'options pour afficher les palettes Caractère et Paragraphe. Ces deux palettes permettent de définir avec précision tous les attributs de votre texte.

Le texte que vous créez dans Photoshop est de type vectoriel, ce qui veut dire que vous pouvez modifier à tout moment tant le texte lui-même que ses attributs. Il suffit pour ce faire de sélectionner le texte voulu comme dans un logiciel de traitement de texte (vous pouvez masquer la surbrillance en désactivant l'option Affichage > Afficher les extras). Les attributs peuvent être appliqués séparément à chacun des caractères. La barre d'options propose également l'option Déformation de texte, qui permet de déformer le texte de diverses manières.

Les effets de calque peuvent être appliqués à tout type de calque, mais ils se combinent particulièrement bien avec les calques de texte. Ils permettent de créer très rapidement différents « effets spéciaux » tels que ombre portée ou effet de relief. Pour appliquer un effet à un calque, utilisez le bouton correspondant, en bas dans la palette Calques.

Dans la mesure où cet ouvrage est plutôt destiné à des photographes qu'à des graphistes au sens large, nous ne verrons pas dans le détail le fonctionnement de l'outil Texte ni celui des effets de calque – un grand nombre d'ouvrages sont disponibles sur ces sujets.

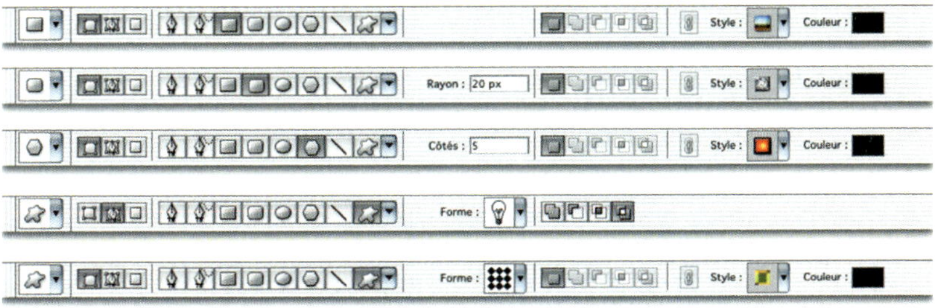

Outils de création de formes

Les outils de création de formes permettent de créer des formes vectorielles qui peuvent être modifiées à volonté par la suite sans perte de qualité. Les outils de formes comprennent le Rectangle, l'Ellipse, le Polygone et le Trait, ainsi que l'outil

Forme personnalisée. Dans le cas de ce dernier outil, vous pouvez définir vous-même des formes à partir de n'importe quel tracé vectoriel et les réutiliser ensuite à volonté.

Outils d'annotation

Vous pouvez ajouter à vos fichiers des annotations sous forme de texte ou de commentaires parlés. Elles seront enregistrées en même temps que le fichier pour peu que vous choisissiez le format PSD (Photoshop), PDF ou TIFF.

Pour un texte d'annotation, sélectionnez l'outil Annotations et cliquez dans l'image à l'endroit où vous souhaitez insérer l'annotation. Entrez ensuite le texte voulu dans la petite fenêtre qui apparaît, puis fermez cette dernière. L'annotation renfermée apparaît sous la forme d'une petite icône flottant au-dessus de l'image, mais elle n'est pas visible à l'impression. En revanche, si vous enregistrez une copie de l'image au format PDF et que vous l'envoyez à un client, celui-ci pourra lire vos annotations dans Acrobat Reader. Pour supprimer une annotation, effectuez un clic droit (Windows) ou un Ctrl-clic (Mac OS) sur l'annotation, et choisissez Supprimer l'annotation.

Pour enregistrer un commentaire parlé, vérifiez d'abord dans le Panneau de configuration ou le Tableau de bord de votre système que le haut-parleur interne de l'ordinateur est sélectionné en tant que source d'entrée audio. Cliquez ensuite dans l'image avec l'outil Annotation audio, puis sur le bouton d'enregistrement (Mac OS) ou sur le bouton Lancer (Windows). Une fois que vous avez terminé, cliquez sur le bouton d'arrêt (Mac OS) ou sur le bouton Arrêter (Windows). Le message sera enregistré en même temps que votre document si vous choisissez l'un des formats indiqués dans le paragraphe précédent.

Pipette et Échantillonnage de couleur

La Pipette prélève la couleur de toute fenêtre de document qui est ouverte et en fait la couleur de premier plan. Vous pouvez choisir de prélever la couleur d'un échantillon ponctuel (un seul pixel), mais les deux autres options (Moyenne 3 x 3 et Moyenne 5 x 5) sont généralement à privilégier. En effet, vous évitez ainsi de prélever la couleur d'un pixel de bruit, qui ne sera pas représentatif. Si vous enfoncez la touche Opt/Alt avant de cliquer, vous redéfinissez la couleur d'arrière-plan et non la couleur de premier plan. Cette même touche vous permettra de basculer vers la Pipette lorsqu'un outil de dessin (Aérographe, Pinceau, Crayon, Texte, Pot de peinture, Dégradé, etc.) est sélectionné.

L'outil Échantillonnage de couleur permet de choisir jusqu'à quatre points dans l'image dont les valeurs colorées restent affichées en permanence dans la palette Infos. Les points sélectionnés eux-mêmes ne sont visibles que lorsque l'outil Échantillonnage de couleur est sélectionné. Cet outil permet d'effectuer un suivi des variations de couleur d'une image lorsqu'on y applique des corrections chromatiques, comme nous le verrons au chapitre 8. Pour supprimer un point d'échantillonnage, faites-le glisser hors de l'image, enfoncez la touche Opt/Alt et cliquez dessus, ou sur le bouton Effacer de la barre d'options.

Outil Mesure

L'outil Mesure permet de mesurer les distances et les angles. Pour mesurer une distance, ouvrez la palette Infos et faites glisser l'outil entre les deux points de l'image qui sont concernés. L'outil Mesure peut aussi faire office de rapporteur : une fois que vous avez créé une ligne de mesure, enfoncez la touche Opt/Alt et cliquez sur l'une des extrémités de la ligne, puis faites glisser pour dessiner une seconde ligne. L'angle formé par les deux lignes s'affiche alors dans la palette Infos. La ligne dessinée par l'outil Mesure n'est visible que lorsque l'outil est sélectionné ; cette ligne peut être modifiée à tout moment en cliquant sur l'une de ses extrémités et en faisant glisser.

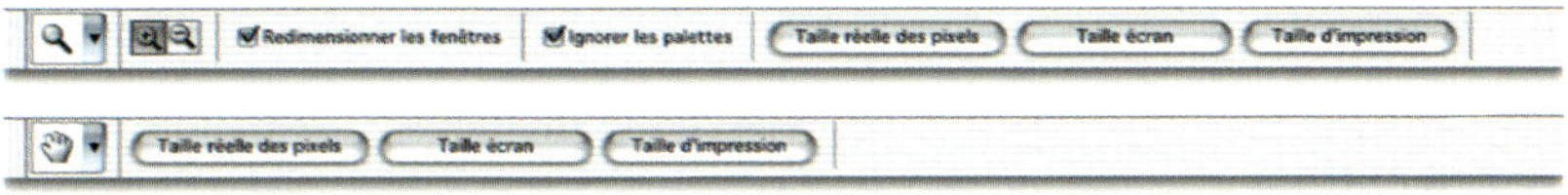

Outils de navigation : Main et Loupe

Pour faire défiler le contenu de la fenêtre du document, sélectionnez la Main et faites glisser. Pour afficher l'image en plus grand, cliquez avec la Loupe ou faites-la glisser pour définir la zone à agrandir. En mode normal, le pointeur de la Loupe affiche un signe «+». Pour afficher l'image en plus petit, enfoncez la touche Opt/Alt (la Loupe affiche un signe « – ») et cliquez. Le rapport d'affichage d'une image peut aller de 0,16 à 1600 %.

Vous pouvez accéder à la Main à tout moment en enfonçant la barre d'espacement. La barre d'espacement combinée à la touche Cmd/Ctrl permet de basculer vers la Loupe+ ; avec la touche Opt/Alt, vous accédez à la Loupe–. Autre raccourci : les touches Cmd/Ctrl++ (plus) et Cmd/Ctrl+– (moins). Pour la touche +, si vous utilisez un clavier français, vous devrez également enfoncer la touche Maj ou utiliser le pavé numérique.

En double-cliquant sur la Main dans la boîte à outils, vous adaptez l'affichage de l'image à la place disponible à l'écran. En double-cliquant sur la Loupe, vous obtenez un affichage à 100 %. Vous obtiendrez les mêmes résultats en cliquant sur les boutons Taille réelle des pixels et Taille écran de la barre d'options. Enfin, parmi les options de la Loupe, l'option Redimensionner les fenêtres provoque un redimensionnement de la fenêtre du document dès lors que le rapport d'affichage est modifié, et l'option Ignorer les palettes fait que les palettes sont ignorées lorsque vous cliquez sur le bouton Taille écran (ou que vous double-cliquez sur l'outil Main).

Couleurs de premier et d'arrière-plan

Par défaut, la couleur de premier plan est le noir, et la couleur d'arrière-plan le blanc. Pour rétablir les couleurs par défaut, cliquez sur l'icône des couleurs par défaut (en bas à gauche sous les deux carrés de couleur) ou appuyez sur la touche D. Au-dessus des deux carrés de couleur se trouve l'icône « Permuter les couleurs de premier et d'arrière-plan », qui permet d'intervertir les deux couleurs ; vous obtiendrez le même résultat en appuyant sur la touche X.

Mode Normal/Masque

L'icône de gauche permet de passer en mode Normal, et celle de droite en mode Masque. Dans ce dernier mode, la sélection s'affiche sous la forme d'un voile semi-transparent. Le fait de double-cliquer sur l'un ou l'autre de ces boutons permet de modifier les paramètres de ce voile. Utilisez la touche Q pour passer d'un mode à l'autre.

Mode d'affichage

Le mode Fenêtres standard affiche les images dans des fenêtres distinctes, comme dans n'importe quel autre logiciel. Vous pouvez ouvrir plusieurs documents à la fois ; pour activer un document, cliquez sur sa fenêtre. Le deuxième mode, Plein écran avec menus, affiche l'image sur tout l'écran (Mac OS) ou dans toute la fenêtre de l'application (Windows ; dans ce dernier cas, la fenêtre de l'interface est également masquée, à l'exception de la barre de menus), les bords de la fenêtre ainsi que les autres documents étant masqués. Enfin, la troisième option, Plein écran sans menus, affiche l'image sur un fond noir et masque la barre des menus (et, sous Windows, le reste de la fenêtre de l'application).

La boîte à outils, les palettes et la barre d'options peuvent être masquées (et affichées) à l'aide de la touche Tab. Pour passer d'un mode d'affichage à l'autre, appuyez sur la touche F. Dans les deux modes Plein écran, affichez et masquez la barre de menus avec le raccourci Maj+F. Enfin, pour changer la couleur de fond de la fenêtre du document (celle qui apparaît autour de l'image lorsque vous agrandissez sa fenêtre), choisissez une couleur de premier plan dans la boîte à outils, puis effectuez un Maj+clic dans le fond de la fenêtre. Attention : cette action ne peut être annulée à l'aide de la commande Annulation.

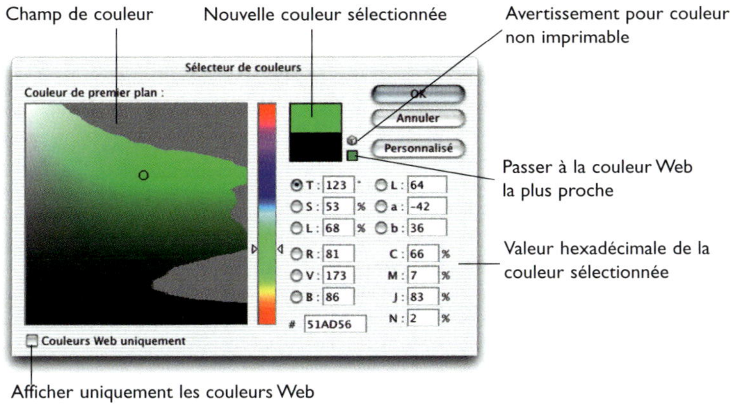

Figure 6.31 Le Sélecteur de couleur de Photoshop. L'apparence particulière du champ de couleur est due à ce que l'option Couleurs non imprimables a été sélectionnée dans le menu Affichage. L'icône « Danger », à côté de la couleur sélectionnée, indique qu'elle ne peut pas être imprimée. Si vous cliquez sur le petit carré situé juste en dessous, vous sélectionnez la couleur imprimable la plus proche. L'option Couleurs Web uniquement permet de restreindre l'affichage aux seules couleurs Web.

Bouton Passer à

Le fait de cliquer sur le bouton Passer à permet de lancer ImageReady 7 et d'y afficher le document actif (ImageReady dispose d'un bouton équivalent pour revenir à Photoshop) ; ce dernier reste ouvert dans l'application d'origine. Vous pouvez également passer à un autre logiciel que ImageReady en le sélectionnant dans le sous-menu Fichier > Passer à. Pour ajouter d'autres logiciels à ce sous-menu, créez des alias (Mac OS) ou des raccourcis (Windows) vers les applications voulues dans le dossier Photoshop 7.0\Helpers\Jump To Graphics Editor.

En résumé

Dans les chapitres ultérieurs de cet ouvrage, nous utiliserons fréquemment les outils et palettes que nous venons de décrire. Par conséquent, si certains points vous semblent encore un peu obscurs, les prochains chapitres devraient vous permettre d'y voir plus clair. En laissant le pointeur de la souris pendant quelques instants au-dessus d'un outil ou d'une option, vous pourrez observer que son nom apparaît dans une info-bulle, ainsi que son raccourci clavier, dans le cas des outils.

Chapitre 7

Formats de fichier

Photoshop prend en charge une très grande variété de formats de fichier, tant pour la lecture que pour l'enregistrement. Cependant, alors que vous serez peut-être amené à ouvrir des fichiers de formats très divers, vous ne ferez sans doute appel qu'à quelques-uns d'entre eux lors de l'enregistrement. Le format d'enregistrement choisi dépendra de la quantité d'informations que vous souhaitez préserver et des contraintes éventuelles.

Lorsqu'un document est ouvert dans Photoshop, quel que soit son format d'enregistrement, on peut y appliquer toutes les fonctions du logiciel : calques, effets, couches alpha, etc. Cependant, le format d'enregistrement choisi ne permettra pas toujours de préserver ces informations. La figure 7.1 montre l'apparence de la boîte de dialogue Enregistrer sous lorsqu'on tente d'enregistrer au format EPS une image qui comprend des calques. L'icône « danger » indique qu'une partie des informations de l'image (ici les calques) sera perdue ; dans ce format, seule l'image aplatie sera enregistrée.

En revanche, si vous choisissez le format PSD (Photoshop) et que l'option Calques est cochée, les calques seront préservés dans le fichier enregistré. Seuls les formats Photoshop, PDF Photoshop et TIFF permettent l'enregistrement de toutes les informations de l'image, quelle que soit leur nature. Le format natif de Photoshop (PSD) est celui qui permet l'enregistrement le plus rapide (l'enregistrement au format TIFF 7 peut s'avérer très lent) et le fichier qui en résulte est généralement le plus compact, sauf lorsque l'option « Toujours maximiser la compatibilité pour les fichiers Photoshop (PSD) » est active dans la boîte de dialogue Préférences (elle l'est par défaut). Vous trouverez à la fin de ce chapitre un tableau résumant les possibilités de divers formats d'enregistrement.

Figure 7.1 La boîte de dialogue Enregistrer sous.

Formats de fichier courants

TIFF (Tagged Image File Format)

Le format TIFF est celui qui est le plus répandu dans le monde de l'impression et de l'infographie. En général, l'imprimeur et le pré-presse demandent ce format dans la mesure où la plupart des systèmes peuvent le lire. Dans le cas d'une sortie directe, l'imprimeur demandera habituellement que les couches alpha soient supprimées et que l'image soit aplatie (sans calque).

Par défaut, lors de l'enregistrement au format TIFF, deux options sont proposées. Le format (IBM PC ou Macintosh) n'a plus beaucoup d'importance aujourd'hui parce que la plupart des machines reconnaissent les deux. La compression LZW permet de réduire considérablement le volume du fichier résultant, surtout si l'image comprend des zones de couleur unie, mais certains imprimeurs exigeront des fichiers non compressés, parce que l'ouverture de tels fichiers est plus rapide.

Dans le domaine de la PAO, les deux formats les plus courants sont les formats TIFF et EPS (encore que le format PDF soit de plus en plus employé). Si vous enregistrez une image au format TIFF, vous pourrez l'exploiter quel que soit le logiciel de PAO que vous employez, et ce avec plus de souplesse qu'un fichier EPS.

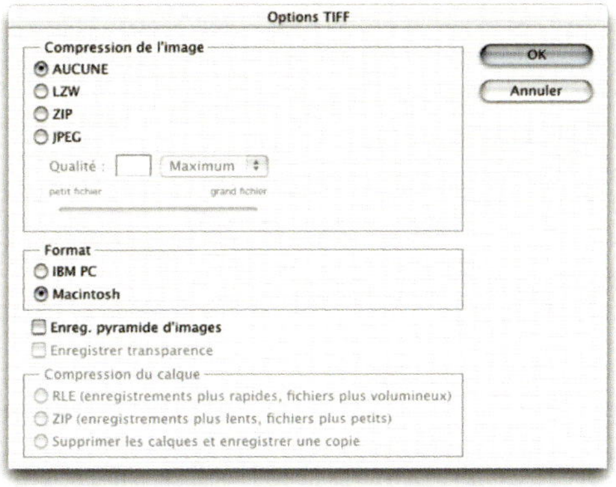

Figure 7.2 Les options du format TIFF permettent d'appliquer une compression LZW, ZIP ou JPEG à votre image. L'option Enregistrement d'une pyramide d'images permet d'enregistrer une série d'images à différentes résolutions à l'intérieur du fichier. Les logiciels de PAO récents utilisent cette pyramide pour afficher un aperçu de bonne qualité de l'image sans qu'il soit nécessaire de charger tout le fichier.

EPS (Encapsulated PostScript)

Le format EPS est principalement employé pour insérer de grandes séparations de couleurs dans un fichier de PAO. Les fichiers EPS contiennent une version basse résolution de l'image utilisée pour l'affichage à l'écran, alors que la version de l'image en langage PostScript est employée pour l'impression. Les données du fichier sont « encapsulées », ce qui veut dire qu'elles ne peuvent pas être modifiées à l'extérieur du logiciel qui a servi à créer le fichier. Inconvénient du format EPS : toutes les données de l'image doivent être traitées par le RIP chaque fois que l'on effectue une sortie, même lorsqu'une quantité de données moindre est nécessaire pour une épreuve donnée. Voici les principales options d'enregistrement pour ce format :

Prévisualisation. Enregistre une version basse résolution de l'image qui sera affichée dans les logiciels de PAO. Sous Mac OS, nous vous conseillons de choisir l'option JPEG Macintosh.

Codage. Le codage ASCII est le plus générique mais il ne peut être employé que sur des plates-formes Windows. Les fichiers binaires sont quasiment deux fois moins volumineux et leur traitement est plus rapide. Le codage JPEG ne doit être utilisé que pour une sortie sur imprimante PostScript Niveau 3 ; gardez à l'esprit qu'à partir d'un certain niveau de compression, la qualité des images JPEG se dégrade fortement.

Inclure la trame de demi-teintes/la fonction de transfert. Ces deux options permettent de passer outre les paramètres de l'imprimante ; ne les cochez que si, pour une raison ou pour une autre, vous avez spécifié vos propres informations de trame de demi-teintes ou de transfert pour le document.

Gestion des couleurs PostScript. Lorsque cette option est activée, les imprimantes PostScript Niveau 2 ou supérieur pourront interpréter les informations de profil de couleur d'une image en mode Niveaux de gris, RVB ou Lab. Nous vous conseillons cependant d'effectuer la gestion des couleurs exclusivement dans Photoshop.

Si le document comprend des données vectorielles, celles-ci pourront être interprétées de manière à être pixellisées dans le fichier EPS. Avec Photoshop il est également possible de définir en tant que masque un tracé qui fera office de masque de détourage lors de l'importation du fichier EPS dans un logiciel de PAO.

DCS

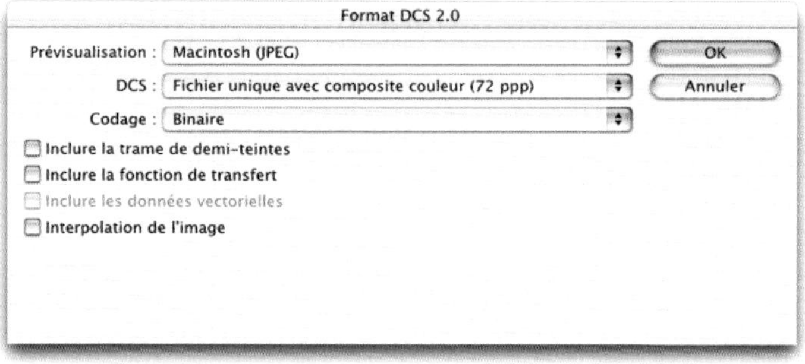

Figure 7.3 La boîte de dialogue des options du format DCS 2.0.

QuarkXPress utilise une version du format EPS nommée DCS (Desktop Color Separations). Le format DCS 1.0 génère cinq fichiers distincts : une image composite et quatre séparations. Cependant, séparer ainsi les fichiers est d'un intérêt assez limité de nos jours. Le format DCS 2.0 permet d'enregistrer en un seul fichier l'aperçu et les quatre séparations. Par ailleurs, ce format prend aussi en charge un nombre de couches colorées supérieur à quatre, ce qui permet l'utilisation de tons directs.

PDF Photoshop

Le format PDF est principalement destiné à la diffusion de documents mis en page, mais il est également de plus en plus répandu dans le monde du pré-presse. Pour l'affichage de documents PDF, il faut disposer du logiciel (gratuit) Acrobat Reader, qui peut être téléchargé à partir du site d'Adobe. Ce format présente les avantages suivants : les fichiers résultants sont peu volumineux et peuvent être exploités sur toutes les plates-formes, que les polices du document soient disponibles ou non sur l'ordinateur concerné. Le format PDF Photoshop (voir figure 7.4) prend en compte toutes les fonctions de Photoshop ; il peut donc être employé à la place du format natif de Photoshop (PSD). Il propose une compression ZIP ou JPEG, et étant donné qu'il inclut dans le fichier une version aplatie de l'image, les images PDF sont compatibles avec les versions antérieures de Photoshop et d'autres logiciels. Enfin, en cochant l'option Protection PDF et en cliquant sur Paramètres de protection, vous pouvez limiter par mot de passe l'accès au fichier ou empêcher différentes opérations sur celui-ci (modification, impression...).

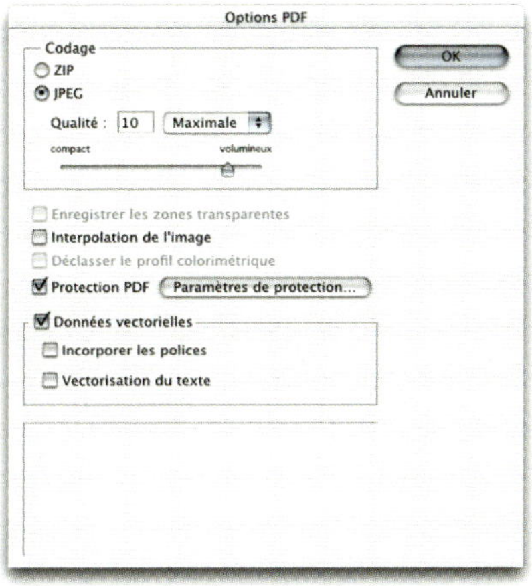

Figure 7.4 La boîte de dialogue Options PDF. Vous pouvez stocker toutes les données de l'image dans le fichier PDF et même définir des options de sécurité pour limiter son accès.

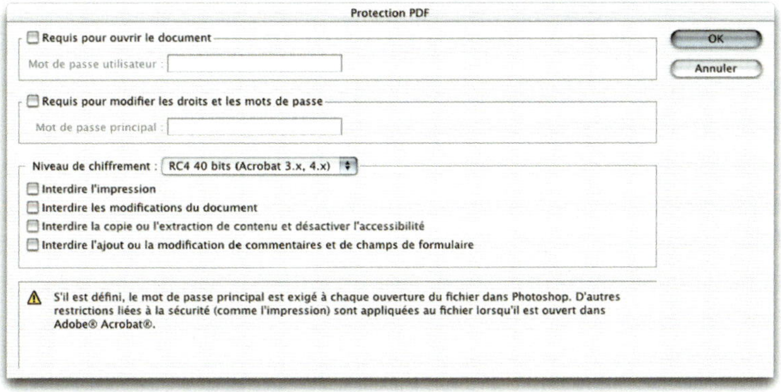

Figure 7.5 Les options de protection PDF.

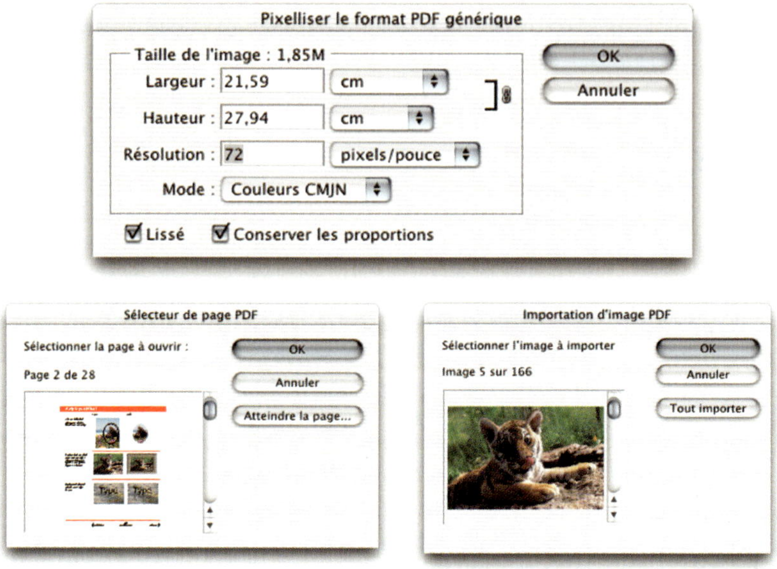

Figure 7.6 Lorsque vous ouvrez un document PDF en choisissant Fichier > Ouvrir, la boîte de dialogue Interpréteur PDF générique apparaît et permet de sélectionner la page à ouvrir. Vous verrez ensuite s'afficher la boîte de dialogue Pixelliser le format PDF générique. En choisissant la commande Fichier > Importation > Image PDF, vous pouvez extraire séparément chacune des images contenues dans le document PDF.

Importation de fichiers PDF

L'interpréteur PDF de Photoshop permet l'importation de tout fichier Illustrator, EPS ou PDF (de une ou plusieurs pages). On peut ainsi pixelliser et traiter par lots des documents PDF qui seront ensuite enregistrés en tant que fichiers Photoshop. La fonction d'importation permet d'extraire en tant qu'images distinctes toutes les images bitmap et vectorielles comprises dans un document PDF (voir figure 7.6).

PICT

Le format PICT est un format Macintosh qui est lu par les versions Windows de Photoshop mais qui n'est pas adapté à la PAO ; il arrive cependant qu'il soit employé dans le domaine du multimédia. Dans la mesure où il ne présente aucun avantage par rapport au format Photoshop (PSD), nous ne préconisons pas son utilisation.

Figure 7.7 Deux images JPEG : la taille en pixels des deux images est identique, et elles ont été enregistrées en utilisant un paramètre de qualité JPEG identique. Pourtant, le fichier de l'image des nuages représente 21 ko alors que celui de la façade en représente 59. Cela tient au niveau de détail de la seconde image. Plus une image comprend de zones fortement contrastées, plus la taille du fichier JPEG résultant est importante. Par conséquent, il est préférable de ne pas appliquer trop de renforcement (filtres de netteté) à une image avant de l'enregistrer au format JPEG. *A contrario*, il peut être intéressant de supprimer des détails inutiles à l'aide d'un filtre de flou pour réduire la taille du fichier JPEG résultant.

JPEG

La méthode de compression qui permet d'obtenir la taille de fichier la plus réduite est le JPEG, qui est aussi un format de fichier. Ainsi, un fichier de 25 x 20 cm à une résolution de 300 pixels/pouce (soit un volume initial de 18 Mo environ) occupera environ 1 Mo au format JPEG, sans que la qualité de l'image ne soit trop détériorée. Lors de la compression JPEG, une partie des données de l'image est définitivement perdue (*lossy compression* en anglais). Si vous ouvrez une image JPEG et que vous l'affichez à un rapport de 200 %, vous verrez apparaître un motif en damier de 8 x 8 pixels (pour peu que le niveau de compression JPEG soit assez élevé). La compression JPEG est plus efficace avec des images qui comprennent des nuances de tons progressives ; dans le cas d'une image qui renferme nombre de détails, le taux de compression auquel on parviendra ne sera pas aussi élevé et les artefacts seront plus visibles. Évitez d'enregistrer une deuxième fois au format JPEG une image pour laquelle vous avez déjà recouru à ce format dans la mesure où sa qualité sera à nouveau détériorée. Cette détérioration sera cependant très faible si la taille de l'image (en pixels) reste inchangée entre deux enregistrements.

Selon certains puristes, la compression JPEG ne doit jamais être utilisée dans le cadre d'une utilisation professionnelle. Par ailleurs, il faut savoir que, si on utilise l'option de compression JPEG des formats TIFF ou EPS, le fichier résultant risque d'être incompatible avec des imprimantes PostScript plus anciennes. Si la compatibilité PostScript n'est pas un problème, le format JPEG peut parfaitement être employé pour peu que le niveau de compression appliqué soit faible. Ainsi le photographe animalier Steve Bloom a-t-il pu nous soumettre deux tirages Pictrograph d'une même image, l'une provenant d'un fichier non comprimé de 24 Mo et l'autre d'un fichier JPEG de 2 Mo. Pas plus que nous, aucun autre spécialiste n'a pu relever la moindre différence entre ces deux images.

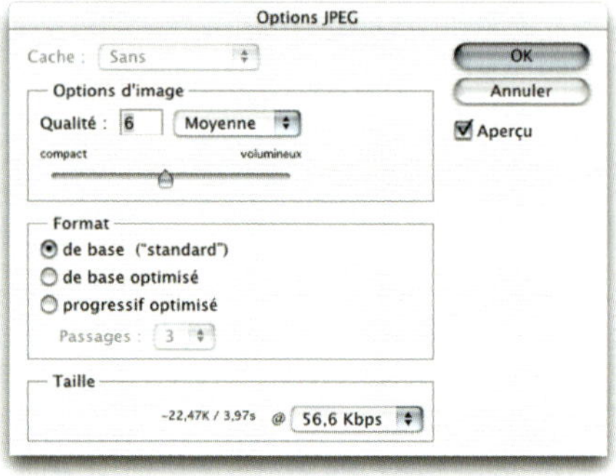

Figure 7.8 La boîte de dialogue Options JPEG. Le format « de base (standard) » est le plus universellement reconnu, mais le format « de base optimisé » permet généralement d'obtenir une taille de fichier légèrement inférieure, et ce format est reconnu par la quasi-totalité des navigateurs. Avec le format « progressif optimisé », on peut obtenir une image qui s'affiche instantanément et devient progressivement plus nette au fur et à mesure de son téléchargement, à la manière du format GIF entrelacé.

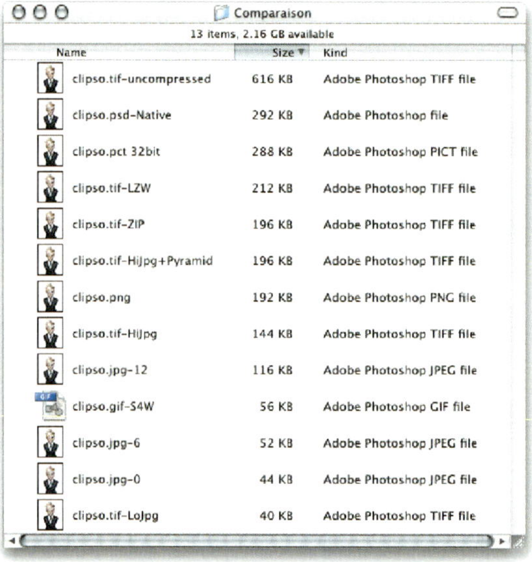

Client : Clipso.
Modèle : Bianca, agence Nevs.

Figure 7.9 Cette même image a été enregistrée de treize manières différentes ; chaque méthode d'enregistrement donne un autre volume de fichier. Le volume « réel » de l'image, qui mesure 500 X 400 pixels, est de 586 ko. Le format Photoshop (PSD), qui fait appel à des algorithmes de compression, est généralement le plus efficace lorsque l'image ne doit pas être altérée. Dans le format TIFF non comprimé, chaque pixel de l'image est enregistré tel quel, d'où un fichier beaucoup plus volumineux.

Lorsqu'on enregistre un fichier au format JPEG, la boîte de dialogue qui apparaît permet de choisir un niveau de qualité allant de 0 à 12, une qualité de 0 correspondant à une image très dégradée, mais dont le fichier est peu volumineux. La même boîte de dialogue affiche le volume de l'image résultante et le temps de téléchargement en fonction de différentes vitesses de connexion. Par ailleurs, si l'option Aperçu est cochée, la fenêtre de l'image affiche un aperçu de l'image une fois comprimée. La figure 7.9 montre les tailles de fichier qui sont obtenues pour différents formats d'enregistrement ; le format JPEG permet d'obtenir la plus petite taille de fichier, au prix d'une dégradation de l'image.

Enfin, quelle que soit la destination de l'image, il est intéressant de faire appel à la fonction Enregistrer pour le Web (voir plus bas) lorsqu'on utilise le format JPEG ; cette fonction permet (entre autres) d'afficher côte à côte un aperçu de l'image initiale et de l'image comprimée.

GIF

Le format GIF est généralement employé pour la diffusion d'images de type graphique telles que les logos. Ce format ne permet d'utiliser que le mode Couleurs indexées, ce qui implique que le nombre de couleurs d'une image enregistrée dans ce format ne peut excéder 256. Tout comme pour le format JPEG, la meilleure manière d'enregistrer une image au format GIF est de faire appel à la boîte de dialogue Enregistrer pour le Web.

Choix d'un format d'enregistrement pour le Web

Lors de l'enregistrement d'un fichier destiné au Web, le facteur le plus important à prendre en compte est la taille du fichier résultant. Lors de l'enregistrement d'images de type photographique (comprenant des tons continus), le format JPEG est presque toujours le plus adapté. En revanche, lorsque l'image comprend de grandes surfaces de couleur unie, mieux vaut utiliser le format GIF. Il existe cependant des exceptions, comme le montrent les figures 7.9 et 7.10.

Figure 7.10 Alors qu'en principe, le format JPEG est le plus adapté pour l'enregistrement de photographies, le format GIF donne ici un fichier moins volumineux (18 ko contre 33 ko pour le fichier JPEG) en raison du contraste élevé de l'image.

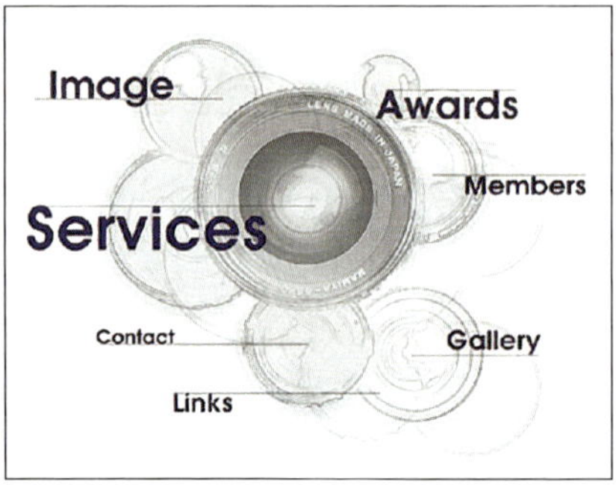

Figure 7.11 Ici, c'est en principe le format GIF qui aurait dû être utilisé, mais lorsque l'image est enregistrée en fonction de la palette Web de 216 couleurs, toutes les nuances du graphisme d'arrière-plan sont perdues. De ce fait, on a employé le format JPEG ; le volume du fichier résultant est de 30 ko, ce qui reste acceptable pour une page Web.

Enregistrer pour le Web

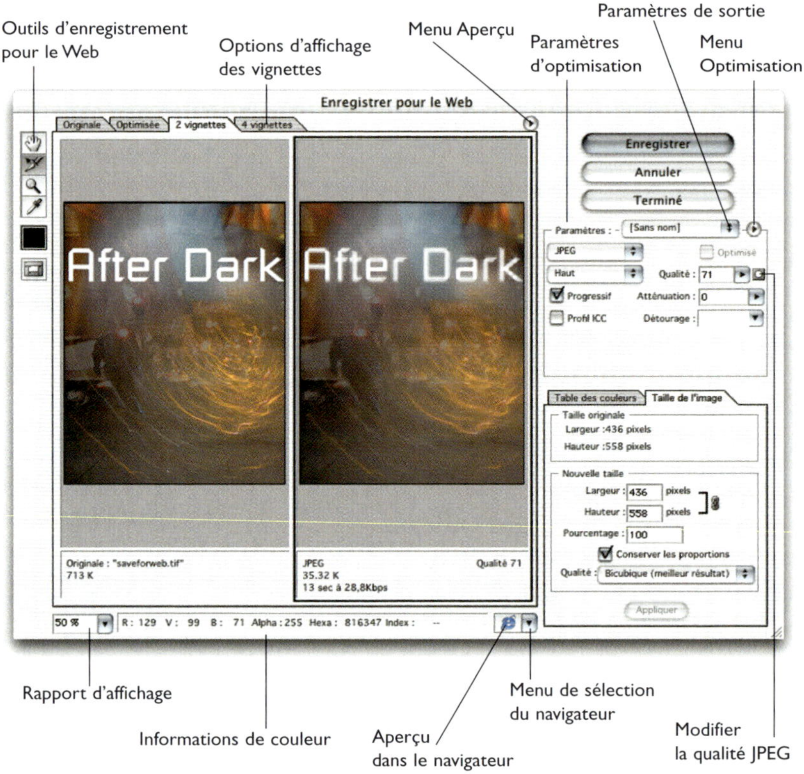

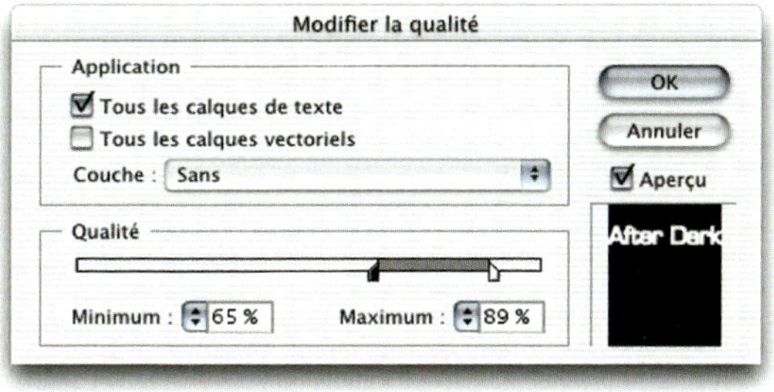

Figure 7.12 La boîte de dialogue Enregistrer pour le Web. Cliquez sur le bouton situé à droite de la liste déroulante Qualité pour afficher la boîte de dialogue Modifier la qualité. Utilisez une couche alpha pour affecter à l'image une compression JPEG variable selon la zone de l'image.

La commande Enregistrer pour le Web se trouve dans le menu Fichier. Cette boîte de dialogue permet de définir dans les moindres détails la façon dont l'image sera optimisée pour une utilisation sur le Web (ou sur d'autres supports). Quatre formats d'enregistrement sont disponibles : JPEG, GIF, PNG-8 et PNG-24. On a également le choix entre quatre modes d'affichage : image originale, image optimisée ou deux ou quatre versions de l'image à la fois. La figure 7.12 montre cette boîte de dialogue en mode « 2 vignettes » : la première vignette affiche l'original, et la seconde la même image avec compression JPEG. Les informations figurant sous chaque vignette, permettent de choisir le meilleur compromis possible entre qualité d'image et volume de fichier. Le menu Aperçu offre une fonction de compensation du gamma afin de prévisualiser l'apparence de l'image sous Windows, Mac OS et avec la compensation Photoshop. En bas, un menu permet de sélectionner un navigateur dans lequel on peut afficher le fichier optimisé sélectionné (voir figure 7.15).

Parmi les options de formatage JPEG proposées, figure l'option Progressif. Les JPEG progressifs sont pris en compte par les navigateurs de version 4 et ultérieure ; cette option permet l'affichage immédiat de la totalité de l'image, cette dernière devenant progressivement plus nette. L'option Optimisé permet d'obtenir des fichiers légèrement moins volumineux mais, ici encore, la compatibilité n'est pas assurée avec les navigateurs plus anciens. Enfin, pour la qualité d'image, on peut choisir Maximum, Haut, Moyen ou Bas, ou, si l'on préfère, une valeur de pourcentage (de 0 à 100 %) dans le champ voisin. L'option Flou permet d'adoucir un original aux contours trop accentués, ce qui améliore le taux de compression.

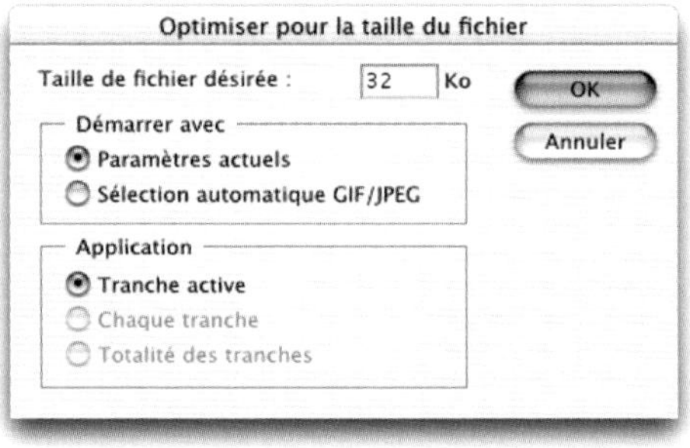

Figure 7.13 Le menu Optimisation propose la commande Optimiser pour la taille du fichier, laquelle permet de déterminer le volume de fichier à atteindre.

Avec l'option Modifier la qualité (le bouton situé à droite de la liste déroulante Qualité), on peut affecter à l'image une compression JPEG variable selon la zone de l'image ; au préalable, il faut créer une couche alpha dans l'image pour définir les zones qui subiront une compression plus faible ou plus forte. Les deux curseurs de la boîte de dialogue permettent ensuite de choisir la qualité respective des zones « blanches » et « noires » de l'image. Dans l'exemple de la figure 7.12, nous avons coché l'option Tous les calques de texte ; de ce fait, le masque résultant donne une qualité maximale aux calques de texte. Pour le format GIF, on peut recourir à des options équivalentes pour appliquer des valeurs de perte ou de diffusion variables selon la zone de l'image.

La « palette » Taille de l'image offre des fonctions équivalentes à celles de la boîte de dialogue Taille de l'image de Photoshop. Son avantage est qu'elle permet de visualiser immédiatement les conséquences d'une réduction de la taille de l'image sur le volume du fichier résultant. Le menu Optimisation propose également la commande Optimiser pour la taille du fichier, avec laquelle on peut choisir le volume de fichier souhaité. Cette fonction ne modifie pas la taille de l'image en pixel mais essaie différents paramètres JPEG et/ou GIF jusqu'à ce que le volume de fichier demandé soit atteint.

Lorsque vous cliquez sur OK dans la boîte de dialogue Enregistrer pour le Web, trois options sont disponibles dans la boîte de dialogue d'enregistrement : HTML et images, Images seulement ou HTML seulement. En cliquant sur le bouton Paramètres de sortie, vous pouvez définir les différents paramètres de sortie de vos fichiers (voir figure 7.14). Lorsque vous cliquez sur le bouton Aperçu dans le navigateur, l'image est affichée dans le navigateur sélectionné, suivie du code HTML correspondant, généré par Photoshop (voir figure 7.15).

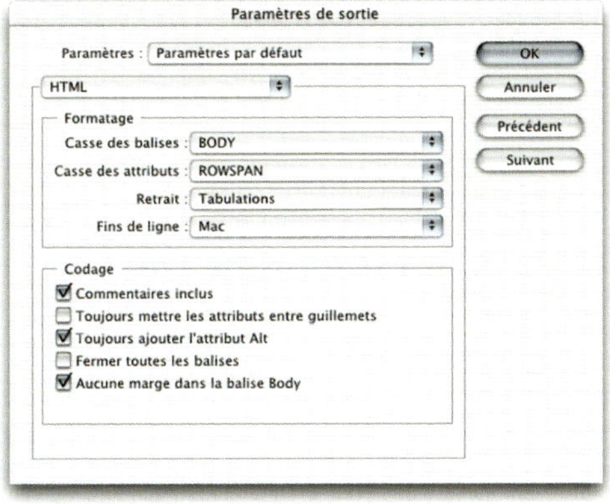

Figure 7.14 La section HTML de la boîte de dialogue Paramètres de sortie. Cette boîte de dialogue comprend trois autres sections : Arrière-plan, Enregistrement des fichiers et Tranches.

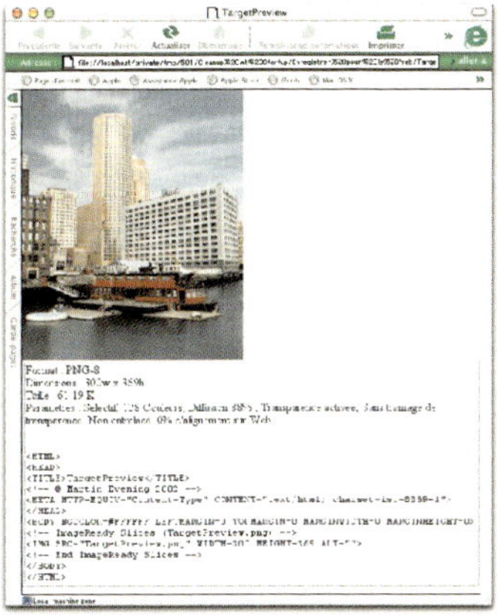

Figure 7.15 Si vous cliquez sur le bouton Aperçu dans le navigateur, Photoshop crée une page Web provisoire qui contient l'image en cours d'optimisation et affiche cette page dans le navigateur sélectionné. Vous pouvez ainsi vérifier l'apparence de l'image directement dans le navigateur, et vous assurer en particulier que, le cas échéant, le profil ICC de l'image est bien pris en compte.

Figure 7.16 Cette version agrandie d'une image JPEG enregistrée avec une qualité de 10 % montre la structure sous-jacente des images au format JPEG, qui découpe l'image en carrés de 8 X 8 pixels. Lorsque le taux de compression est plus faible, ce découpage est généralement invisible à l'œil nu. Lorsque vous enregistrez plusieurs fois de suite une image au format JPEG, sa qualité se détériorera progressivement, sauf si vous n'effectuez aucune opération de recadrage ou de changement de taille. Dans ce cas, la dégradation sera très faible. Dans la mesure du possible, n'enregistrez les images au format JPEG qu'à partir d'un fichier maître non comprimé.

Les options d'enregistrement au format GIF sont également très nombreuses. Outre les options de taille de l'image que nous venons d'évoquer, on peut choisir différentes options de diffusion, de compression GIF et de table des couleurs spécifiques au format GIF.

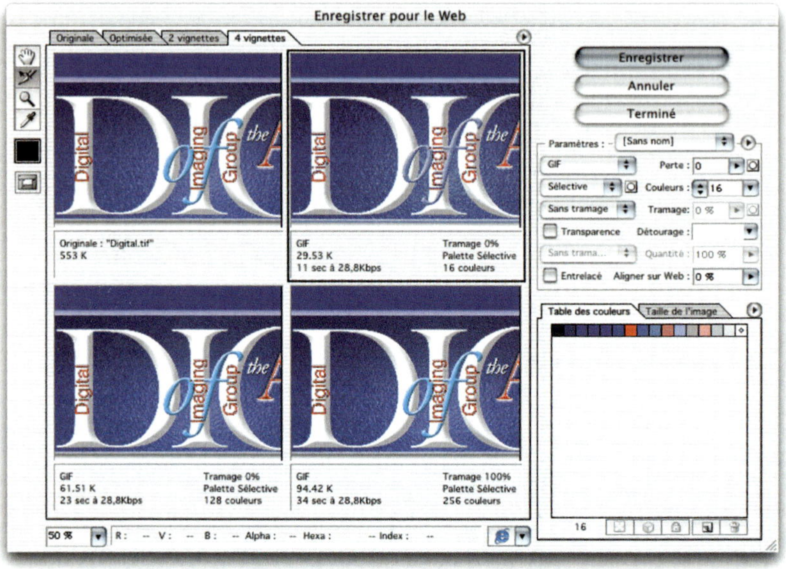

Figure 7.17 Les options d'enregistrement GIF de la boîte de dialogue Enregistrer pour le Web.

Conception graphique : Rod Wynne-Powell.

La liste déroulante « Algorithme de réduction des couleurs » détermine de quelle façon les couleurs de l'image seront réduites à 256 ou moins (le format GIF autorise un maximum de 256 couleurs). Si votre image est destinée à un public qui ne dispose que d'un affichage 8 bits (256 couleurs), il est souvent intéressant de choisir l'option Web. Vous serez ainsi assuré que l'image s'affichera d'une manière identique quels que soient la plate-forme ou le navigateur de l'utilisateur. L'option Perception crée une table des couleurs optimisée en fonction des couleurs auxquelles l'œil est le plus sensible, alors que l'option Sélective tend à préserver les couleurs Web si elles sont présentes dans l'image originale. Cette dernière option représente généralement un bon compromis pour obtenir une qualité d'image satisfaisante pour toutes les configurations matérielles de l'utilisateur, qu'il dispose d'un affichage 8 bits ou 24 bits. L'option Adaptative, enfin, privilégie les couleurs les plus répandues dans l'image, ce qui permet d'obtenir de meilleures transitions entre tons lorsque le nombre de couleurs est limité ; cette option offre toutefois moins d'intérêt que les deux précédentes dans le contexte d'une publication sur le Web.

L'option Aligner sur le Web permet de transformer en couleurs Web les couleurs de la table de couleurs ; plus la valeur choisie est élevée, plus la proportion de couleurs Web de la table augmente.

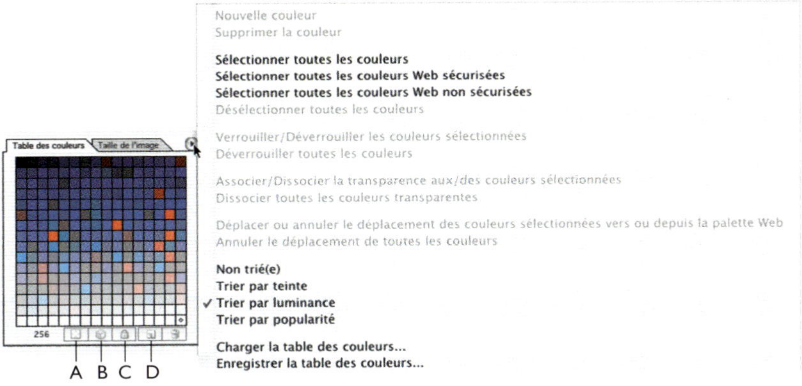

Figure 7.18 La table des couleurs et son menu.

A : Rend transparente la couleur sélectionnée.
B : Transforme la couleur sélectionnée en couleur Web.
C : Verrouille la couleur sélectionnée.
D : Ajoute la couleur de la Pipette à la table.

Les autres options disponibles pour le format GIF sont les suivantes :

- L'option Perte permet de réduire le volume du fichier au prix d'une dégradation de la qualité de l'image.
- Avec la liste déroulante Diffusion, on peut simuler des couleurs supplémentaires en juxtaposant des pixels de différentes couleurs, au prix d'une augmentation du volume du fichier.
- Si l'image originale comprend des zones transparentes, cochez l'option Transparence pour que ces zones soient également transparentes dans l'image résultante. Dans ce cas, choisissez sous Cache la couleur d'arrière-plan de votre page Web.
- Pour rendre transparente une couleur de l'image, sélectionnez-la dans la Table des couleurs puis cliquez sur le bouton de transparence (le premier bouton en bas à gauche dans la palette).
- L'option Entrelacé augmente légèrement la taille de l'image mais, en y recourant, le visiteur peut voir s'afficher immédiatement une version pixellisée de l'image. L'image devient ensuite de plus en plus nette au fur et à mesure du téléchargement.

PNG

Ce format récent est destiné à la diffusion en ligne de fichiers RVB. Le format PNG offre une compression sans perte et permet l'enregistrement des données de transparence de l'image. Ce format présente d'autres avantages : un plus grand nombre maximal de couleurs (jusqu'à 32 bits) et des fonctions (limitées) de correction de gamma, ce qui permet de visualiser les images telles qu'elles ont été conçues, quel que soit le gamma du moniteur employé. Les nouveaux navigateurs reconnaissent généralement le format PNG, mais toutes ses fonctions ne sont pas prises en charge.

Figure 7.19 Fonctions de Photoshop qui peuvent être enregistrées en fonction du format de fichier choisi. Les points rouges indiquent que la fonction correspondante ne peut être enregistrée que sous Mac OS.

Format de fichier	RVB	CMJN	Couleurs indexées	Niveaux de gris	Calques	Couches alpha	Tracés	ICC	Annotations
Adobe Photoshop	•	•	•	•	•	•	•	•	•
Adobe Photoshop 2.0	•	•	•	•		•	•	•	
FlashPix	•			•			•		
Compuserve GIF			•						
JPEG	•	•		•			•	•	
EPS Photoshop	•	•	•	•			•	•	
Photoshop DCS 1.0		•					•	•	
Photoshop DCS 2.0	•	•		•		•	•	•	
PDF Photoshop	•	•	•	•	•	•	•	•	•
PICT	•		•	•			•	•	
PNG-8			•	•		•	•		
PNG-24	•	•		•		•	•		
Scitex	•	•		•			•		
TIFF	•	•	•	•	•	•	•	•	•

L'avenir de la publication électronique

Le professionnel doit à l'heure actuelle pouvoir s'adapter à différents supports de sortie. Aux premiers temps de l'image numérique, les soucis principaux étaient de répondre aux besoins du pré-presse et de l'impression et de gérer des fichiers volumineux dans Photoshop. Aujourd'hui, il faut également prendre en compte les contraintes de la publication à l'écran, ainsi que l'importance croissante du format Adobe PDF pour la distribution et l'épreuvage à l'écran des images.

Chapitre 8

Techniques de base de correction d'image

L'objectif de ce chapitre est de vous montrer comment il est possible d'appliquer à une image des modifications simples. Ces opérations sont sans doute celles que vous effectuerez le plus fréquemment dans Photoshop, comme nous-mêmes le faisons dans notre travail. Bien entendu, toutes les fonctions de Photoshop peuvent s'avérer utiles d'une manière ou d'une autre, mais nous avons souhaité, dans ce chapitre, mettre l'accent sur celles qui sont plus précisément employées dans un contexte professionnel.

Recadrage

Une fois l'image ouverte ou numérisée, sélectionnez l'outil Recadrage dans la palette d'outils et faites glisser pour définir la zone à recadrer. Le raccourci Cmd/Ctrl+barre d'espace permet d'accéder provisoirement à la Loupe pour afficher l'image en plus grand ; avec le raccourci Cmd/Ctrl+$, il est ensuite possible de revenir à un affichage « Taille écran ».

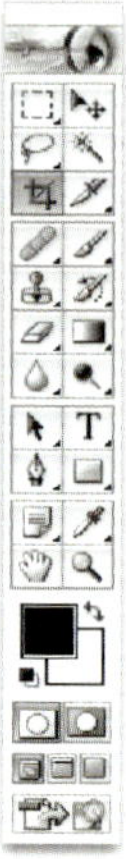

1 Définissez d'abord un rectangle de recadrage en faisant glisser l'outil Recadrage. Vous pouvez ensuite faire glisser chacune des huit poignées (les carrés) du contour du rectangle pour le redimensionner. Placez le pointeur à l'intérieur du rectangle et faites glisser pour déplacer le rectangle entier.

2 Vous pouvez également effectuer un recadrage avec le Rectangle de sélection ou n'importe quel autre outil de sélection. Une fois la sélection créée, choisissez Image > Recadrer. Parmi les options du Rectangle de sélection, les options Rapport L/H et Taille fixe, sous Style, peuvent s'avérer utiles. Vous pouvez aussi vous baser sur une sélection non rectangulaire. Dans ce cas, le recadrage se fait en fonction du rectangle dans lequel s'inscrit la sélection, et celle-ci est préservée.

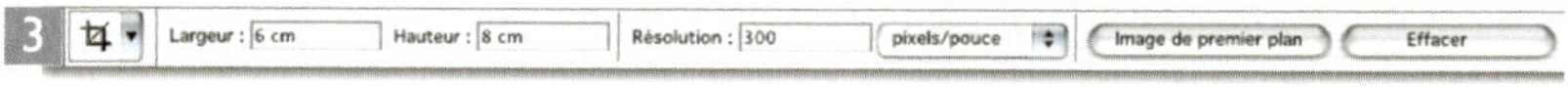

3 Avant d'appliquer l'outil Recadrage, vous pouvez entrer des valeurs de Largeur, de Hauteur et de Résolution dans la barre d'options. Vous pouvez également cliquer sur le bouton Image de premier plan pour que ces trois champs soient automatiquement remplis avec les valeurs de l'image active. Lorsque vous appliquez ensuite l'outil Recadrage, ce dernier est recadré et rééchantillonné en fonction des valeurs de la barre d'options.

4 Si vous positionnez le pointeur à l'extérieur du rectangle de sélection, vous pouvez faire pivoter ce dernier en faisant glisser. Vous pouvez ainsi rétablir une image qui a été numérisée de travers. Si l'espace disponible dans l'image ne suffit pas, les zones manquantes sont remplies avec la couleur d'arrière-plan (ou restent transparentes, dans le cas d'un calque) après recadrage. Le point central (voir la première figure) peut être déplacé pour modifier l'axe de rotation.

Orientation et taille de la zone de travail

Utilisez les commandes du sous-menu Image > Rotation pour faire pivoter une image de 90° ou de 180°, ou encore selon un angle paramétré.

La commande Image > Taille de la zone de travail permet d'ajouter des pixels sur le pourtour de l'image, ce qui a pour effet d'agrandir l'espace disponible pour l'image dans une ou plusieurs directions. La zone ainsi ajoutée sera de la couleur d'arrière-plan. Avec l'option Relative, les valeurs que vous indiquez dans les champs Hauteur et Largeur viennent s'ajouter à l'image existante. Il est également possible d'employer à la même fin l'outil Recadrage, en dessinant un rectangle de recadrage qui excède les limites de l'image.

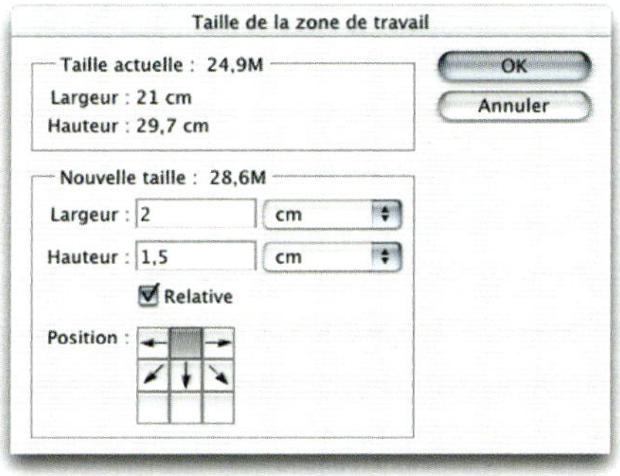

Figure 8.1 Pour ajouter des pixels au-delà des limites du document, utilisez la commande Image > Taille de l'image. Dans l'exemple ci-contre, les pixels seront ajoutés en proportions égales à gauche et à droite de l'image, ainsi qu'en bas. L'option Relative étant cochée, les pixels s'ajoutent à l'image existante en fonction des valeurs indiquées dans les champs Hauteur et Largeur.

Figure 8.2 L'outil Recadrage peut servir à augmenter la taille de la zone de travail. Pour ce faire, agrandissez le rectangle de recadrage de telle manière qu'il excède les limites de l'image, puis appuyez sur Entrée ou cliquez sur le bouton de confirmation. Les zones ainsi ajoutées sont remplies avec la couleur d'arrière-plan.

Rotation précise

Figure 8.3 Il arrive que, lors de la numérisation d'un document, celui-ci ne soit pas placé parfaitement droit sur la vitre du scanner. Vous pouvez dans ce cas utiliser l'outil Recadrage pour obtenir une image droite, mais il existe une méthode plus précise pour y parvenir. Sélectionnez l'outil Mesure et dessinez une ligne qui longe une partie de l'image qui devrait en principe être verticale ou horizontale (bord de l'image, par exemple). Choisissez ensuite Image > Rotation > Paramétrée. L'angle de la ligne définie avec l'outil Mesure s'affiche dans la boîte de dialogue qui apparaît. Choisissez la bonne direction de rotation (horaire ou antihoraire), puis cliquez sur OK : l'image est maintenant bien droite.

Éléments extérieurs à l'image

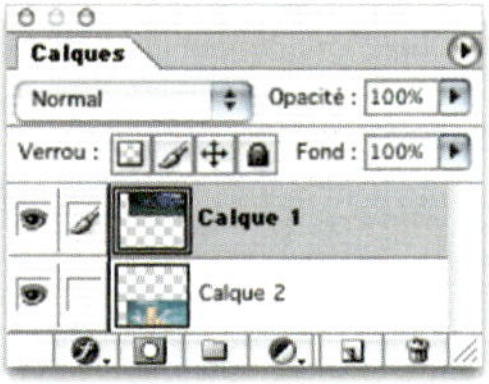

Les formats Photoshop, PDF et TIFF permettent tous trois l'enregistrement des éléments de l'image qui « dépassent », en particulier les parties des calques qui vont au-delà de la zone visible de l'image. Si vos calques vont au-delà des limites de l'image, choisissez Image > Tout faire apparaître pour agrandir l'image en fonction de ces calques.

Lorsque vous utilisez l'outil Recadrage, vous pouvez au choix supprimer ou masquer les zones recadrées. Si votre image contient un Arrière-plan, vous devez au préalable transformer celui-ci en calque si vous souhaitez que ses informations soient également masquées. À défaut, les zones recadrées de l'Arrière-plan seront supprimées.

Recadrage avec correction de la perspective

L'outil Recadrage permet de recadrer une image et de rétablir sa perspective en une seule étape. Cette fonction s'avère particulièrement utile dans le cas de photographies dont les verticales convergent (prises de vue en contre-plongée, en particulier ; voir figure 8.4).

Une fois l'option Perspective cochée, il suffit de repositionner les poignées du rectangle pour corriger la perspective. La touche Maj permet de travailler avec plus de précision dans la mesure où elle contraint les déplacements dans un seul plan. Le magnétisme peut être gênant lorsqu'on effectue ce type de recadrage. Si nécessaire, désactivez-le en choisissant Affichage > Magnétisme ou en utilisant le raccourci Ctrl+; (point-virgule).

Figure 8.4 Pour corriger la perspective d'une photographie, cochez l'option Perspective de l'outil Recadrage, puis déplacez séparément les poignées situées dans les coins du rectangle de recadrage. Ici, nous avons choisi le rouge comme couleur de masquage des zones supprimées, ce qui facilite le recadrage. Vous pouvez masquer le rectangle de recadrage et les poignées en choisissant Affichage > Extras. Une fois le rectangle masqué, il est plus facile de s'assurer que les bords de la zone recadrée correspondent bien aux verticales de l'image.

Analyse d'image

Une fois l'image ouverte et recadrée, l'étape suivante consiste à lui appliquer une correction tonale. En premier lieu, examinez l'histogramme de la boîte de dialogue Niveaux (Image > Réglages > Niveaux) : il offre une représentation graphique des valeurs de l'image qui peut indiquer des problèmes potentiels ; dans certains cas, vous procéderez à une nouvelle numérisation avant de poursuivre.

Voyons d'abord comment il est possible d'effectuer une correction simple des niveaux de l'image. L'image étant ouverte, affichez la boîte de dialogue Niveaux. Cette boîte de dialogue affiche l'histogramme de l'image. Dans les deux premiers exemples de la figure 8.5, une quantité importante de détails sont perdus, respectivement, dans les zones claires et foncées de l'image. Dans le troisième exemple, l'aspect en « peigne » de l'histogramme montre également une dégradation de la qualité de l'image, qui est cependant inévitable lorsqu'on corrige les tons de l'image. Il est généralement moins gênant de perdre des tons foncés que des tons clairs. Une fois qu'un fichier Photoshop est converti en trames de demi-teintes, il est difficile de distinguer plus de cinquante niveaux de couleurs sur une plaque donnée. Par conséquent, le fait que quelques niveaux manquent après la correction des couleurs d'une image ne signifie pas nécessairement que vous disposiez de trop peu d'informations de couleur pour obtenir une gamme de couleurs complète dans la page imprimée. Si, en revanche, l'histogramme a l'aspect d'un peigne immédiatement après la numérisation et que les couleurs de l'image doivent encore être corrigées, le risque de postérisation à l'impression est élevé.

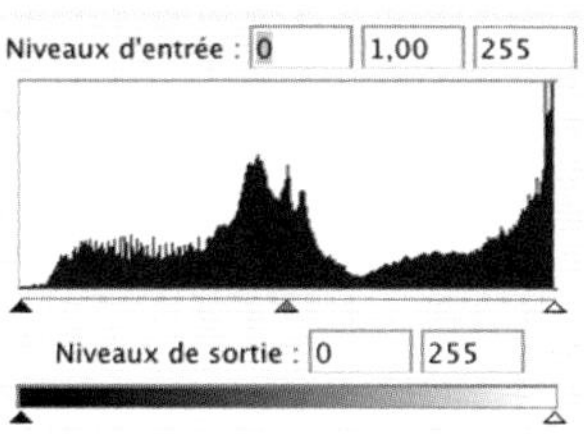

Des niveaux regroupés à droite de l'histogramme indiquent une perte de tons clairs.

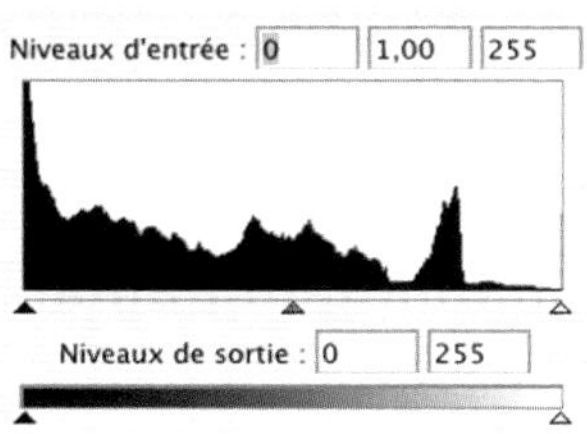

Des niveaux regroupés à gauche de l'histogramme indiquent une perte de tons foncés.

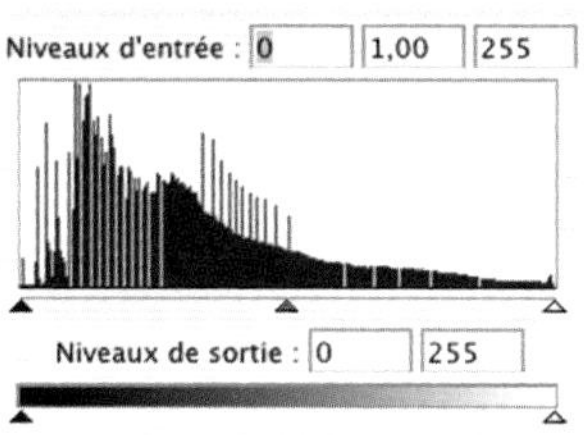

Un histogramme qui affiche un « peigne » indique que l'image a déjà connu bien des manipulations ou que le nombre de niveaux qui a été numérisé est insuffisant.

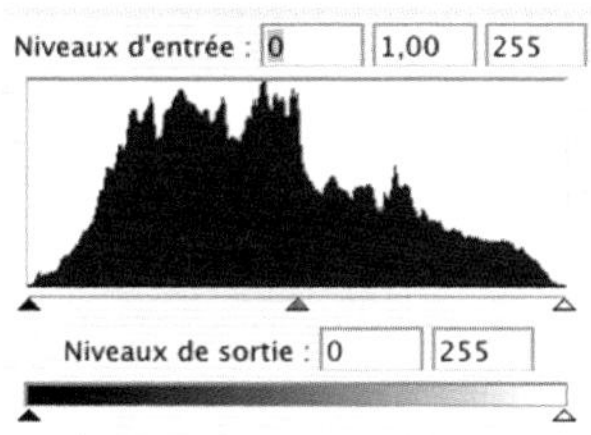

Ici, la gamme de tons est complète, sans perte de tons clairs ni de tons foncés et sans espaces entre les niveaux.

Figure 8.5 Types d'histogrammes qui peuvent s'afficher dans la boîte de dialogue Niveaux.

Correction des niveaux

La correction des niveaux d'une image vise à maximiser la plage de tons du fichier en fonction du support de sortie. Votre image peut être vouée à une page Web ou un transparent, mais il est plus probable qu'elle soit destinée à être imprimée en quadrichromie. Dans ce cas, il est préférable d'y effectuer des corrections à partir de la boîte de dialogue Niveaux. La figure 8.6 montre un histogramme réparti d'une manière uniforme sans perte de tons clairs ou foncés. Cependant, le processus d'impression ne permet pas une reproduction parfaite de tous les 256 niveaux d'une image. Les figures 8.6 et 8.7 en expliquent les raisons. Dans le cas d'un document qui est destiné à être imprimé sur une presse, le point noir ne doit pas se trouver à zéro mais un peu au-dessus, faute de quoi les tons foncés risquent d'être « bouchés » sur l'image imprimée. D'une manière similaire, pour éviter de « brûler » les tons clairs, utilisez une valeur inférieure à 255 pour les tons les plus clairs de l'image.

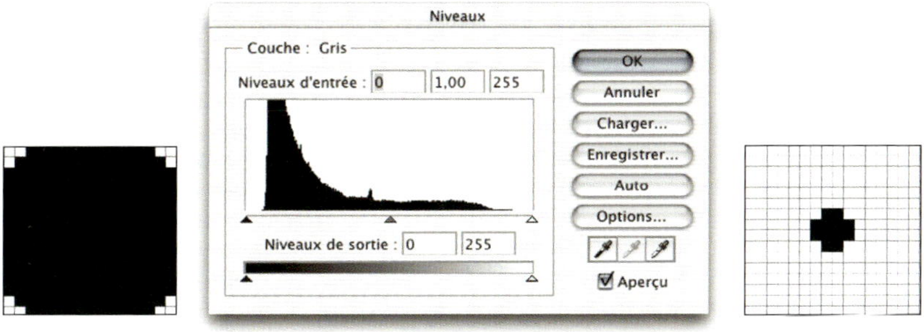

Figure 8.6 La boîte de dialogue Niveaux, avec l'histogramme d'une image en niveaux de gris, les tons clairs étant situés à droite et les tons foncés à gauche. La valeur choisie pour le niveau de sortie des tons foncés est de 12, ce qui équivaut à un point de 95 % sur la presse. En général, tout pourcentage supérieur donne un noir uniforme (voir figure 8.7) ; par conséquent, en donnant une valeur inférieure à 12 au point noir de l'image, vous risquez de perdre une partie des tons foncés. La valeur du niveau de sortie des tons clairs est ici de 243, ce qui équivaut à un point de 5 %, la taille minimale en deçà de laquelle la plaque d'impression ne transfère pas d'encre sur le papier ; par conséquent, la couleur qui en résulte est alors du blanc pur.

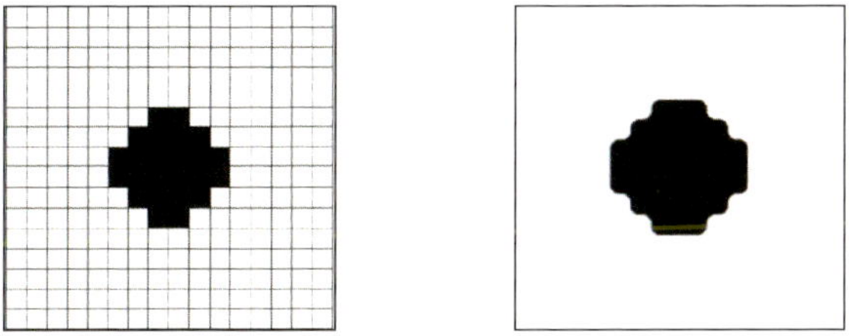

Figure 8.7 L'engraissement est un phénomène qui se produit lors de l'impression. Un niveau de 24 dans Photoshop correspond à un point d'encre de 9 %. Ce point sera transcrit par la flasheuse sur le film servant à créer la plaque comme cela apparaît sur l'image de gauche. Lorsque la plaque applique l'encre au papier, celui-ci absorbe légèrement l'encre et, de ce fait, la taille du point augmente légèrement. Ainsi, le point à 95 % (voir figure 8.6) donnera un noir uniforme en raison de l'engraissement.

Figure 8.8 Dans le cas d'une image « high key » (pâle) telle que celle-ci, il est important de préserver autant de détails que possible dans les tons clairs. Les tons les plus clairs peuvent être brûlés ; on renforce même ainsi l'impression d'une gamme complète de tons. En revanche, pour les zones cruciales de l'image telles que la veste blanche et les cheveux, il est nécessaire de s'assurer que les niveaux de l'image soient en deçà des limites de ce que la presse peut reproduire ; ainsi, dans l'exemple de la figure 8.6, les niveaux situés au-delà de 243 produiront des points trop petits pour que l'encre adhère à la page. La palette Infos est un outil essentiel pour vérifier ce type de valeur.

Client : West Row.
Modèle : Bianca, agence Nevs.

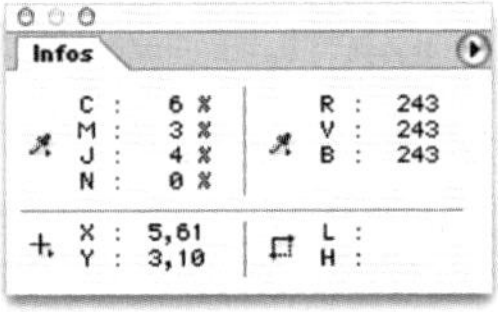

Blancs spéculaires

1 Les indications données précédemment sont destinées à éviter les blancs brûlés et les noirs bouchés lors d'une impression exécutée à partir d'une presse. Cependant, dans certains cas, l'image qui en résultera paraîtra terne ; il vaut mieux alors chercher à obtenir des noirs plus profonds et des blancs papier afin d'obtenir une image plus contrastée.

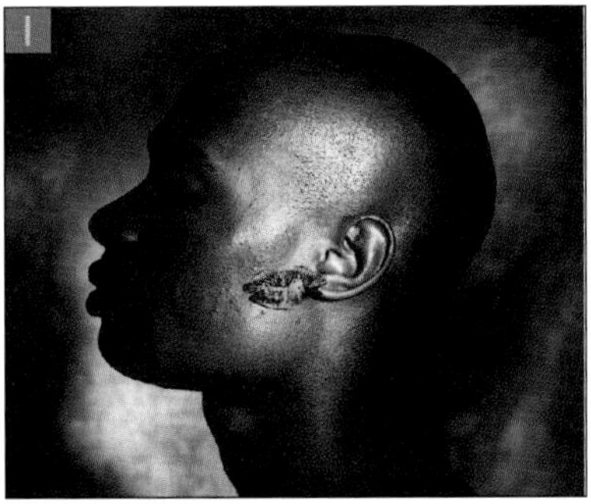

Dans la photo ci-contre, les tons les plus clairs ne comprennent pas de détails. Si l'on affecte à ces tons « spéculaires » une valeur de 243, et aux tons foncés une valeur de 12, l'image résultante sera inutilement terne.

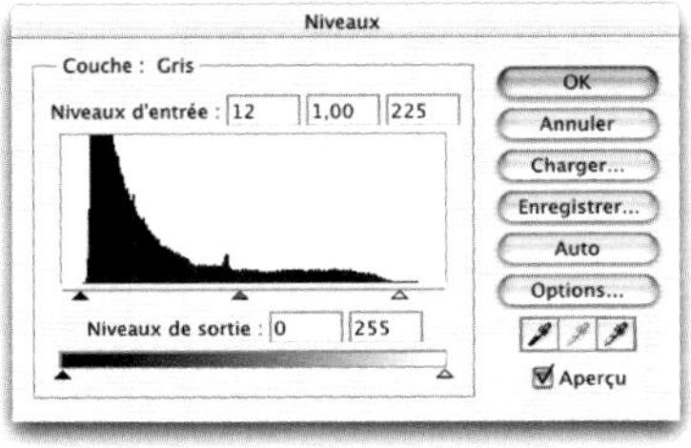

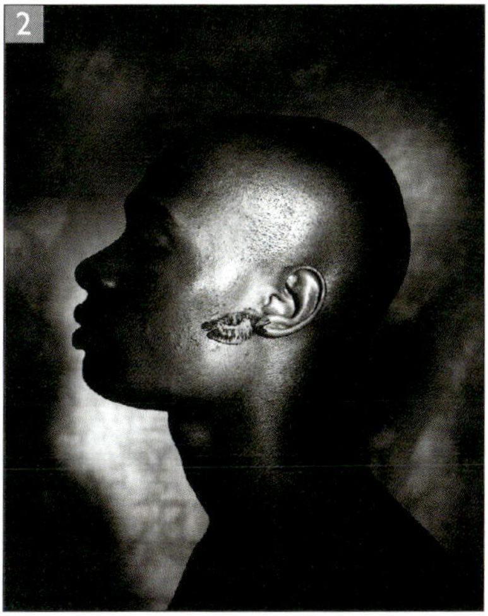

2 Les parties les plus claires de l'image sont les reflets de la peau ; nous pouvons brûler ces blancs dans la mesure où ils ne contiennent pas de détails. Définissez le point blanc à partir des zones les plus claires de l'image qui contiennent encore des détails ; à l'impression, les blancs spéculaires apparaîtront en tant que blanc papier. La plage tonale de la version corrigée de l'image est plus étendue : toutes les nuances qui peuvent être reproduites par la presse sont exploitées, mais les détails importants sont néanmoins préservés dans les tons clairs.

Pour modifier la luminosité globale de l'image à partir de la boîte de dialogue Niveaux, déplacez le curseur de « gamma » (le curseur gris, sous l'histogramme) vers la gauche ou la droite. Déplacez les curseurs des tons foncés et des tons clairs, sous l'histogramme, de telle manière qu'ils soient situés exactement aux extrémités de l'histogramme. Vous pouvez également choisir une zone claire ou une zone sombre de l'image et redéfinir ses valeurs de luminosité.

La première de ces méthodes est simple et rapide. La seconde est plus complexe à mettre en œuvre, mais elle permet d'obtenir des tons foncés, moyens et clairs neutres. Si vous recourez à la seconde méthode, sélectionnez la Pipette avant d'ouvrir la boîte de dialogue Niveaux et choisissez Moyenne 3 x 3 dans la liste déroulante Taille de la barre d'options. Dans tous les cas, ces corrections doivent être réalisées avant d'en effectuer d'autres dans l'image.

Voici deux astuces supplémentaires : lorsque la boîte de dialogue Niveaux ou une autre boîte de dialogue de réglage est ouverte, la touche Opt/Alt transforme le bouton Annuler en bouton Rétablir, lequel réinitialise la boîte de dialogue. Par ailleurs, le bouton Auto de la boîte de dialogue Niveaux permet d'obtenir instantanément un résultat similaire à celui de la première méthode que nous avons décrite.

1 La boîte de dialogue Niveaux affiche la plage tonale de l'image sous forme d'histogramme. En général, la plage tonale d'une image numérisée doit être étendue. Pour ce faire, faites glisser les curseurs noir et blanc des niveaux d'entrée juste à l'intérieur des limites de l'histogramme. Lorsque l'option Aperçu est cochée, les modifications sont immédiatement répercutées dans la fenêtre de l'image.

2 Pour repositionner les curseurs des tons clairs et foncés, une méthode plus avisée consiste à enfoncer la touche Opt/Alt en faisant glisser les curseurs. L'ensemble de l'image s'affiche alors en blanc ou en noir, à l'exception des zones affectées par le réglage que vous effectuez.

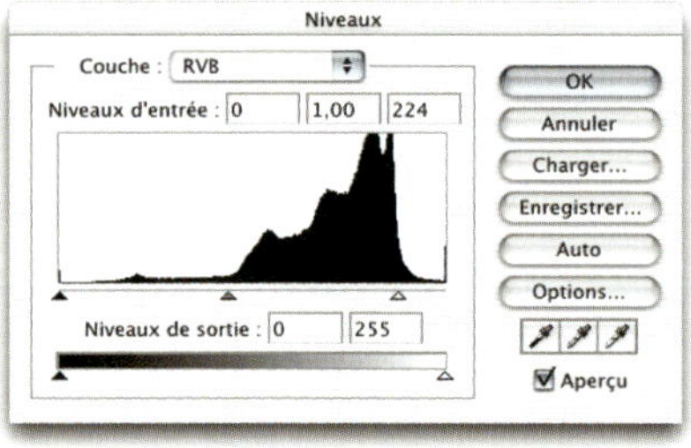

3 Déplacez maintenant le curseur de gamma (le curseur gris) pour modifier le niveau de luminosité global de l'image. Vous pouvez également saisir des valeurs dans les champs Niveaux d'entrée, si vous préférez. Cliquez ensuite sur OK.

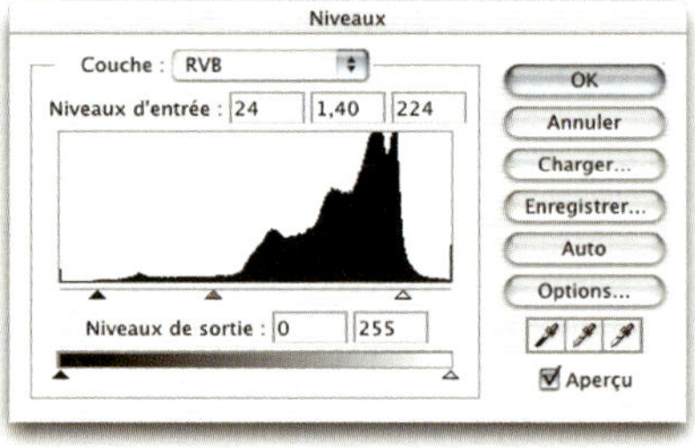

4 Les curseurs des niveaux de sortie déterminent les limites tonales de l'image. Ainsi, vous pouvez supprimer les tons les plus clairs et les plus sombres de l'image comme nous venons de le voir, puis ajuster les niveaux de sortie en fonction de la presse (voir figure 8.5). Pour créer une image aux couleurs passées, faites glisser le curseur des tons foncés vers la droite.

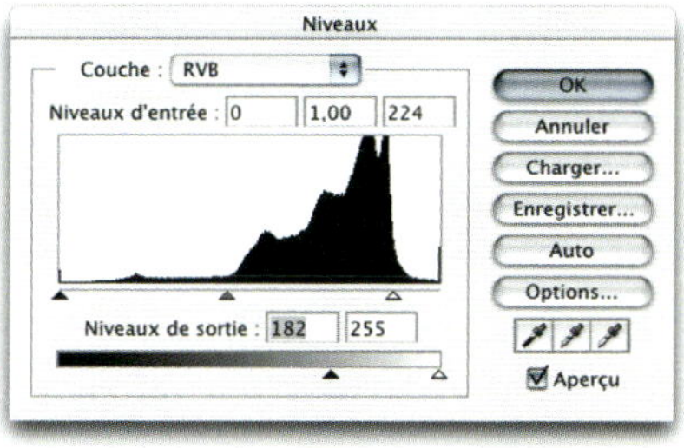

Définition du point noir et du point blanc

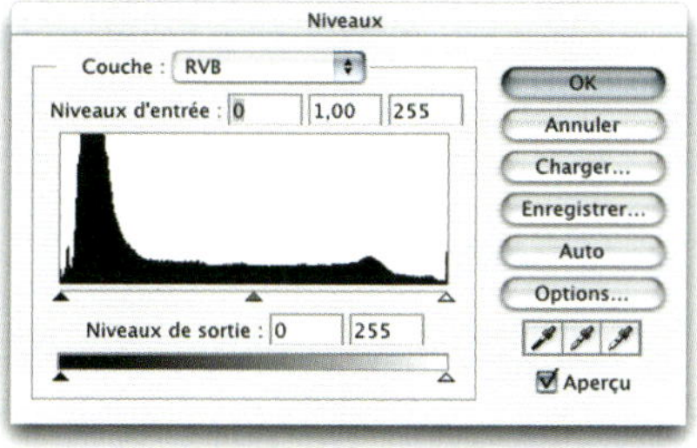

1 Double-cliquez sur le bouton de la pipette du Point blanc, puis choisissez une valeur de blanc en fonction de la presse. Une valeur de 96 %, comme ici, est adaptée à la plupart des situations. Examinez ensuite l'image en y cherchant les zones les plus claires ; enfoncez la touche Opt/Alt en faisant glisser le curseur blanc pour afficher les zones les plus claires de l'image. Agrandissez la zone de l'image concernée, puis cliquez sur la zone à employer comme point blanc. Évitez de choisir comme point blanc un blanc spéculaire (reflet métallique, halo lumineux...).

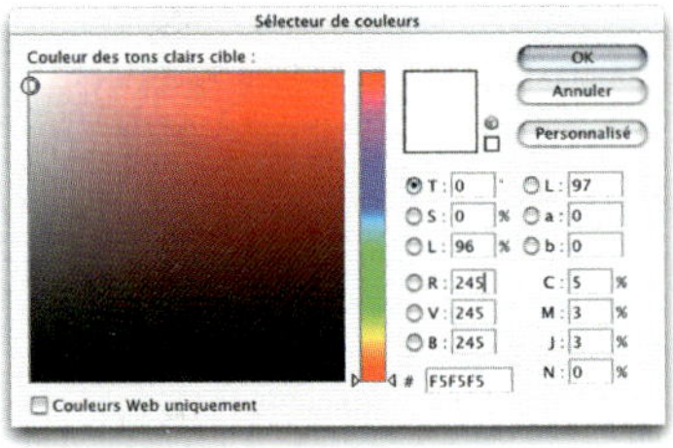

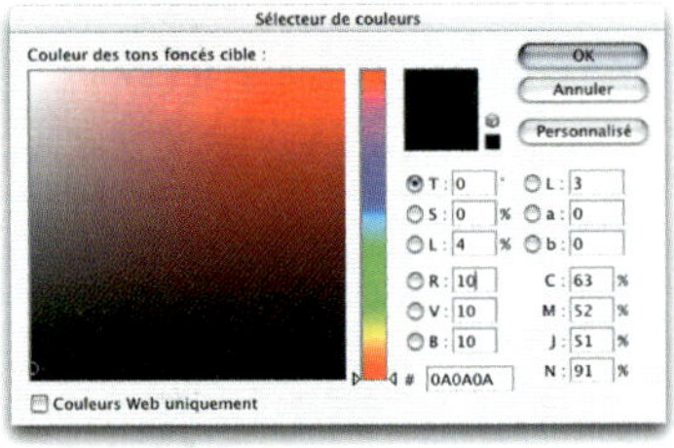

2 Définissez maintenant le point noir. Double-cliquez sur le bouton de la pipette du point noir et entrez une valeur de luminosité de 4 % comme point cible. Cliquez ensuite sur la zone la plus sombre de l'image pour définir le point noir en procédant comme vous l'avez fait pour le point blanc.

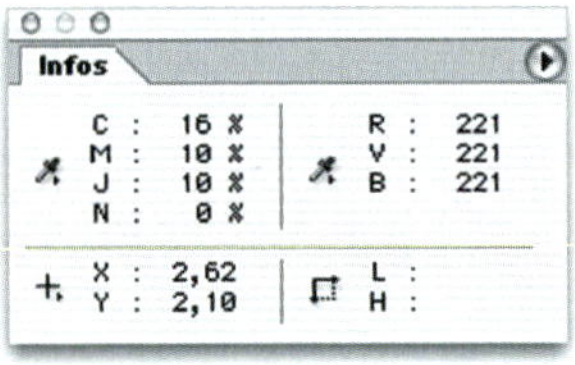

Figure 8.9 La palette Infos permet de vérifier la neutralité des gris, même lorsque le moniteur n'est pas correctement étalonné. Des valeurs R,V et B identiques indiquent un gris neutre·

Accentuation

Le filtre Accentuation est le seul filtre de netteté auquel il vous faudra recourir ; les filtres Plus net et Encore plus net ont un effet similaire au filtre Accentuation, mais ils n'offrent pas la même souplesse d'utilisation.

Toutes les images doivent-elles être rendues plus nettes qu'elles ne le sont ? N'est-il pas alors plus simple de renforcer la netteté lors de la numérisation ? Lorsque c'est possible, utilisez un original non accentué en tant qu'image maître et n'effectuez les opérations de renforcement qu'en dernier lieu. Tout dépend de la méthode d'acquisition employée – l'accentuation peut s'avérer utile pour la plupart des scans, ainsi que pour les Photo CD. Sachez toutefois que, si le filtre Accentuation améliore en général l'apparence de l'image, vous risquez en contrepartie d'y ajouter des artefacts, d'augmenter la quantité de bruit présente, voire de dégrader définitivement l'image. Si vous effectuez une accentuation de l'image avant d'y apporter les corrections tonales ou chromatiques, les artefacts risquent d'être encore plus visibles.

Accentuation pour l'impression

L'image imprimée ne correspond jamais exactement à celle qui est affichée à l'écran. La transformation de l'image numérique en plaques pour l'impression occasionne toujours une perte de netteté. De ce fait, il est nécessaire d'accentuer l'image bien plus qu'il n'est nécessaire pour qu'elle apparaisse nette à l'écran. Cette accentuation doit être effectuée à la fin du processus de correction d'image, une fois que la conversion en mode CMJN est effectuée. Il est ainsi préférable de conserver une version maître RVB de l'image et de n'appliquer l'accentuation finale qu'à une copie de cette version maître. L'accentuation crée des pixels plus clairs et plus sombres dans l'image, ce qui peut affecter sa plage tonale. Mieux vaut donc appliquer l'accentuation avant de procéder aux derniers réglages de niveaux.

La figure 8.10 montre trois versions d'une même image : le scan Photo CD, l'image accentuée pour un affichage sur écran et l'image accentuée pour l'impression. Il peut être utile d'utiliser une résolution d'affichage de 50 % pour les images destinées à l'impression lors de l'application de l'accentuation : à cette résolution réduite, on a généralement une meilleure idée de la netteté de l'image une fois imprimée.

Gain

La valeur de gain détermine l'intensité de l'effet d'accentuation. La quantité de gain à employer varie selon l'état de l'image et le type d'impression. D'une manière générale, les valeurs à employer varieront entre 120 % et 200 %. Avec quelque expérience, vous saurez choisir la bonne valeur de gain en fonction de la situation rencontrée. Commencez par une valeur de gain élevée, essayez les valeurs de rayon et de seuil qui conviennent le mieux pour cette valeur, puis réduisez la valeur de gain jusqu'à un niveau adapté.

Figure 8.10 L'image de gauche est un scan Photo CD brut converti en mode CMJN et reproduit sans accentuation. Celle du milieu a été partiellement accentuée pour un affichage net sur un moniteur. Enfin, pour celle de droite, on a effectué la conversion en mode CMJN et on a employé une accentuation plus forte afin qu'elle soit optimisée pour l'impression de ce livre.

Photographie : Peter Hince.

Figure 8.11 Pour rendre nette une image ou une partie d'image dont la « mise au point » est mauvaise, augmentez la valeur de rayon. Les trois images présentées ci-dessus ont été accentuées avec un gain de 150 % et un seuil de 1 niveau. De gauche à droite : pas d'accentuation, Rayon 1 pixel, Rayon 2 pixels.

Figure 8.12 L'application d'une accentuation forte à l'image de la figure 8.13 a créé des artefacts chromatiques autour des bulles. Dans un cas tel que celui-ci, appliquez la commande Édition > Atténuer en choisissant le mode de fusion Luminosité. Vous obtenez ainsi le même résultat que si vous convertissiez l'image en mode Lab et n'accentuiez que la couche L (luminance).

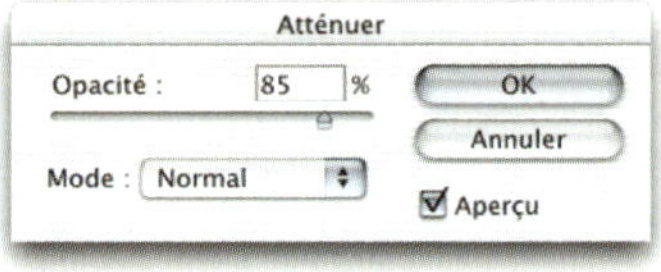

Rayon

Le rayon détermine les éléments de l'image auxquels s'applique le filtre. La valeur de rayon choisie dépendra en grande partie du sujet et de la taille de l'image ; en général, on emploie une valeur comprise entre 1 et 2. Plus vous augmentez la valeur de rayon, plus les contours de l'image sont accentués. La figure 8.11 montre de quelle manière l'augmentation du rayon accentue les contours, les autres valeurs restant inchangées.

Seuil

La valeur de seuil détermine les pixels qui seront accentués en fonction de la différence de couleur entre certains pixels et leurs voisins. Avec une valeur de seuil élevée, l'accentuation ne s'appliquera qu'aux pixels qui diffèrent nettement de leurs voisins (contours, en particulier). Avec une valeur faible, tous les pixels seront accentués, y compris ceux qui se trouvent dans des zones de tons continus. Ainsi, avec une valeur de seuil de quatre, des pixels voisins dont un a une valeur tonale de 100 et l'autre une valeur de 115 seront accentués : leur différence est plus importante que la valeur de seuil. En revanche, si le premier pixel a une valeur de 100 et le second une valeur de 103, les pixels ne seront pas accentués. En augmentant la valeur de seuil, on peut ainsi augmenter le contraste des contours de l'image sans rendre plus visible le bruit généré par le scanner ou le grain du film. Pour des scans qui proviennent de pellicules 35 mm, on utilisera généralement une valeur de seuil plus élevée que pour ceux qui sont issus d'une pellicule 120.

Accentuation sélective

Le texte lissé (« anti-aliasé ») et les autres éléments graphiques d'une image n'ont pas besoin d'être accentués. Dans Photoshop 6, les éléments vectoriels se trouvent *a priori* sur des calques distincts et seront traités séparément par le RIP PostScript. Cependant, si vous effectuez un rendu des calques de forme ou de texte, essayez de les placer sur des calques séparés et n'y appliquez pas d'accentuation.

Le filtre Accentuation vous permettra de corriger l'image dans son ensemble et de la préparer pour une sortie sur presse. Dans certains cas, cependant, il est préférable d'appliquer l'accentuation en évitant qu'elle ne rende pas trop visibles des artefacts indésirables. Ainsi, la couche bleue est souvent celle qui contient le plus de bruit. Ouvrez la palette Couches, enfoncez la touche Maj et cliquez sur les couches Vert et Rouge pour les sélectionner toutes deux et y effectuer des corrections ; cliquez sur l'icône de l'œil en face de la couche RVB pour que l'image composite reste affichée.

Il n'est pas toujours utile d'appliquer un renforcement à l'image en entier. Pour appliquer un renforcement à certaines parties d'une image, appliquez-y le filtre Accentuation, puis revenez en arrière avec la palette Historique (l'option Accepter un historique non linéaire devant être active). Utilisez ensuite la Forme d'historique en vous basant sur la version accentuée de l'image pour rétablir localement les zones renforcées.

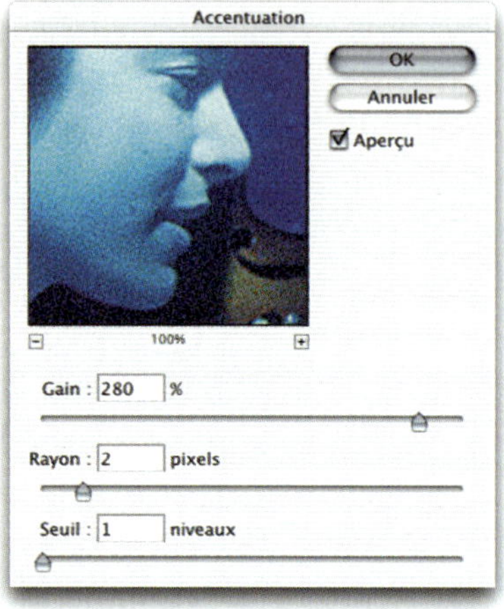

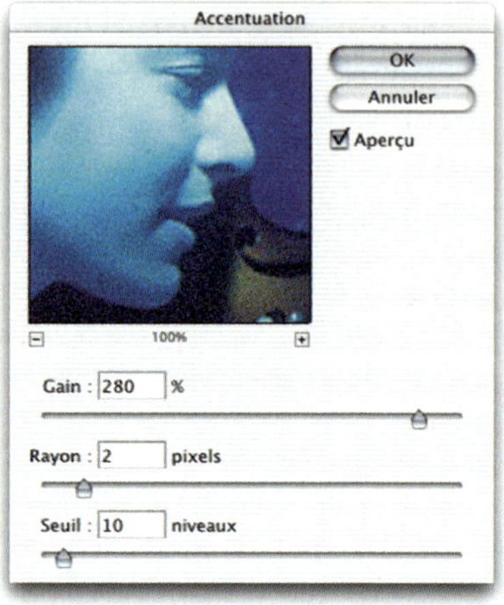

Figure 8.13 Cette photographie a été prise à travers un hublot rayé. L'image originale était donc déjà légèrement floue et nécessitait que l'on procède à une accentuation importante. Cependant, avec une valeur de seuil faible, les valeurs élevées de gain et de rayon renforçaient le grain du film. La solution qui s'est imposée a consisté à augmenter la valeur de seuil : la photographie est ainsi devenue plus nette, sans pour autant trop faire apparaître le grain du film.

Photographie : Eric Richmond.

Chapitre 9

Correction de couleurs

Dans le chapitre précédent, nous avons abordé le thème de la correction d'image d'une manière générale. Nous parlerons ici plus en détail de la correction des couleurs d'une image, et nous verrons aussi quelles possibilités créatives en découlent. Il est toutefois important de bien avoir à l'esprit que les corrections colorées que l'on apporte à une image provoquent une perte d'informations et que, plus les corrections sont nombreuses, plus on s'éloigne de l'original, sans possibilité de retour en arrière (à moins de faire appel à la palette Historique).

Teinte/Saturation

Les paramètres de la boîte de dialogue Teinte/Saturation (Image > Réglages > Teinte/Saturation) sont basés sur le modèle TSL (teinte, saturation, luminosité) qui est une version plus « conviviale » du modèle Lab. La boîte de dialogue permet de modifier ces trois paramètres pour l'image ou pour une plage de couleurs donnée. Les deux spectres colorés, en bas dans la boîte de dialogue, fournissent une indication visuelle quant aux correspondances de couleurs, celui du haut représentant les couleurs de l'image avant modification, et celui du bas les couleurs de l'image après modification.

Le paramètre de teinte est basé sur un spectre de couleurs défini sur 360°. Le rouge se trouve à 0°, et le cyan, son complémentaire, à + 180° (ou – 180°). Un déplacement, même léger, du curseur de Teinte provoque un décalage de toutes les couleurs de l'image. La figure 9.1 montre des exemples significatifs de modifications des teintes d'une image. Le curseur de Saturation, comme son nom l'indique, permet d'augmenter ou de réduire la saturation de l'image.

Vous pouvez choisir de ne modifier que certaines couleurs de l'image en sélectionnant la plage de couleurs correspondante dans la liste déroulante Modifier. Une fois que vous avez choisi une plage de couleurs, vous pouvez la modifier en faisant glisser les curseurs qui se trouvent entre les deux spectres colorés, en bas dans la boîte de dialogue, ou en cliquant dans l'image avec l'une des trois pipettes.

Lorsque l'option Redéfinir est activée, toutes les couleurs de l'image sont mises à 0° (rouge) et l'image prend une saturation de 25 %, alors que la luminosité reste inchangée. Certaines personnes procèdent ainsi pour obtenir une image monochrome colorisée. Cette méthode peut tout à fait être appliquée, mais nous en étudierons d'autres au chapitre 13, qui sont plus probantes.

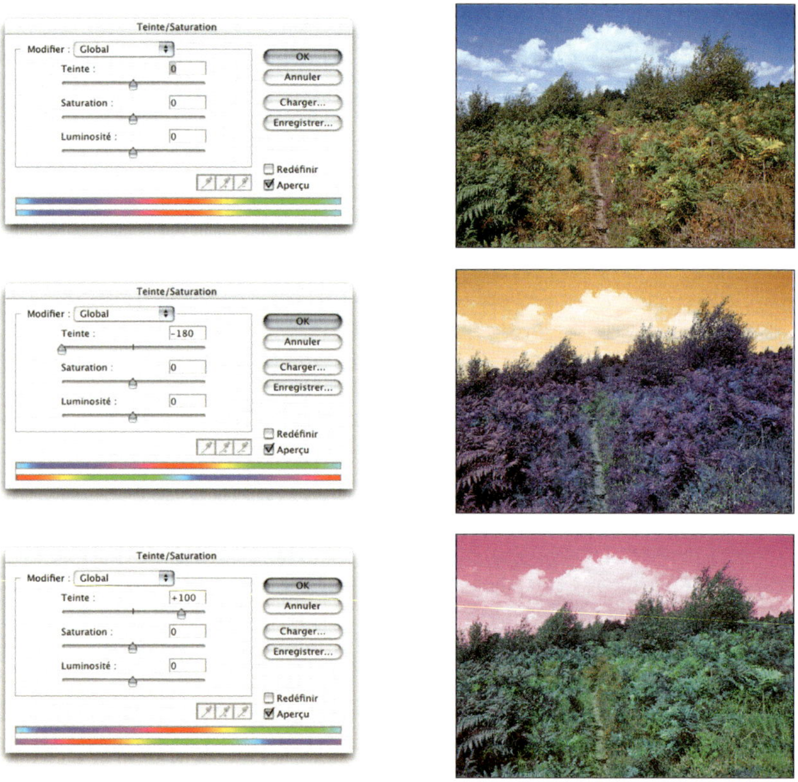

Figure 9.1 Des exemples de modifications extrêmes « teinte seulement » à l'aide de la boîte de dialogue Teinte/Saturation.

1 Dans cet exemple, le personnage a été recouvert de peinture dorée mais, sur la pellicule, la couleur de la peau est devenue rougeâtre.

Michael Smiley –
Affiche pour le Festival d'Édimbourg.

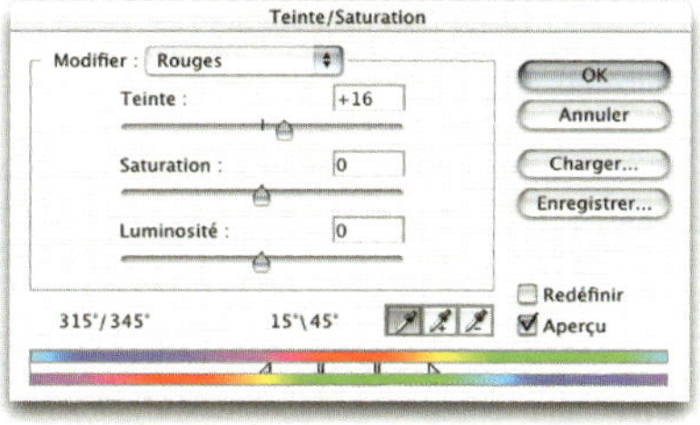

2 Dans la boîte de dialogue Teinte/Saturation, on choisit Rouges dans la liste déroulante Modifier. Ainsi, les modifications ne s'appliquent plus qu'aux rouges de l'image. On fait ensuite glisser vers la droite le curseur de Teinte pour que les rouges paraissent plus jaunes et moins magenta.

3 On choisit ensuite Jaunes dans la liste déroulante. On augmente légèrement la saturation et la luminosité des jaunes de l'image.

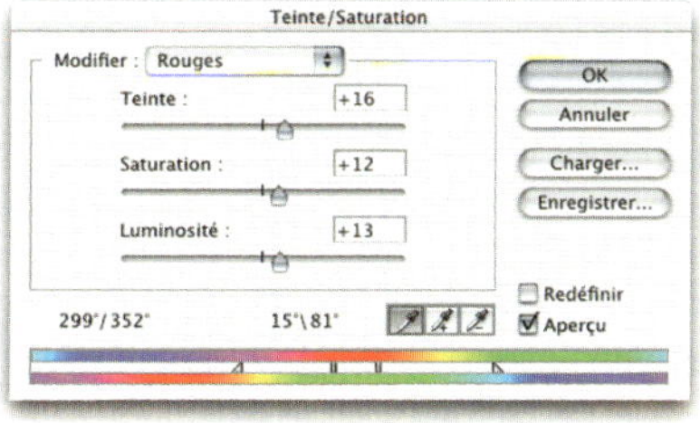

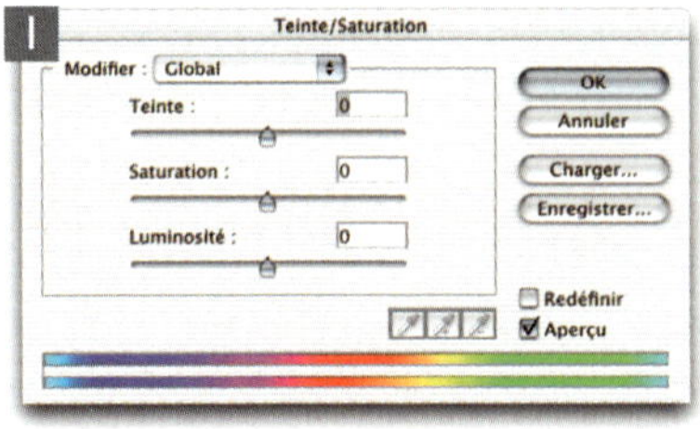

1 Par défaut, les paramètres que l'on modifie s'appliquent à l'ensemble de l'image. Si l'on fait glisser le curseur de Teinte, on voit que les couleurs de la barre colorée du bas se décalent, celles du haut restant inchangées.

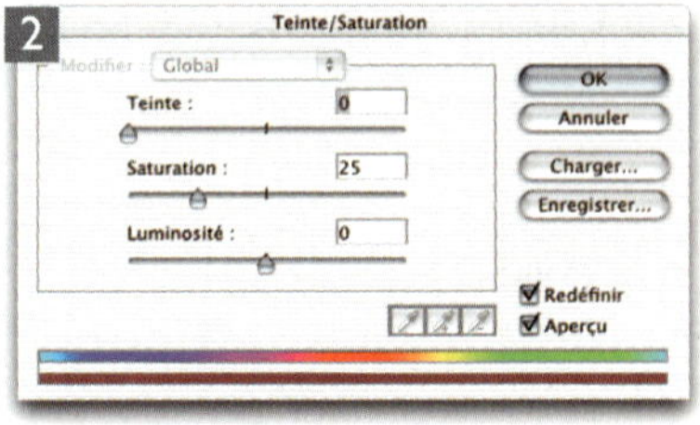

2 Si l'on coche l'option Redéfinir, toutes les couleurs de l'image sont mises à 0° (rouge), avec une saturation de 25 et une luminosité de 0. Notez que la liste déroulante n'est plus accessible et que la barre colorée du bas affiche la seule couleur restante – le rouge.

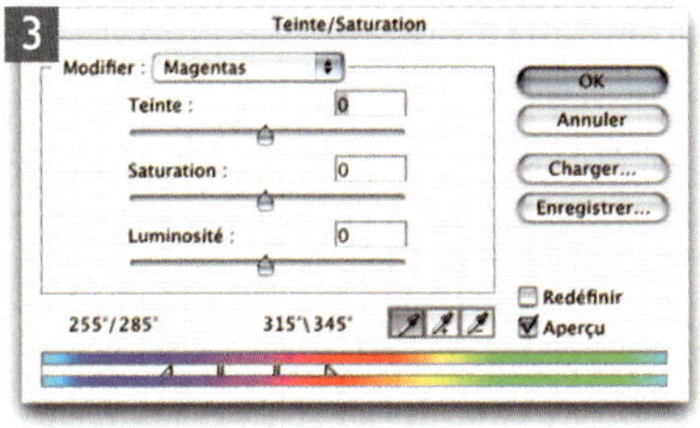

3 La liste déroulante permet de définir la plage de couleurs à laquelle s'appliquent les modifications. Une fois que vous avez choisi une plage de couleurs, des curseurs, entre les deux barres colorées, permettent de spécifier avec plus de précision les couleurs concernées. La zone en gris foncé, au milieu, représente la couleur à modifier, et les deux zones en gris clair sont des zones de transition entre couleurs modifiées et couleurs non modifiées.

4 Voici ce qui se passe lorsqu'on élargit la plage de couleurs concernée (soit à l'aide des pipettes, soit en décalant les curseurs) et que l'on modifie radicalement les valeurs de teinte, de saturation et de luminosité de la plage de couleurs sélectionnée.

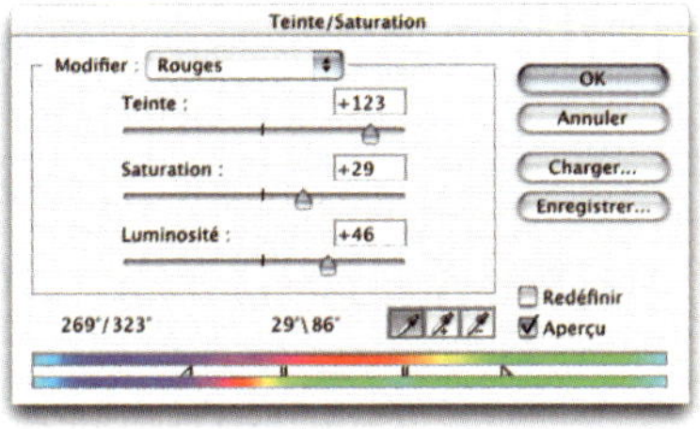

Balance des couleurs avec la boîte de dialogue Niveaux

La boîte de dialogue Niveaux permet de corriger les dominantes colorées en modifiant le gamma de chacune des couches colorées de l'image. Pour cela, ouvrez la boîte de dialogue Niveaux (Image > Réglages > Niveaux) puis, dans la liste déroulante Couche, sélectionnez la couche à modifier. Ainsi, en mode RVB, le fait d'augmenter le gamma de la couche Vert rendra l'image plus verte. En mode CMJN, augmentez le gamma de la couche Magenta pour rendre l'image plus verte. Pour rendre neutres les tons gris à partir de la boîte de dialogue Niveaux ou Courbes, cliquez sur la pipette grise, puis dans une zone de l'image qui devrait être d'un gris neutre. Le gamma de chacune des couches sera alors modifié de telle manière que le gris devienne neutre.

On notera que la boîte de dialogue Niveaux ne permet de corriger que les zones claires, foncées et moyennes de l'image, sans qu'il soit possible d'effectuer des corrections plus précises. Pour cela, il est préférable d'utiliser la boîte de dialogue Courbes (voir plus loin).

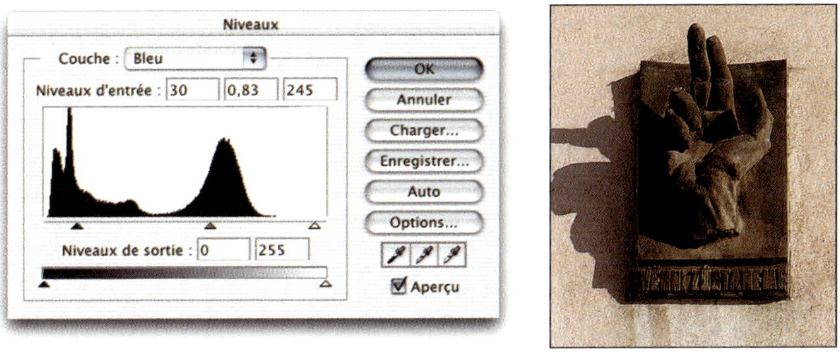

Figure 9.2 Vous pouvez ajuster séparément les niveaux de chaque couche pour modifier la balance des couleurs de l'image.

Variantes

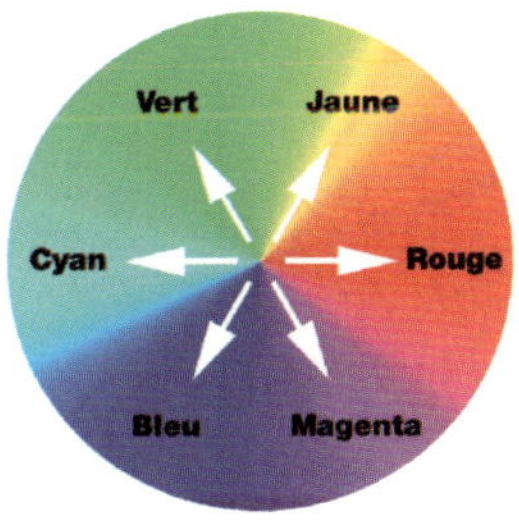

Figure 9.3 La boîte de dialogue Variantes affiche six variantes de balance des couleurs pour l'image en fonction du cercle chromatique. La figure ci-contre montre les trois couleurs primaires additives (rouge, vert et bleu) et soustractives (cyan, magenta et jaune) placées sur le cercle chromatique de telle manière que les couleurs complémentaires soient positionnées en opposition : le rouge est à l'opposé du cyan, le vert à l'opposé du magenta, et le bleu du jaune. La connaissance de ces règles de complémentarité permet de mieux utiliser la boîte de dialogue Variantes.

Figure 9.4 La boîte de dialogue Variantes permet de modifier au choix les couleurs des tons foncés, moyens ou clairs. En cliquant sur la vignette d'image cyan, par exemple, vous rendez l'image centrale un peu plus cyan. Vous pouvez aussi augmenter ou réduire la luminosité et la saturation de l'image, et enregistrer et charger vos réglages. La boîte de dialogue Variantes n'est pas un outil très précis, mais elle permet de se familiariser avec la théorie des couleurs.

Réglages automatiques

Le sous-menu Image > Réglages comprend trois commandes de réglage automatique : Niveaux automatiques, Contraste automatique et Couleur automatique. La Figure 9.5 explique les différences entre ces commandes. Des trois, Couleur automatique (une nouveauté de Photoshop 7) est la plus efficace. Mais une autre option consiste à utiliser le bouton Auto des boîtes de dialogue Niveaux et Courbes, qui permettent de spécifier des options supplémentaires.

Avant

Niveaux automatiques (correction du contraste de chaque couche)

Contraste automatique (correction du contraste monochromatique)

Couleur automatique (correction des tons clairs et foncés)

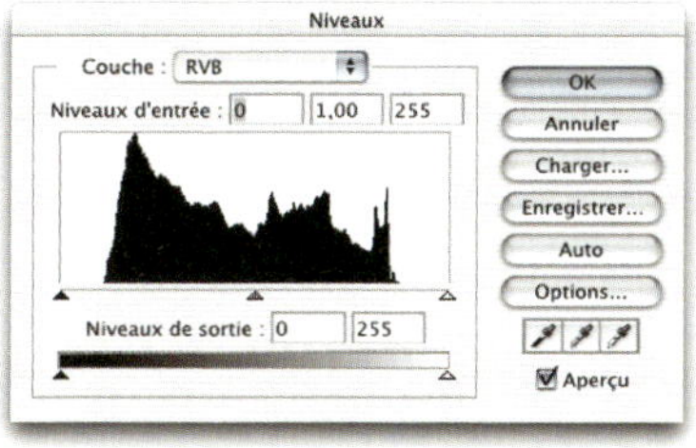

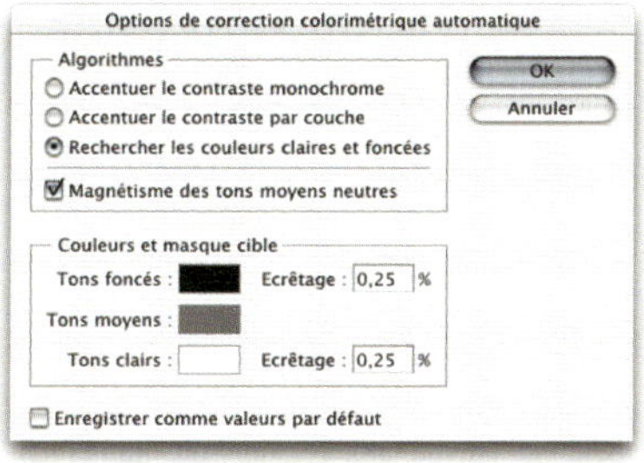

Figure 9.5 Les photos ci-dessus et page précédente montrent les trois méthodes de correction automatique. Niveaux automatiques élargit la plage tonale dans chacune des trois couches, ce qui améliore généralement le contraste et la balance des couleurs. Contraste automatique applique la même correction à toutes les couches, ce qui renforce le contraste sans modifier la dominante colorée. L'option Couleur automatique neutralise les tons les plus clairs et les plus foncés en fonction des couleurs définies dans la boîte de dialogue d'options. Si l'option Magnétisme des tons moyens neutres est cochée, ceux-ci seront également neutralisés. Vous pouvez spécifier des valeurs d'écrêtage pour déterminer dans quelle mesure les tons clairs et foncés seront écrêtés lors de la correction automatique.

Balance des couleurs

La boîte de dialogue Balance des couleurs permet d'obtenir le même type d'ajustement de couleurs que la boîte de dialogue Courbes, mais elle contraint à travailler au jugé. Mieux vaut suivre les exemples présentés ci-après sur l'utilisation des courbes que de faire appel à cette boîte de dialogue. Toutefois, elle peut parfois s'avérer utile pour mettre en couleurs une image qui est en niveaux de gris.

La boîte de dialogue Variantes

La boîte de dialogue Variantes (Image > Réglages > Variantes) propose une interface simple d'emploi. Les corrections qu'elle permet d'apporter à l'image sont du même type que celles de la boîte de dialogue Balance des couleurs : modification de la teinte de l'image dans les tons foncés, moyens ou clairs, avec en plus la possibilité d'augmenter et de réduire saturation et luminosité de l'image. Par ailleurs, la boîte de dialogue indique visuellement les pertes éventuelles de détails dans les zones claires ou foncées de l'image dès lors que l'option Zones écrêtées est cochée. Cette boîte de dialogue est un bon moyen pour les débutants de s'initier à la correction des couleurs de l'image.

Courbes

La boîte de dialogue Courbes (Image > Réglages > Courbes) permet d'effectuer les mêmes types de correction d'image que la boîte de dialogue Niveaux, mais d'une manière plus précise. En revanche, son interface est moins intuitive. La figure 9.6 montre la boîte de dialogue Courbes, qui peut être agrandie à l'aide du bouton d'agrandissement, dans le coin inférieur droit. Vous pouvez aussi modifier la grille en enfonçant la touche Alt/Opt et en cliquant sur celle-ci ; la grille fine permet de travailler avec plus de précision. La courbe (initialement linéaire) représente la plage tonale de l'image, de 0 dans le coin inférieur gauche à 255 dans le coin supérieur droit. L'axe vertical représente les valeurs d'entrée, et l'axe horizontal les valeurs de sortie. Autrement dit, le fait de déplacer vers la droite le point situé à l'extrémité inférieure gauche de la courbe revient à déplacer vers la droite le curseur des tons foncés dans la boîte de dialogue Niveaux.

Sur la figure 9.6, différents niveaux de l'image ont été modifiés. L'exemple présenté ci-après montre une application simple de la boîte de dialogue Courbes : les tons foncés de l'image doivent être éclaircis sans pour autant que la luminosité globale de l'image soit augmentée. La boîte de dialogue Courbes permet de définir précisément la plage de valeurs à laquelle il convient d'appliquer des modifications ; nous retrouverons tout au long de cet ouvrage différents exemples d'utilisation de cette boîte de dialogue. En mode RVB, les niveaux de luminosité sont définis en fonction d'une échelle allant de 0 (noir) à 255 (blanc) ; en mode CMJN, par défaut, c'est le pourcentage d'encrage qui est employé (voir figure 9.7). On peut passer de l'un à l'autre mode en cliquant sur la barre horizontale, sous le diagramme.

Figure 9.6 La correction des courbes est similaire à celle des niveaux. Dans cet exemple, les tons clairs, foncés et moyens ont été décalés comme on le ferait dans la boîte de dialogue Niveaux afin de définir des points noir et blanc optimaux. En modifiant la forme de la courbe entre les points, on ajuste à la fois la luminosité et le contraste de l'image. Cliquez sur le bouton situé en bas et à droite pour agrandir la boîte de dialogue.

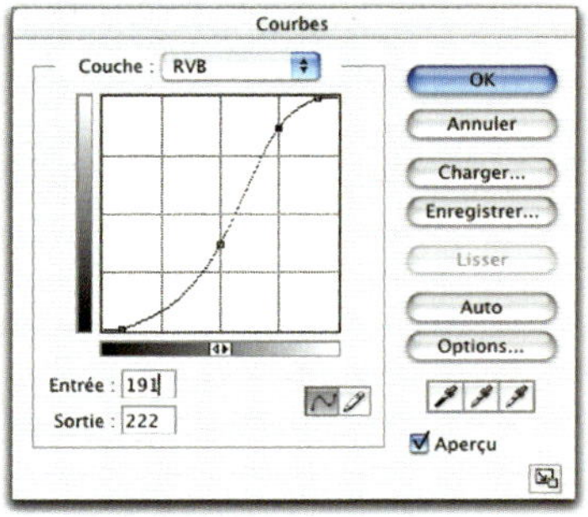

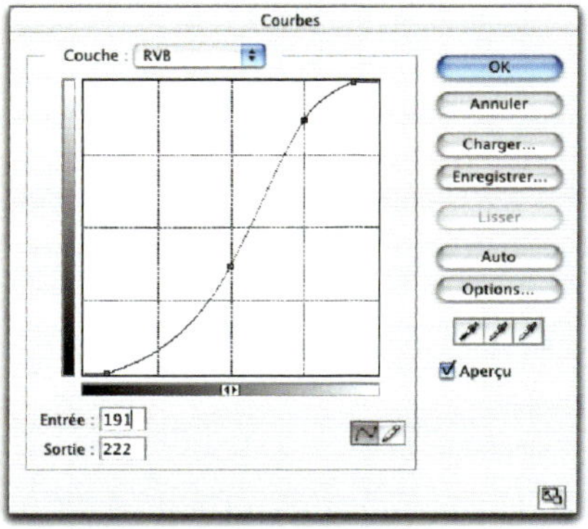

Figure 9.7 Si vous cliquez sur la barre horizontale, sous le diagramme, les valeurs d'entrée et de sortie s'affichent en pourcentage d'encrage. Par ailleurs, la courbe est inversée, le point noir se trouvant dans le coin supérieur droit et le point blanc dans le coin inférieur gauche. En enfonçant la touche Opt/Alt et en cliquant dans le diagramme, vous modifiez le pas de la grille.

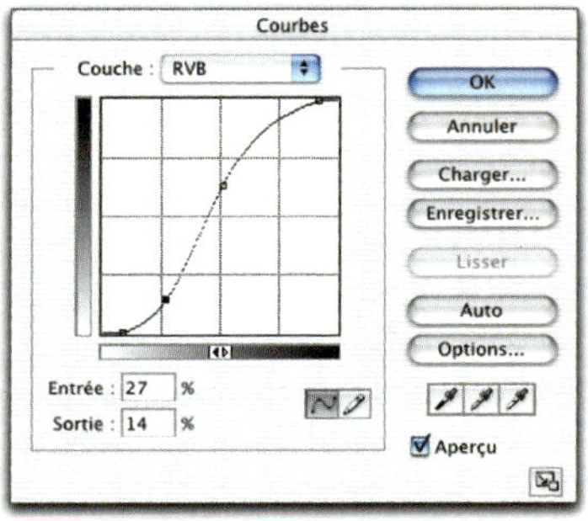

L'exemple suivant montre comment utiliser la boîte de dialogue Courbes pour modifier à la fois le contraste et la balance des couleurs de l'image. Si votre moniteur est bien étalonné, vous pouvez effectuer ce réglage en vous basant directement sur l'apparence de l'image à l'écran.

1 La photographie ci-contre manque de détails dans les ombres. Les informations sont présentes dans l'image mais, dans son état actuel, les cheveux seront trop sombres dans l'image imprimée. Cependant, il faut éviter d'éclaircir l'image entière pour ne pas modifier son atmosphère. On choisit Image > Réglages > Courbes. La boîte de dialogue comprend une diagonale (ou courbe) dans un diagramme ; cette courbe vous permet de modifier de manière sélective les tons de l'image. On identifie la zone de la courbe à ajuster en pointant dans l'image et en cliquant (ici, les tons foncés des cheveux) ; un cercle apparaît sur la courbe.

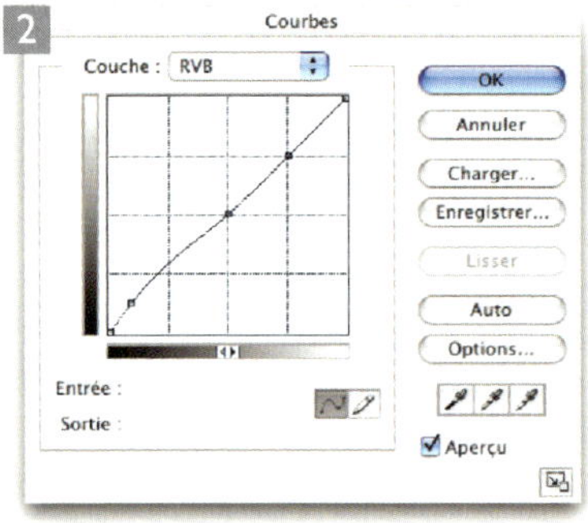

2 On clique deux fois sur la courbe pour bloquer les tons moyens et les tons clairs. On clique ensuite sur la courbe au niveau des tons foncés (voir l'étape précédente) et on fait glisser vers le haut. La courbe prend la forme... d'une courbe, et les tons foncés sont légèrement éclaircis. Pour positionner avec précision les points placés sur la courbe, on utilise les touches fléchées du clavier ou on saisit les valeurs voulues dans les champs Entrée et Sortie.

3 Dans cette version corrigée, les tons moyens et clairs restent inchangés, alors que les tons foncés laissent maintenant apparaître plus de détails. Les courbes permettent ainsi de modifier avec précision une partie seulement des tons de l'image.

Client : Schwarzkopf Ltd. Modèle Maria, agence M&P.

Pour corriger plus précisément les dominantes colorées, vous pouvez combiner la commande Courbes avec l'outil Échantillonnage de couleur. Les professionnels se basent généralement sur des chiffres (et non sur leur jugement subjectif) pour évaluer les tons d'une image.

1 La photo ci-dessus comporte une dominante colorée froide, particulièrement visible au niveau de l'arrière-plan, qui devrait être d'un gris neutre. Pour la corriger, la meilleure méthode consiste à utiliser la boîte de dialogue Courbes (Image > Réglages > Courbes).

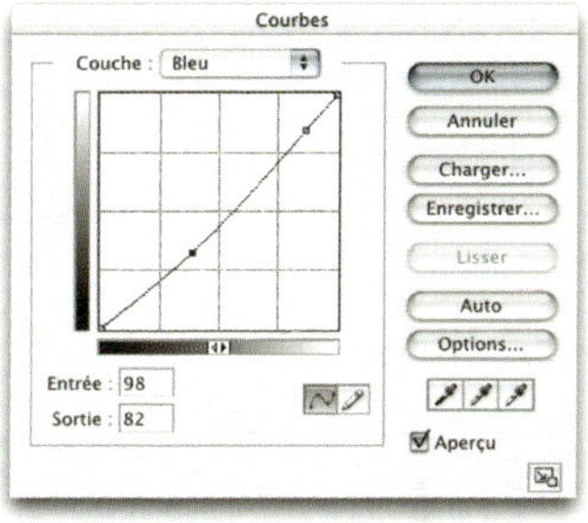

2 Pour corriger l'image, nous avons d'abord choisi la couche Bleu dans la liste déroulante de la boîte de dialogue Courbes. Nous avons ensuite ajouté des points sur la courbe et nous les avons fait glisser pour corriger les tons foncés et clairs de la couche Bleu. Nous avons ensuite fait de même pour la couche Rouge, en corrigeant cette fois les tons moyens et clairs. Pour sélectionner le point suivant de la courbe, utilisez le raccourci Ctrl+Tab (Maj+Ctrl+Tab pour le point précédent). Pour supprimer un point, faites-le glisser hors de la grille ou enfoncez Cmd/Ctrl et cliquez sur le point.

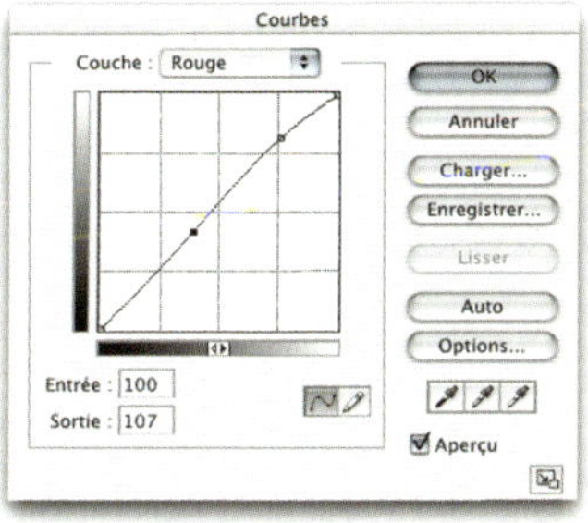

Client : Anita Cox Salon.

L'exemple ci-après, qui porte sur une bottine blanche, est un bon exemple d'utilisation de la palette Infos pour déterminer la neutralité des tons d'une image. Il faut pour cela que les valeurs pour le rouge, le vert et le bleu soient identiques. On retiendra que la même chose n'est pas vraie en mode CMJN.

1 Lorsqu'un objet blanc est photographié devant un fond blanc, les dominantes colorées sont très visibles. Pour commencer, on sélectionne l'outil Échantillonnage de couleur et on clique à plusieurs reprises pour créer des échantillons représentatifs à différents endroits de la bottine.

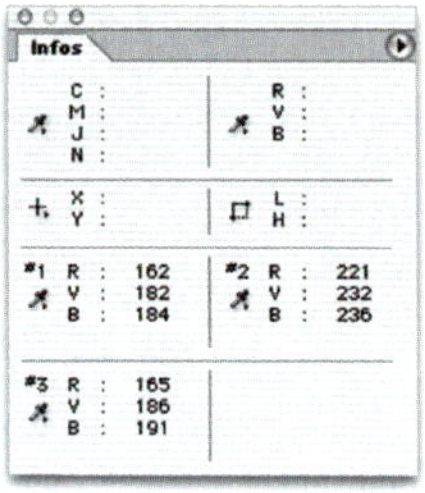

2 On ajoute un calque de réglage de type Niveaux suivant la procédure de correction des niveaux décrite dans le précédent chapitre (« Définition du point noir et du point blanc ») pour étendre la gamme des tons de l'image. On essaye de neutraliser autant que possible les tons clairs et foncés. De cette manière, la plus grande partie de la dominante cyan disparaît.

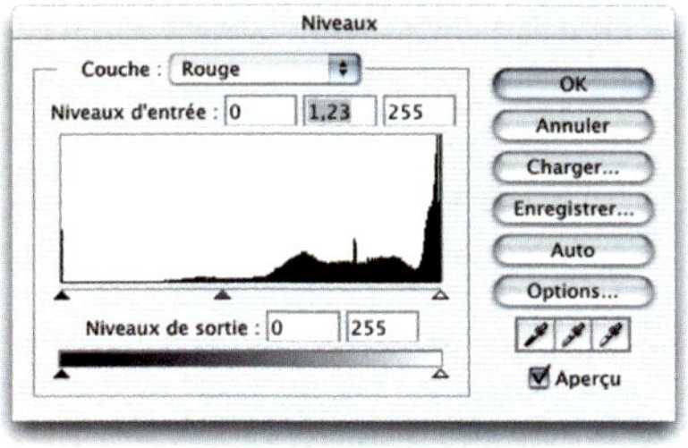

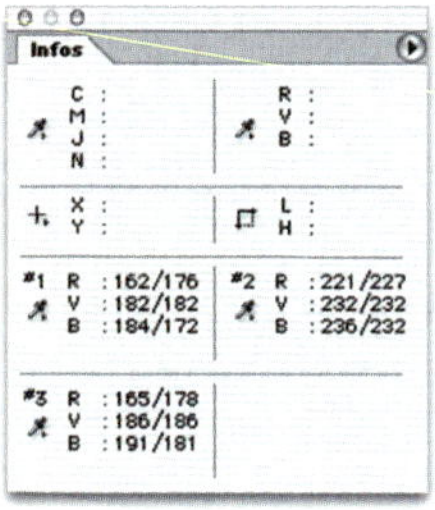

Pour ajouter de nouveaux points à la courbe, dans la boîte de dialogue Courbes, vous pouvez également enfoncer la touche Ctrl et cliquer directement dans l'image. Pour sélectionner plusieurs points de la courbe à la fois, enfoncez la touche Maj et cliquez sur chacun des points ; ceux-ci se déplaceront de concert. Pour désélectionner tous les points, appuyez sur Cmd/Ctrl+D.

3 On peut déplacer les échantillons de couleur en les faisant glisser (pour accéder à l'outil Échantillonnage de couleur, enfoncer la touche Maj pendant qu'une boîte de dialogue de réglage est ouverte). On ajoute un calque de réglage de type Courbes et on modifie chaque couche colorée pour obtenir des tons neutres. Pour cela, faire en sorte que dans la palette Infos, les valeurs R, V et B soient identiques pour chacun des échantillons. On crée un ou plusieurs points sur la courbe, puis on les déplace en les faisant glisser ou en utilisant les touches fléchées du clavier (enfoncer la touche Maj pour déplacer les points par pas de 10). Lorsque l'on modifie un point de la courbe, toute la courbe est modifiée. On ajoute autant de points que nécessaire et on utilise de préférence des échantillons de couleur pour toutes les gammes de tons (clair, moyen et foncé).

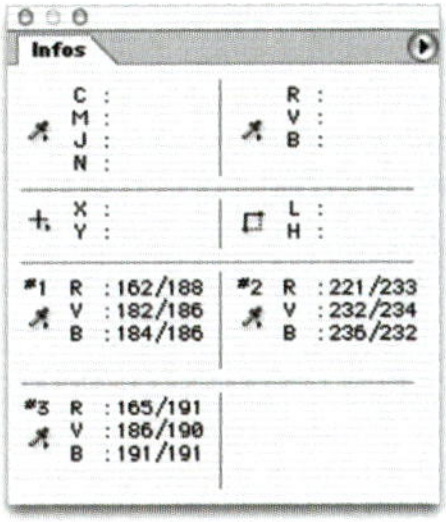

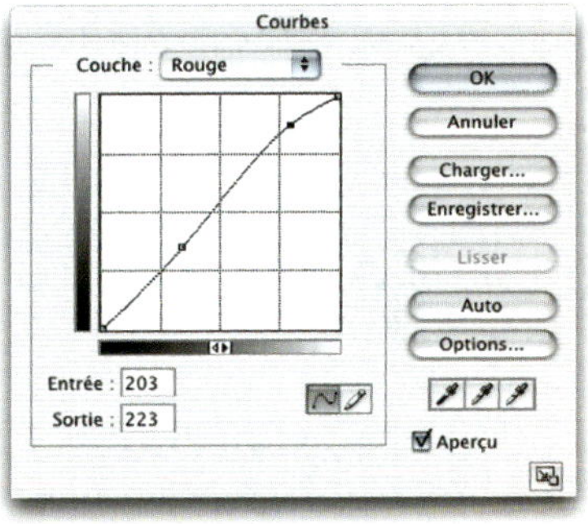

Photographie : Davis Cairns. Client : Red or Dead Ltd.

Mode « Crayon »

En cliquant sur le bouton du crayon dans la boîte de dialogue Courbes, vous pouvez dessiner directement la forme de la courbe à main levée. Le résultat est généralement peu esthétique mais, si vous cliquez ensuite deux ou trois fois sur le bouton Lisser, votre courbe deviendra moins irrégulière et les transitions de couleur plus progressives. Nous verrons comment utiliser cet outil au chapitre 13, qui est consacré aux effets de noir et blanc.

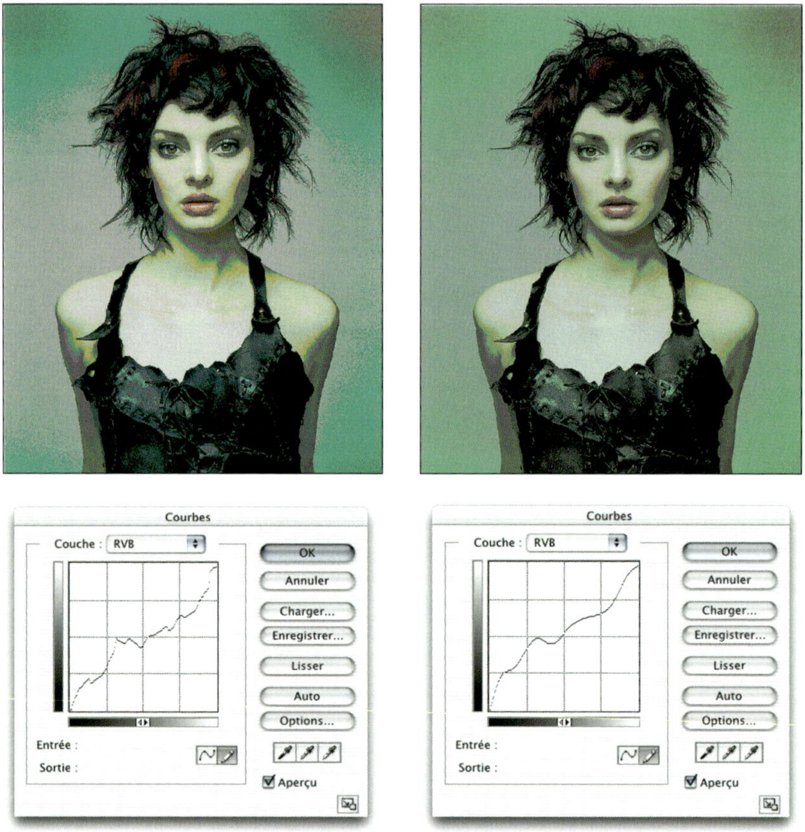

Figure 9.8 Si vous cliquez sur le bouton du crayon de la boîte de dialogue Courbes, vous pouvez dessiner une courbe à main libre. Cliquez sur le bouton Lisser pour adoucir l'effet.

Client : Anita Cox Salon. Modèle : Sorcha, agence Bookings.

Remplacement de couleur

La boîte de dialogue Remplacement de couleur (Image > Réglages > Remplacement de couleur) est une sorte de combinaison de la boîte de dialogue Teinte/Saturation et de la boîte de dialogue Plage de couleurs. Elle permet de sélectionner une plage de couleurs dans l'image, de modifier le niveau de tolérance de la sélection, puis d'appliquer des corrections de teinte, de saturation et de luminosité à la zone sélectionnée. Hélas, cette sélection ne subsiste que tant que la boîte de dialogue reste ouverte. Une solution plus souple consiste à créer d'abord une sélection avec la commande Plage de couleurs, puis, la sélection étant active, de créer un calque de réglage de type Teinte/Saturation.

1 Voici l'image initiale. La commande Remplacement de couleur va nous permettre de modifier rapidement la couleur de l'arrière-plan violet. Cette commande n'est pas disponible en tant que calque de réglage dans la mesure où elle nécessite deux étapes : sélection puis modification des couleurs dans la zone sélectionnée

2 Choisissez Image > Réglages > Remplacement de couleur. Pour créer la sélection, cliquez avec la Pipette dans l'image ou dans l'aperçu de la boîte de dialogue. Pour compléter la sélection, utilisez la « Pipette + » et, pour la restreindre, la « Pipette – ». Le curseur de tolérance permet d'élargir ou de réduire la zone sélectionnée (voir l'outil Baguette magique). Changez ensuite les valeurs de teinte, de saturation et de luminosité. Ici, nous avons principalement modifié la teinte de l'image, transformant en vert le violet de l'arrière-plan. Par ailleurs, nous avons procédé à de légères corrections de saturation et de luminosité.

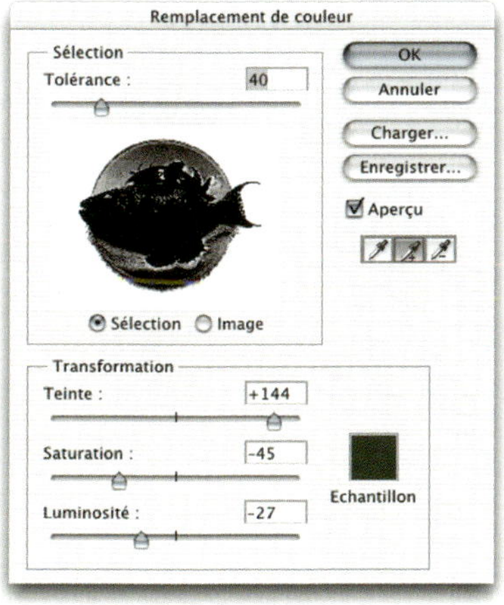

3 Le remplacement de couleur a également modifié en partie l'assiette bleue. Pour y remédier, nous avons créé une sélection circulaire avec l'Ellipse de sélection. La touche Opt/Alt permet de créer une sélection à partir du milieu et, en enfonçant la barre d'espacement, on déplace le contour de sélection. En relâchant ensuite la barre d'espace (mais en gardant enfoncées les autres touches), on peut continuer à modifier la sélection. Après avoir appliqué un contour progressif à la sélection, nous avons choisi l'état Ouvrir dans la palette Historique et nous avons appliqué la Forme d'historique à la sélection pour rétablir l'image initiale.

Figure 9.9 Pour utiliser la fonction Plage de couleurs, cliquez dans le document ou l'aperçu de la boîte de dialogue pour définir la couleur sur laquelle sera basée votre sélection. Cliquez sur les pipettes + et – pour ajouter et ôter des couleurs à la sélection. La fenêtre d'aperçu peut afficher soit l'image originale, soit l'aperçu sous forme de masque. L'option Masque affiche la sélection en tant que voile coloré dans l'image.

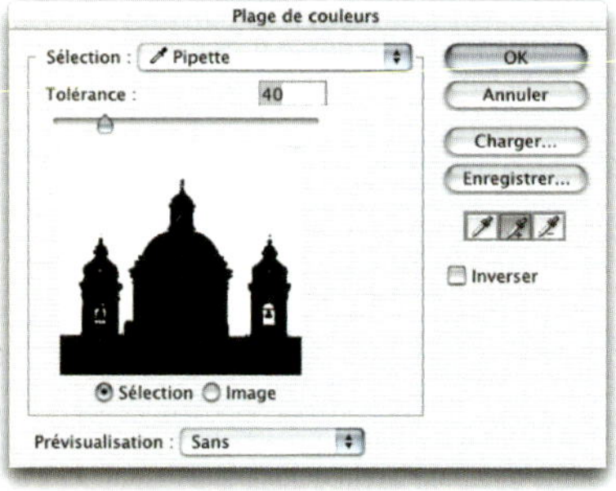

Photographie : Rod Wynne-Powell.

Plage de couleurs

Alors que la Baguette magique sélectionne les pixels en fonction de leur luminosité, la commande Plage de couleurs (Sélection > Plage de couleurs) crée une sélection en fonction de leur couleur. La liste déroulante Sélection comprend l'option Couleurs non imprimables, qui permet de sélectionner les couleurs de l'image qui ne peuvent pas être imprimées. Vous pouvez ensuite ne modifier que ces couleurs « illégales ». Cette tâche est plus facile si vous masquez le contour de la sélection (Affichage > Afficher > Contour de la sélection) et si vous lui appliquez un contour progressif. Choisissez ensuite Affichage > Couleurs non imprimables. Pour corriger les couleurs non imprimables, utilisez les commandes Correction sélective ou Teinte/Saturation (voir plus haut). Pour de petites zones, vous pouvez également employer l'Éponge en mode Désaturer.

Calques de réglage

Les calques de réglage remplissent les mêmes fonctions que les commandes du sous-menu Image > Réglages. Ils permettent d'appliquer différents réglages à une image, mais ils ont l'avantage de pouvoir être modifiés à tout moment, l'image initiale étant préservée. Avec les calques de réglage, les possibilités de retour en arrière vont bien au-delà de celles de la palette Historique. Ces calques présentent toutefois un inconvénient car ils ralentissent l'affichage dans la mesure où chacun des pixels de l'image doit être recalculé à chaque fois qu'elle est rafraîchie. Les calques de réglage d'un document seront préservés si vous utilisez les formats d'enregistrement Photoshop, PDF ou TIFF.

Combiner des calques de réglage

Vous pouvez ajouter à un document autant de calques de réglage que vous le souhaitez, les modifications s'appliquant d'une manière cumulative à l'image. L'avantage des calques de réglage tient à ce que l'on peut modifier à volonté leurs différents paramètres ; les pixels de l'image elle-même ne sont modifiés que lorsqu'on fusionne les calques de réglage avec l'image. On réduit ainsi les risques de dégradation d'image dus à des corrections successives. Il est aussi possible d'enregistrer les paramètres des boîtes de dialogue de réglage, puis de recharger ces paramètres pour afficher instantanément différentes variantes d'une image (par exemple, lors d'une démonstration pour un client).

Calques de réglage et modes de fusion

1 Les modes de fusion sont un autre moyen d'éclaircir ou d'assombrir une image. L'image ci-dessus doit être rendue plus claire. Dans la palette Calques, ajoutez un nouveau calque de réglage ; sa nature n'a pas beaucoup d'importance. Ici, nous avons choisi Niveaux.

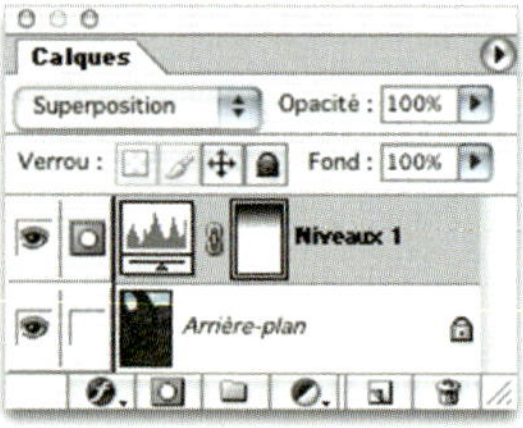

2 Le calque de réglage étant actif, choisissez le mode Superposition. Vous obtenez le même effet que si vous aviez copié l'Arrière-plan sur un calque et que vous lui aviez affecté le mode Superposition.
Nous avons ensuite ajouté un dégradé noir-blanc au masque de fusion du calque de réglage. Ainsi, celui-ci ne s'applique qu'à la partie inférieure de l'image ; les zones foncées du haut de l'image sont préservées.

Vous pouvez utiliser les modes de fusion avec les calques de réglage pour éclaircir ou assombrir une image, comme le montre l'exemple précédent. Cette technique est utile lorsque la quantité de données de l'image est limitée, et que vous ne souhaitez pas la dégrader encore en utilisant les commandes Niveaux ou Courbes.

1 Quand vous augmentez le contraste d'une image, vous augmentez aussi la saturation des couleurs.

2 Un calque de réglage Courbes en mode Luminosité permet d'augmenter le contraste sans modifier la saturation.

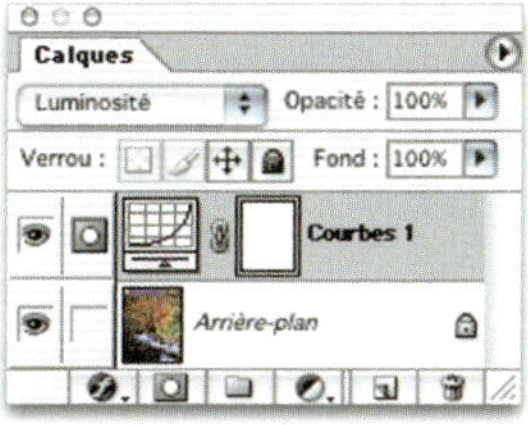

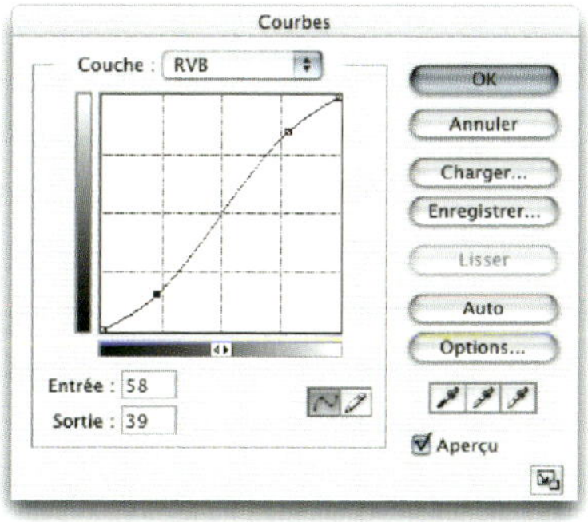

Images 16 bits/couche

La plupart des techniques de ce livre sont appliquées à des images RVB 24 bits, ou 8 bits/couche. Mais la plupart des scanners (et certains appareils photo numériques) sont capables d'effectuer une acquisition sur plus de 8 bits/couche. Lorsque c'est le cas, les images sont ouvertes dans Photoshop en mode 16 bits/couche. Avantage de ce mode : alors qu'en mode 8 bits/couche, chaque couche compte 256 niveaux, leur nombre est de 65 000 dans un fichier en mode 16 bits/couche. Conséquence : les risques de dégradation de l'image sont bien moindres lors de l'utilisation des commandes Niveaux et Courbes (entre autres). La figure 9.10 montre les histogrammes de deux images qui ont subi de nombreuses corrections ; à gauche, l'image initiale était en 16 bits/couche, et, à droite, en 8 bits/couche.

Dans le mode 16 bits/couche, vous pouvez effectuer les opérations suivantes : réglages, recadrage, rotation et outil Tampon. Depuis Photoshop 6, vous pouvez en plus convertir l'image en mode Lab, modifier la taille de la zone de travail et utiliser les filtres suivants : Flou gaussien, Ajout de bruit, Antipoussière, Médiane, Accentuation, Solarisation et Passe-haut. Habituellement, nous importons nos images dans Photoshop en mode 16 bits/couche, nous la recadrons et nous la corrigeons sommairement avec les commandes Niveaux et Courbes. Une fois que l'apparence de l'image à l'écran est satisfaisante, nous la convertissons dans le mode 8 bits/couche afin de pouvoir utiliser les autres fonctions de Photoshop. Il n'est pas indispensable d'utiliser le mode 16 bits/couche pour tous les types de travaux mais, lorsqu'il est essentiel de préserver les moindres détails d'une image, il est préférable de travailler avec ce fichier provisoirement plus volumineux.

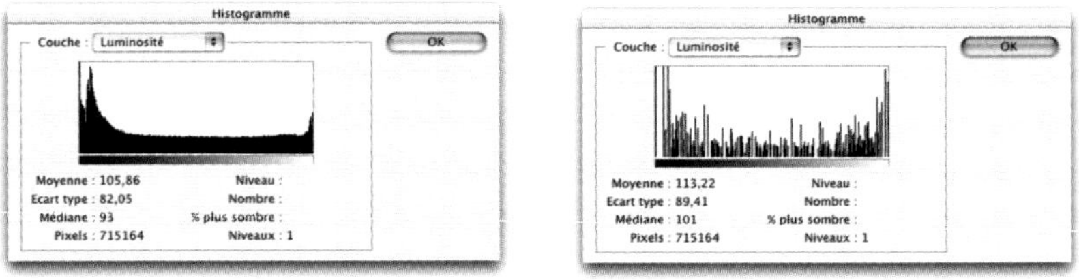

Figure 9.10 L'histogramme de gauche est celui d'une image où les niveaux ont été étendus alors qu'elle était en mode 16 bits/couche ; l'histogramme de droite correspond à la même image à laquelle a été appliquée la même correction, mais en mode 8 bits/couche. Comme vous voyez, le mode 16 bits/couche permet de préserver davantage de données de l'image.

Correction sélective

La boîte de dialogue Correction sélective (Image > Réglages > Correction sélective) est principalement destinée à la correction d'images en mode CMJN ou à la préparation de fichiers RVB destinés à être convertis en mode CMJN. Elle permet de corriger de manière sélective les couleurs primaires additives et soustractives d'une image, ainsi que ses tons clairs, foncés et moyens. Elle représente donc une autre solution par rapport à la boîte de dialogue Teinte/Saturation pour ramener les couleurs RVB d'une image dans la gamme de couleurs CMJN.

Dans l'exemple présenté ci-après, nous montrons de quelle façon il convient d'employer cette boîte de dialogue avec l'affichage des couleurs non imprimables. Vous pourriez effectuer ces ajustements en ouvrant deux fenêtres pour le même document : l'une avec la version RVB normale de l'image et l'autre en mode Couleurs de l'épreuve (menu Affichage) pour l'Espace de travail CMJN. Pour cette seconde fenêtre, vous pourriez également activer l'option Couleurs non imprimables dans le menu Affichage.

Lorsqu'on emploie la technique présentée ci-après, on modifie d'une manière visible les bleus de l'image ; par ailleurs, d'autres couleurs doivent également être modifiées. Dans la mesure où le bleu initial n'existait pas en CMJN, il a fallu le convertir en « autre chose ». C'est dans cet « autre chose » que réside tout l'art de la préparation d'images pour une impression offset. Les couleurs de l'image initiale doivent être modifiées, mais le résultat final doit être perçu comme vraisemblable par le spectateur. Le ciel bleu est un bon exemple de ce problème : les bleus foncés ne sont pas imprimables en CMJN mais, en modifiant les noirs, les bleus et les cyans à partir de la boîte de dialogue Correction sélective, on peut obtenir un bleu plus convaincant que celui généré par la conversion par défaut.

Lorsqu'il est crucial de préserver une correspondance entre les couleurs, la correction sélective permet de corriger un déséquilibre et d'améliorer la couleur de sortie pour peu que la couleur visée se trouve à l'intérieur de la gamme CMJN. Lorsque ce n'est pas le cas, il est nécessaire de recourir à des techniques d'impression spéciales, l'ajout d'une plaque supplémentaire avec une encre personnalisée, par exemple.

1 Difficile de montrer une couleur non imprimable dans un livre imprimé. Vous devrez donc vous imaginer que certaines couleurs de cette image RVB se trouvent à l'extérieur de la gamme CMJN et qu'elles ne sont pas imprimables. La commande Image > Mode > Couleurs CMJN convertit automatiquement les couleurs RVB de l'image en couleurs CMJN. Si l'image ne comprend que peu de couleurs non imprimables, l'image ne sera que faiblement altérée.

2 Pour juger du degré d'altération de l'image, activez l'option Affichage > Couleurs de l'épreuve et vérifiez que l'option Affichage > Format d'épreuve > Espace de travail CMJN est activée. Les couleurs non imprimables s'affichent alors dans une couleur unie (le gris, par défaut). Si l'image comprend beaucoup de couleurs non imprimables, utilisez les commandes du sous-menu Image > Réglages pour en faire des couleurs CMJN. Ici, nous avons employé la commande Correction sélective pour modifier les proportions de magenta et de jaune dans les bleus de l'image.

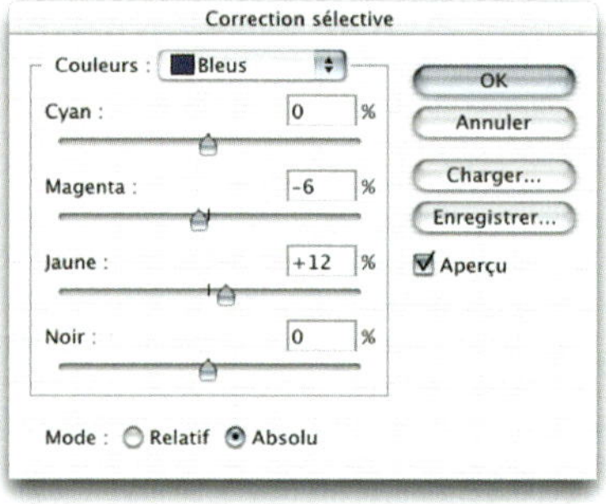

3 Dans l'image résultante, les couleurs RVB « illégales » ont été modifiées de façon qu'elles puissent être converties en couleurs CMJN sans subir d'altération. Vous pourriez également employer la boîte de dialogue Teinte/Saturation. La boîte de dialogue Correction sélective présente cependant l'avantage d'être basée sur le mode CMJN. Avec l'option Relatif, les modifications s'appliquent proportionnellement à la valeur actuelle. Ainsi, si la valeur actuelle de cyan est de 40 %, une modification relative de + 10 % donnera une valeur finale de 44 % ; une modification absolue de +10 % donnera une valeur finale de 50 %.

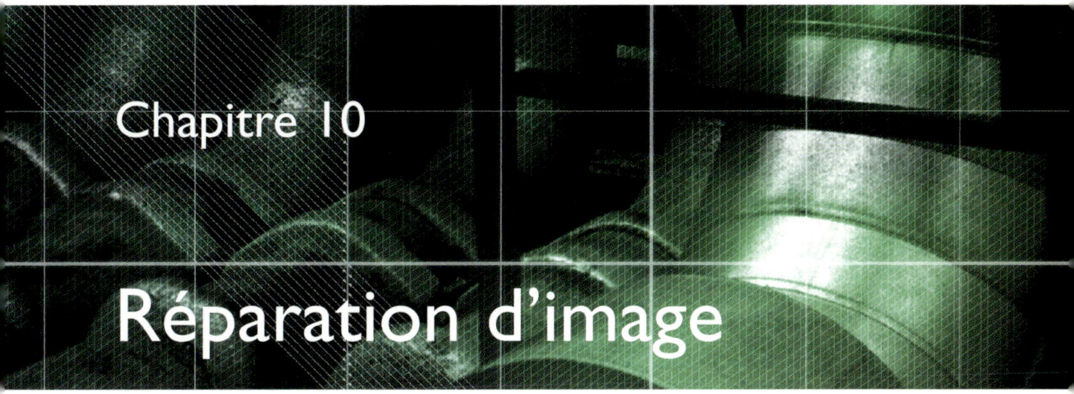

Chapitre 10

Réparation d'image

Beaucoup de photographes sont davantage intéressés par le potentiel de Photoshop dans le domaine de la retouche d'image que par ses autres possibilités. Nous examinerons donc d'abord les possibilités du Tampon avant de passer à d'autres techniques créatives de nettoyage et de réparation des images endommagées. Les nouveaux outils Correcteur et Pièce de Photoshop 7, en particulier, vous faciliteront beaucoup le travail.

Utilisation du Tampon

Les techniques les plus simples sont toujours les meilleures : avec l'outil Tampon, on peut ainsi impressionner à moindre frais un client. Le Tampon permet en effet de recopier à main levée une partie de l'image dans une autre. La première étape consiste à définir le point d'origine de la copie. Pour cela, pointez à l'endroit voulu dans l'image, enfoncez la touche Opt/Alt et cliquez. Lorsque vous appliquez ensuite le tampon (sans touche Opt/Alt), vous reproduisez l'image à partir du point d'origine.

Quand l'option Aligné est activée, la zone que vous reproduisez à l'aide du Tampon reste dans un rapport constant avec le point d'origine que vous avez défini, même lorsque vous relâchez le bouton de la souris. Quand elle est désactivée, vous repartez du point d'origine dès lors que vous relâchez le bouton de la souris. On recourt à ce dernier mode lorsque la zone d'origine est petite et que l'on cherche à ne pas en sortir ; le premier mode, quant à lui, sert à effacer les poussières sur vos scans. Comme pour les autres outils de dessin, vous pouvez choisir différentes formes et opacités en fonction du travail à effectuer. En pratique, cependant, vous utiliserez presque toujours des formes rondes petites ou moyennes, avec une opacité de 100 %.

Une forme trop douce peut également poser des problèmes. En effet, lorsque le grain de la photographie est visible et qu'on emploie une opacité inférieure à 100 % ou une forme douce, le grain de l'image tend à disparaître, ce qui rend visible la manipulation.

1 Deux modes de fonctionnement sont disponibles pour le Tampon : aligné ou non, l'option Aligné étant cochée par défaut. Lorsque l'option Aligné est désactivée, l'image est reproduite à partir du point d'origine précédemment défini à chaque fois que le bouton de la souris est relâché puis enfoncé à nouveau. Utilisez une opacité de 100 % avec le Tampon ; en général, une opacité plus faible donne de mauvais résultats.

2 Dans cet exemple, la zone d'origine est indiquée par le rectangle jaune. Les autres fenêtres (entourées d'un rectangle bleu clair) ont été créées avec le Tampon en mode non aligné.

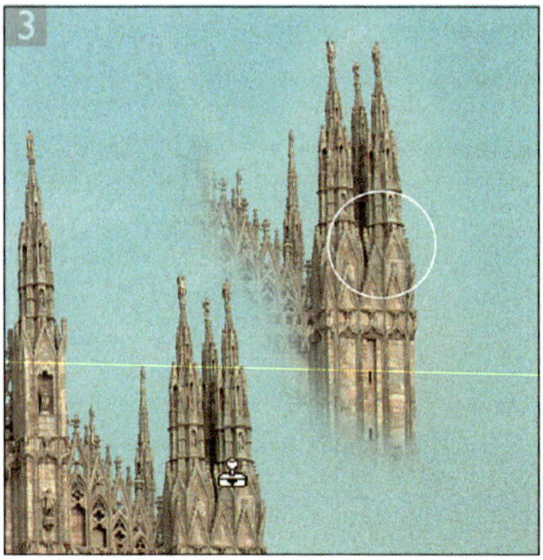

3 En mode Aligné, le rapport entre le point d'origine et la zone où vous dessinez avec le Tampon est préservé même lorsque vous relâchez le bouton de la souris. Lorsque l'option Utiliser tous les calques est cochée, l'image reproduite provient de tous les calques visibles ; sinon, seul le calque actif est utilisé.

Nous utilisons parfois une opacité de 50 % ou moins pour retoucher les défauts de la peau. Pour faire disparaître les rides, il est préférable d'employer l'outil Densité – ou le Pinceau en mode Éclaircir. Lors de l'utilisation du Tampon, il faut être particulièrement prudent lorsqu'on travaille sur des zones de transition progressive entre tons ; parfois, cette transition est à peine visible à l'œil nu mais, dans tous les cas, il faut veiller à ce que le point d'origine soit d'une teinte, d'une saturation et d'une luminosité exactement identique à l'endroit où le tampon est appliqué. Pour ce type de correction, mieux vaut faire appel à l'outil Correcteur, dont il est question un peu plus loin.

Figure 10.1 Vous pouvez définir le point d'origine dans une image et utiliser le Tampon dans une autre. Enfoncez la touche Opt/Alt et cliquez dans l'image d'origine, puis activez l'image de destination et dessinez-y avec le Tampon pour y reproduire l'image d'origine.

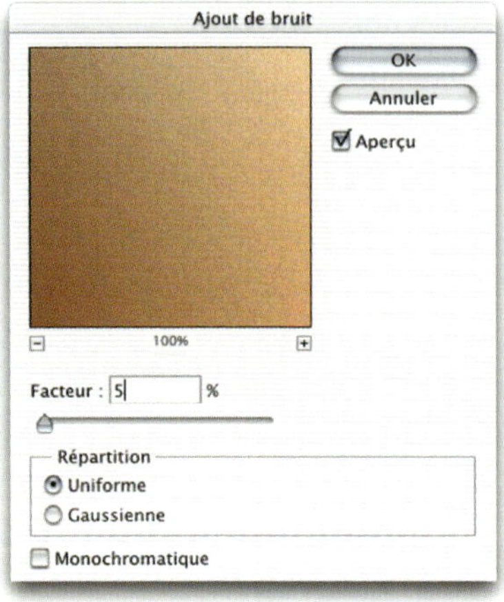

Figure 10.2 Les transitions de couleurs que l'on obtient avec le filtre Flou gaussien ou l'outil Dégradé ne sont pas toujours progressives ; y apparaissent parfois des transitions brusques par bandes de couleur (*banding* en anglais).
Dans le cas de l'outil Dégradé, l'activation de l'option Simuler permet généralement de résoudre le problème. Sinon, la meilleure solution consiste à ajouter un peu de bruit avec le filtre Bruit > Ajout de bruit. Avec l'option Gaussienne, le bruit sera réparti d'une manière plus irrégulière. Dans l'exemple ci-dessus, la moitié droite de l'image comprend un effet de bandes ; dans la moitié gauche, cet effet a été supprimé à l'aide du filtre Ajout de bruit.

Retouche d'un négatif couleur

Dans l'exemple suivant, le client a souhaité que le négatif soit scanné tel quel (sans inversion) afin de pouvoir obtenir une sortie en tant que négatif. Pour que cette image s'affiche en positif à l'écran, nous avons employé quatre calques. Le premier a permis de neutraliser le masque orangé du négatif. Les trois autres (trois calques de réglage) ont servi à inverser l'image, à corriger ses niveaux et à augmenter la saturation des couleurs. L'Arrière-plan a ensuite pu être retouché sans modifier le négatif original.

L'exemple ci-après est basé sur le négatif d'une photographie qui a été numérisé tel quel, masque orangé compris. Dans cet exemple, nous faisons appel à une variante légèrement améliorée d'une technique développée par Rod Wynne-Powell de Solutions Photographic.

1 Le négatif a été scanné en tant que tel et nécessite quelques retouches avant une sortie sur film, toujours en tant que négatif. Cependant, l'image est pour le moment difficile à retoucher à cause de son masque orangé, parce qu'elle est inversée et parce que sa plage tonale est trop réduite. Pour y remédier, nous allons y ajouter quatre calques qui seront supprimés une fois les retouches effectuées.

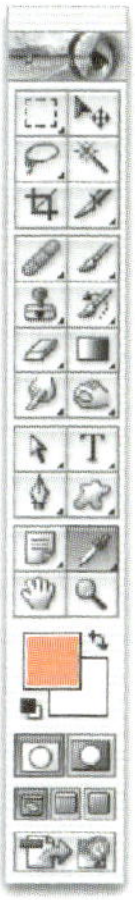

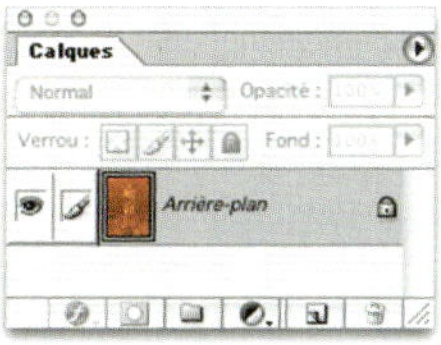

2 Première étape : supprimer le masque orangé. Prélevez un échantillon de couleur sur le bord de l'image dans une zone non exposée du film ; utilisez pour cela la Pipette avec l'option Moyenne 3 x 3. Créez un nouveau calque, remplissez-le avec la couleur que vous venez de prélever (Opt/Alt+Suppr.) et inversez-le (Image > Réglages > Négatif). Choisissez ensuite une opacité de 50 % et le mode de fusion Couleur. Vous neutralisez ainsi le masque orangé.

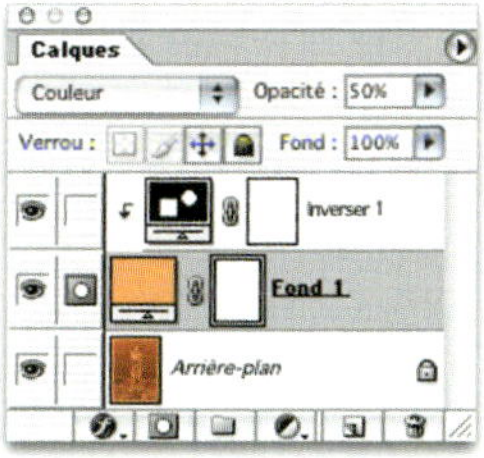

3 Ajoutez un calque de réglage de type Inverser à partir du bouton de la palette Calques. Vous obtenez ainsi un négatif de l'image, qui se présente maintenant comme un positif très pâle.

4 Ajoutez un calque de réglage de type Niveaux et, dans la boîte de dialogue Niveaux, cliquez sur le bouton Auto. Pour finir, ajoutez un calque de réglage de type Teinte/Saturation et augmentez la saturation de l'image. Vous obtenez ainsi une approximation de l'image positive finale. Activez ensuite l'Arrière-plan pour effectuer les retouches nécessaires ; ne procédez à ces retouches que sur l'Arrière-plan (le négatif d'origine). Une fois les retouches terminées, supprimez les quatre calques et procédez à la sortie sur film.

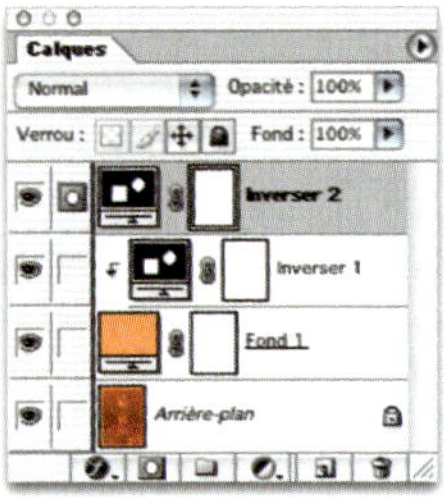

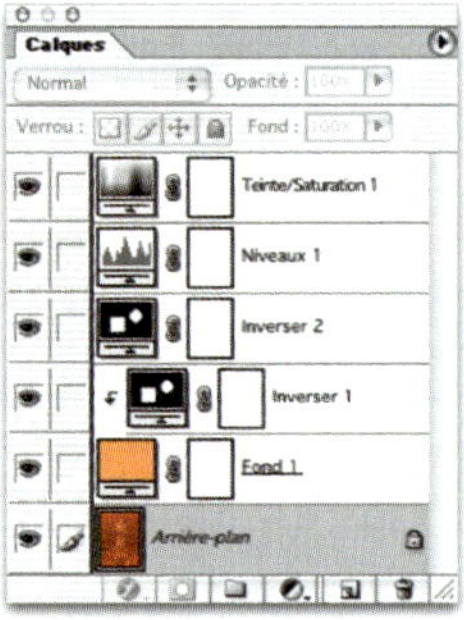

Suppression des poussières avec la Forme d'historique

Cette méthode est dérivée d'une technique mise au point par Russel Brown, qui fait partie de l'équipe des concepteurs de Photoshop. Le filtre Antipoussière (Filtre > Bruit > Antipoussière) peut être utilisé pour supprimer les poussières et rayures d'un négatif mais, lorsqu'il est appliqué à l'image entière, il a tendance à l'adoucir. Il est préférable de ne l'utiliser que dans les zones qui nécessitent une retouche. La technique présentée ci-après a l'avantage de n'autoriser l'application du filtre que sur les zones requises.

1 Cette image est un bon exemple d'utilisation de cette technique dans la mesure où elle présente de nombreuses traces de poussière et des rayures.

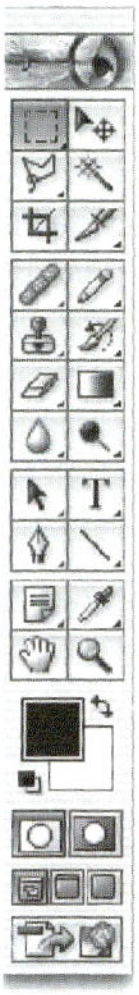

2 On applique le filtre Antipoussière (Filtre > Bruit > Antipoussière). On choisit des valeurs de Rayon et de Seuil telles que la plupart des poussières et des rayures disparaissent et on clique sur OK.

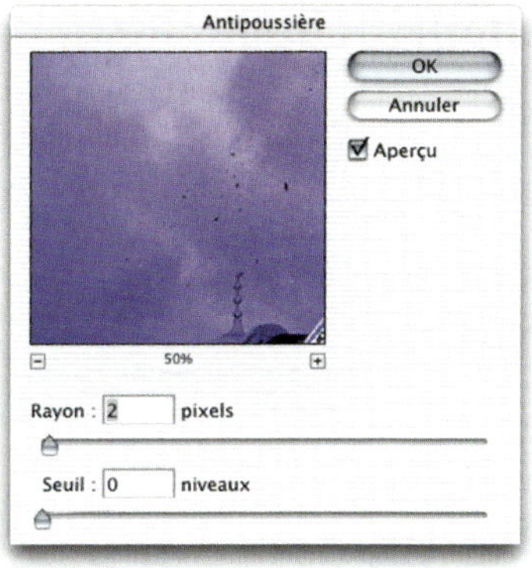

3 On active l'état initial (non filtré) de l'image dans la palette Historique. On sélectionne la Forme d'historique et, dans la palette Historique, on clique dans la colonne en face de l'état filtré de l'image. On choisit le mode Obscurcir dans la barre d'options. On clique ensuite sur les poussières de l'image : seuls les pixels qui sont plus clairs dans l'image courante que dans celle de l'état d'historique sont modifiés.

4 On procède de même pour les taches foncées, mais en utilisant le mode Éclaircir.

Utilisation de l'outil Correcteur

Le Correcteur est l'outil parfait pour toutes sortes de retouches. Son utilisation est similaire à celle du Tampon (même si son fonctionnement ne l'est pas) : établissez un point d'origine en enfonçant la touche Opt/Alt et en cliquant, puis cliquez dans la partie de l'image à laquelle vous souhaitez appliquer le Correcteur.

Lorsque vous appliquez le Correcteur après avoir défini le point d'origine, celui-ci fusionne la texture du point d'origine avec la couleur et la luminosité de la zone à laquelle il est appliqué. Le Correcteur applique une zone de transition (pouvant aller jusqu'à 10 pixels) autour de l'endroit où il est appliqué. De ce fait, il n'est pas nécessaire d'utiliser une forme d'outil douce ; il est même préférable d'utiliser une forme nette pour mieux maîtriser le résultat.

En pratique, le Correcteur fusionne parfaitement les pixels échantillonnés avec le point de destination. Il faut s'habituer à l'idée qu'il n'est pas nécessaire de choisir un point d'origine où couleur et luminosité correspondent à la zone de destination : il suffit de faire correspondre la texture. Par défaut, l'option Aligné est désactivée, ce qui est le bon choix pour la correction des défauts de la peau (voir l'exemple ci-contre), l'échantillonnage pouvant toujours provenir du même endroit. Pour retoucher un arrière-plan, définissez un nouveau point d'origine pour chaque zone à corriger (voir le deuxième exemple). Contrairement au Tampon, vous ne disposez pas de l'option Utiliser tous les calques, et vous ne pouvez donc pas travailler directement sur un nouveau calque vide qui vous permet de revenir sur vos modifications si nécessaire. Vous devez donc, soit travailler directement sur l'Arrière-plan, soit copier sur un calque la zone à retoucher (Cmd/Ctrl+J) et travailler sur ce calque. L'inconvénient de cette dernière méthode est que la taille du fichier est augmentée ; de ce fait, le fonctionnement du Correcteur pourrait être ralenti.

Vous pouvez aussi utiliser un motif prédéfini ou personnalisé en tant que source du Correcteur. La commande Placage de motif (dans le menu Filtre) peut ici s'avérer très utile. Utilisez-la pour créer un motif basé sur une petite zone de l'image à réparer, puis basez-vous sur ce motif pour retoucher l'image avec le Correcteur. Le Correcteur propose plusieurs modes de fusion. Avec le mode Remplacer, le Correcteur fonctionne comme le Tampon à ceci près qu'il permet de mieux préserver le grain photo au niveau du pourtour des traits que vous dessinez. Les autres modes de fusion permettent de produire différents résultats, mais à notre avis, ils ne permettent pas d'améliorer le fonctionnement du Correcteur en mode Normal.

Bien que le Correcteur puisse presque être considéré comme un outil miracle pour la retouche une fois qu'on a appris à s'en servir, il faut être prudent quand on retouche les défauts proches d'une zone de fort changement de contraste. Le deuxième exemple d'utilisation du Correcteur, ci-après, illustre le problème. Bien que la forme utilisée soit nette, par défaut, le Correcteur prélève les tons plus foncés de la zone adjacente.

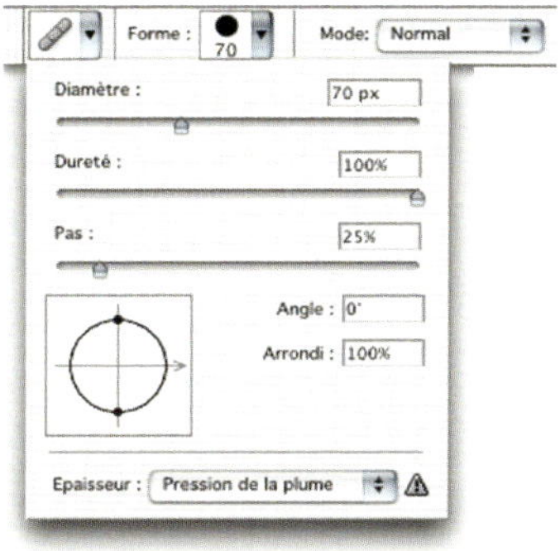

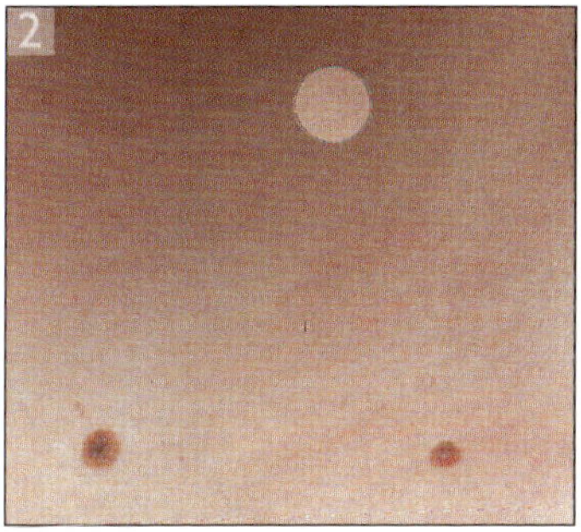

1 Le Correcteur ne peut être appliqué qu'à l'Arrière-plan ou à un calque qui soit une copie de celui-ci. On sélectionne le Correcteur dans la boîte à outils et on choisit une forme nette dans la barre d'options. On sélectionne le mode Normal et l'option Échantillon et on désactive Aligné.

2 On enfonce la touche Alt/Opt et on définit le point d'origine, ici une zone de texture de peau « nette ». On clique ensuite dans les zones que l'on souhaite corriger. Avec une tablette graphique, par défaut, la taille de la forme de l'outil varie selon la pression : avec une pression légère, la forme est petite, et avec une pression plus importante, elle est plus grande.

3 On procède ainsi pour corriger tous les défauts. Ici, nous avons défini un point d'origine pour corriger le cou et un autre pour corriger le visage.

Client : Thomas Macmillan.
Modèle : Sophie Boeson, agence Models One.

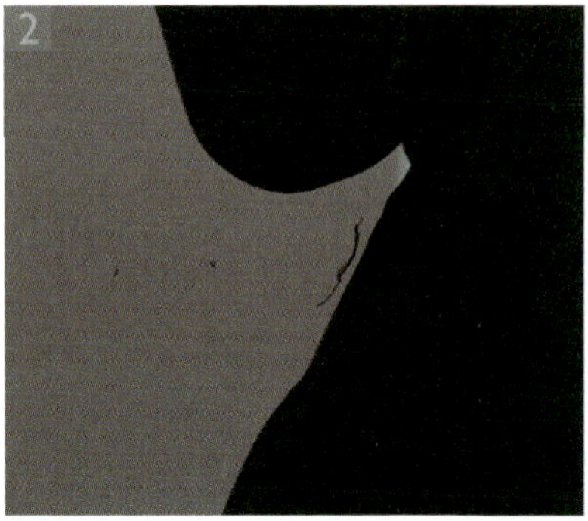

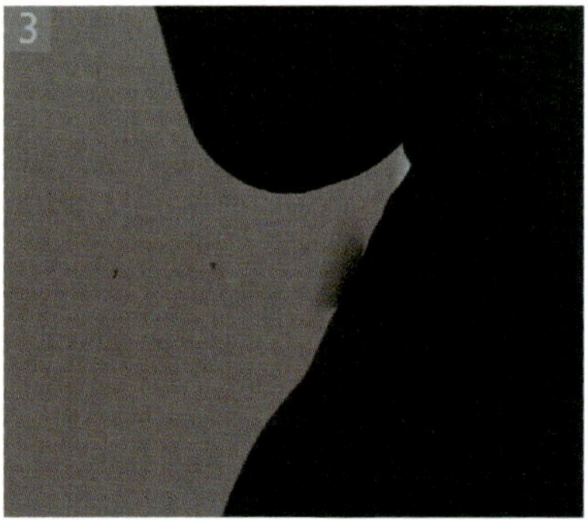

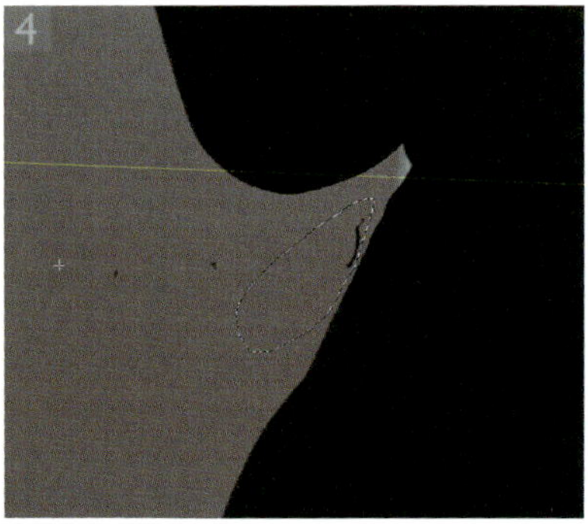

1 Le Correcteur est parfait pour retoucher les défauts d'un arrière-plan tel que celui-ci. En effet, ce type d'arrière-plan comporte des changements de ton subtils qui rendaient extrêmement difficile la retouche au Tampon.

2 La correction des défauts proches d'une zone de changement brusque de couleur ou de luminosité pose un problème potentiel.

3 Par défaut, même en utilisant une forme d'outil petite et nette, le Correcteur risque de prélever les tons foncés de la robe, d'où l'effet indésirable obtenu ci-contre.

4 La solution consiste à sélectionner au préalable la zone à corriger (avec éventuellement un très léger contour progressif) et à limiter ainsi la zone analysée par le Correcteur.

Client : Anita Cox. Modèle : Steph, agence IMG.

L'outil Pièce

Les algorithmes à la base du fonctionnement de l'outil Pièce sont les mêmes que ceux du Correcteur, mais l'outil Pièce fonctionne sur la base de sélection et non de « traits de pinceau ». Par défaut, il permet d'entourer comme avec le Lasso la zone à réparer ou la zone devant servir à effectuer la réparation. En enfonçant la touche Opt/Alt, il se transforme provisoirement en lasso polygonal et dessine des segments de contour droits. Vous n'êtes même pas obligé d'utiliser l'outil Pièce : n'importe quel outil de sélection peut être employé pour définir la zone source ou la zone cible de la réparation. Une fois la sélection créée, sélectionnez l'outil Pièce pour passer à l'étape suivante. Comme pour le Correcteur, vous ne pouvez appliquer l'outil Pièce qu'à l'Arrière-plan ou à une copie de celui-ci.

En mode Cible, dessinez une sélection autour de la zone à corriger, puis faites-la glisser sur la zone devant servir à la correction. En mode Source, sélectionnez la zone devant servir à la réparation et faites-la glisser sur la zone abîmée. Le bouton Utiliser le motif, enfin, remplit la zone sélectionnée avec le motif en cours, ce dernier étant fusionné avec l'image comme lors de l'application du Correcteur.

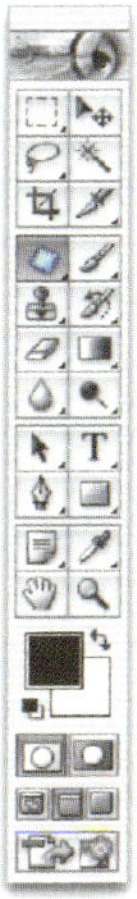

1 L'outil Pièce donne des résultats similaires à ceux du Correcteur. Ici, il va servir à masquer les agrafes métalliques qui ont servi à réparer la jarre. Utilisez l'outil Pièce à la manière du Lasso pour définir une sélection. Vous pouvez en fait utiliser n'importe quel outil ou méthode de sélection – il vous suffit ensuite de sélectionner l'outil Pièce. Comme pour le Correcteur, l'outil Pièce ne peut être employé que sur l'Arrière-plan ou sur une copie de celui-ci.

2 Une fois la sélection définie, assurez-vous que l'outil Pièce est sélectionné, puis faites glisser la sélection sur la zone sur laquelle doit se baser la réparation.

3 Lorsque vous relâchez le bouton de la souris, Photoshop effectue des calculs pour fusionner la zone cible avec la zone source.

4 Si la zone source a été bien choisie, la zone cible est réparée sans pourtour visible ; la luminosité et la couleur des pixels source sont combinés avec ceux de la zone de destination. Toutefois, vous n'obtiendrez pas toujours un résultat parfaitement convaincant. Dans cet exemple, nous avons dû faire plusieurs essais avant de trouver une forme de sélection qui donne de bons résultats. Par ailleurs, comme avec le Tampon, il faut veiller à éviter les motifs répétitifs qui trahiraient le fait qu'une partie de l'image a été recopiée. Nous avons terminé cette image en appliquant localement le Correcteur afin de masquer les derniers indices du travail de retouche.

1 Dans cet exemple, nous allons montrer que l'outil Pièce peut aussi servir à copier des parties d'une image, en l'occurrence le bateau de pêche.

2 On utilise l'outil Pièce pour définir une sélection assez large autour du bateau, comme on le ferait avec le Lasso.

3 On s'assure que l'option Cible est sélectionnée dans la barre d'options. Avec le raccourci Cmd+Opt+T (Mac) ou Ctrl+Alt+T (Windows) on copie la sélection en affichant le rectangle de transformation, puis faire glisser le bateau jusqu'à sa destination. Ici, nous avons déplacé le bateau vers la droite en veillant à ce qu'il reste sur la même ligne d'horizon, puis nous avons réduit sa taille en enfonçant les touches Opt/Alt et Maj et en faisant glisser vers l'intérieur l'un des coins du rectangle. Ainsi, le bateau apparaît plus petit et donc plus éloigné.

4 On appuie sur OK pour confirmer la transformation. Ensuite, on fait glisser très légèrement la zone sélectionnée avec l'outil Pièce. Si vous suivez exactement cette procédure, l'outil Pièce fusionnera la zone copiée avec les pixels sous-jacents. Cet outil fonctionne bien ici dans la mesure où le ciel et la mer sont un arrière-plan relativement uniforme, ce qui permet une fusion très progressive des pixels.

Photographie : Thomas Fahey.

Techniques d'utilisation du Correcteur

L'exemple qui suit montre comment utiliser le Correcteur et la commande Placage de motif pour résoudre un problème de retouche complexe. L'utilisation du Correcteur et de l'outil Pièce s'impose ici, mais il faut néanmoins planifier soigneusement leur utilisation et faire également appel au Tampon là où les contours de la sélection s'étendent jusqu'au bord de l'image.

1 L'objectif est ici de couvrir par du crépi toutes les zones où les briques sont apparentes. Certaines de ces zones sont trop grandes pour que l'outil Pièce puisse être employé en une seule opération. Nous avons créé trois tracés autour des zones à réparer ; ces zones suivent de près le contour des feuilles du cactus. Nous avons ensuite converti le tracé 2 en sélection en le faisant glisser sur l'icône correspondante, en bas dans la palette Tracés.

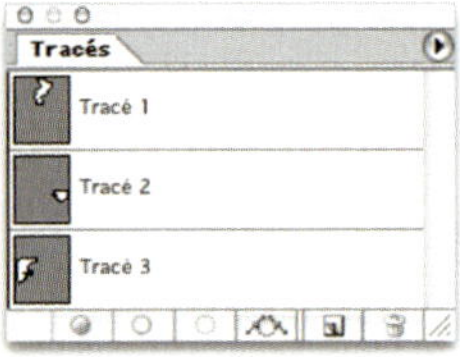

2 Nous avons ensuite créé un nouveau calque à partir de cette sélection (Cmd/Ctrl+J). Nous avons verrouillé la transparence du calque dans la palette Calques, puis nous avons utilisé le Tampon pour ajouter du crépi au bord de l'image. Cette opération sert à éviter que lors de l'application du Correcteur ou de l'outil Pièce, Photoshop ne se base sur la couleur des feuilles du cactus.

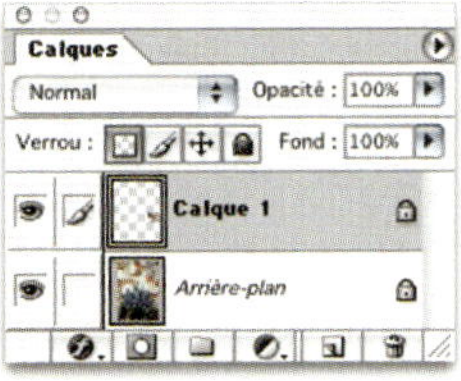

3 La zone à couvrir étant très grande, nous avons décidé de faire appel à la commande Placage de motif pour créer un motif qui puisse servir de base à la réparation. Nous avons activé l'Arrière-plan, choisi Filtre > Placage de motif, puis sélectionné une petite zone carrée de crépi.

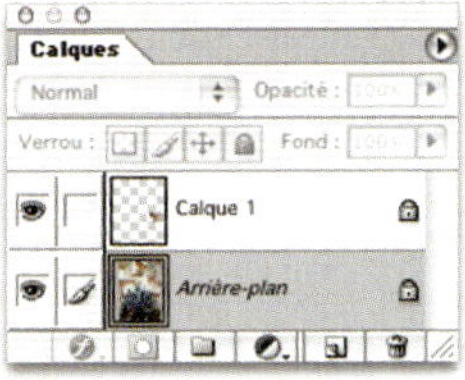

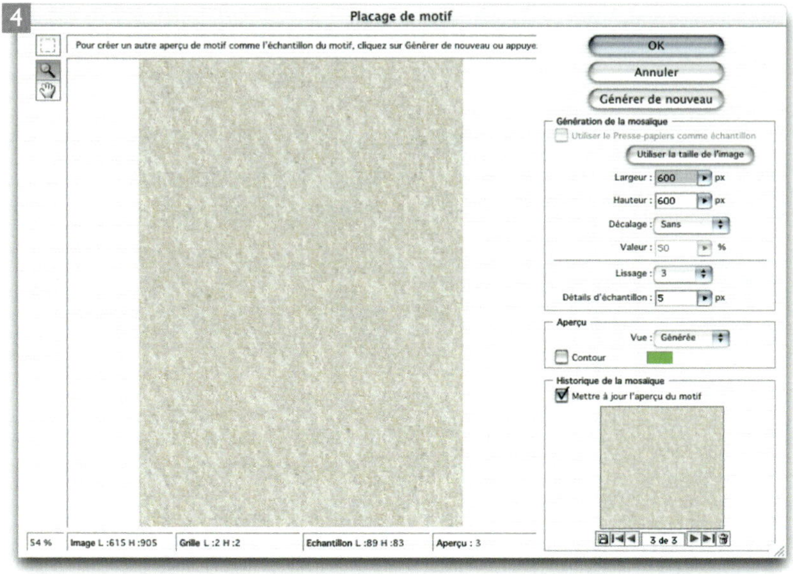

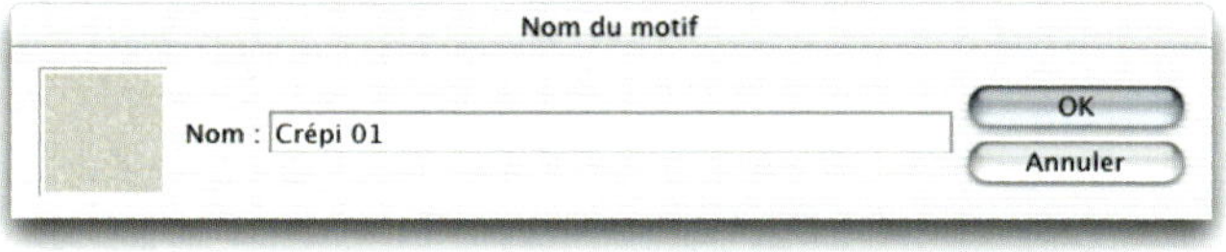

4 Nous avons choisi de créer un motif assez grand (600 x 600 pixels, dans cet exemple) avec une valeur de lissage de 3. Le bouton Générer nous a ensuite permis de générer une texture qui peut être répétée sans raccords visibles. En cliquant sur OK, nous aurions rempli l'image en cours avec le motif ; nous avons donc simplement cliqué sur le bouton « Enregistre le motif prédéfini » (la disquette), en bas dans la boîte de dialogue, et donné un nom au motif.

5 Nous avons ensuite activé le Calque 1, sélectionné l'outil Pièce et choisi grossièrement la zone où les briques sont visibles.

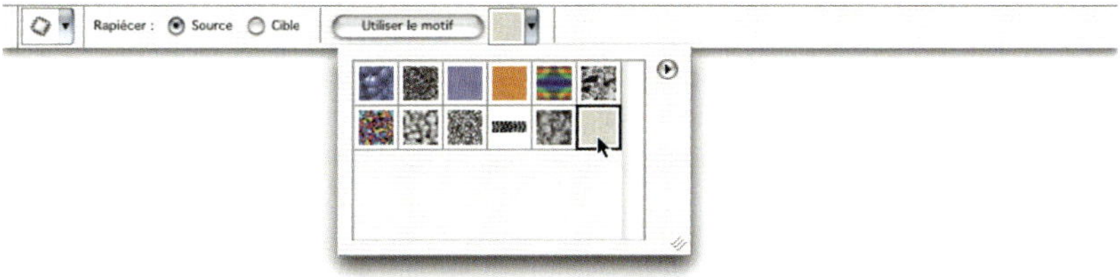

6 et **7** Nous avons sélectionné le motif nouvellement créé dans la liste des motifs de la barre d'options, puis cliqué sur le bouton Utiliser le motif. Comme vous voyez, le motif créé dans Photoshop s'est parfaitement intégré à l'image grâce à l'outil Pièce. Nous avons procédé de même pour corriger les autres zones de l'image.

Copie de zones de l'image

Le Tampon requiert une certaine pratique. Il est en particulier nécessaire de changer fréquemment de point d'origine afin d'éviter que l'on obtienne des motifs en « arête de poisson ». Par ailleurs, le Tampon se base toujours sur l'état antérieur de l'image, et non sur les zones que l'on vient de modifier en y recourant. Les techniques décrites ci-après peuvent être appliquées dans de nombreuses situations, mais dans certains cas, en particulier lorsque la géométrie d'une image doit être respectée, il est préférable d'utiliser d'autres méthodes de retouche. Dans le prochain exemple, nous recopions une partie de l'image dans une autre.

1 Nous allons voir comment il est possible d'ajouter des fenêtres à la partie aveugle du bâtiment de droite. Le Tampon ne peut être employé ici dans la mesure où la perspective des fenêtres copiées serait fausse. Par conséquent, on va sélectionner une partie des fenêtres existantes, les copier sur un calque et rectifier leur perspective et leur position.

2 On sélectionne le Lasso polygonal et, dans les options de l'outil, on entre un contour progressif de 3 pixels. On crée ensuite une sélection autour de deux des rangées de fenêtres au-dessus du mur aveugle.

3 Pour créer un calque à partir de la sélection, appuyer sur Cmd/Ctrl+J ou choisir Calque > Nouveau > Calque par copier. La sélection copiée apparaît en tant que calque dans la palette Calques. Avec l'outil Déplacement, on positionne les fenêtres devant le mur aveugle.

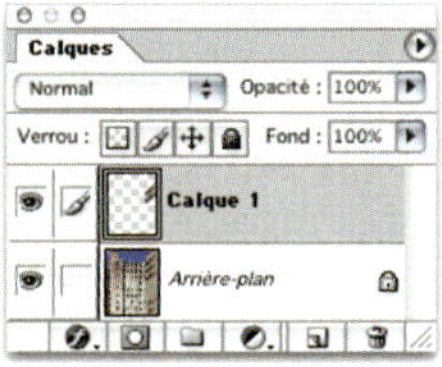

4 Il faut maintenant corriger la perspective de ces fenêtres. On choisit Édition > Transformation manuelle : un rectangle apparaît autour du contenu du calque. On enfonce les touches Cmd/Ctrl+Maj et on fait glisser vers le haut la poignée située au milieu du côté gauche du rectangle. On répète cette opération pour la poignée située au milieu du côté droit du rectangle. Les touches Cmd/Ctrl+Maj permettent d'obtenir une transformation de type Inclinaison. On fait ensuite glisser la poignée située au milieu du côté supérieur ou inférieur du rectangle pour corriger la perspective verticale. On appuie sur la touche Entrée pour appliquer la transformation.

Restauration d'une image ternie

Voici un problème courant : comment s'emploie-t-on à restaurer une image qui s'est ternie d'une manière irrégulière ? La solution consiste à rendre plus sombre l'image entière, puis à supprimer localement cette correction de luminosité aux endroits où l'image n'est pas ternie. Voici comment procéder en faisant appel à des calques de réglage, qui permettent d'appliquer rapidement et simplement des réglages à une zone précise de l'image.

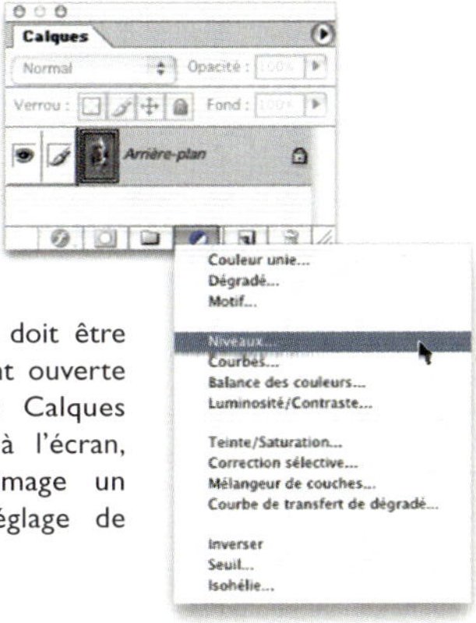

1 L'image qui doit être restaurée étant ouverte et la palette Calques étant visible à l'écran, ajoutez à l'image un calque de réglage de type Niveaux.

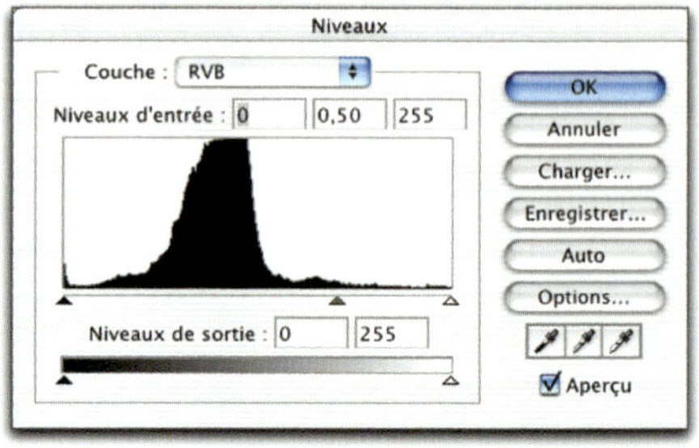

2 La boîte de dialogue Niveaux s'affiche. Ce calque de réglage servira à assombrir l'image ; par conséquent, faites glisser vers la droite le curseur des tons moyens. Inutile que ce réglage soit très précis : rappelez-vous qu'avec les calques de réglage, les modifications apportées à l'image ne sont pas définitives tant que cette dernière n'est pas aplatie ou que le calque n'est pas fusionné avec un autre.

3 Lorsque le calque de réglage est actif, le fait de dessiner dans l'image revient à dessiner dans un masque de fusion associé à un calque. Pour rétablir la luminosité initiale au centre de l'image, activez l'outil Dégradé et choisissez le type Radial. Assurez-vous que le noir soit la couleur de premier plan, et le blanc la couleur d'arrière-plan, sélectionnez le premier dégradé de la liste, puis appliquez l'outil Dégradé du centre de l'image jusqu'à la limite de la zone sombre.

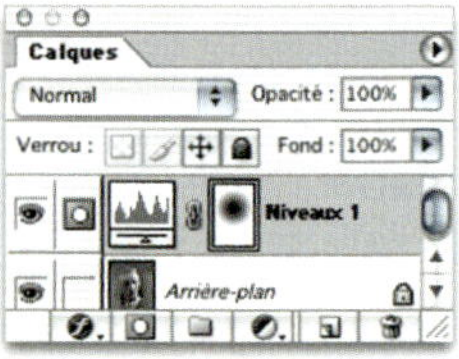

4 Double-cliquez sur la vignette du calque de réglage pour rouvrir la boîte de dialogue Niveaux et corrigez le réglage. Vous pouvez également le renforcer ou l'atténuer dans des zones précises de l'image en sélectionnant le Pinceau (avec une opacité faible) et en dessinant respectivement avec du blanc ou du noir. Pour la version finale de l'image, nous avons choisi le mode de fusion Produit pour le calque de réglage et nous avons légèrement réduit son opacité. Ainsi, les bords extérieurs de l'image ont été obscurcis sans que la luminosité du centre de l'image n'en soit modifiée.

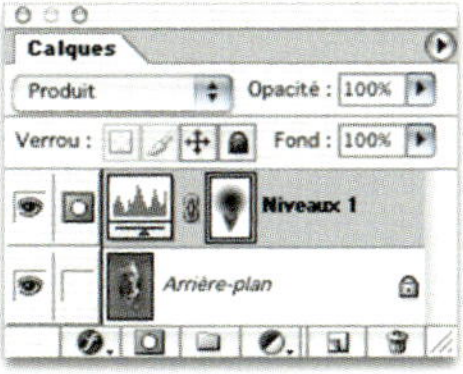

Raccourcis clavier

Il ne vous aura pas échappé que nous avons déjà recouru à quelques raccourcis clavier pour l'accès aux commandes et aux outils. En tant que débutant, vous préférerez sans doute cliquer directement sur l'outil voulu dans la boîte à outils, ou sélectionner les commandes dans les menus, toutefois, au bout d'un mois de pratique environ, il vous faudra essayer de mémoriser les raccourcis et de les employer pour travailler plus efficacement.

Voici quelques exemples de raccourcis courants : plutôt que de cliquer sur l'outil Déplacement lorsqu'un autre outil est actif, enfoncez la touche Cmd/Ctrl de façon à l'activer d'une manière provisoire ; utilisez ensuite les touches fléchées du clavier plutôt que la souris pour déplacer l'élément sélectionné (avec la touche Maj, les déplacements se font par pas de 10 pixels). Tant que vous n'effectuez pas une autre opération, le déplacement est enregistré comme un état unique dans la palette Historique et peut être annulé en une seule fois.

Enfoncez la barre d'espace pour accéder provisoirement à la Main ; avec les touches Cmd/Ctrl+barre d'espace, vous accédez à la Loupe +, et, avec les touches Opt/Alt+barre d'espace, à la Loupe –. Lorsque la Main est active, vous atteignez ces deux outils, respectivement, avec les touches Cmd/Ctrl et Opt/Alt. Double-cliquez sur la Loupe pour afficher l'image à une résolution d'écran « taille des pixels » (100 %) ; vous obtiendrez le même résultat avec le raccourci Cmd+Opt+0 (Mac OS) ou Ctrl+Alt+0 (Windows). Double-cliquez sur la Main ou utilisez le raccourci Cmd/Ctrl+$ pour adapter la résolution d'affichage de l'image à l'espace disponible dans l'interface.

La touche Tab permet d'afficher et de masquer toutes les palettes et la boîte à outils ; avec le raccourci Maj+Tab, seules les palettes sont masquées. Vous trouverez bien d'autres raccourcis au chapitre 12, qui leur est exclusivement consacré.

Nous allons maintenant nous intéresser à d'autres techniques de retouche et de réparation d'image. Certaines d'entre elles nécessitent un minimum de dextérité manuelle et sont plus faciles à exécuter à l'aide d'une tablette graphique qu'avec la souris. D'une manière générale, mieux vaut avoir la main légère lorsqu'on effectue ce type de retouche. Ainsi, une utilisation excessive du Tampon avec une opacité faible risque d'être visible dans la mesure où le grain de l'image apparaîtra « brouillé ». Pour y remédier, appliquez le filtre Ajout de bruit aux zones de l'image que vous avez modifiées. Enfin, les erreurs sont fréquentes dans ce type de travail. Par conséquent, n'hésitez pas à enregistrer souvent pour disposer d'une version de sauvegarde à laquelle vous pouvez revenir en cas de besoin.

Suppression de moirures

Les moirures sont un problème qui peut apparaître lors de prises de vue numériques ; l'exemple qui suit est typique pour ce type de photographie. Pour faire disparaître ce défaut, dupliquez l'Arrière-plan en tant que calque, appliquez à ce dernier une quantité importante de flou gaussien puis appliquez-lui le mode Couleur. C'est Thomas Holm, de Pixl, qui nous a fait la démonstration de cette technique. Le mode Couleur permet de préserver les informations de luminosité de l'image sous-jacente et donc les détails de l'image. Toutefois, il est préférable d'appliquer un masque de fusion au calque flou et de ne le rendre visible que là où c'est nécessaire.

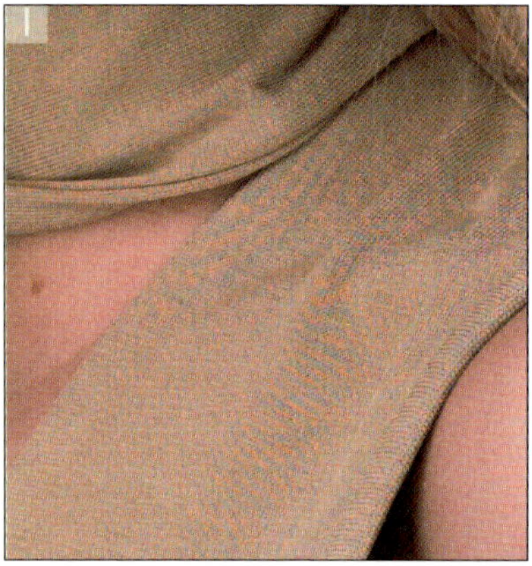

1 Pour supprimer les moirures qui apparaissent à la suite d'une acquisition numérique, copiez l'Arrière-plan sur un nouveau calque et appliquez-lui le filtre Flou gaussien.

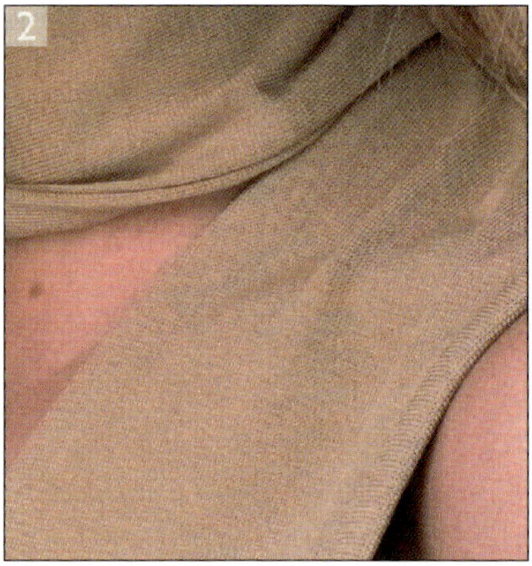

2 Choisissez le mode Couleur pour le calque et réduisez son opacité si nécessaire.

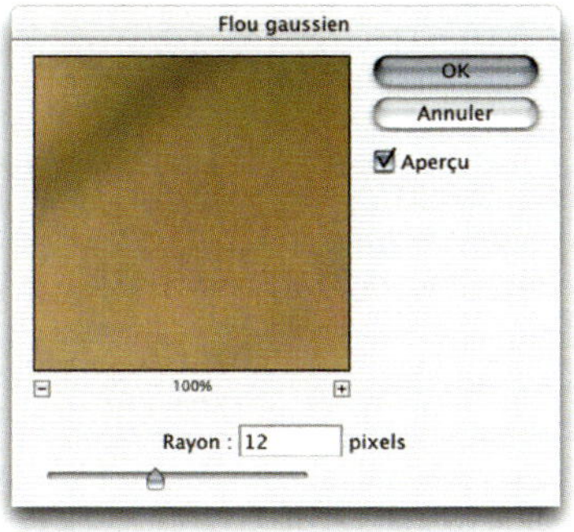

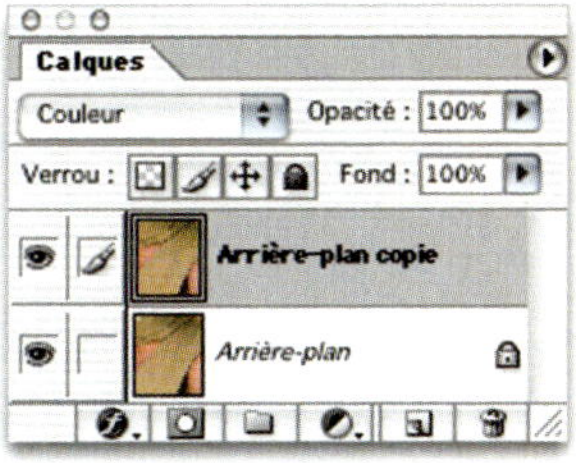

Numérisation d'images imprimées

Vous constaterez qu'en général, lors de la numérisation de documents imprimés (en offset), des moirures apparaissent dans l'image. Tant l'apparition que l'importance de ces moirures dépendent de différents facteurs : trame de l'image imprimée, résolution de numérisation et surtout angle de l'image lors de la numérisation. Parfois, il suffit de faire pivoter l'image de 15° avant de la numériser pour réduire considérablement les moirures. Vous pouvez également essayer de numériser l'image à des résolutions plus élevées et de la réduire progressivement. Enfin, le rapport d'affichage sur l'écran peut également être en cause : essayez d'afficher l'image à 100 %, à 50 %, à 25 %, etc.

La question essentielle consiste cependant à savoir si vous avez ou non le droit d'exploiter ce type d'image. S'il ne s'agit pas de votre propre image, assurez-vous auprès du propriétaire des droits de l'image que vous êtes autorisé à l'utiliser. Différents systèmes de marquage invisible permettent de retrouver le propriétaire d'une image, en particulier les systèmes SureSign et Digimarc, ce dernier étant livré avec Photoshop en tant que plug-in. Ces marquages sont plus ou moins inviolables ; ils résistent à la plupart des traitements que l'on peut faire subir à l'image, entre autres la numérisation et l'impression, le changement de taille et la compression JPEG. De plus amples informations sur la protection des images sont présentées au chapitre 5.

Pour supprimer les moirures, adoucissez les couches les plus affectées avec le filtre Médiane ou Flou gaussien (ou les deux à la fois) puis rétablissez la netteté de l'image avec le filtre Accentuation. Les logiciels livrés avec les scanners proposent en principe un filtre de détramage, qui est parfois efficace ; l'avantage de la correction manuelle que nous venons de décrire tient à ce que l'atténuation de l'image se limite au strict nécessaire.

1 Numériser l'image avec la résolution la plus élevée possible (on la réduira plus tard). Les moirures sont principalement présentes dans les couches verte et bleue, la couche rouge n'étant que légèrement affectée. Pour minimiser la dégradation de l'image, on applique un peu de flou gaussien ou de filtre Médiane (Bruit > Médiane) à la couche rouge.

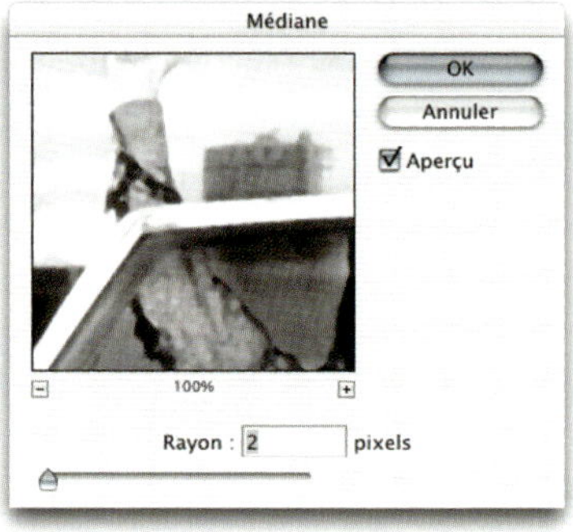

2 On applique également le filtre Médiane pour les couches verte et bleue, en utilisant une valeur de rayon aussi faible que possible. Si le filtre Médiane ne suffit pas à supprimer entièrement les moirures, on applique au préalable le filtre Flou gaussien.

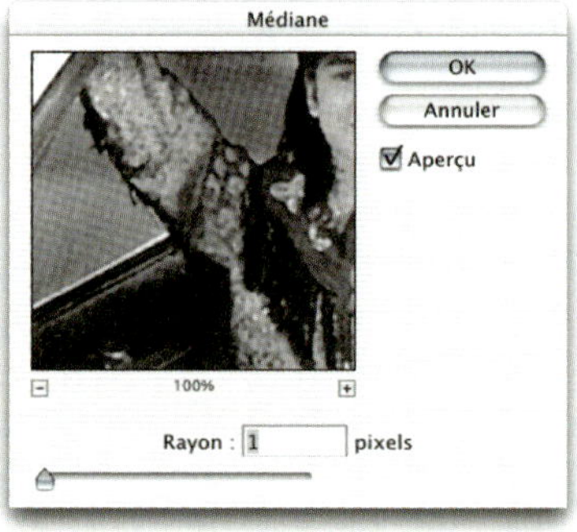

3 Les dernières traces de moirures devraient disparaître dès lors que la taille en pixels de l'image sera réduite. Pour finir, on applique le filtre Accentuation pour rétablir une partie de la netteté de l'image.

Utilisations et caractéristiques des outils

Certains outils de Photoshop sont plus adaptés au travail de retouche que d'autres. L'outil Goutte d'eau est utile pour atténuer localement certains contours qui paraissent trop durs. Son complémentaire, l'outil Netteté, doit être employé avec prudence dans la mesure où il a tendance à produire des artefacts. Pour rendre l'image plus nette à un endroit précis, il est préférable d'effectuer une sélection au Lasso, de lui donner un contour progressif de 5 pixels, puis d'y appliquer le filtre Accentuation. Les sélections peuvent être converties en tracés ; pour ce faire, cliquez sur le bouton Convertir une sélection en tracé dans la palette Tracés. Les tracés peuvent servir de base à l'application des outils de dessin et de retouche, par exemple pour appliquer d'une manière précise l'outil Goutte d'eau à un contour. Pour cela, créez une sélection correspondant au contour, convertissez le contour en tracé à partir de la palette Tracés, activez l'outil Goutte d'eau puis cliquez sur le bouton « Contour du tracé avec la forme », dans la palette Tracés. Enfin, vous pouvez toujours utiliser la Forme d'historique pour rétablir des zones d'une image que vous avez rendue floue à l'aide du filtre Flou gaussien.

Le Doigt permet d'étaler la « peinture ». Son effet est différent de celui que produit l'outil Goutte d'eau ; il s'apparente plus à un outil de dessin. Certains retoucheurs utilisent le Doigt (avec l'option Peinture au doigt) en mode Masque pour créer des sélections précises, par exemple pour suivre les contours des cheveux d'un modèle. Nous préférons utiliser le Pinceau avec une tablette graphique, en exploitant les différentes options de dynamique du pinceau. Ainsi, dans la palette Formes, l'option Variation de la taille (section Dynamique de la forme) permet de faire varier la taille du pinceau en fonction de la pression. Autre possibilité : dans la section Autre dynamique, l'option Variation de l'opacité permet de déterminer avec précision l'intensité de l'effet obtenu.

Modes de fusion du Pinceau

Les outils de dessin et de retouche proposent différents modes de fusion, qui sont identiques à ceux de la palette Calques. Il est tentant de les essayer tous, mais en pratique, pour les opérations de retouche, seuls cinq vous seront véritablement utiles : Produit, Superposition, Obscurcir, Éclaircir et Couleur, associés aux outils Pinceau, Aérographe, Goutte d'eau/Netteté et Dégradé. Il nous arrive fréquemment de devoir « nettoyer » des photos de modèles, par exemple parce les racines des cheveux teints sont visibles. Dans ce cas, nous prélevons un échantillon de la couleur de cheveux voulue, puis nous utilisons le Pinceau en mode Couleur pour « effacer » les racines. Ainsi, les valeurs de luminosité de la zone, qui définissent la texture et la forme des cheveux, restent inchangées, alors que les valeurs de couleur sont modifiées. Les valeurs de saturation sont également inchangées, aussi est-il parfois nécessaire de désaturer la zone à modifier avant d'y appliquer le Pinceau. Le mode Couleur peut être employé dans bien d'autres contextes, par exemple pour coloriser des illustrations ou des photographies en noir et blanc.

Retouche de visages

1 Premier élément à retoucher : les yeux, que nous corrigeons presque systématiquement. Nous avons utilisé le Lasso pour sélectionner le blanc des yeux ; la sélection n'a pas besoin d'être parfaite. On choisit ensuite Sélection > Contour progressif et on entre une valeur de 1 ou 2 pixels. On ajoute ensuite un calque de réglage de type Niveaux. Le calque de réglage ainsi créé comprend automatiquement un masque de fusion correspondant à la sélection existante. Pour éclaircir l'œil, nous choisissons un gamma (curseur gris) allant de 1,25 à 1,4. Nous ajoutons également un calque de réglage Teinte/Saturation afin de réduire légèrement la saturation des veines rouges de l'œil. Pour limiter l'effet de ce deuxième calque au blanc des yeux, nous le groupons avec le premier dans un groupe d'écrêtage (Opt/Alt+clic sur la ligne séparant les deux calques).

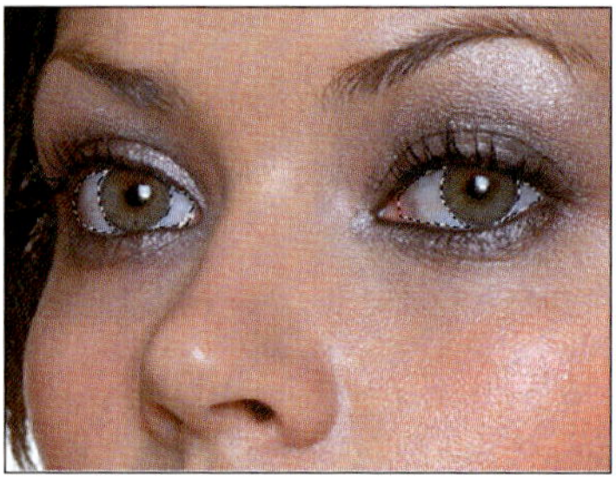

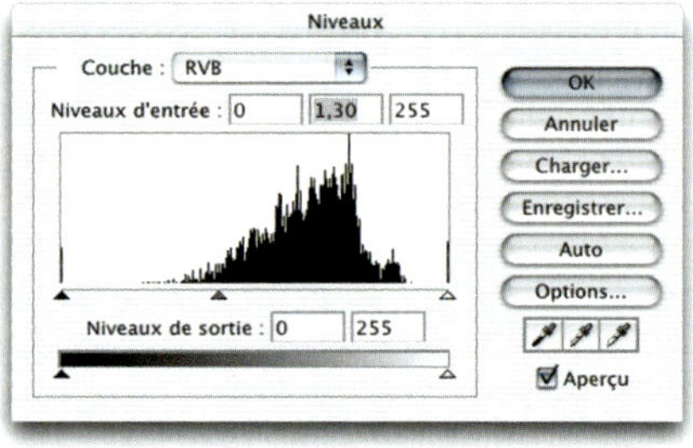

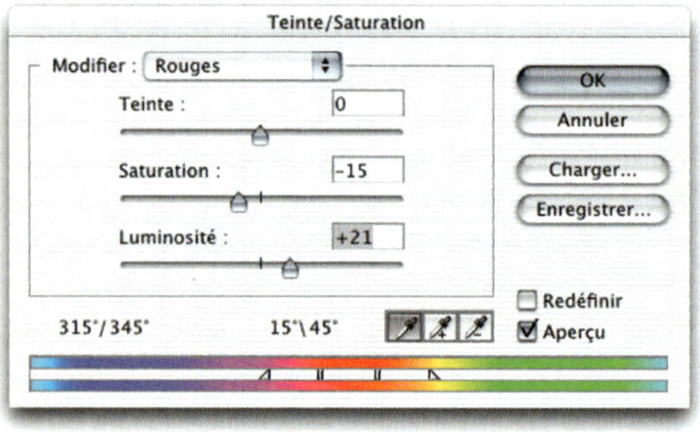

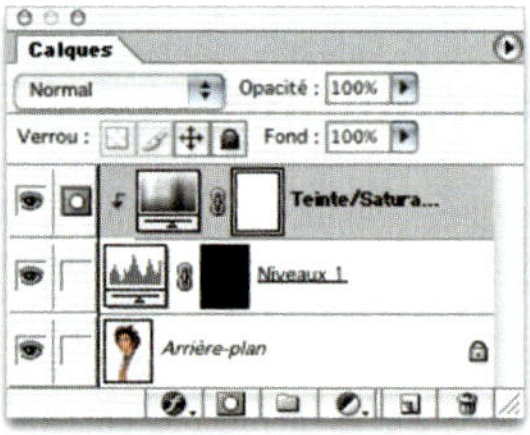

2 Lorsqu'on crée un groupe d'écrêtage, le calque « écrêté » (partiellement masqué) est affiché en retrait et avec une petite flèche pointant vers le bas. Nous nous concentrons ensuite sur le reste du visage. Pour cela, nous sélectionnons le visage avec le Rectangle de sélection, et nous copions la sélection sur un nouveau calque (Cmd/Ctrl+J). Ainsi, en cas d'erreur, nous pouvons toujours revenir à l'image initiale de l'Arrière-plan, qui n'est pas altérée, et comparer notre travail avec l'original.

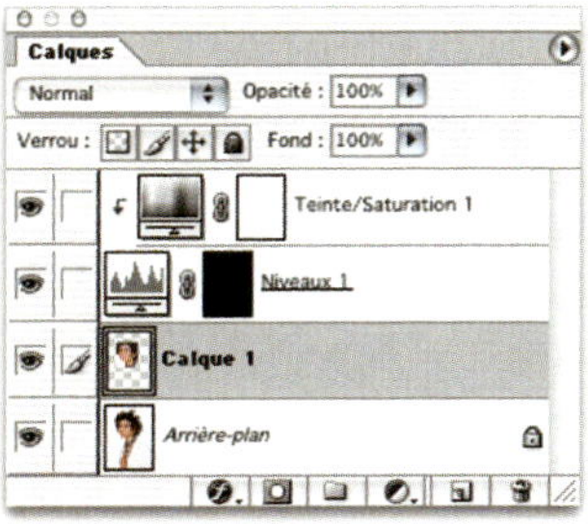

3 Tout notre travail de retouche est effectué avec le Pinceau sur le calque copié. La tablette graphique nous permet d'obtenir une finesse et une précision qu'il n'est pas possible d'atteindre avec la souris. Pour cela, nous choisissons les options de dynamique de la forme correspondantes dans la palette Formes.

Notez que le Pinceau de Photoshop reconnaît non seulement les variations de pression, mais aussi les variations d'inclinaison ainsi que la molette du stylet de la tablette graphique (pour peu que la tablette graphique elle-même dispose de ces possibilités).

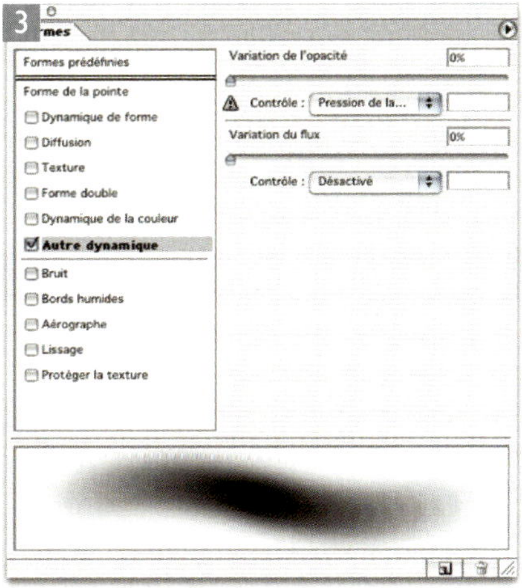

Forme :
65
Mode :
Eclaircir
Opacité :
100%
Flux :
50%

4

5

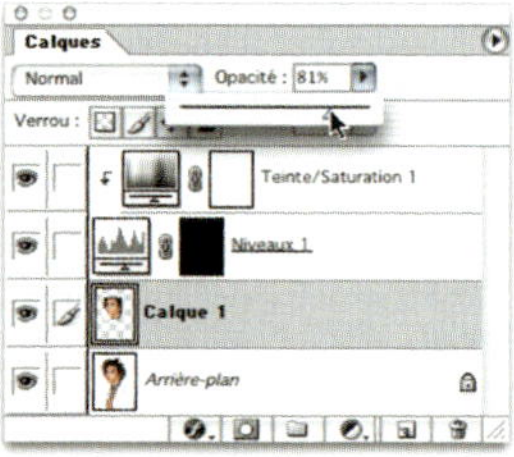
Calques
Normal
Opacité : 81%
Verrou :
Teinte/Saturation 1
Niveaux 1
Calque 1
Arrière-plan

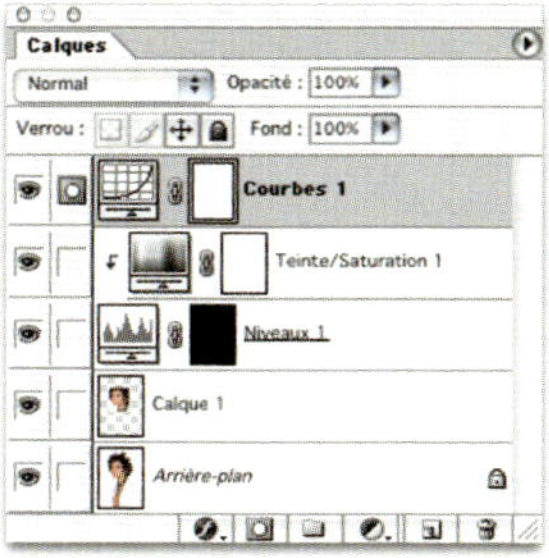

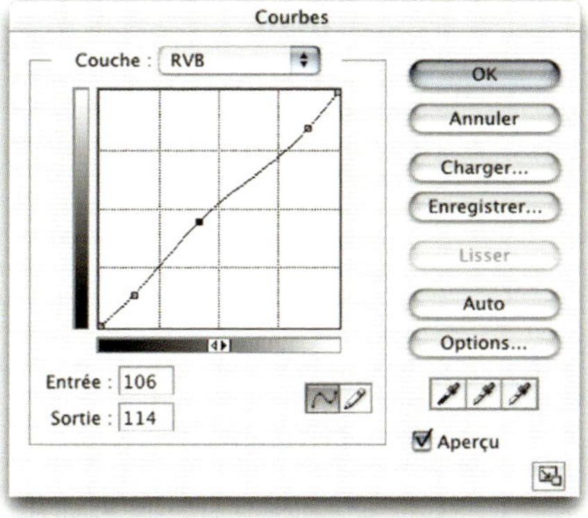

4 Dans l'exemple de la page précédente, nous avons d'abord appliqué le Pinceau en mode Éclaircir. Nous éclaircissons ainsi certaines zones foncées du visage, sous les yeux, par exemple. Pour prélever un échantillon de couleur quand le Pinceau est actif, enfoncez la touche Alt/Opt et cliquez. Il est préférable de prélever plusieurs fois des échantillons en cours de travail.

5 Pour faire disparaître les reflets, nous avons choisi le mode Obscurcir du Pinceau, et nous avons sélectionné un ton de chair légèrement plus foncé que les reflets. Avec le mode Obscurcir, seules les zones plus claires que la couleur utilisée sont affectées. Le degré de retouche est une question de préférence personnelle. Certains photographes apprécient l'aspect presque « matière plastique » de la peau très retouchée ; d'autres privilégient un effet plus nuancé. En ce qui nous concerne, nous réduisons toujours l'opacité du calque auquel nous avons appliqué les retouches (avec une valeur allant de 55 à 85 %), ce qui permet d'obtenir un effet plus naturel.

6 Pour finir, nous avons appliqué une correction des courbes en renforçant le contraste des couches rouge et verte et en réduisant le contraste de la couche bleue pour donner un léger aspect « traitement croisé » à l'image.

Client : Andrew Price Salon.
Modèle : Lisa Moulson, agence MOT Models.

Flou artistique

Pour obtenir un effet de « flou artistique », appliquez le filtre Flou gaussien à l'image puis choisissez la commande Édition > Estomper (cette commande peut également s'appliquer à des traits de pinceau ou à un réglage). Comme le montrent les exemples présentés ci-après, vous pouvez obtenir divers effets « traditionnels » en choisissant différents modes de fusion dans la boîte de dialogue Estomper. Vous pouvez aussi dupliquer l'Arrière-plan, lui appliquer le filtre Flou gaussien puis masquer, à l'aide d'un masque de fusion, certaines zones du calque ainsi créé.

Figure 10.3 Pour l'image du lanceur de javelot, nous avons appliqué le filtre Flou gaussien, puis nous l'avons estompé (Édition>Estomper) en choisissant le mode Obscurcir. L'effet obtenu rappelle le type de diffusion que l'on peut obtenir avec un agrandisseur. Nous avons procédé d'une manière similaire pour l'image de la forêt, mais en choisissant cette fois le mode Éclaircir. Le résultat est similaire à celui que l'on peut obtenir avec des filtres (physiques) de type flou artistique.

Récupération de détails dans les ombres

Parfois, quelles que soient les manipulations effectuées, la boîte de dialogue Courbes ne suffit pas à rétablir des détails dans les ombres sans dégrader le reste de l'image. La modification des courbes doit être faite avec prudence. Il faut que la forme des courbes soit douce, sinon vous risquez d'obtenir un effet de postérisation. Dans l'exemple qui suit, nous appliquons un calque de réglage Courbes et nous modifions les courbes pour retrouver des détails dans les ombres, mais il aurait été possible d'obtenir un résultat similaire en ajoutant n'importe quel calque de réglage à l'image et en choisissant le mode de fusion Superposition. Cette manipulation revient à fusionner tous les calques d'un document, à dupliquer le calque résultant et à y appliquer le mode Superposition. Avec le mode Superposition, l'image est éclaircie alors qu'avec le mode Produit, elle est assombrie.

La perte de détails dans les ombres peut être due à différentes causes. Parfois, c'est l'affichage du moniteur et non l'image elle-même qui en est responsable ; en conséquence, assurez-vous que votre moniteur soit correctement étalonné. Par ailleurs, il faut savoir que les moniteurs ne sont capables d'afficher qu'une plage tonale limitée et que, par conséquent, ils compriment les tons clairs et plus encore les tons foncés. Le seul moyen de confirmer que les tons foncés d'une image posent problème est d'afficher son histogramme. Ainsi, une accumulation de barres verticales sur le côté gauche de l'histogramme est généralement le signe de tons foncés comprimés. Parfois, il est utile de se référer à l'original (film ou photo) pour savoir si, oui ou non, des détails sont présents dans les ombres et si, par conséquent, ils peuvent être récupérés.

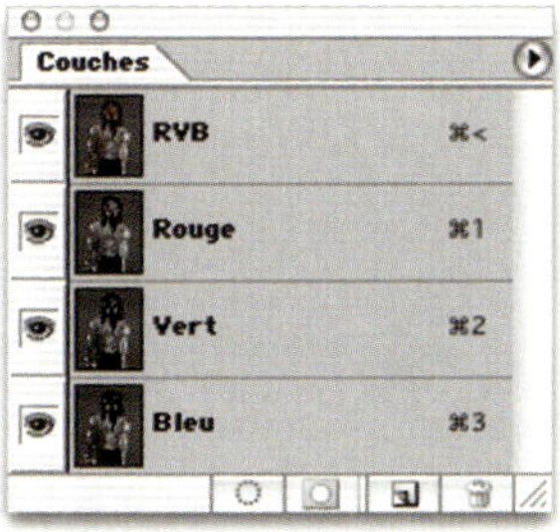

1 On crée un « masque de luminance » pour l'image en enfonçant la touche Cmd/Ctrl et en cliquant sur la couche RVB dans la palette Couches. On clique ensuite sur le bouton Mémoriser la sélection sur une couche pour enregistrer la sélection sur une couche alpha.

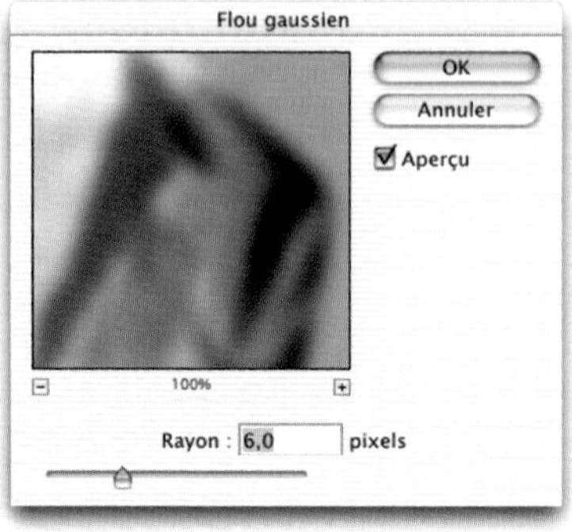

2 On désélectionne (Cmd/Ctrl+D) et l'on clique sur la couche Alpha 1. On l'inverse (Image > Réglage > Négatif), puis on lui applique un léger flou gaussien, ainsi qu'un peu de bruit gaussien si les transitions entre tons ne sont pas continues.

Ensuite, à partir de la boîte de dialogue Courbes, on éclaircit les tons clairs et l'on rend plus sombres les tons moyens et foncés de la couche alpha.

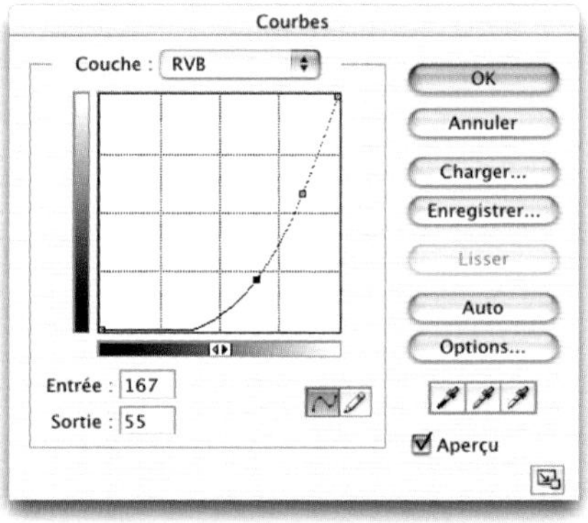

Client : Anita Jones. Modèle : Sze Kei, agence Rage.

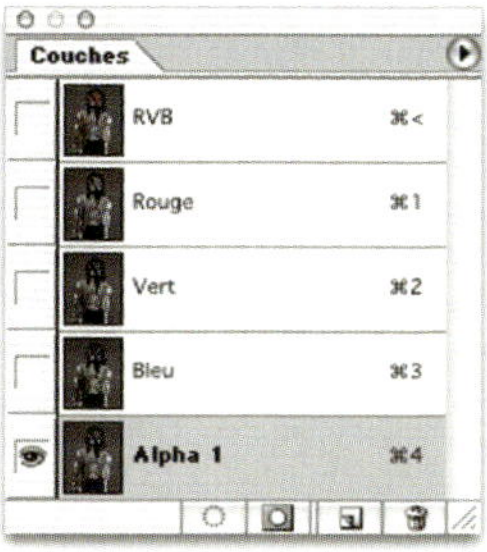

3 On clique sur le bouton Récupérer la couche comme sélection, dans la palette Couches, puis sur le bouton de nouveau calque de réglage dans la palette Calques, et l'on choisit Courbes. À partir de la boîte de dialogue Courbes, on éclaircit les tons foncés de l'image puis on clique sur OK. L'ajustement effectué ne s'applique qu'aux zones foncées de l'image.

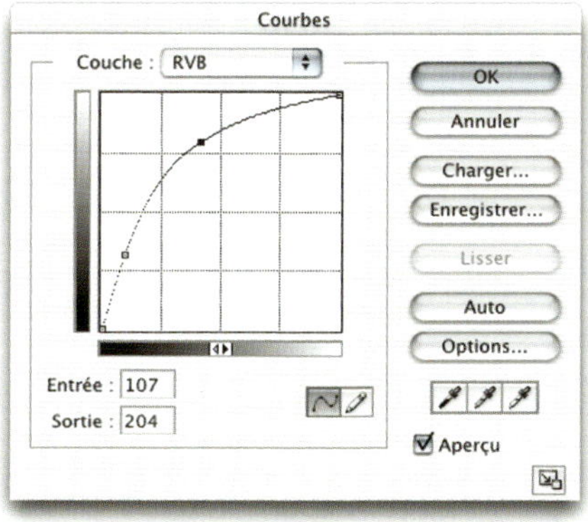

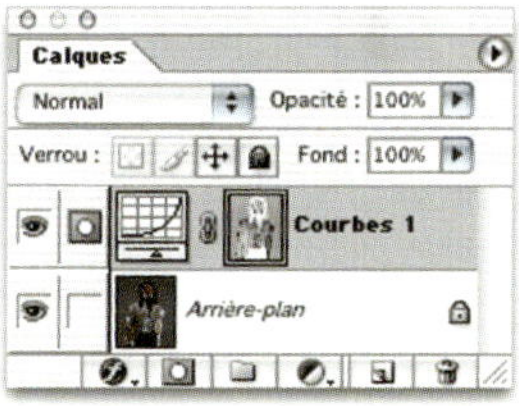

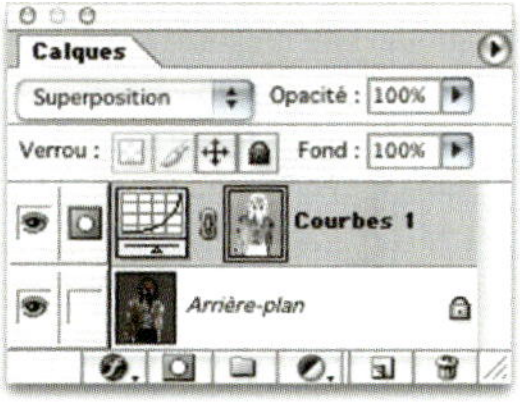

Outils Densité + et Densité –

Les outils Densité + et Densité – peuvent s'avérer utiles, mais pas pour corriger des zones importantes de l'image. Nous avons vu dans ce chapitre que, dans ce cas, il était préférable de créer une sélection avec un contour progressif autour de la zone concernée, puis d'ajouter un calque de réglage de type Courbes ou Niveaux à l'image. En revanche, les outils Densité + et Densité – sont pratiques pour effectuer rapidement de petites retouches. Dans ce cas, utilisez une petite forme d'outil et une valeur d'exposition faible. Ils présentent l'intérêt supplémentaire de pouvoir être paramétrés (dans la barre d'options) pour n'affecter que les tons clairs, moyens ou foncés. Une réserve toutefois : les valeurs de teinte, de saturation et de luminosité ne sont pas toujours affectées d'une manière convaincante. Ainsi, si vous éclaircissez fortement une zone de l'image, vous constaterez souvent que la saturation est exagérément réduite.

Le Tampon peut sembler être le seul outil nécessaire pour l'élimination des imperfections de la peau. En réalité, vous pouvez également faire appel à l'outil Densité – avec l'option Gamme : Tons clairs, une valeur d'exposition très faible (1 à 2 %) et une forme d'outil petite et douce. Après plusieurs passages, vous constaterez que les défauts s'atténuent progressivement. Comme nous l'avons mentionné, nous utilisons également le Pinceau en mode Éclaircir. Enfin, comme les outils Densité + et Densité – ne s'appliquent qu'à certaines gammes de tons, cela les rend fort utiles dans toutes sortes de situations. Ainsi, en mode Tons foncés, l'outil Densité + pourra servir à faire ressortir les détails de cheveux photographiés à contre-jour sans que ne soit altéré l'arrière-plan.

Chapitre 11

Techniques de montage

Les rapports entre couches alpha, masques de fusion, mode Masque et sélections peuvent ne pas paraître évidents à comprendre. En réalité, il s'agit de différents aspects d'une seule et même chose. Une sélection peut être affichée en mode Masque ou enregistrée sur une couche alpha ou en tant que masque de fusion. Une couche alpha peut être convertie en sélection, qui peut ensuite être affichée en mode Masque, etc. Dans ce chapitre, nous évoquerons également les masques vectoriels ; nous verrons comment les créer avec la Plume et les convertir en sélections.

Sélections et couches

Les sélections sont définies par des pointillés clignotants (voir figure 11.1) et peuvent être créées de différentes manières : soit avec l'un des outils de sélection (Rectangle de sélection, Lasso, Baguette magique, etc.), soit avec la commande Sélection > Plage de couleurs, soit à partir de différents éléments de l'image (couche alpha, contenu d'un calque, tracé, etc.). Les sélections ne sont que provisoires : si l'on clique à l'extérieur d'une sélection avec un outil de sélection, elle disparaît ; on peut cependant la rétablir avec la commande Sélection > Resélectionner.

Au cours de votre travail, vous serez amené à créer des sélections, à modifier les zones sélectionnées, puis à désélectionner. Une sélection complexe ou qui doit être réutilisée par la suite peut être stockée en tant que couche alpha. Pour ce faire, choisissez Sélection > Mémoriser la sélection et cliquez sur OK dans la boîte de dialogue qui apparaît. La sélection ainsi mémorisée apparaît dans la palette couches et se nomme Alpha 1 par défaut. Pour la retrouver, choisissez Sélection > Récupérer la sélection et sélectionnez le nom de la couche alpha dans la liste déroulante Couche, ou enfoncez la touche Cmd/Ctrl et cliquez sur la couche alpha dans la palette Couches.

Vous pouvez également vous passer des outils de sélection et créer directement une couche alpha. Pour ce faire, cliquez sur le bouton Créer une couche de la palette Couches. Dessinez ensuite dans la couche nouvellement créée avec les outils de dessin. La couche peut ensuite être convertie en sélection. Une autre possibilité consiste à travailler en mode Masque. Pour savoir à quoi ressemble une sélection en mode Masque, cliquez sur le bouton du mode Masque, en bas et à droite dans la boîte à outils. Comme vous pouvez le constater, la sélection apparaît sous la forme d'un voile rouge. Si la couleur de ce voile présente trop de ressemblance avec celles de l'image, double-cliquez sur le bouton du mode Masque et choisissez une autre couleur dans la boîte de dialogue qui apparaît. En mode Masque, vous pouvez utiliser tous les outils et la plupart des commandes de Photoshop pour modifier le voile qui représente la sélection.

Pour revenir en mode Standard, cliquez sur le bouton correspondant de la boîte à outils ; vous pouvez aussi appuyer sur la touche Q pour basculer d'un mode à l'autre. Pour récupérer une sélection à partir d'une couche alpha, vous pouvez utiliser la commande Sélection > Récupérer la sélection, le raccourci Cmd+Opt+*n° de la couche* (Mac OS) ou Ctrl+Alt+*n° de la couche* (Windows), ou encore faire glisser la couche sur le bouton Récupérer la couche comme sélection.

Figure 11.1 La moitié droite de l'image représente une sélection aux contours progressifs (il sera question de contours progressifs plus loin dans ce chapitre), et la moitié gauche la même sélection affichée en mode Masque.

Couches et sélections en bref

Sélection

Par défaut, une sélection se présente sous la forme de pointillés clignotants. Toutes les modifications apportées à l'image n'affecteront que les zones comprises à l'intérieur des pointillés. Les sélections sont provisoires ; pour désélectionner, cliquez à l'extérieur de la sélection avec un outil de sélection ou choisissez Sélection > Désélectionner (Cmd/Ctrl+D).

Mode Masque

Le mode Masque permet de représenter une sélection d'une manière « semi-permanente » en tant que voile coloré. Pour passer en mode Masque, cliquez sur le bouton correspondant de la boîte à outils ou appuyez sur la touche Q. En mode Masque, vous pouvez modifier la sélection avec la plupart des outils et commandes de Photoshop.

Couche alpha

Une sélection peut être mémorisée en tant que couche alpha à l'aide de la commande Sélection > Mémoriser la sélection. Pour la retrouver par la suite, utilisez la commande Sélection > Récupérer la sélection. Les couches alpha stockent les informations de sélection sur 256 niveaux de gris (8 bits). Ainsi, une couche alpha basée sur une sélection au contour progressif contiendra différentes valeurs de gris. Pour activer une couche alpha, cliquez dessus dans la palette Couches ; vous pouvez ensuite la modifier à volonté avec les outils de dessin et les commandes de Photoshop. Vous pouvez également afficher le contenu d'une couche alpha en tant que voile coloré, comme cela est possible avec le mode Masque. Pour ce faire, activez la couche alpha puis cliquez sur l'icône de l'œil, située face à la couche composite.

Tracé

Les tracés créés à l'aide de la Plume sont un des moyens dont vous disposez pour définir un contour d'image. Un tracé peut être fermé ou ouvert et on peut y appliquer un outil de dessin, le remplir avec une couleur ou le convertir en sélection. Pour cette dernière opération, il suffit de faire glisser le tracé sur le bouton Récupérer le tracé comme sélection de la palette Tracés. Vous pouvez également convertir une sélection en tracé en cliquant sur le bouton Convertir une sélection en tracé.

Les tracés n'occupent qu'un faible volume dans un fichier TIFF ; ils sont donc plus économiques en la matière que les couches alpha. En revanche, ils ne permettent pas d'enregistrer des informations de sélection progressive comme cela est possible avec une couche alpha. Depuis Photoshop 6, les tracés permettent également de définir des masques vectoriels pour les calques.

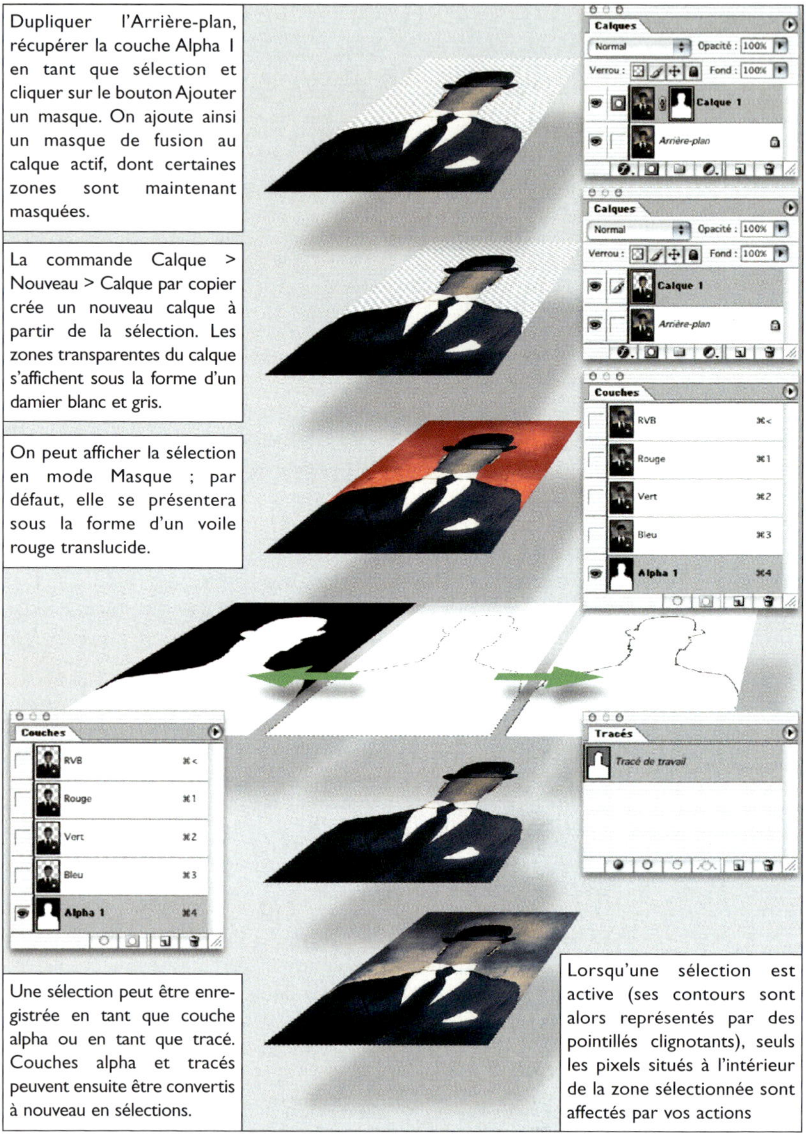

Figure 11.2 La relation entre sélections, couches, calques et tracés.

Modification d'une sélection

Comme nous l'avons mentionné au chapitre 6, il est possible d'étendre ou de réduire une sélection en se basant sur une sélection existante. Il suffit pour cela d'utiliser un outil de sélection combiné à la touche Maj (pour combiner la nouvelle sélection avec l'ancienne), à la touche Opt/Alt (pour soustraire la nouvelle sélection à l'ancienne) ou aux touches Maj+Opt/Alt (pour créer une intersection entre ancienne et nouvelle sélections). Vous pouvez également utiliser les boutons de la barre d'options pour obtenir le même résultat. En plaçant le pointeur de la souris à l'intérieur de la sélection et en faisant glisser, vous déplacez le contour de la sélection (mais non la sélection elle-même).

Vous pouvez agrandir ou réduire une sélection d'un nombre déterminé de pixels à l'aide des commandes Sélection > Modifier > Dilater/Contracter. Le même sous-menu propose les commandes Lisser et Cadre. Cette dernière commande crée une sélection de part et d'autre du contour de sélection existant, la largeur du cadre étant définie en pixels. Vous constaterez cependant que le résultat est souvent assez grossier ; il peut être amélioré en passant en mode Masque et en appliquant le filtre Flou gaussien. Nous verrons une application de cette commande plus loin dans ce chapitre.

Lissage et extension d'une sélection

Lorsqu'on examine de près une sélection créée avec la Baguette magique ou la commande Plage de couleurs, on s'aperçoit généralement que la sélection comporte des « trous ». Pour y remédier, appliquez-y la commande Sélection > Modifier > Lisser, qui permet d'obtenir une sélection d'une forme plus « lisse » (vous observerez que cette commande n'influe pas sur l'« anti-aliasage » de la sélection – voir plus loin).

Les commandes Étendre et Généraliser agrandissent la sélection en se basant sur ses valeurs colorées, à la manière de la Baguette magique. La commande Étendre étend, précisément, la sélection aux pixels contigus à cette dernière, et la commande Généraliser à tous les pixels de l'image dont la couleur est similaire à ceux de la sélection. La valeur de tolérance utilisée par ces outils est celle qui apparaît dans la barre d'options de la Baguette magique.

Lissage et contour progressif

Par défaut, toutes les sélections sont lissées (« anti-aliasées »). Une image bitmap est composée de pixels carrés. Sans lissage, toutes les lignes obliques laissent apparaître un effet de crénelage (ou « dents de scie »). Pour obtenir des lignes d'apparence lisse, Photoshop ajoute entre les « créneaux » des pixels d'une valeur intermédiaire, créant ainsi l'illusion d'un contour lisse. Le lissage est activé par défaut, et il n'existe que très peu de situations où il s'avère utile de le désactiver. Vous souhaiterez parfois lisser les contours d'une couche alpha qui présentent un crénelage. Pour une zone de taille réduite, utilisez l'outil Goutte d'eau pour atténuer légèrement les contours ; sinon, employez la technique présentée page suivante.

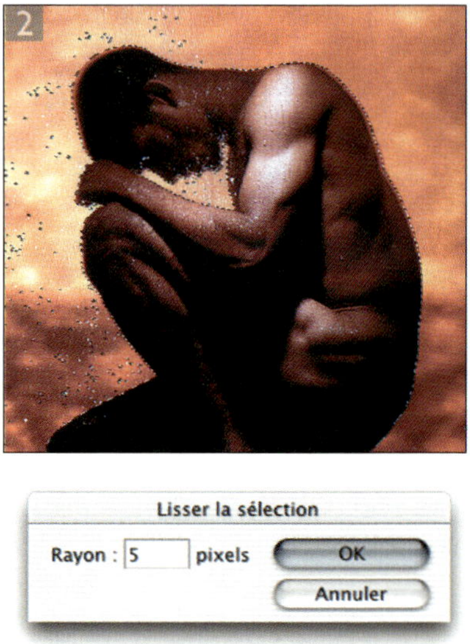

1 Ici, on vise à créer une sélection aux contours lisses, basée sur les valeurs tonales de l'image, et à modifier légèrement la couleur de l'arrière-plan. On utilise la Baguette magique pour sélectionner l'arrière-plan, avec par exemple une valeur de tolérance de 25.

2 Si la Baguette magique ne sélectionne pas tous les pixels de l'arrière-plan, on choisit Sélection > Modifier > Lisser pour éliminer les « trous » que comporte éventuellement la sélection. La commande Lisser fonctionne comme suit : si vous choisissez par exemple un rayon de 5, Photoshop examine tous les pixels dans un rayon de 5 pixels autour de chaque pixel. Si, dans cette zone, plus de la moitié des pixels sont sélectionnés, tous les pixels de la zone sont sélectionnés. Dans le cas contraire, tous les pixels de la zone sont désélectionnés.

3 Une fois que la sélection est en place, on choisit Affichage > Afficher > Contour de la sélection pour masquer les pointillés clignotants, puis on ouvre la boîte de dialogue Teinte/Saturation et l'on modifie la couleur des zones sélectionnées.

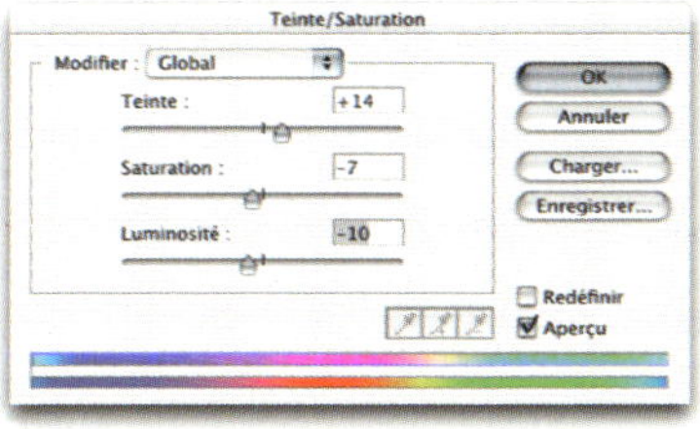

Photographie : Eric Richmond.

Le lissage permet de résoudre le problème des contours de sélection crénelés. Cependant, il est généralement nécessaire de travailler avec des sélections dont les contours soient plus doux. En effet, lorsque les bords d'un élément sont trop nets, le montage risque d'être visible.

Pour atténuer les contours d'une sélection, choisissez Sélection > Contour progressif et entrez une valeur dans la boîte de dialogue qui apparaît. Une valeur de 1,0 ou de 2,0 est généralement suffisante mais, dans certains cas, vous serez amené à employer des valeurs bien plus importantes.

Ainsi, pour créer un effet de cache autour d'une photographie, utilisez le Lasso pour définir le contour de la sélection et appliquez-lui un contour progressif important (50 à 100 pixels). Intervertissez ensuite la sélection et appliquez-y la commande Courbes ou Niveaux pour éclaircir ou assombrir le contour de l'image.

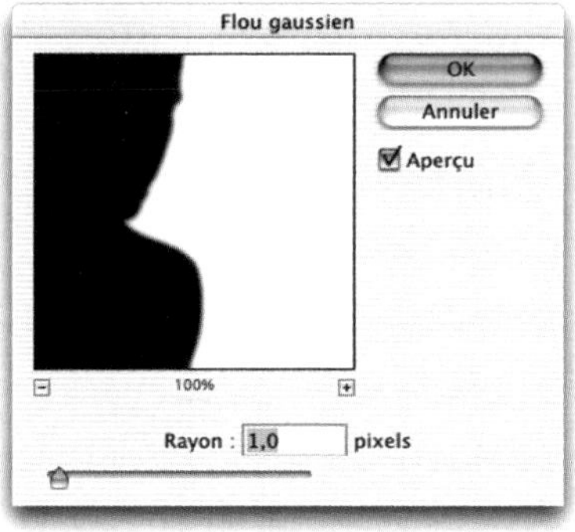

1 On applique à la couche alpha le filtre Flou gaussien avec un rayon de 1 pixel.

2 On ouvre la boîte de dialogue Niveaux et l'on utilise respectivement les valeurs suivantes pour les trois champs des niveaux d'entrée : 65 (tons foncés), 1,0 (tons moyens) et 190 (tons clairs).

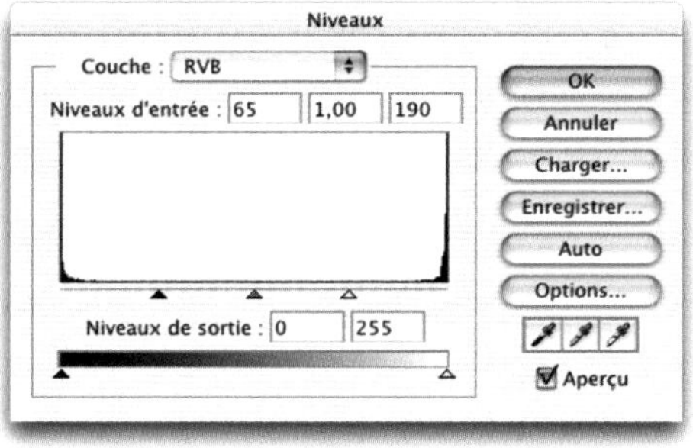

Calques

Les calques peuvent être comparés à des feuilles d'acétate empilées sur le fond de l'image et sur lesquelles vous pouvez dessiner à volonté. Lorsque vous faites glisser un élément d'un autre document dans une image, cet élément est inséré en tant que calque dans le document cible. Vous pouvez également créer un calque vide (en cliquant sur le bouton correspondant dans la palette Calques). Une autre possibilité consiste à convertir une sélection en calque (Calque > Nouveau > Calque par copier ou Cmd/Ctrl+J). Vous pouvez afficher et masquer séparément chacun des calques d'une image, les relier entre eux, les associer dans des groupes de calques et faire fusionner certains d'entre eux ou tous à la fois. Pour renommer un calque dans Photoshop 7, double-cliquez sur son nom. Pour le dupliquer, faites-le glisser sur l'icône de nouveau calque. Enfin, pour supprimer un calque, il suffit de le faire glisser sur l'icône de la corbeille, en bas dans la palette Calques ; depuis Photoshop 7, vous disposez également de la commande Calque > Supprimer > Calques masqués.

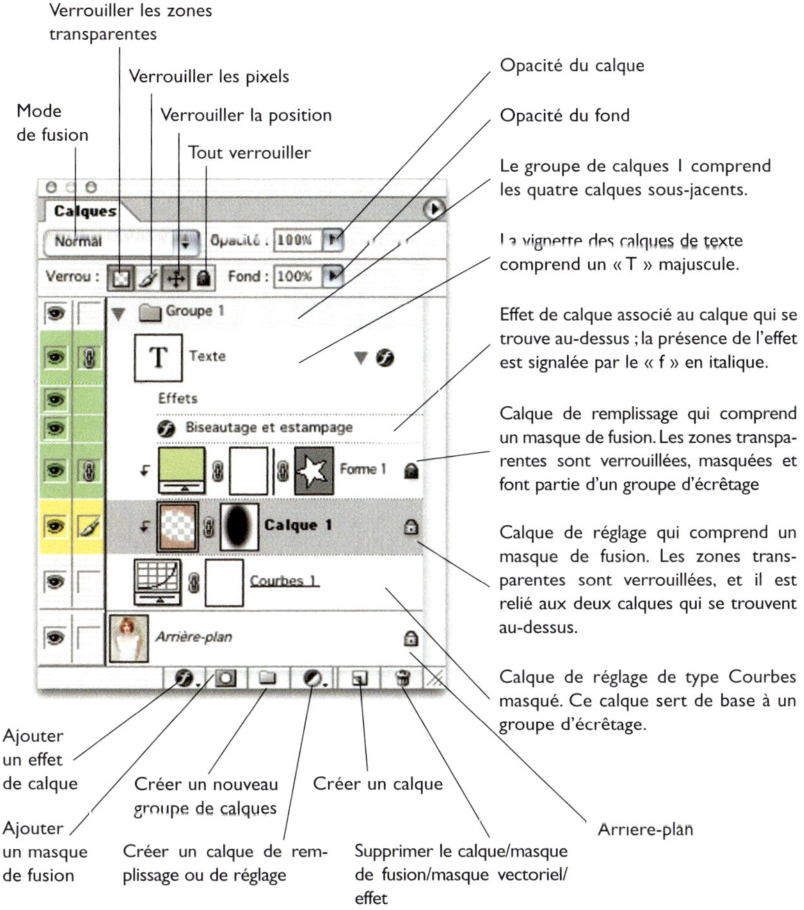

Figure 11.3 Les différents éléments de la palette Calques sous Photoshop 7. La vignette des calques qui font partie d'un groupe figure en retrait par rapport aux autres. Vous pouvez par ailleurs attribuer des couleurs aux calques.

Modes de fusion

Le contenu des calques de Photoshop peut être combiné avec celui des calques sous-jacents au moyen de l'un des différents modes de fusion disponibles. Dans cette page et les suivantes, vous trouverez des exemples illustrés ainsi que de courtes descriptions de l'effet que produisent les différents modes de fusion proposés par Photoshop. Il faut retenir que la plupart de ces modes de fusion peuvent également être choisis pour les outils de dessin de Photoshop. Dans les descriptions ci-après, le calque supérieur est le calque auquel est appliqué le mode de fusion.

Normal

C'est le mode par défaut. Si vous réduisez la valeur d'opacité du calque, son contenu devient partiellement transparent (opacité : 80 %).

Fondu

Combine le calque avec le calque sous-jacent en utilisant un motif de pixels aléatoires. Si l'opacité du calque supérieur est de 100 %, il n'est pas modifié. L'effet de fondu devient visible dès lors que l'opacité du calque est inférieure à 100 % (opacité : 80 %).

Obscurcir

Compare les couleurs du calque supérieur et du calque sous-jacent. La couleur du calque supérieur n'est rendue visible que là où elle est plus foncée que celle du calque sous-jacent.

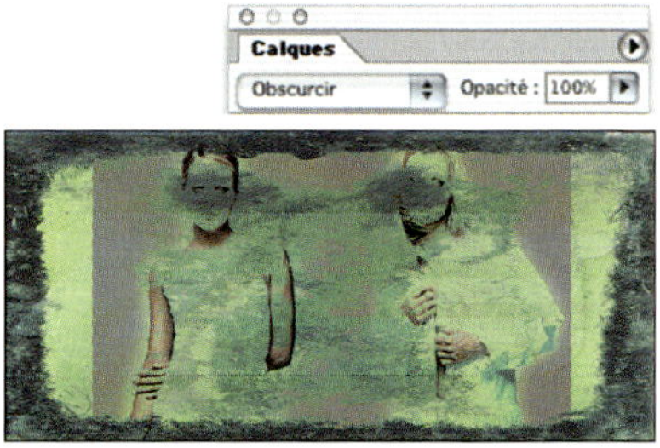

Produit

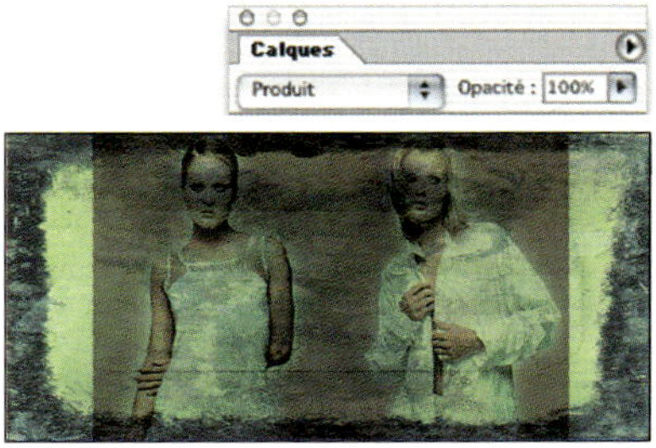

Multiplie la valeur de couleur du calque sous-jacent par celle du calque supérieur ; la couleur résultante est toujours plus foncée, sauf là où le calque supérieur contient du blanc. L'effet est similaire à celui de deux diapositives superposées sur une table lumineuse.

Densité couleur +

Assombrit l'image en fonction des couleurs de l'image supérieure. Plus ces couleurs sont foncées, plus l'effet est visible. Si le calque supérieur est entièrement rempli de blanc, l'image n'est pas modifiée.

Densité linéaire +

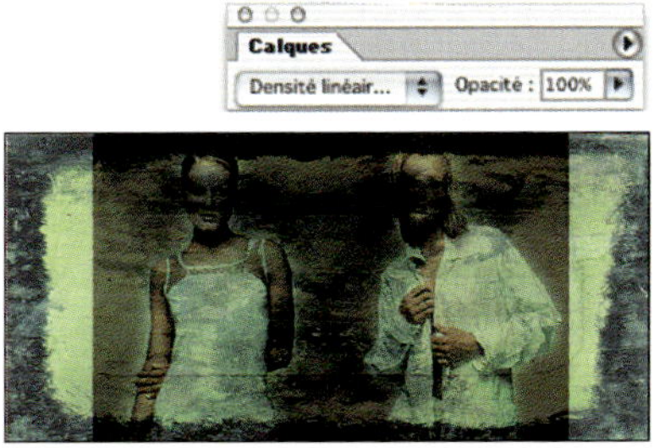

Le mode Densité linéaire + assombrit l'image de manière encore plus prononcée que les modes Produit ou Densité Couleur +. Ce mode produit un écrêtage des pixels les plus foncés. Un calque blanc dans ce mode ne produit aucun effet.

Éclaircir

Compare les couleurs du calque supérieur et du calque sous-jacent. La couleur du calque supérieur n'est rendue visible que là où elle est plus claire que celle du calque sous-jacent.

Superposition

Multiplie les inverses de la valeur de couleur du calque sous-jacent et du calque supérieur ; la couleur résultante est toujours plus claire, sauf là où le calque supérieur contient du noir. L'effet est similaire à celui obtenu lorsqu'on effectue un tirage photographique en superposant deux négatifs.

Densité couleur –

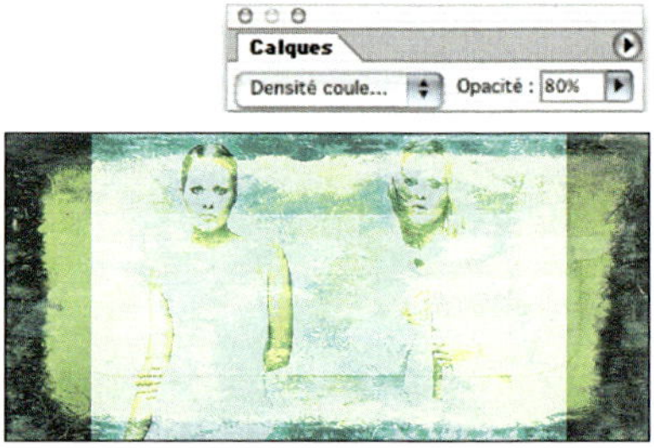

Éclaircit l'image en fonction des couleurs de l'image supérieure. Plus ces couleurs sont claires, plus l'effet est visible. Si le calque supérieur est entièrement rempli de noir, l'image n'est pas modifiée (opacité : 80 %).

Densité linéaire –

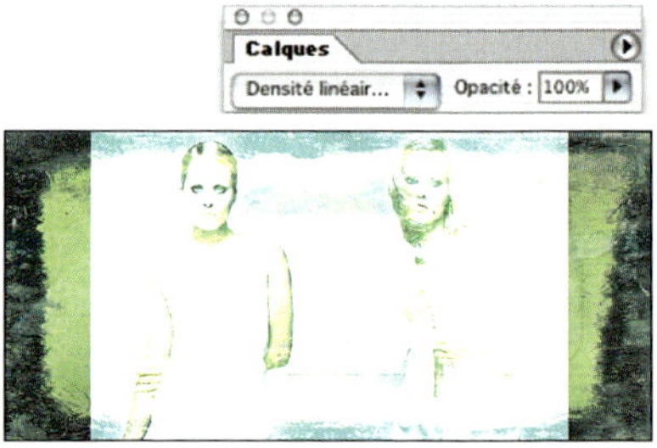

Le mode Densité linéaire – est l'inverse du mode Densité linéaire +. Il éclaircit davantage l'image que les modes Superposition ou Densité Couleur –. Ce mode produit un écrêtage des pixels les plus clairs. Un calque noir dans ce mode ne produit aucun effet.

Incrustation

Ce mode et les cinq suivants sont des variations sur un même thème : celui de la combinaison de deux images en une seule. Le mode Incrustation s'avère généralement le plus utile ; il permet d'« incruster » l'image supérieure dans l'image du calque sous-jacent en combinant les effets des modes Produit et Superposition. Le noir et le blanc de l'image sous-jacente restent préservés. Un calque dans ce mode rempli de gris à 50 % ne produit aucun effet.

Lumière tamisée

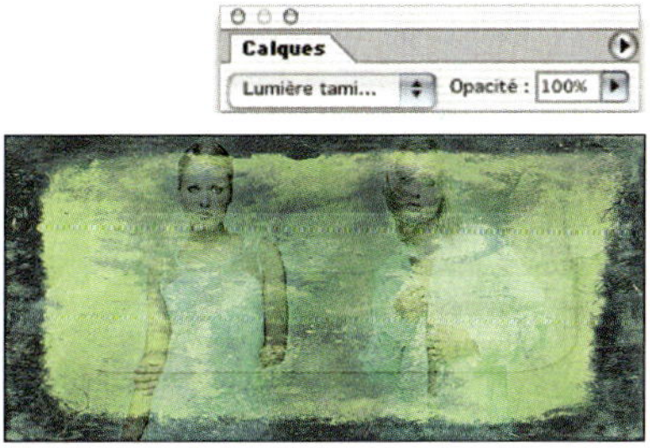

Éclaircit ou assombrit les couleurs en fonction des couleurs de l'image sous-jacente. Le mode Lumière tamisée produit un effet plus doux que le mode Incrustation. Un calque dans ce mode rempli de gris à 50 % ne produit aucun effet.

Lumière crue

Éclaircit ou assombrit les couleurs en fonction des couleurs de l'image sous-jacente. Le mode Lumière crue produit un effet plus prononcé que le mode Incrustation. Un calque dans ce mode rempli de gris à 50 % ne produit aucun effet.

Lumière vive

Applique une Densité couleur + ou une Densité couleur – en fonction de la couleur de base. L'effet est plus prononcé que le mode Lumière crue. Un calque dans ce mode rempli de gris à 50 % ne produit aucun effet.

Lumière linéaire

Applique une Densité linéaire + ou une Densité linéaire – en fonction de la couleur de base. L'effet est plus prononcé que le mode Lumière vive. Un calque dans ce mode rempli de gris à 50 % ne produit aucun effet.

Lumière ponctuelle

Applique le mode Éclaircir aux couleurs claires et le mode Obscurcir aux couleurs foncées. L'effet est plus prononcé que le mode Lumière tamisée. Un calque dans ce mode rempli de gris à 50 % ne produit aucun effet.

Différence

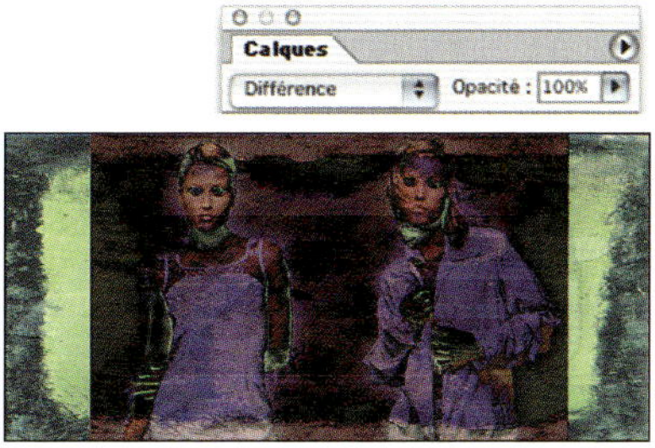

Soustrait la couleur du calque sous-jacent à celle du calque supérieur, ou procède dans le sens inverse, selon que la première ou la seconde est la plus lumineuse. Si le calque supérieur est entièrement rempli de blanc à 100 %, le contenu du calque sous-jacent est inversé, un calque rempli de noir n'ayant quant à lui aucun effet. Si vous dupliquez un calque et si vous lui appliquez le mode Différence, l'image qui en résultera sera entièrement noire. L'utilisation de différentes opacités permet d'obtenir des résultats très variés. Enfin, vous pouvez détecter les différences minimes qui existent entre deux images (comparaison de deux espaces RVB, par exemple) en les superposant au moyen de deux calques et en donnant au calque supérieur le mode Différence.

Exclusion

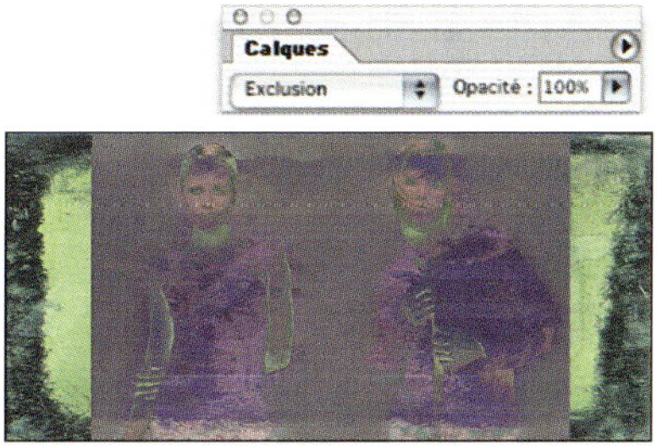

Une variante du mode Différence. Avec un calque supérieur entièrement blanc, ce mode produit une inversion de l'image.

Teinte

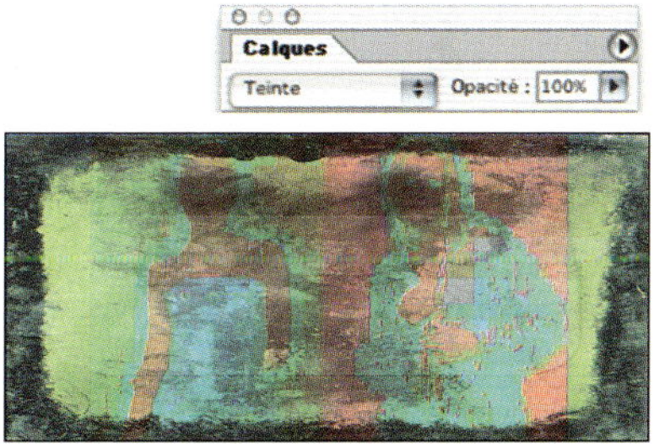

Remplace les valeurs de teinte du calque sous-jacent par celles du calque supérieur sans modifier la luminosité ni la saturation du calque sous-jacent.

Saturation

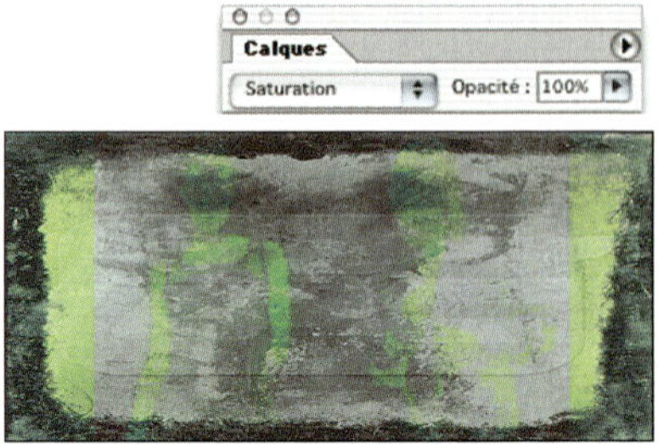

Remplace les valeurs de saturation du calque sous-jacent par celles du calque supérieur sans modifier la luminosité ni la teinte du calque sous-jacent.

Couleur

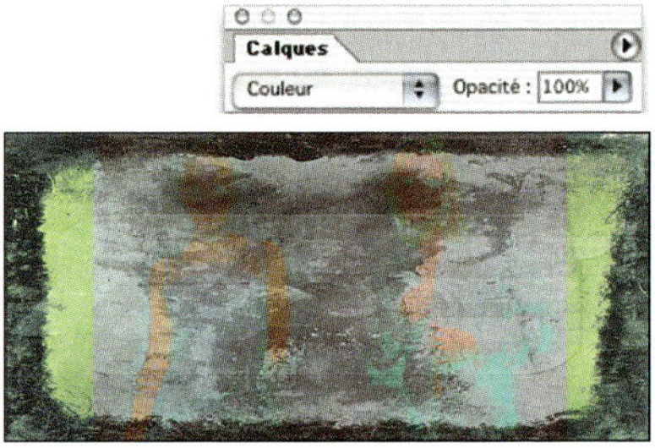

Remplace les valeurs de teinte et de saturation du calque sous-jacent par celles du calque supérieur sans modifier la luminosité du calque sous-jacent. Ce mode est particulièrement utile pour la colorisation de photographies.

Luminosité

Remplace les valeurs de luminosité du calque sous-jacent par celles du calque supérieur sans modifier la teinte ni la saturation du calque sous-jacent.

Masques vectoriels

Il y a deux moyens de masquer un calque : le masque de fusion, qui est une image bitmap en niveaux de gris, et le masque vectoriel, qui est défini par un ou plusieurs tracés vectoriels. Lorsqu'on utilise l'une ou l'autre de ces méthodes (ou les deux à la fois), le contenu du calque est masqué d'une manière provisoire ; il est donc possible de modifier le masque à tout moment pour afficher ou masquer différentes zones du calque, ou pour revenir en arrière en cas d'erreur.

Ajout d'un masque de fusion vide

Pour créer un masque de fusion qui, initialement, ne masque pas du tout le calque, et ensuite définir les zones à masquer à l'aide des outils de dessin, cliquez sur le bouton Ajouter un masque de la palette Calques ou choisissez Calque > Ajouter un masque de fusion > Tout faire apparaître. Inversement, pour créer un masque de fusion qui masque entièrement le calque, choisissez Calque > Ajouter un masque de fusion > Tout masquer ou enfoncez la touche Opt/Alt avant de cliquer sur le bouton Ajouter un masque.

Ajout d'un masque de fusion basé sur une sélection

Pour ajouter un masque de fusion basé sur une sélection, assurez-vous que la sélection soit active puis cliquez sur le bouton Ajouter un masque ou choisissez Calque > Ajouter un masque de fusion > Faire apparaître la sélection. Si vous choisissez Calque > Ajouter un masque de fusion > Masquer la sélection ou que vous enfoncez la touche Opt/Alt avant de cliquer sur le bouton Ajouter un masque, la zone sélectionnée sera masquée et le reste du calque restera visible. Lorsqu'un masque de fusion est actif, sa vignette, dans la palette Calques, est entourée d'un cadre double et l'icône du masque de fusion est affichée dans la deuxième colonne de la palette à la place de l'icône du pinceau.

Affichage du masque de fusion dans la fenêtre du document

La vignette du masque de fusion donne une assez bonne idée de son apparence, mais vous pouvez également l'afficher dans la fenêtre du document en procédant comme suit :

1. Enfoncez la touche Opt/Alt et cliquez sur la vignette du masque de fusion pour l'afficher en tant qu'image en niveaux de gris dans la fenêtre du document.

2. Enfoncez les touches Maj+Opt/Alt et cliquez sur la vignette du masque de fusion pour l'afficher en tant que voile translucide au-dessus de l'image.

1 Pour séparer cet arbre de son arrière-plan, on crée une sélection qui corresponde au contour de l'arbre et on l'enregistre en tant que couche alpha.

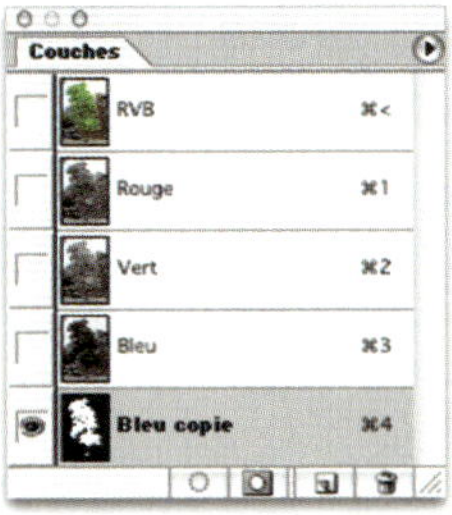

2 Voici le masque de fusion résultant. Ici, il est préférable d'utiliser un masque de fusion et non un masque vectoriel dans la mesure où les contours de l'arbre sont doux et ne se prêtent pas à la création d'un tracé. Nous verrons un peu plus bas dans ce chapitre un exemple qui fait appel à un masque vectoriel.

3 On duplique l'Arrière-plan ; le calque nouvellement créé se nomme Fond Copie 1. On masque l'Arrière-plan et on active le calque Fond Copie 1. On récupère la sélection stockée sous forme de couche alpha, puis on la transforme en masque de fusion.

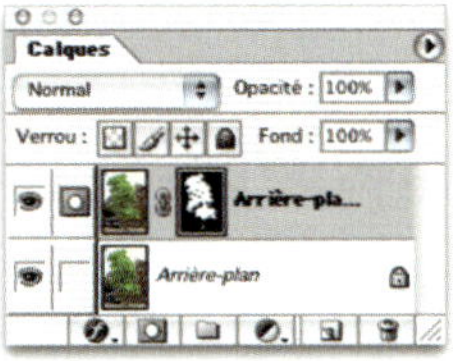

Application et suppression du masque de fusion

Une fois que vous avez finalisé votre masque de fusion, plusieurs moyens permettent de l'appliquer ou de le supprimer :

Choisissez Calque > Supprimer le masque de fusion > Appliquer pour supprimer le masque de fusion après l'avoir appliqué au calque, ou Calque > Supprimer le masque de fusion > Supprimer pour le supprimer sans l'appliquer.

Faites glisser la vignette du masque de fusion sur la corbeille, dans la palette Calques. Une boîte de dialogue vous demande alors si vous souhaitez appliquer le masque au calque avant de le supprimer. Vous pouvez aussi cliquer sur la Corbeille alors que le masque est actif dans la palette.

Pour désactiver provisoirement un masque de fusion, choisissez Calque > Désactiver le masque de fusion ou enfoncez la touche Maj et cliquez sur sa vignette. Lorsqu'un masque de fusion est désactivé, il est barré par une croix rouge. Pour le réactiver, choisissez Calque > Activer le masque de fusion.

Effectuez un Ctrl+clic (Mac OS) ou un clic droit (Windows) sur la vignette du masque de fusion pour afficher toutes les options d'application et de suppression du masque.

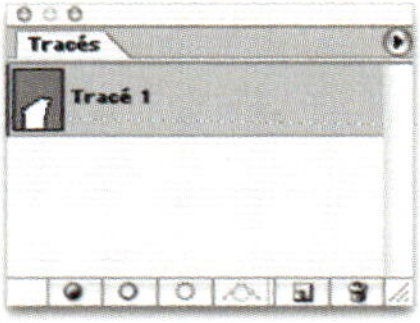

1 Pour dessiner le contour du vêtement du modèle, on crée un tracé avec la Plume. Le tracé étant actif, on ajoute un calque de réglage de type Teinte/Saturation à l'image. Ce calque de réglage sera associé au tracé que l'on vient de créer. On peut modifier le type du calque de réglage à partir du sous-menu Calque > Modifier le contenu du calque.

2 Les modifications du calque de réglage ne s'appliquent qu'à l'intérieur du tracé. Celui-ci peut être modifié ultérieurement avec la Plume, si nécessaire.

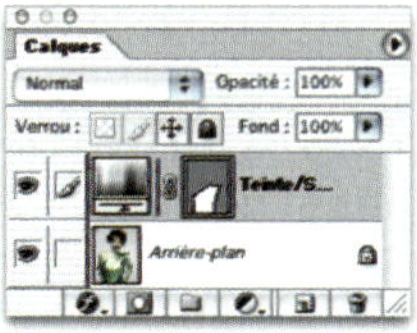

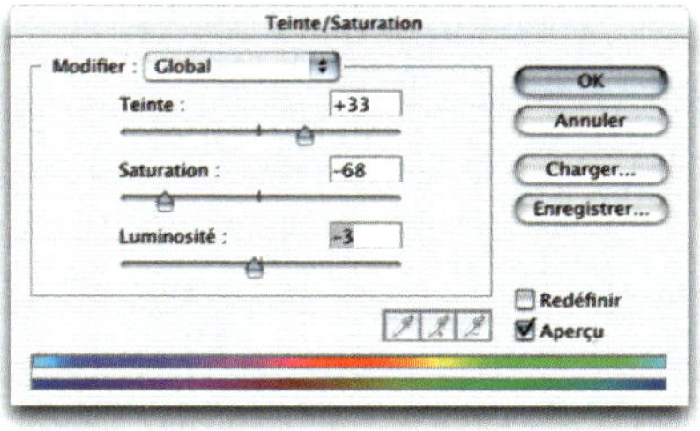

Client : Anita Cox. Modèle : Amanda, agence Nevs.

Masques vectoriels

Vous pouvez transformer un tracé en masque vectoriel. Pour ce faire, choisissez Calque > Ajouter le masque vectoriel > Tracé sélectionné.

Figure 11.4 La figure ci-dessus montre le rapport entre tracés et masques vectoriels.

Les masques vectoriels sont similaires aux masques de fusion à ceci près que c'est un tracé qui définit les zones masquées du calque et non une image en niveaux de gris. Le tracé définissant un masque vectoriel peut être modifié avec la Plume ou avec les outils de forme vectorielle. Du fait de leur nature vectorielle, ils peuvent être redimensionnés ou transformés à volonté sans perte de qualité. Pour créer un masque vectoriel à partir d'un tracé existant, ouvrez la palette Tracés, activez-y le tracé voulu puis choisissez Calque > Ajouter le masque vectoriel > Tracé sélectionné.

La vignette du calque représente le contour du tracé : les zones qui apparaissent en gris sont les zones masquées. Cette indication visuelle est importante lorsqu'on cherche à combiner plusieurs tracés pour par exemple créer un « trou » dans une forme vectorielle. Nous en verrons un exemple lorsque nous réaliserons un photomontage basé sur le *Spirit of St Louis*, un peu plus loin dans ce chapitre.

Liens entre calques

Vous pouvez relier les calques entre eux en cliquant dans la deuxième case de la palette Calques, en face du calque à relier. Vous faites ainsi apparaître une icône de lien. Lorsque deux ou plusieurs calques sont liés, les opérations de déplacement et de transformation s'appliquent simultanément à tous les calques liés, mais ces derniers restent cependant distincts, avec pour chacun une opacité et un mode de fusion propres. Pour supprimer un lien, cliquez sur l'icône pour la faire disparaître.

Par défaut, les masques de fusion et les masques vectoriels sont liés au contenu de leur calque. En déplaçant un calque masqué, vous déplacez son masque en même temps, sauf si cette action ne concerne que le contenu d'une sélection ; dans ce cas, le masque ne bouge pas. Vous pouvez également rendre les masque et calque indépendants en cliquant sur l'icône de lien qui se trouve entre les deux vignettes, dans la palette Calques.

Les calques de réglage de Photoshop fonctionnent comme des « vrais » calques. Ainsi, si vous souhaitez appliquer une image à elle-même selon un certain mode de fusion (Produit, par exemple), au lieu de dupliquer le calque, ajoutez n'importe quel calque de réglage et choisissez pour ce calque le mode voulu : l'effet sera identique, et la consommation de mémoire bien moindre.

Gestion des groupes de calques

Vous pouvez ranger les calques dans des groupes de calques, que l'on peut comparer aux dossiers utilisés pour organiser les fichiers du disque dur. Les groupes de calques permettent de gagner de la place dans la palette Calques et d'organiser les calques d'une manière logique. Vous pouvez afficher et masquer un groupe de calques comme vous le feriez pour un seul calque. Il vous est également possible d'attribuer séparément une valeur d'opacité, un mode de fusion, un masque de fusion et un masque vectoriel, à la fois au groupe de calques lui-même et à chacun des calques qu'il contient.

Pour repositionner un calque dans la palette Calques, faites-le glisser vers le haut ou le bas. Pour insérer un calque dans un groupe de calques, faites-le glisser sur le nom ou l'icône du groupe ou entre des calques qui font partie du groupe. Pour sortir un calque d'un groupe, faites-le glisser jusqu'au dernier calque du groupe, puis vers la gauche ; s'il s'agit du dernier calque du groupe, faites-le simplement glisser vers la gauche. En cliquant sur le bouton de nouveau groupe, vous créez un nouveau groupe au-dessus du calque actif ; avec la touche Cmd/Ctrl, il est créé sous le calque actif. Vous pouvez verrouiller en une seule fois tous les calques d'un groupe avec la commande Calque > Verrouiller tous les calques du groupe.

Groupes de calques

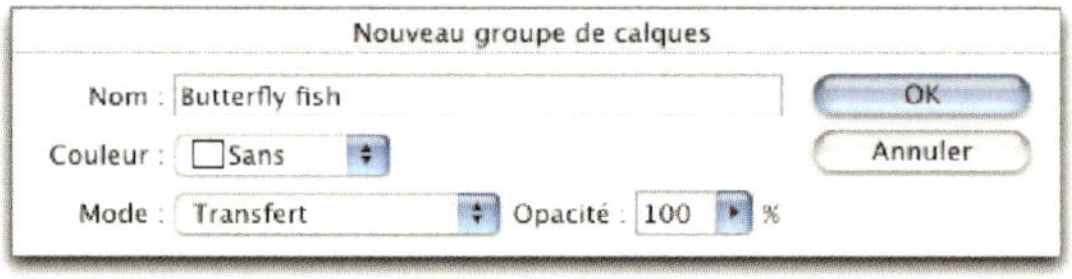

1 Pour cette image, nous avons utilisé un total de quarante-six calques. Lorsqu'on parvient à une telle quantité de calques, la palette Calques devient d'un maniement peu aisé. Les groupes de calques sont alors d'une aide précieuse. Ainsi, tous les calques qui se rapportent au poisson-papillon ont été rassemblés dans un seul groupe. Pour ce faire, nous avons employé l'outil Déplacement en mode Sélection automatique du calque et nous avons cliqué sur chacun des éléments en enfonçant la touche Maj pour les relier entre eux. Ensuite, il a suffi de choisir Nouveau groupe d'après les calques liés, dans le menu de la palette.

2 On peut rendre visibles ou invisibles en une seule fois tous les calques qui font partie d'un groupe comme s'ils étaient fusionnés, et modifier l'opacité du groupe entier. On double-clique sur un groupe de calques pour afficher la boîte de dialogue Propriétés du groupe de calques, qui permet de choisir une couleur et un nom pour le groupe.

Photographie : Peter Hince.
Client : Araldite.
Agence : Warman & Bannister.

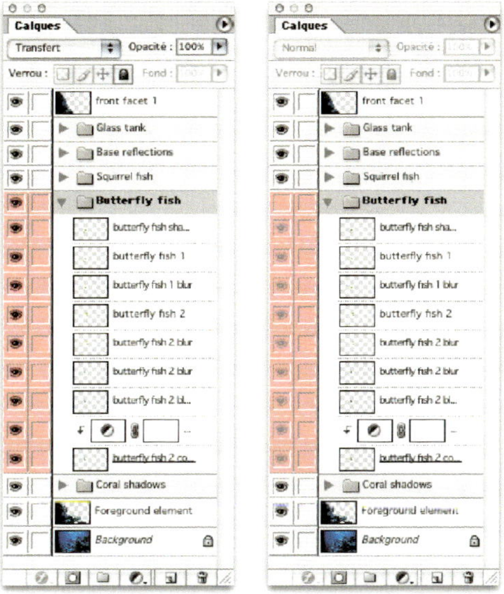

1 Les quatre lettres font partie d'un même groupe de calques. Le calque A est en mode Produit, le B en mode Incrustation, le C en mode Différence, et le D en mode Superposition. Le groupe de calques est en mode Transfert ; autrement dit, le groupe ne modifie en rien le mode de fusion de chacun des calques.

2 En double-cliquant sur un calque, vous affichez la boîte de dialogue Style de calque qui permet de modifier ses propriétés de fusion avancées. L'option Masquage permet au contenu du calque de « traverser » les calques sous-jacents : avec l'option Superficiel, le contenu du calque traverse les calques sous-jacents qui font partie du même groupe ; avec l'option Profond, le contenu du calque traverse tous les calques sous-jacents, sauf l'Arrière-plan.

3 Par défaut, le mode de fusion du groupe de calques est Transfert. Si vous changez de mode de fusion pour le groupe, les calques du groupe interagissent entre eux comme auparavant, mais leur interaction avec les calques situés sous le groupe de calques est déterminée par le mode de fusion du groupe. Ici, en choisissant le mode Normal pour le groupe, l'ensemble formé par les quatre calques du groupe devient opaque par rapport au Fond.

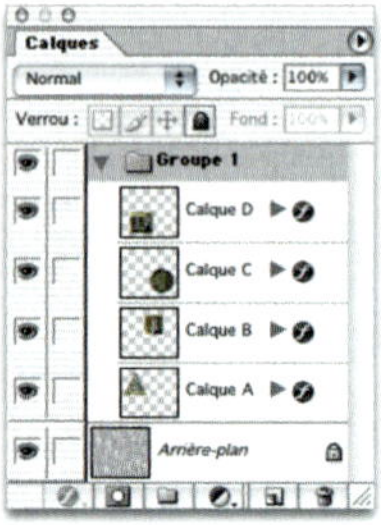

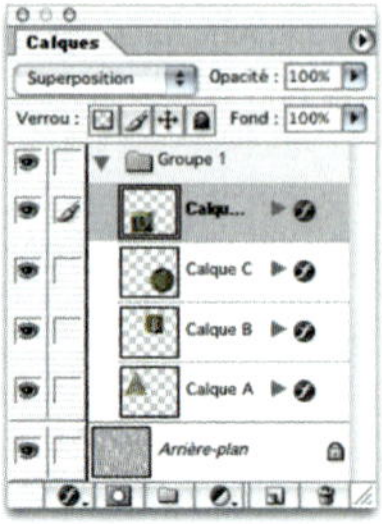

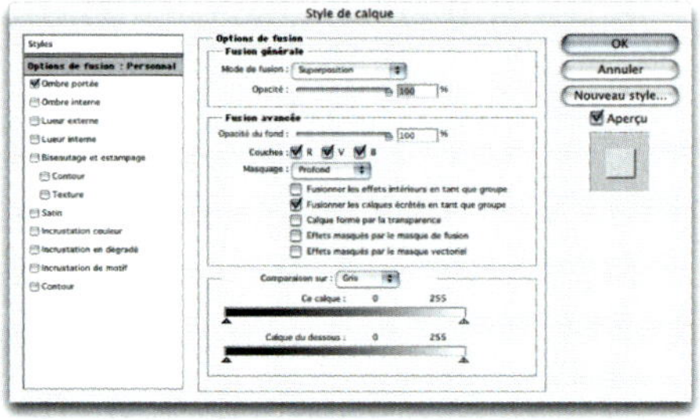

Options de fusion avancées

Avec Transfert (le mode de fusion par défaut des groupes de calques), les calques du groupe interagissent avec les calques sous-jacents de la manière habituelle. En revanche, si vous choisissez un mode de fusion autre que Transfert pour le groupe de calques, le résultat est identique à celui que vous obtiendriez en fusionnant tous les calques du groupe et en appliquant au calque résultant ce mode de fusion.

Parmi les options de fusion avancées, l'option Masquage permet au contenu d'un calque de « traverser » une partie ou tous les calques sous-jacents. Avec l'option Superficiel, tous les calques sous-jacents faisant partie du même groupe sont traversés ; avec l'option Profond, tous les calques de la palette à l'exception du Fond sont traversés. Par défaut, les effets que vous appliquez à un calque utilisent leur propre mode de fusion. Si vous cochez l'option Fusionner les effets intérieurs en tant que groupe, les effets prendront le mode de fusion de leur calque. Nous reparlerons des options de fusion des styles de calque au chapitre 15.

Couleurs de calque

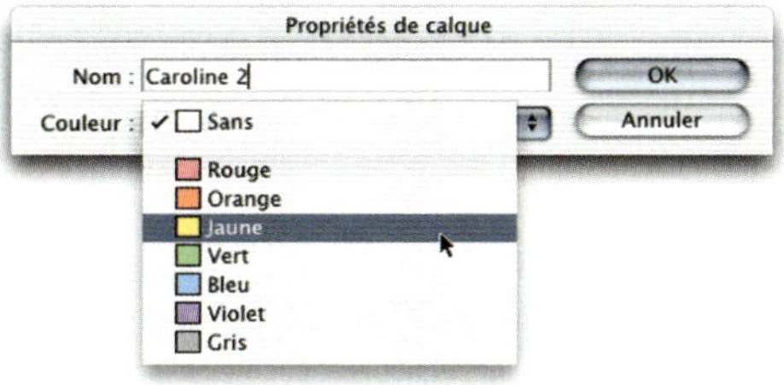

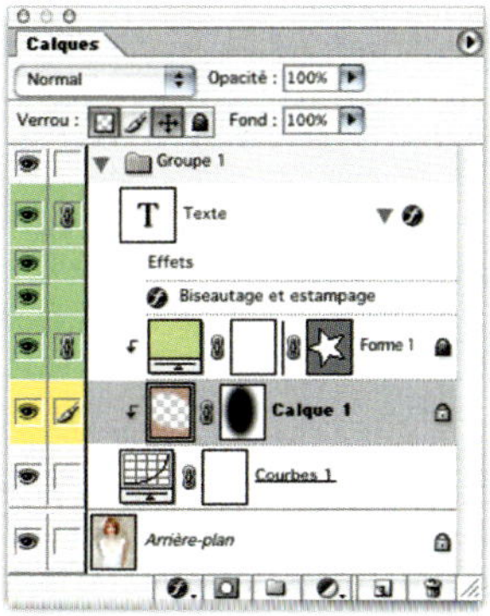

Figure 11.5 Vous pouvez attribuer différentes couleurs aux calques dans la palette Calques. Utilisez pour cela la boîte de dialogue Propriétés de calque (Opt/Alt+double-clic sur le nom du calque).

Verrouillage des calques

Vous pouvez verrouiller de différentes manières les calques et leur contenu. L'option Verrouiller les pixels transparents (qui correspond à l'ancienne option Préserver la transparence) empêche que soient modifiés les pixels transparents de l'image. Seuls les pixels opaques peuvent alors être modifiés, les pixels semi-transparents gardant leur niveau de transparence. L'option Verrouiller les pixels de l'image empêche toute modification des pixels de l'image, le contenu du calque pouvant cependant être déplacé. À l'inverse, l'option Verrouiller la position interdit tout déplacement, mais pas la modification du calque avec les commandes ou les outils de dessin. Vous pouvez combiner ces trois options, ou cocher l'option Tout verrouiller pour empêcher toute modification du calque, déplacement compris.

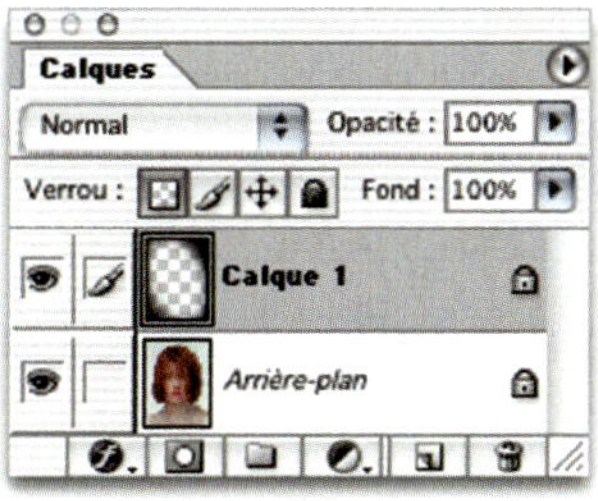

1 Ici, l'image comprend un calque (Calque 1) au-dessus du Fond. L'option Verrouiller les pixels transparents empêche toute modification des zones transparentes du calque.

2 L'option Verrouiller les pixels de l'image empêche toute modification des pixels du calque, mais son contenu peut néanmoins être déplacé.

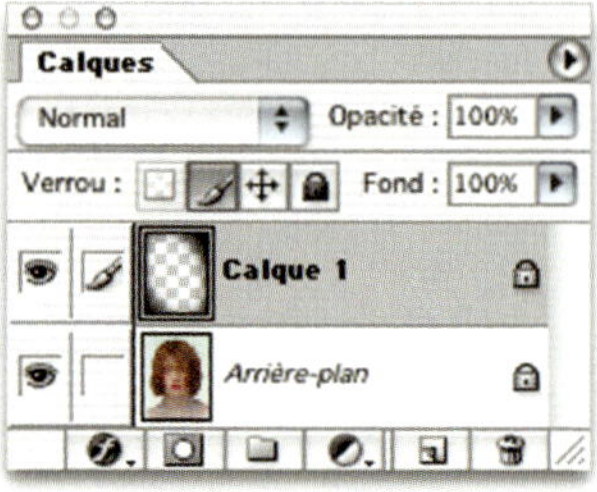

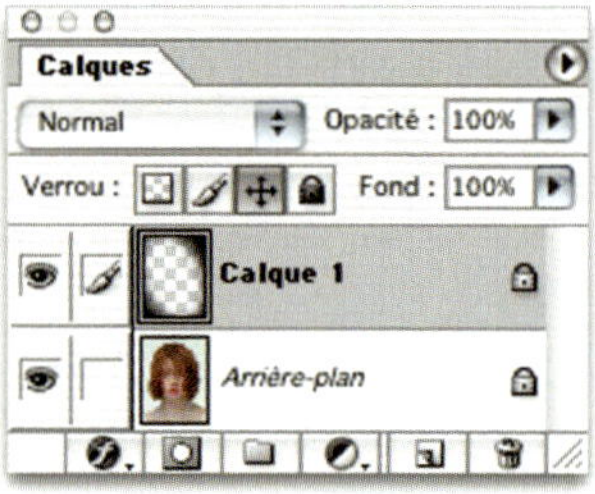

3 L'option Verrouiller la position empêche tout déplacement du contenu du calque, qui peut par ailleurs être modifié à volonté.

4 Avec l'option Tout verrouiller, le calque ne peut plus être modifié d'aucune façon, pas même en ce qui concerne l'opacité ou le mode de fusion. Vous pouvez toutefois le déplacer vers le haut ou le bas dans la palette Calques.

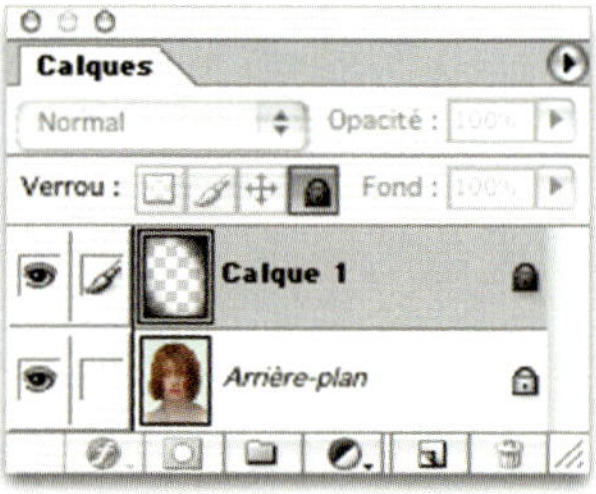

Transformation

Le menu Image propose différentes options de rotation et de symétrie d'image, qui vous serviront, par exemple, si vous avez numérisé un document la tête en bas. Les commandes du menu Édition > Transformation s'appliquent à un calque ou groupe de calques alors que les commandes du menu Image s'appliquent à l'image entière.

Activez un calque ou créez une sélection, puis choisissez Édition > Transformation ou Édition > Transformation manuelle. Lorsque l'outil Déplacement est sélectionné, vous pouvez aussi cocher l'option Afficher le cadre de sélection. Les opérations de rotation, de symétrie, de redimensionnement, d'inclinaison et de perspective peuvent être appliquées séparément ou combinées entre elles pour être appliquées en une seule fois. Les différentes commandes de transformation se trouvent dans le sous-menu Édition > Transformation, ainsi que dans le menu contextuel (Mac OS : Ctrl+clic ; Windows : clic droit) lorsque le rectangle de transformation est actif.

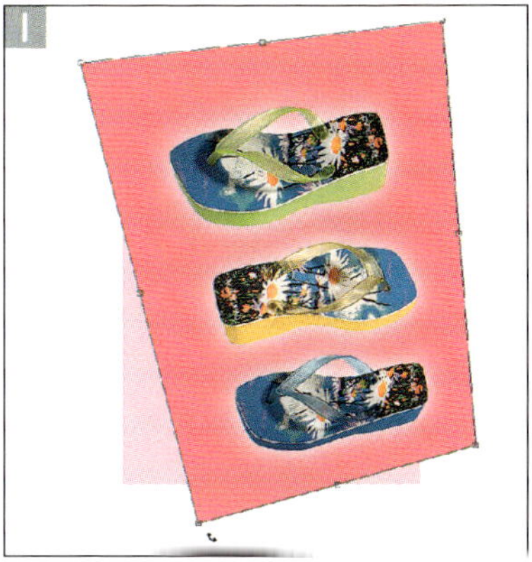

1 Vous pouvez faire pivoter, incliner ou déformer une image en une seule étape en utilisant la commande Édition > Transformation manuelle. Les étapes suivantes montrent comment il convient d'utiliser les touches de raccourci pour obtenir différents types de transformation.

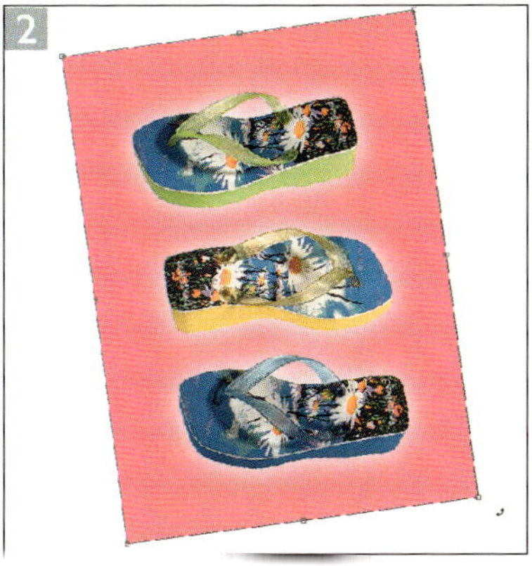

2 Placez le pointeur de la souris à l'extérieur du rectangle de transformation et faites glisser pour faire pivoter l'image. Enfoncez la touche Maj en faisant glisser pour que la rotation soit effectuée à des multiples de 15°.

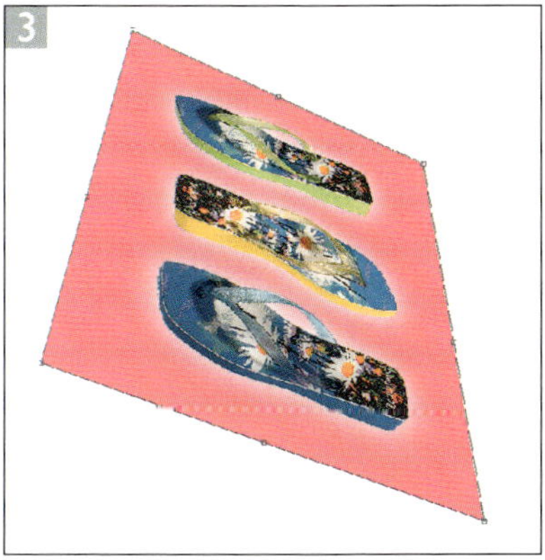

3 Enfoncez la touche Cmd/Ctrl et faites glisser l'une des poignées des coins du rectangle de transformation pour obtenir une déformation arbitraire.

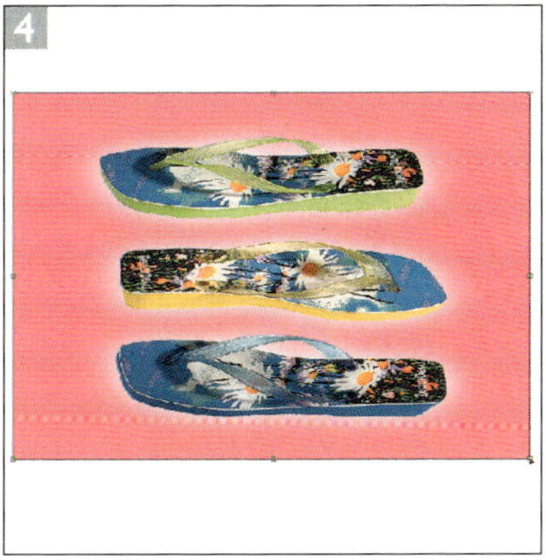

4 Pour obtenir une déformation qui soit symétrique par rapport au centre de l'image, enfoncez la touche Opt/Alt avant de faire glisser.

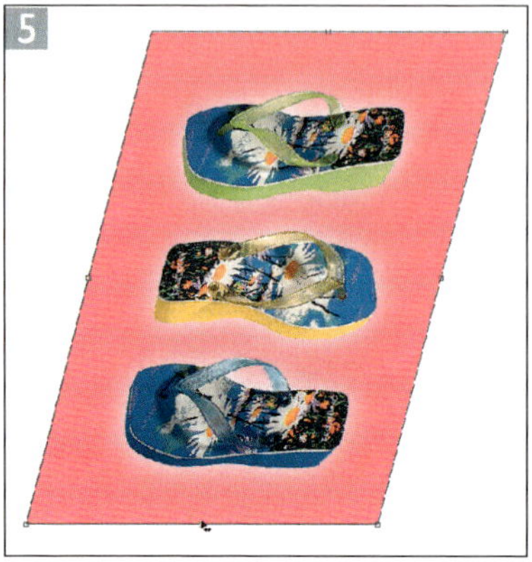

5 Pour incliner une image, enfoncez la touche Cmd/Ctrl et faites glisser l'une des poignées latérales du rectangle de transformation.

Photographie : David Cairns.
Client : Red or Dead.

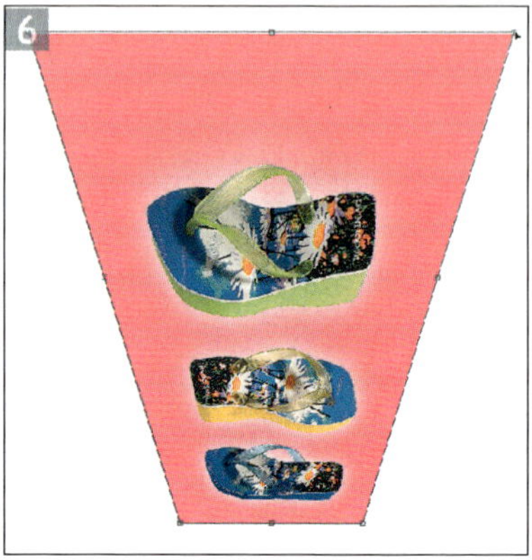

6 Pour effectuer une déformation en perspective, enfoncez les touches Cmd+Opt (Mac OS) ou Ctrl+Alt (Windows) et faites glisser l'une des poignées du coin du rectangle de transformation. Appuyez sur la touche Entrée pour confirmer la transformation ou sur Échap (Esc) pour l'annuler. La méthode d'interpolation employée est celle qui est sélectionnée dans la boîte de dialogue Préférences.

On peut avec la commande Transformation manuelle déformer à volonté la zone sélectionnée ou le contenu du calque, la transformation étant ensuite appliquée en une seule fois. Tant que la transformation n'est pas appliquée, le rectangle de transformation affiche une version basse résolution de l'image transformée. Utilisez la commande Annuler (Cmd/Ctrl+Z) pour revenir en arrière d'une étape dans les transformations que vous appliquez à l'image.

Transformation paramétrée

Lorsque vous choisissez l'une des options de transformation du sous-menu Édition > Transformation ou que vous cochez l'option Afficher le cadre de sélection de l'outil Déplacement, la barre d'options affiche une série de champs qui permettent de paramétrer avec précision les transformations apportées à l'image ou au calque. Vous pouvez, au choix, utiliser différentes unités dans ces champs ; ainsi, une application courante de la transformation paramétrée est l'agrandissement d'une partie de l'image en fonction d'un pourcentage donné. Lorsque l'option Conserver les proportions (le bouton avec une icône de lien) est désactivée, vous pouvez modifier séparément la hauteur et la largeur du rectangle.

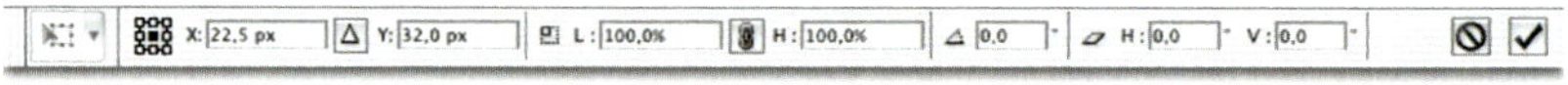

Répéter une transformation

Après avoir procédé à une transformation de l'image, vous pouvez demander à Photoshop d'appliquer à nouveau la même transformation en utilisant le raccourci Maj+Cmd+T (Mac OS) ou Maj+Ctrl+T (Windows). Cette nouvelle transformation est appliquée à la sélection ou au calque actif, ce qui vous permet par exemple d'appliquer successivement la même transformation à plusieurs calques.

Transformation de sélections et de tracés

Vous pouvez aussi appliquer les fonctions de transformation de Photoshop aux sélections et aux tracés. Pour transformer une sélection, choisissez Sélection > Transformer la sélection. Le rectangle de sélection qui apparaît alors vous permet d'effectuer les mêmes types de transformations que ceux décrits plus haut, mais ces dernières ne s'appliqueront qu'au contour de la sélection.

Lorsque la Plume (ou l'un des outils de dessin de tracé) est sélectionnée, le menu Édition ne propose que la commande Transformation des points. Cette commande permet de transformer les tracés de la même manière que le contenu du calque ou de la sélection. Si vous souhaitez transformer le contenu du calque ou de la sélection, choisissez un autre outil que la Plume.

Figure 11.6 L'œil n'a aucune difficulté à distinguer le contour du vêtement. En revanche, un outil de sélection tel que la Baguette magique ne « verra » que des pixels de couleur similaire et, par conséquent, ne donnera pas de bons résultats. Cette photographie illustre très bien le type de situation où l'emploi de la Plume est à privilégier par rapport aux outils de masquage qui nécessitent des contours contrastés pour être efficaces.

Dessin de tracés avec la Plume

Si vous n'avez jamais utilisé de logiciel de dessin vectoriel tel que Illustrator ou Freehand, vous constaterez vite que l'utilisation de la Plume nécessite un certain temps d'adaptation. Cependant, une fois que vous aurez appris à l'employer, son maniement vous paraîtra tout naturel. Les tracés sont utiles dans différents contextes : application de la couleur de premier plan le long d'une ligne, création de masques ou définition d'une sélection complexe pouvant être convertie en sélection ou en masque, par exemple.

Comme l'apprentissage dans l'utilisation de la Plume s'avère assez laborieux, nombreux sont ceux qui y renoncent et tentent ensuite d'utiliser des méthodes de masquage qui paraissent plus probantes. La figure 11.6 montre une photographie où il serait difficile de définir un contour net avec un outil autre que la Plume. Par ailleurs, dans un contexte professionnel, les tailles de fichier sont beaucoup plus importantes, et l'utilisation de la Baguette magique génère bien d'autres problèmes ; la Plume est alors presque toujours le moyen le plus simple et le plus rapide d'obtenir le contour voulu.

Apprentissage de la Plume

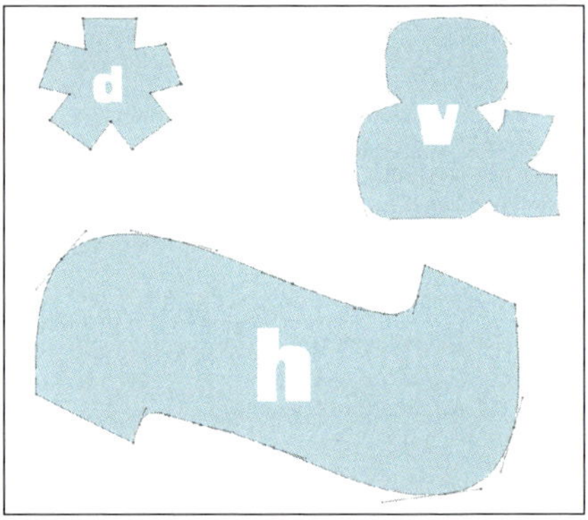

Figure 11.7 Exercez-vous à utiliser la Plume à l'aide du fichier fourni sur www.editions-eyrolles.com

Pour apprendre à utiliser la Plume, exercez-vous avec le fichier de la figure 11.7, fourni sur le site editions-eyrolles.com. Il comprend un tracé pour chacune des formes, ainsi qu'un calque montrant à quoi devraient ressembler ces tracés sur votre écran. Il faut rendre visible ce calque et éventuellement réduire son opacité afin que les tracés que vous créez soient plus faciles à distinguer. Commencez par la forme la plus facile, celle du « d ». Pour cette forme, il suffit que vous cliquiez sur chacun des angles, à la manière du Lasso polygonal, pour créer des points d'ancrage. Lorsque le tracé est prêt à être refermé, vous verrez apparaître un petit cercle à côté du pointeur de la souris. En enfonçant la touche Cmd/Ctrl, vous basculez vers l'outil Sélection directe (la flèche blanche) qui vous permet de repositionner avec précision chacun des points du tracé, même si celui-ci n'est pas terminé. Le raccourci Cmd/Ctrl+Entrée permet de convertir le tracé actif en sélection.

Les formes « h » et « v » vous permettront de vous entraîner à créer des segments courbes. Pour cela, faites glisser la Plume au lieu de cliquer. Notez bien que vous définissez ainsi à la fois la forme du segment précédent et celle du segment suivant, et que vous ne créez pas d'angle entre les deux segments au niveau du point d'ancrage. Pour obtenir un angle, enfoncez la touche Opt/Alt et cliquez sur le point d'ancrage.

Modifiez si besoin est le tracé en enfonçant la touche Cmd/Ctrl pour accéder à l'outil Sélection directe. Vous faites ainsi apparaître des *lignes directrices* et, à leurs extrémités, des losanges nommés *points directeurs*. En faisant glisser ces points directeurs, vous modifiez les segments raccordés au point d'ancrage correspondant.

La Plume en action

L'exercice que nous présentons ci-après et qui consiste à créer un tracé autour du ruban d'une chaussure montre la façon dont il convient d'utiliser la Plume, et notamment comment dupliquer un tracé et revenir en arrière sur un tracé pour le modifier. Les différentes figures représentent l'image à une résolution d'affichage de 200 %.

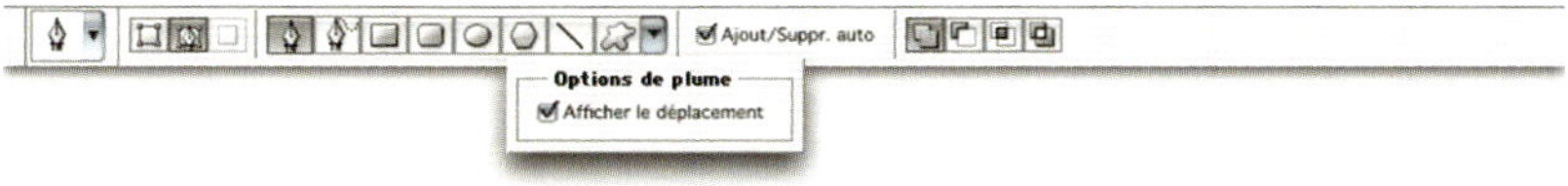

1 Sélectionnez la Plume et assurez-vous que l'option Afficher le déplacement est bien cochée ; avec cette option, vous pourrez observer les segments de tracé avant de créer vos points d'ancrage. Cliquez sans relâcher le bouton de la souris pour créer le premier point d'ancrage et faites glisser pour créer une ligne directrice perpendiculaire à la courbure du ruban. (Pour cet exercice, utiliser le fichier shoes.jpg sur le site www.editions-eyrolles.com)

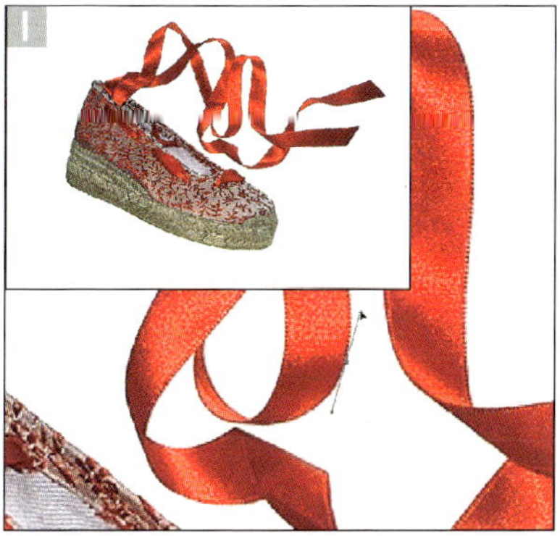

2 Cliquez et faites glisser un peu plus haut sur le contour du ruban pour créer un deuxième point d'ancrage. Faites glisser dans le sens du tracé pour faire en sorte que le tracé longe le contour du ruban.

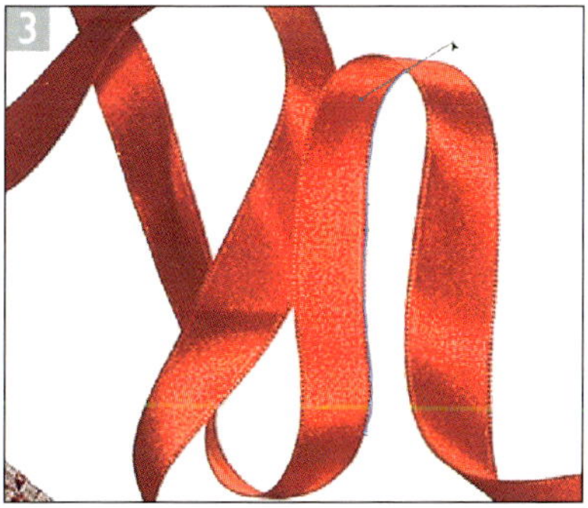

3 Ajoutez un point d'ancrage au sommet de la boucle : enfoncez la touche Opt/Alt, cliquez au niveau du sommet de la boucle et, sans relâcher le bouton de la souris, faites glisser vers le haut et la droite.

4 Enfoncez à nouveau la touche Opt/Alt et faites glisser vers le bas et la droite le point directeur du point d'ancrage que vous venez de créer. Poursuivez ensuite en créant une série de segments courbes qui longent le ruban.

5 Pour créer des segments droits, enfoncez la touche Opt/Alt et cliquez sur le dernier point d'ancrage pour mettre fin au segment courbe, puis cliquez pour créer un ou plusieurs segments rectilignes.

6 Continuez à longer le contour du ruban avec le tracé. Une fois revenu à votre point de départ, vous verrez apparaître un petit cercle à côté du pointeur de la souris. Cliquez pour refermer et terminer le tracé.

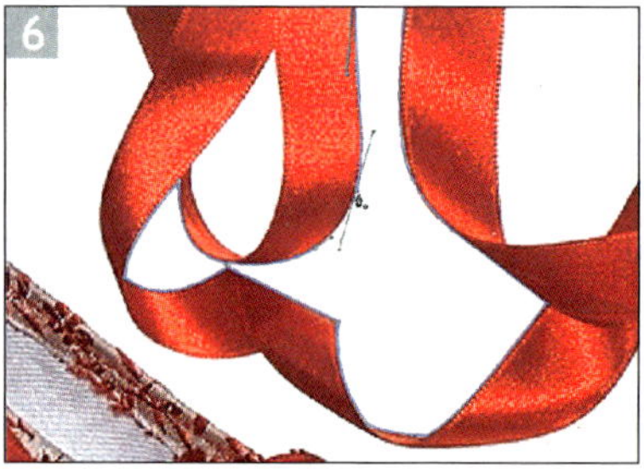

Lors de vos premiers essais avec la Plume, vous n'obtiendrez sans doute pas des tracés qui correspondront exactement aux formes que vous tentez de définir. Ne vous inquiétez pas : vous pouvez à tout moment modifier un tracé existant.

1 Activez le tracé de travail dans la palette Tracés. Tout comme les sélections, les tracés ne sont que provisoires. Si vous dessinez un nouveau tracé après avoir activé le tracé de travail existant, ce nouveau tracé vient s'ajouter à l'ancien. Si vous ne l'activez pas, l'ancien tracé disparaît. Double-cliquez sur le Tracé de travail ou faites-le glisser sur le bouton Créer un tracé, dans la palette, pour mémoriser le tracé. Ainsi, le tracé sera enregistré en même temps que l'image.

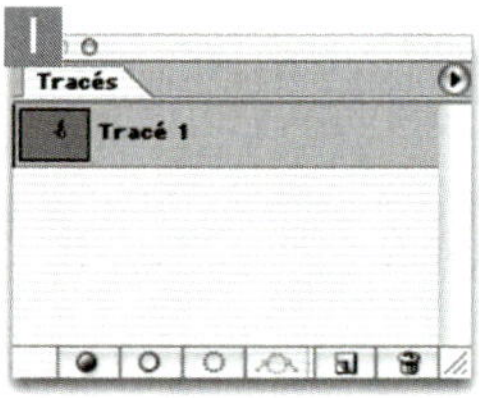

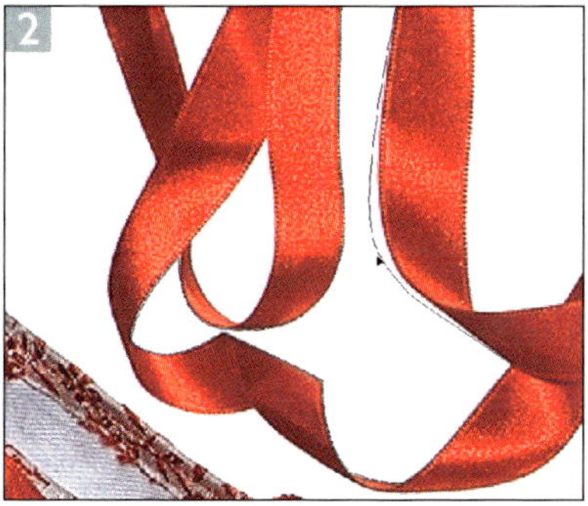

2 Choisissez l'outil Sélection directe (la flèche blanche) pour sélectionner un ou plusieurs points d'ancrage du tracé. Faites glisser cet outil pour dessiner un rectangle et sélectionner plusieurs points d'ancrage à la fois. Ensuite, faites-les glisser pour les repositionner.

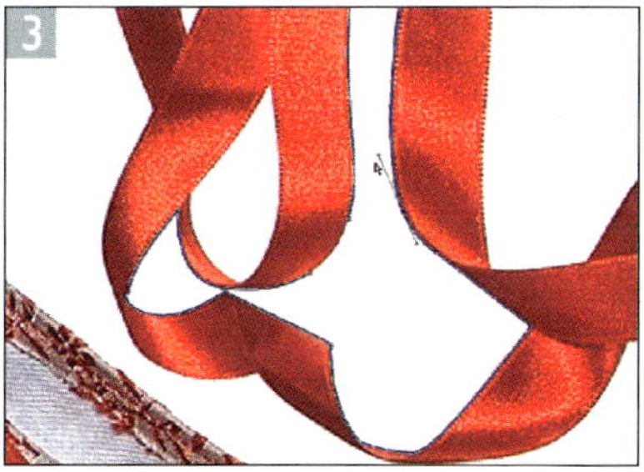

3 Enfoncez la touche Opt/Alt et faites glisser les points directeurs pour faire correspondre le tracé aux contours du ruban. Vous pouvez ajouter et supprimer des points d'ancrage avec la Plume + et la Plume –, mais aussi avec la Plume elle-même en cliquant sur un segment ou un point d'ancrage existant.

Photomontage

En dépit de tous les efforts que l'on pourra déployer, un photomontage réalisé à l'aide de Photoshop n'apparaîtra jamais tout à fait « naturel ». Il peut toutefois être raisonnablement convaincant, pour peu que deux paramètres soient appliqués d'une façon identique aux différents éléments assemblés dans l'image : l'éclairage et la perspective. Par ailleurs, une « vraie » photo comprend rarement des contours très nets. Les contours doux et progressifs paraissent toujours plus vraisemblables.

Dans l'exemple présenté ci-après, la Plume est l'outil le plus adapté parce que les formes de l'objet à détourer sont relativement géométriques et que son arrière-plan est complexe ; les autres méthodes de détourage seraient très difficiles à mettre en œuvre. Nous verrons aussi comment mettre en œuvre les masques vectoriels.

Le sujet du photomontage est le *Spirit of St Louis*, aux commandes duquel Charles Lindbergh a réalisé le premier vol transatlantique en solitaire, en 1927. La photo de l'avion a été prise dans le Musée de l'aviation et de l'espace de la Smithsonian Institution ; l'éclairage de la salle étant naturel et provenant du haut, il est possible d'obtenir une image crédible en plaçant l'avion devant un ciel nuageux.

1 Les deux images utilisées pour créer le photomontage sont la photo de l'avion dans une salle de musée et un ciel nuageux. On redimensionne approximativement l'image de l'avion, puis avec l'outil Déplacement on fait glisser directement cette image dans l'image du ciel. L'image de l'avion apparaît ainsi en tant que calque au-dessus de l'image du ciel. On fait aussi redimensionner l'image de l'avion une fois qu'elle est transformée en calque avec les commandes Édition > Transformation manuelle ou Édition > Transformation > Homothétie.

2 L'arrière-plan de l'avion est complexe ; de ce fait, pour séparer l'avion de son arrière-plan, le meilleur moyen est d'utiliser la Plume. On affiche l'image à 200 % et l'on crée un tracé qui longe le contour de l'avion.

Lorsque la Plume est sélectionnée, on peut accéder provisoirement à l'outil Sélection directe en enfonçant la touche Cmd/Ctrl, et à l'outil Conversion de point avec la touche Opt/Alt. En cliquant sur un segment existant, on crée un nouveau point d'ancrage, et, en cliquant sur un point existant, on le supprime. Pour créer un « trou » dans le tracé de travail, on sélectionne l'option « Exclure les zones de forme se chevauchant », dans la barre d'options de la Plume.

Spirit of St Louis, galerie des pionniers de l'aviation. Reproduit avec l'aimable autorisation du National Air and Space Museum, Smithsonian Institution.

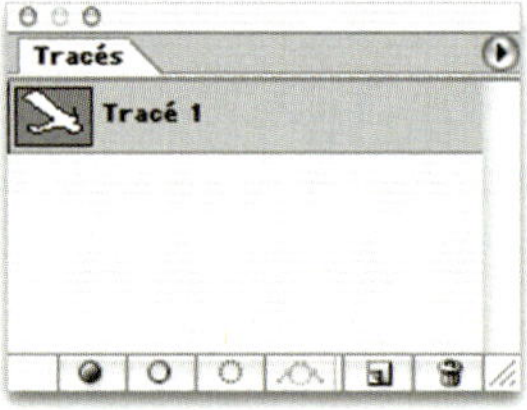

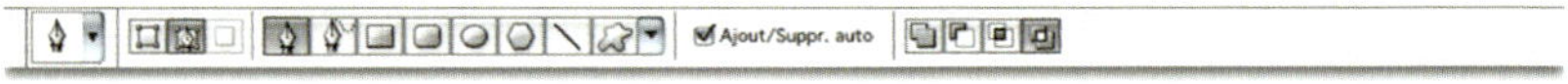

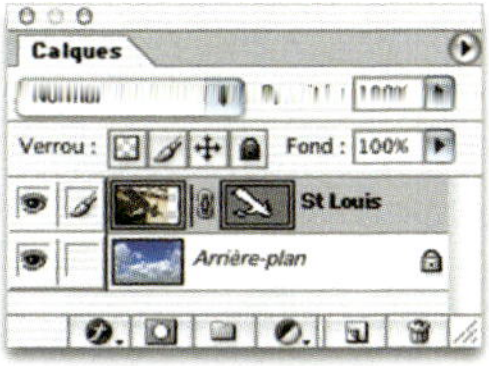

3 Une fois que le tracé est refermé, on s'assure qu'il soit actif, de même que le calque de l'avion, puis on choisit Calque > Ajouter le masque du calque > Tracé sélectionné. On ajoute ainsi au calque de l'avion un masque vectoriel qui correspond au tracé. Ce masque vectoriel apparaît sous la forme d'une vignette dans la palette Calques.

4 On peut repositionner l'avion à volonté dans la mesure où le masque vectoriel est relié au contenu du calque. Si l'on constate que le tracé ne correspond pas exactement aux contours de l'avion, on utilise la Plume et les outils de tracé pour le rectifier. Ici, nous avons sélectionné et déplacé une série de points d'ancrage autour de la roue de l'avion : comme vous le constaterez, l'arrière-plan initial de l'avion peut encore être rendu visible.

5 Une fois que le masque vectoriel est satisfaisant, on choisit Calque > Pixellisation > Masque vectoriel. On convertit ainsi le masque vectoriel en masque de fusion (bitmap).

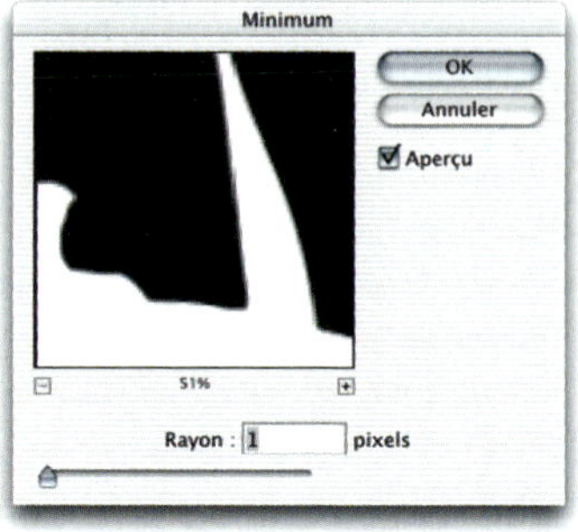

6 On active le masque de fusion, puis on choisit Filtre > Divers > Minimum et l'on utilise un rayon de un pixel. Cette étape permet de contracter le masque de un pixel. On peut ensuite éventuellement appliquer la commande Édition > Estomper minimum pour atténuer l'effet. On applique ensuite un flou gaussien d'un rayon de un pixel et on estompe l'effet (Édition > Estomper) avec une valeur de 50 % ou plus. On actionne ensuite la commande Niveaux au masque. On déplace vers la gauche les curseurs des tons clairs et moyens sans modifier le curseur des tons foncés. Cette série d'opérations a permis de contracter légèrement le masque de fusion et d'en atténuer les contours, la commande Niveaux servant à doser avec précision le degré de contraction du masque.

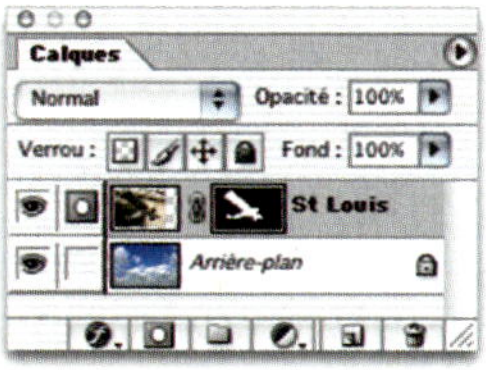

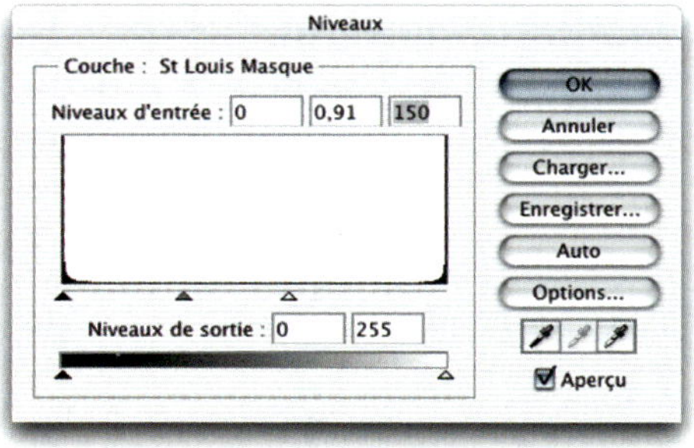

7 Si le masque paraît acceptable même sans avoir procédé aux opérations précédentes, on applique ces dernières quand même, mais on revient à l'état antérieur de l'image à l'aide de la palette Historique (en s'assurant que l'option Accepter un historique non linéaire soit activée). On choisit ensuite la Forme d'historique et l'on clique dans la palette Historique à gauche du tout dernier état enregistré. Ainsi, on a rétabli le masque non modifié, mais la Forme d'historique permet de « dessiner » le long des contours avec le masque modifié, en utilisant si nécessaire différentes valeurs d'opacité.

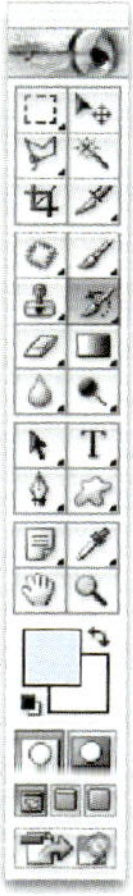

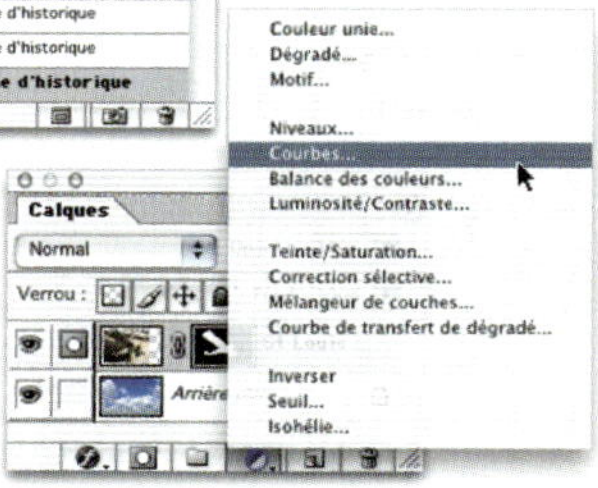

8 Le masquage de l'avion est maintenant terminé. Dans la mesure où nous avons fait appel à un masque de fusion, aucun pixel n'a été définitivement supprimé, et le masque peut être modifié à tout moment.

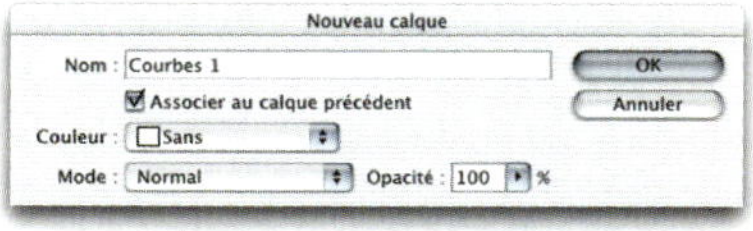

9 On sélectionne le calque de l'avion, on enfonce la touche Opt/Alt, puis on clique sur le bouton Créer un nouveau calque de réglage et on choisit Courbes. Dans la boîte de dialogue Nouveau calque, on coche Associer au calque précédent ; ainsi, le réglage ne s'appliquera qu'au calque sous-jacent (le calque de l'avion). On utilise les courbes pour rendre l'avion plus bleuté afin qu'il s'intègre mieux au ciel.

10 On duplique le calque de l'avion et l'on applique un flou directionnel au calque copié. On réduit ensuite l'opacité de ce calque. Pour finir, on crée sur un calque séparé l'image d'une hélice qui tourne. Le résultat est tout à fait crédible, à ceci près qu'en 1927, il n'existait pas de film couleur pour immortaliser l'envol du *Spirit of St Louis* !

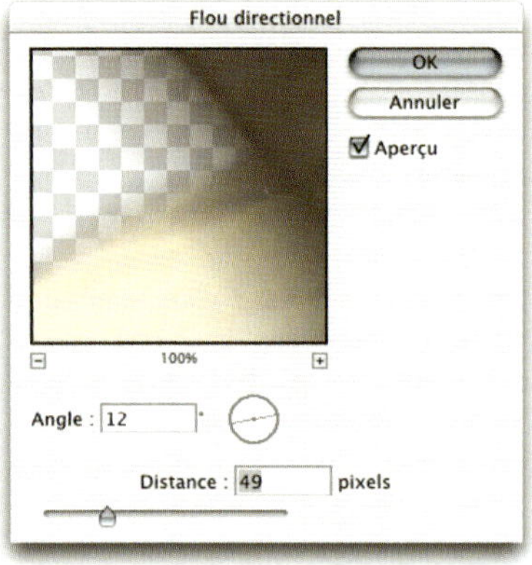

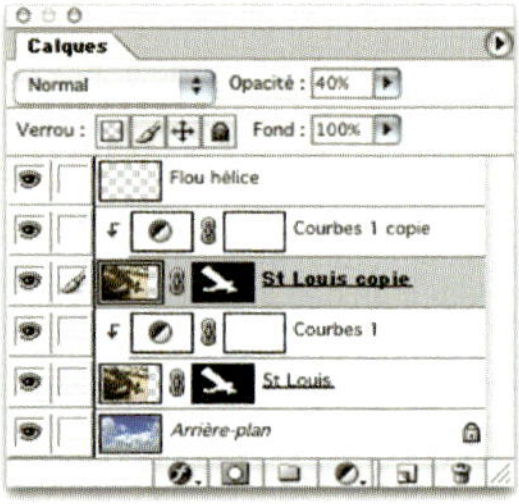

Masquage des cheveux

La Plume est l'outil adéquat pour masquer un objet qui présente des formes géométriques simples, tel que l'avion du précédent exemple ; en revanche, elle ne peut être utilisée pour masquer les cheveux d'un modèle, par exemple. Comment, dans ce cas, obtenir un résultat probant ? Plutôt que d'utiliser la Plume ou le Pinceau et de suivre chacune des mèches de cheveux, l'astuce consiste à tirer profit des informations présentes dans les couches colorées de l'image et de s'en servir pour créer un masque de fusion. La Plume peut ensuite être employée pour définir les contours du corps du modèle.

Lorsque nous photographions un sujet qui est destiné par la suite à être détouré, nous faisons en sorte qu'il se trouve devant un fond uni. En général, les fonds blancs permettent d'obtenir le meilleur contraste possible dans les couches de l'image, mais tout dépend de l'arrière-plan final qui est prévu. Ainsi, pour un sujet qui est photographié en studio et qui doit ensuite être placé devant un fond de ciel bleu, il est préférable d'effectuer la prise de vue devant un fond bleu.

1 Contrairement au *Spirit of St Louis* de l'exemple précédent, le contour d'un modèle n'est pas constitué que de formes géométriques simples.

En ce qui concerne les cheveux, en particulier, il serait fastidieux de faire appel à la Plume. Nous allons donc créer un masque de fusion en nous basant sur les informations présentes dans les couches de l'image.

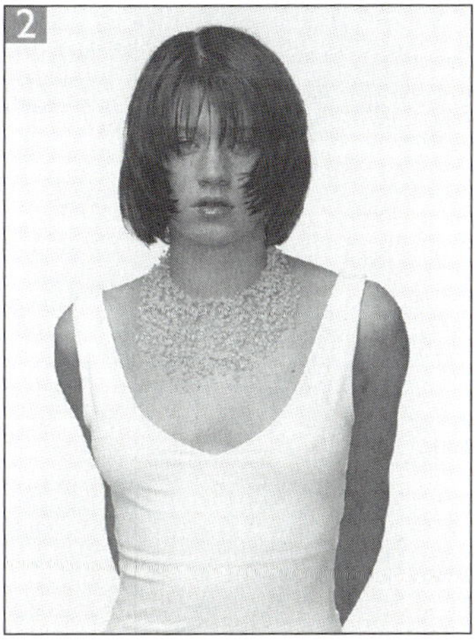

2 Examinons tout d'abord séparément chacune des couches de l'image. Des trois couches rouge, verte et bleue, la couche bleue est la plus riche en informations et la plus contrastée au niveau des cheveux. On fait glisser la couche bleue sur l'icône de nouvelle couche, en bas de la palette, pour la dupliquer.

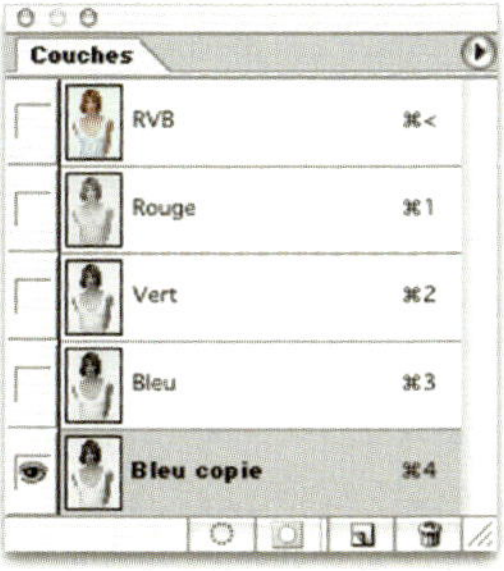

Client : Nigel Alexandre.
Modèle : Cressy, agence Nevs.

3 Nous allons maintenant augmenter la définition des contours des cheveux de la couche « Bleu copie » que nous venons de créer. On choisit Image > Appliquer une image, puis on utilise les paramètres de la figure présentée ci-après. La couche cible est la couche active (Bleu copie) ; la source est également la couche Bleu copie de l'image, qui est appliquée avec le mode Produit. En d'autres termes, nous appliquons la couche Bleu copie à elle-même avec le mode Produit. En outre, la case Masque a été cochée. Encore une fois, c'est la couche Bleu copie qui est employée. En utilisant cette couche comme masque, on s'assure que le mode Produit s'appliquera bien aux zones foncées, qui seront assombries, alors que les zones claires ne seront pas affectées.

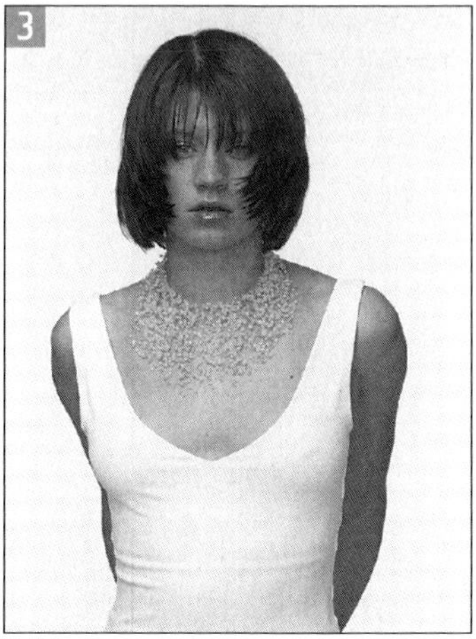

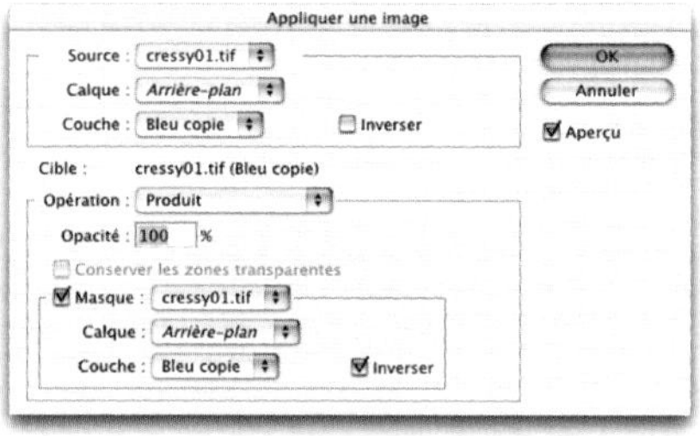

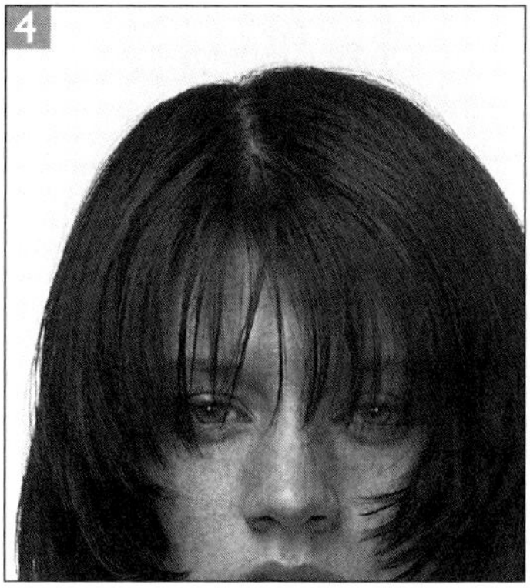

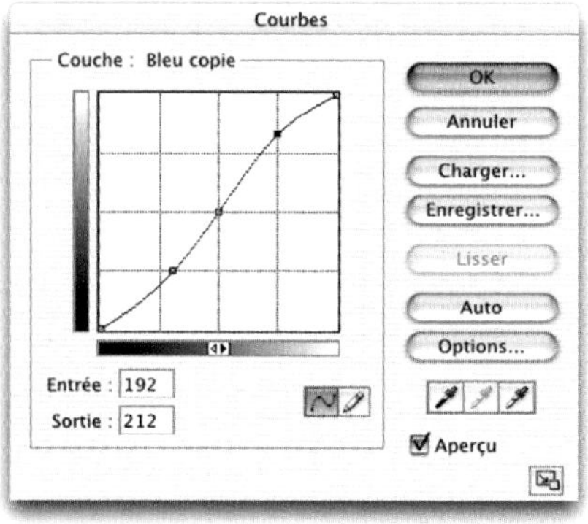

4 On applique ensuite un réglage de Courbes comme cela est montré ici pour renforcer le contraste du contour des cheveux.

5 On utilise la Plume pour définir le contour du reste du corps du modèle en se basant sur l'image composite (en couleurs).

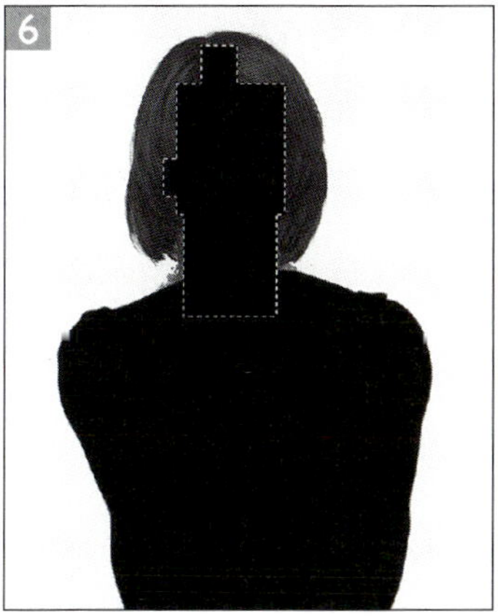

6 Une fois le tracé terminé, on appuie sur Cmd/Ctrl+Entrée, puis on choisit Sélection > Contour progressif. On entre une valeur de 1 ou 2 pixels. On sélectionne à nouveau la couche Bleu copie et on remplit de noir le contour de sélection. On utilise le Rectangle de sélection pour remplir de noir le visage du modèle.

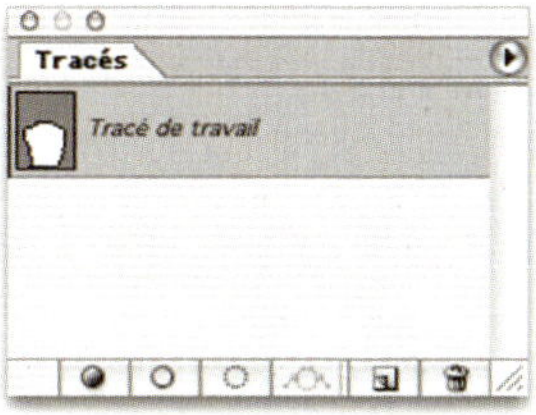

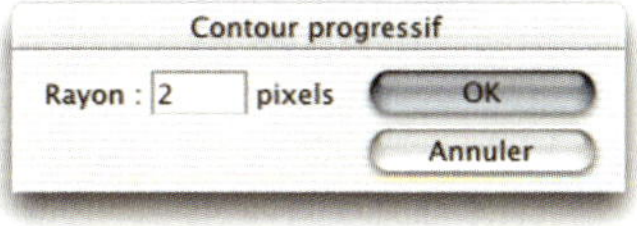

7 Le cas échéant, on remplit les « vides » restants avec le Pinceau. Le Masque est maintenant terminé. Il peut être employé de différentes façons, par exemple pour obtenir un arrière-plan d'un blanc pur.

Lors de la création d'un photomontage, la qualité des masques que vous créez est un facteur essentiel. Une fois que vous disposez d'un bon masque, vous avez fait l'essentiel du travail. Il est important que les contours du masque ne soient pas trop nets ; ce sera par exemple le cas pour un masque basé sur un tracé. Différentes techniques permettent d'adoucir un masque : dans le cas d'un masque de fusion, vous pouvez appliquer un flou gaussien, ou travailler de manière localisée avec l'outil Goutte d'eau. Vous pouvez aussi utiliser la Forme d'historique pour rétablir localement une version plus nette du masque après l'avoir rendu flou.

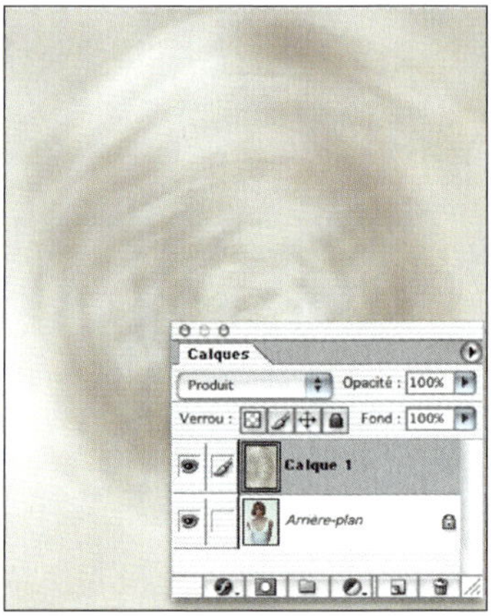

8 On peut aussi ajouter un autre fond à l'image. Avec l'outil Déplacement, on fait glisser l'Arrière-plan de l'image servant de fond sur l'image du modèle. Le fond apparaît en tant que Calque 1 dans l'image. Ici, nous avons appliqué le mode Produit au calque et procédé à une transformation manuelle pour que le fond corresponde à la taille de l'image.

9 On récupère en tant que sélection le contenu du masque Bleu copie, puis on clique sur le bouton Ajouter un masque. Le masque de fusion ainsi créé laisse visibles les zones sélectionnées. On doit obtenir un fond parfaitement masqué. Là où le fond est blanc, le mode de fusion Produit préserve l'apparence du calque, comme si l'on avait choisi le mode Normal.

10 On sélectionne l'Arrière-plan et on récupère la couche Bleu copie en tant que sélection. On crée un nouveau calque (Calque 2) à partir de la sélection (Cmd/Ctrl+J) et on y applique un flou directionnel horizontal. On choisit ensuite le mode de fusion Superposition et on réduit l'opacité du calque.

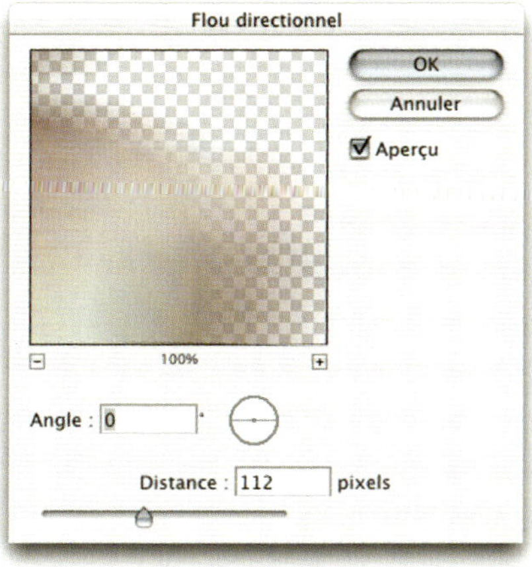

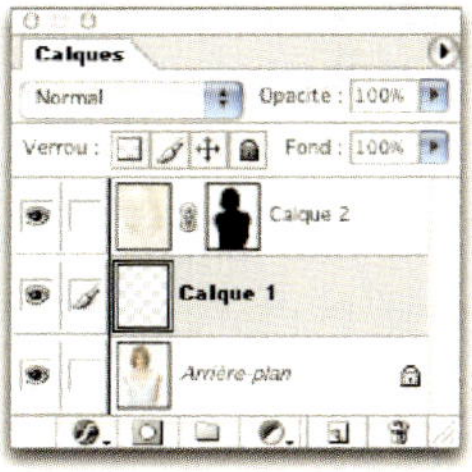

Groupes d'écrêtage

Lorsque vous créez un groupe d'écrêtage (*groupe de détourage* dans les précédentes versions), le calque de base du groupe sert de masque aux calques du groupe qui se trouvent au-dessus. Pour créer un groupe d'écrêtage, vous pouvez au choix enfoncer la touche Opt/Alt et cliquer sur la ligne qui sépare les calques, dans la palette Calques, ou utiliser le raccourci Cmd/Ctlr+G pour associer le calque actif au calque sous-jacent. Lorsqu'un calque fait partie d'un groupe d'écrêtage, il apparaît en retrait et précédé d'une petite flèche incurvée dans la palette Calques. Le calque de base du groupe n'est pas mis en retrait, mais son nom est souligné. Tous les calques du groupe d'écrêtage prennent l'opacité et le mode de fusion du calque de base, mais vous pouvez attribuer à chacun une opacité et un mode de fusion distincts, qui s'appliqueront aux calques du même groupe. Pour sortir un calque d'un groupe d'écrêtage, enfoncez la touche Opt/Alt et cliquez sur la ligne qui le sépare du calque suivant.

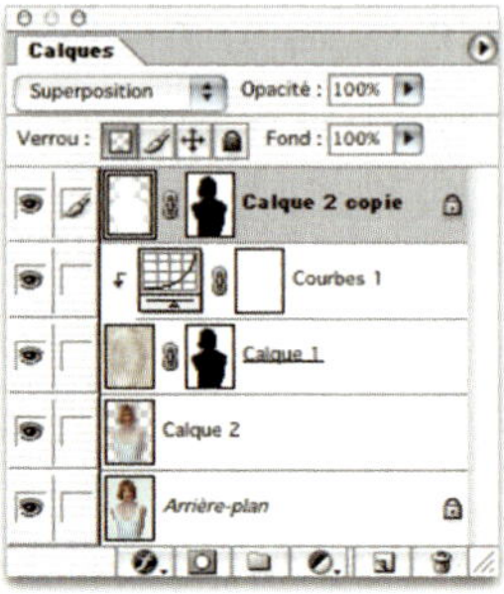

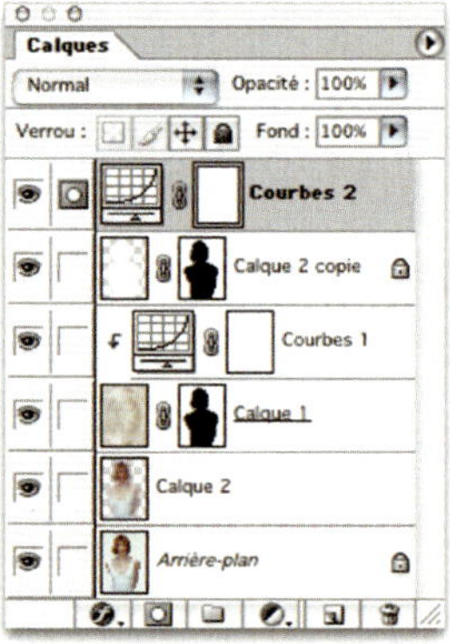

11 Nous allons maintenant éclaircir le fond, tout en nous réservant la possibilité de revenir en arrière par la suite si nécessaire. Pour ce faire, nous allons associer un calque de réglage au calque du fond (Calque 1) et créer un groupe d'écrêtage. On enfonce la touche Opt/Alt et on clique sur le bouton Créer un nouveau calque de réglage puis on choisit Courbes ou Niveaux ; on affiche ainsi d'abord la boîte de dialogue Nouveau calque. On coche l'option Associer au calque précédent pour créer un groupe d'écrêtage dont le calque de base est le calque sous-jacent. Pour renforcer ensuite l'effet de contours flous du Calque 2, on ajoute un nouveau calque vide au-dessus de tous les autres et on le remplit de blanc. On récupère le contenu du Calque 2 en tant que sélection (Cmd/Ctrl+clic) et on clique sur le bouton Ajouter un masque.

12 Pour finir, on ajoute un calque de réglage de type Courbes qui s'applique à tous les calques à la fois pour coloriser l'ensemble de l'image. Le réglage employé ici est de type « traitement croisé » ; nous verrons au chapitre 14 comment on obtient cet effet.

La commande Extraire

La commande Image > Extraire permet de séparer « intelligemment » un objet de son arrière-plan. Le masquage automatique est rarement efficace à 100 % ; cependant, les améliorations apportées à la commande Extraire dans la version 6 de Photoshop en font un outil qui peut souvent s'avérer utile. De préférence, dupliquez au préalable le calque auquel vous allez appliquer la commande Extraire. Lorsque vous choisissez ensuite Image > Extraire, le contenu du calque s'affiche dans la boîte de dialogue. Commencez par définir le contour de l'objet à l'aide de l'outil Sélecteur de contour ; dans Photoshop 6, cette opération est facilitée par l'option Sélection optimisée, qui permet au Sélecteur de contour de fonctionner comme le Lasso magnétique (enfoncez la touche Cmd/Ctrl pour désactiver provisoirement cette option). Longez tout le contour de l'objet avec le Sélecteur de contour, à l'exception des zones où l'objet touche le bord de l'image. Remplissez ensuite l'intérieur de l'objet avec l'outil Remplissage (un deuxième clic annule le remplissage). Cliquez ensuite sur Aperçu pour afficher un aperçu du résultat, ou sur OK pour procéder immédiatement à l'extraction. Lorsque l'aperçu est affiché, vous pouvez employer l'outil Retouche de contour pour rectifier les contours de l'objet, en ajoutant de l'opacité à l'intérieur des contours de l'objet ou en en supprimant à l'extérieur des contours. L'outil Nettoyage permet simplement de rendre l'objet transparent ou, avec la touche Opt/Alt, de rétablir l'opacité.

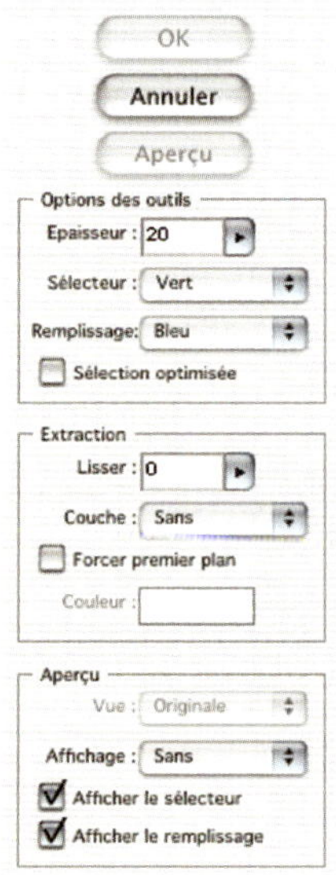

Options des outils. L'Épaisseur détermine la taille de l'outil Sélecteur de contour et Gomme. Vous pouvez également modifier la couleur du Sélecteur et du Remplissage.

Extraction. Vous pouvez choisir une valeur de 0 à 100 pour l'option Lisser. Si, dans l'aperçu, tous les pixels voulus ne sont pas sélectionnés, réessayez avec une valeur Lisser plus élevée. L'option Forcer premier plan est utile lorsque le contour est difficile à définir et que tous les pixels de l'objet sont d'une couleur similaire. Cochez l'option Forcer premier plan, définissez la couleur à préserver avec la Pipette, puis « colorez » l'objet avec le Sélecteur de contour.

Aperçu. L'option Vue permet d'afficher soit l'image initiale, soit l'aperçu en cours. L'option Affichage permet de choisir le mode de visualisation de l'image extraite : standard, cache coloré ou masque.

Figure 11.8 Les options de la boîte de dialogue Extraire.

1 Dans cet exemple, la commande Extraire va servir à séparer le danseur de son arrière-plan. Cette opération est relativement difficile dans la mesure où les couleurs du danseur et de son arrière-plan sont assez similaires. On duplique d'abord l'Arrière-plan. Ainsi, on pourra au besoin revenir à l'image initiale une fois que la commande Extraire aura effacé une partie des pixels de l'image. Une autre possibilité consiste à créer un instantané de l'état initial de l'image.

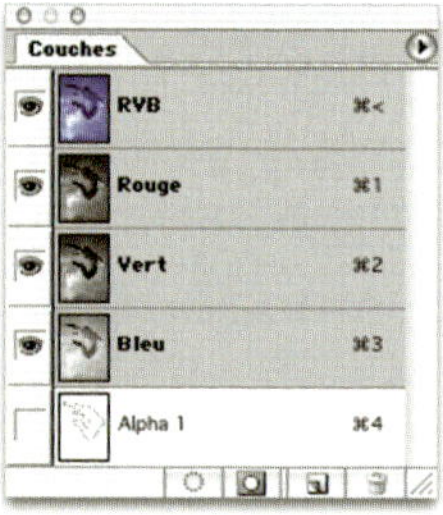

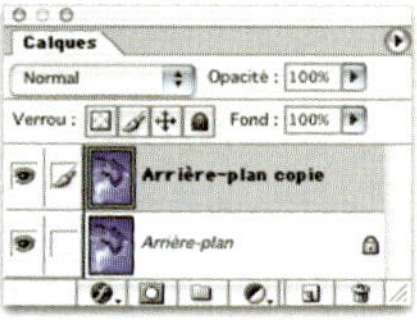

2 On sélectionne grossièrement l'arrière-plan avec la Baguette magique et on nettoie cette sélection en mode Masque. Nul besoin que cette sélection soit précise ; elle nous évite simplement de dessiner manuellement le contour du personnage dans la boîte de dialogue Extraire. La sélection étant active, on choisit Sélection > Modifier > Cadre et on entre une valeur de 6 pixels. On enregistre la sélection résultante en tant que couche alpha et on l'inverse (Image > Réglages > Négatif).

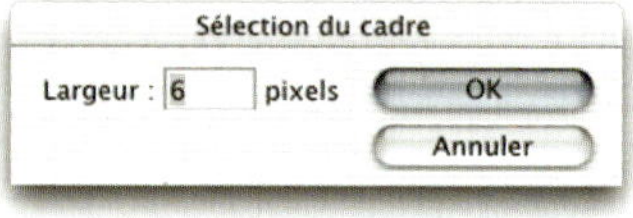

3 On choisit Image > Extraire. On peut maintenant récupérer en tant que contour la couche alpha qui a été créée : on choisit Alpha 1 dans la liste déroulante Couche. On rectifie si besoin est le contour avec le Sélecteur de contour et la Gomme ; on fait en sorte que le contour chevauche à la fois le personnage et l'arrière-plan. On s'assure aussi que le contour soit fermé (excepté là où il se confond avec les limites de l'image).

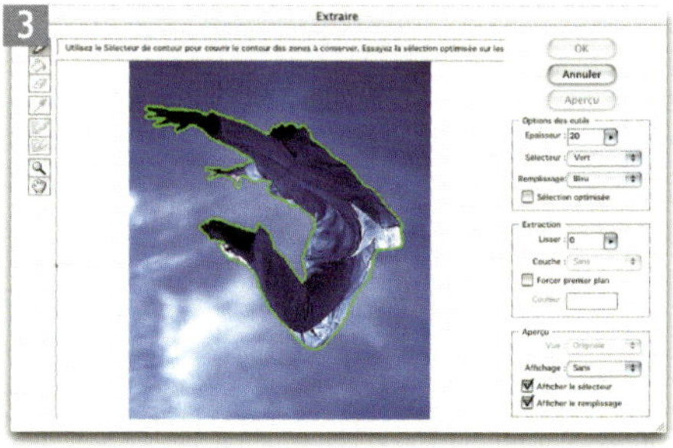

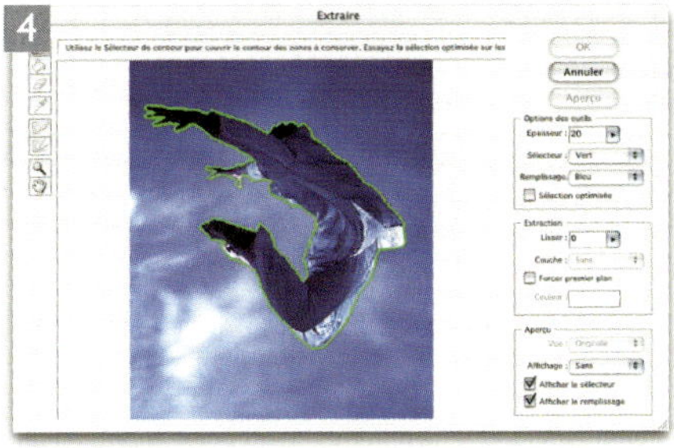

4 On remplit l'intérieur du contour en cliquant une fois avec l'outil Remplissage. On clique ensuite sur Aperçu pour afficher un aperçu de l'extraction.

5 On peut maintenant évaluer de visu la qualité du résultat avec la Loupe pour agrandir l'aperçu et examiner plus précisément les contours ; on enfonce la touche Opt/Alt pour effectuer un zoom arrière. On utilise l'outil Nettoyage pour supprimer les pixels restants de l'arrière-plan ; on enfonce la touche Opt/Alt pour rétablir des pixels de l'objet qui ont été rendus transparents. On peut aussi utiliser Retouche de contour pour corriger les contours d'une manière « intelligente ». Par défaut, l'aperçu affiche l'objet devant un arrière-plan « transparent » (damier) ; la liste déroulante Affichage permet d'afficher l'objet devant un arrière-plan coloré (noir, blanc, gris ou autre) afin de visualiser plus précisément les contours.

6 On peut également corriger les contours en revenant à l'image originale ; pour cela, choisir Originale dans la liste déroulante Vue, puis cocher les options Afficher le sélecteur et Afficher le remplissage. On utilise ensuite les outils Sélecteur de contour et Gomme pour rectifier le contour. Une fois que le résultat est satisfaisant, on clique sur OK pour procéder à l'extraction.

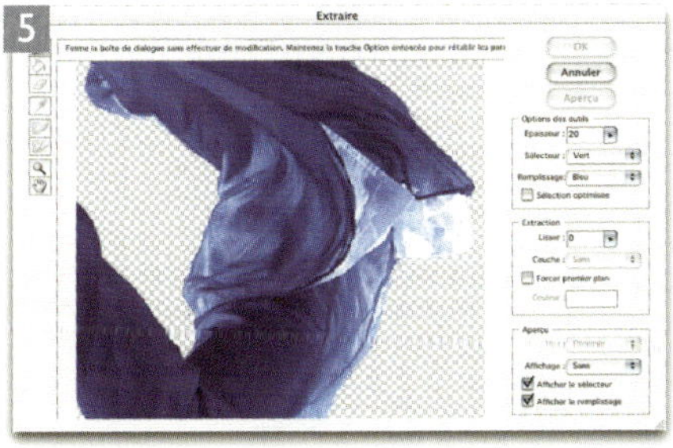

Photographie : Eric Richmond.

Montage complexe

1 Pour obtenir un montage convaincant, il faut que la perspective des éléments que vous allez combiner soit identique, ce qui implique d'utiliser le même objectif et la même position lors de la prise de vue (surtout dans le cas d'un grand-angle). Ces deux photos ont été prises par Julian Calder pour le livre *Keepers of the Kingdom*. Le porte-drapeau n'a pu se rendre sur le site de la statue de Robert Ier d'Écosse ; en conséquence, les deux images ont été prises séparément, puis combinées à l'aide de Photoshop. On a utilisé pour toutes deux un petit téléobjectif ; ainsi, les éventuelles différences de perspective sont moins décelables. Si vous ne disposez que de photos prises avec un grand-angle, vous pouvez rendre flous les détails de l'arrière-plan afin de créer l'illusion d'une faible profondeur de champ.

2 Pour que l'éclairage des deux photos corresponde, on a appliqué la commande Image > Rotation de la zone de travail > Symétrie axe horizontal au porte-drapeau, puis ce dernier a été inséré dans l'image de la statue en tant que calque. Le travail le plus délicat est le détourage du porte-drapeau. Lorsqu'on travaille avec des fichiers haute résolution, l'outil de détourage le plus précis est la Plume. Ici, en particulier, il aurait été impossible de détourer correctement le dos du porte-drapeau avec le Lasso magnétique ou un outil similaire, dans la mesure où la différence entre le personnage et l'arrière-plan est ténue.

3 Parfois, il est préférable de « tricher » ou, plutôt, d'utiliser les informations disponibles dans l'image. Ainsi, dans la couche Rouge, le contraste entre le drapeau et l'arrière-plan était suffisant pour servir de base à une couche alpha. Nous avons donc dupliqué la couche Rouge, puis renforcé son contraste avec la commande Courbes ; l'intérieur du drapeau a ensuite été soigneusement rempli avec le Pinceau.

Deux étapes de cette opération sont présentées ici : la couche alpha terminée et la couche Rouge dupliquée (et inversée, pour être plus visible).

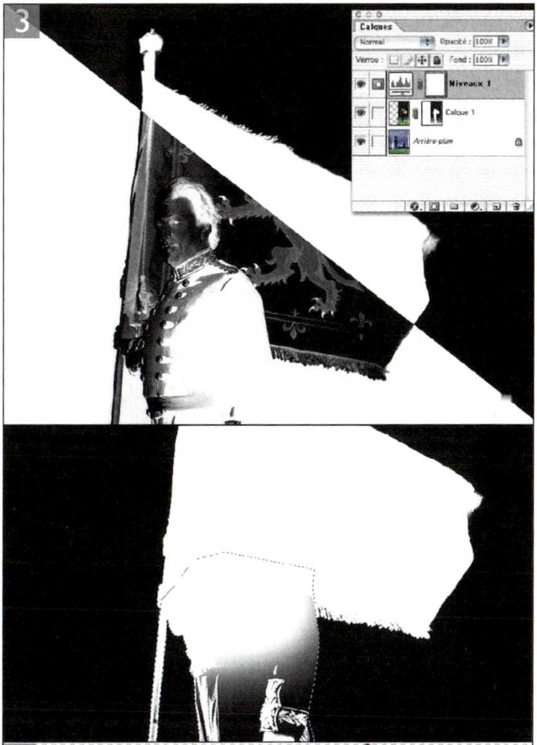

4 Pour le moment, la couche alpha ne masque que le drapeau, mais elle préserve les zones semi-transparentes, là où le drapeau flotte au vent. Comme nous l'avons mentionné plus haut, la partie inférieure du porte-drapeau est plus difficile à distinguer de son arrière-plan ; nous avons donc fait appel à la Plume.

Une fois le tracé refermé, nous l'avons transformé en sélection (Cmd/Ctrl+Entrée) ; nous avons appliqué à celle-ci un contour progressif de 2 pixels, que nous avons rempli de blanc. Nous avons ensuite « nettoyé » les zones de l'arrière-plan en les remplissant de noir avec le Pinceau.

5 La couche alpha terminée, nous l'avons récupérée en tant que sélection, puis convertie en masque de fusion pour séparer le porte-drapeau de son arrière-plan.

6 Une fois le client satisfait de la composition, nous avons pu aplatir l'image (tout en archivant une version de l'image munie de ses calques) et procéder à quelques retouches finales. Ainsi, nous avons atténué la transition entre l'herbe du premier plan et de l'arrière-plan, et, à la demande du client, nous avons créé une version de l'image au format paysage.

Suppression du cache

1 Si vous avez ajouté à une image un calque détouré, les pixels du contour laisseront apparaître la couleur de l'arrière-plan initial du calque. Ainsi, dans le cas d'un arrière-plan noir, une frange en gris foncé sera visible tout autour du contenu du calque.

2 Utilisez la commande Calque > Cache > Retirer le cache noir pour supprimer les pixels noirs du contour ; la commande Retirer le cache blanc fonctionne d'une manière identique pour les pixels blancs. Enfin, lorsque les pixels du contour sont d'une autre couleur, la commande Calque > Cache > Supprimer la frange remplace la couleur des pixels du contour par celle des pixels situés un peu plus à l'intérieur.

Client : Pierre Balmain.
Modèle : Louise, agence Nevs.

Viaduc de Ribblehead, par Ian McKinnell

L'exemple qui suit montre le travail du photographe londonien Ian McKinnell. Sa mission consistait à illustrer le rapport annuel d'un éditeur de logiciels nommé Logica, le thème retenu pour cette image étant le travail d'équipe.

La photographie du viaduc a été réalisée immédiatement après le lever du soleil avec une chambre 4 x 5 pouces afin d'obtenir des lignes de fuite verticales qui le soient vraiment. Nous avons également photographié notre assistant sous le même éclairage naturel et dans la position que devraient prendre les modèles, afin de faciliter par la suite le réglage des éclairages en studio.

1 La tâche la plus difficile consistait à obtenir le même éclairage et la même perspective pour les modèles et pour le viaduc. Nous avons déterminé les points de fuite de l'image à l'aide de tracés, puis dessiné un parallélépipède pour chacune des trois colonnes ; chaque colonne devant être remplacée par une personne. Nous avons également déterminé la ligne de hauteur des yeux (qui correspond à la hauteur où doit se trouver l'objectif de l'appareil).

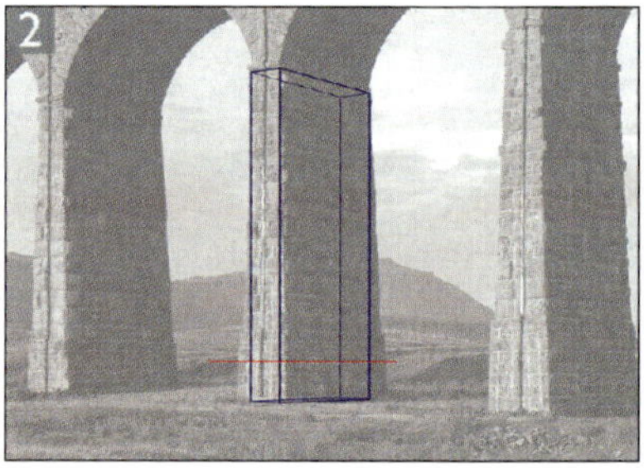

2 Nous avons effectué une sortie sur film de chacun des parallélépipèdes afin que ces derniers servent de guide au dos de la chambre 4 x 5 pouces. La perspective des modèles au moment de la prise de vue était cruciale dans la mesure où toute modification ultérieure aurait donné un aspect artificiel à l'image. Il a fallu que les modèles montent sur des caisses pour que la ligne de hauteur des yeux soit parfaitement adaptée, puis qu'ils appuient leurs mains sur le plafond pour donner l'impression qu'ils soutenaient un poids. Nous n'avons pas essayé de régler la couleur de l'éclairage afin qu'elle corresponde à celle du viaduc, cette correction étant plus simple à réaliser par la suite dans Photoshop.

3 Le détourage des modèles a principalement été réalisé avec la Plume, excepté pour les cheveux, où nous avons employé un masque semi-transparent. Nous n'avons pas hésité à modifier légèrement le contour des personnages là où cela nous semblait utile. Les personnages détourés ont ensuite été ajoutés à l'image du viaduc en tant que calques.

4 Pour redimensionner avec précision les personnages, nous avons réduit leur opacité (afin de les rendre légèrement transparents), puis utilisé la commande Transformation manuelle. À certains endroits, nous avons très légèrement modifié la perspective en procédant par tâtonnements. Nous avons sauvegardé une version non transformée des personnages. En effet, il est préférable de n'appliquer qu'une seule fois la commande Transformation pour préserver la qualité de l'image. Si la première tentative ne s'avère pas concluante, mieux vaut recommencer à zéro que de se baser sur l'image modifiée.

5 Une fois les modèles correctement positionnés, nous avons commencé à « effacer » les colonnes afin de créer l'impression que les personnages soutiennent l'édifice. Ce travail a été effectué avec le Tampon sur des calques séparés, afin de pouvoir revenir en arrière si nécessaire. Pour plus de précision dans la forme des montagnes de l'arrière-plan, nous avons défini un tracé que nous avons converti en sélection, à laquelle nous avons appliqué un contour progressif d'un ou deux pixels. Ensuite, le raccourci Cmd/Ctrl+Maj+I (Intervertir la sélection) nous a permis de sélectionner alternativement la montagne et le ciel pour obtenir des contours crédibles.

6 La zone la plus difficile à mettre en place a été l'herbe autour des pieds et des jambes. Il est préférable de varier les zones d'origine du Tampon, même au prix de l'utilisation de la commande Courbes pour corriger les teintes des zones copiées. Les zones inutilisées peuvent ensuite être effacées. L'ajout d'un peu de bruit dans les zones copiées permet de renforcer l'illusion photographique. L'avantage du format 4 x 5, c'est que l'image numérisée a très peu de grain ; dans le cas d'un film petit format, il n'est pas toujours facile de reproduire le type de grain présent dans l'image.

7 Pour accentuer la « vraisemblance » de l'image, nous avons ajouté des touffes d'herbe devant les pieds des personnages. Pour cela, nous avons copié sur un calque une partie de l'image qui se trouve derrière les chaussures, puis ce calque a été placé devant le calque du personnage et son contenu a été partiellement effacé avec la Gomme. Il y a toujours différentes façons de parvenir à un résultat donné dans Photoshop ; ici, nous aurions également pu faire appel à un masque de fusion.

8 Le visage et les mains des modèles ont nécessité nombre de retouches afin de donner l'impression que les personnages étaient présents sur place, en particulier en simulant l'ombre projetée par le viaduc. Pour cela, nous avons notamment utilisé le Pinceau sur un calque séparé en mode Obscurcir. Certaines zones ont été éclaircies avec la commande Courbes en veillant particulièrement à ce que la cohérence des couleurs soit préservée.

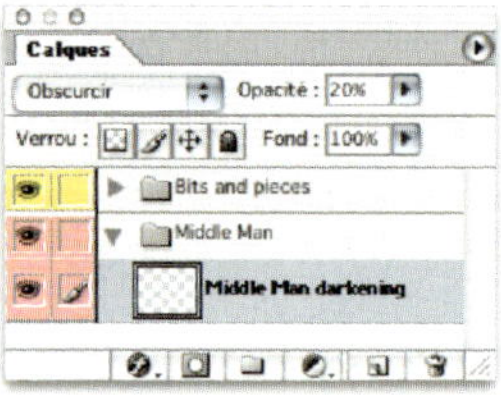

Photographie : Ian McKinnell.
Client : Logica. Agence : Stocks Austin Sice.

9 Nous avons appliqué un calque de réglage séparé de type Courbes pour chaque personnage afin d'effectuer les derniers ajustements de couleur, et ce, chaque fois, avec un masque de fusion afin de restreindre les modifications à chacun des personnages. D'une manière générale, pour créer ce genre d'image, il est important de

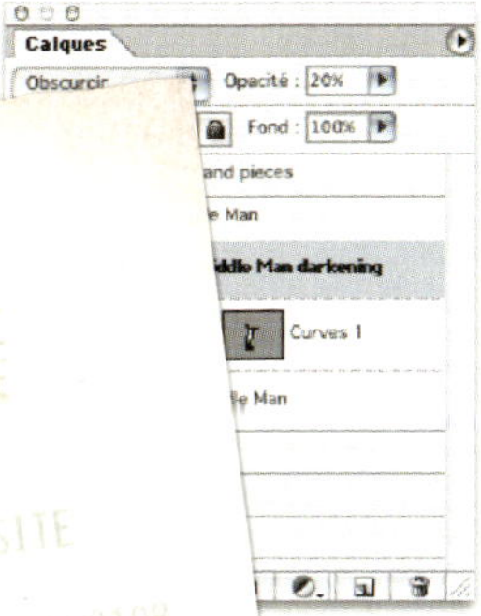

e de définir des masques vectoriels s'appliquant à sques vectoriels qui s'appliquent à un calque donné. stinés à être utilisés dans un logiciel de PAO tel que XPress, et permettent d'obtenir directement une fichier soit enregistré au format EPS. Pour enregisracé dans Photoshop et mémorisez-le en double- palette Tracés, puis choisissez Masque dans le menu de la palette Tracés.

Les masques vectoriels ne sont pas toujours le meilleur moyen d'obtenir un détourage pour une image. Dans l'exemple qui suit, l'objectif était de réaliser une brochure présentant les photos sous-marines du photographe Peter Hince.

Ces photos avaient des contours irréguliers que le photographe souhaitait préserver. Nous aurions pu utiliser des masques vectoriels, mais la subtilité des contours aurait été perdue. Nous avons donc effectué la mise en page des images dans PageMaker, puis nous avons reproduit cette mise en page dans Photoshop et avons fusionné l'image en un seul fichier EPS CMJN. Les étapes présentées ci-après montrent comment nous avons préservé les contours de chacune des vignettes.

L'avantage de cette technique est qu'elle réduit le temps de réalisation des épreuves et de l'imposition au niveau du RIP et qu'elle réduit le risque d'erreur de fichier. En contrepartie, le client pourra vous demander de modifier l'un des composants de l'image après avoir vu l'épreuve ; par conséquent, il faut toujours garder une copie du fichier avec tous ses calques !

1 Le Fond représente un motif de reflets dans l'eau. Toutes les photos sont alignées par rapport aux repères, telles qu'elles apparaîtront dans l'image finale, et sont regroupées sur un seul calque. On recopie ce calque en le faisant glisser sur le bouton de nouveau calque.

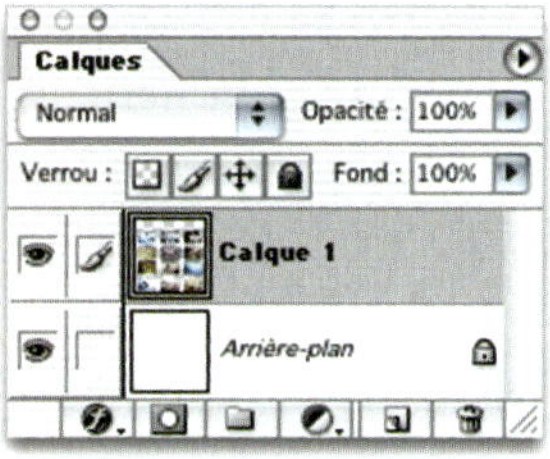

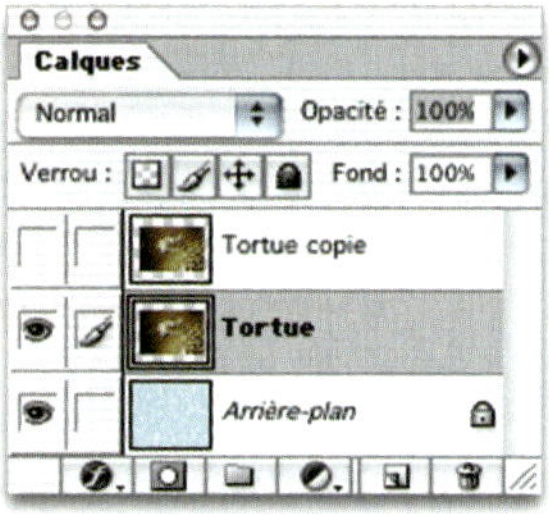

2 Pour plus de clarté, les figures présentées ci-après représentent l'une des vignettes de l'image finale. On masque le calque copié et on active le calque initial. L'objectif est de supprimer les pixels blancs qui entourent le cadre noir de chaque vignette.

Photographies : Peter Hince/Ocean Images.

3 On double-clique sur le calque pour afficher la boîte de dialogue Style de calque. On enfonce la touche Opt/Alt, puis on fait glisser les deux curseurs blancs sous « Ce calque » pour les séparer. On les positionne comme sur la figure ci-contre. Ainsi, on rend transparentes les zones les plus claires du calque, aussi bien les pixels du contour qu'une partie des pixels de l'intérieur des vignettes.

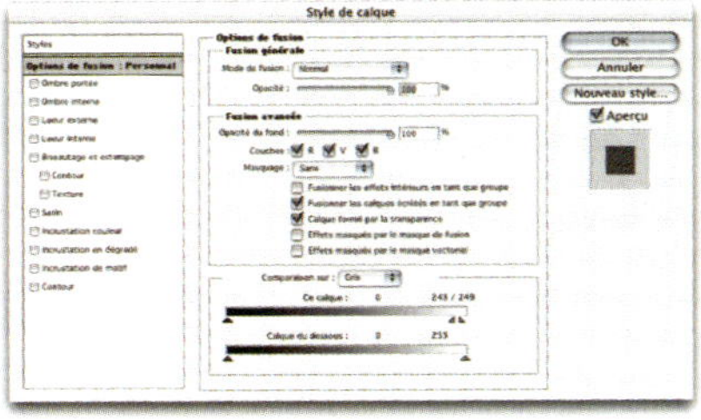

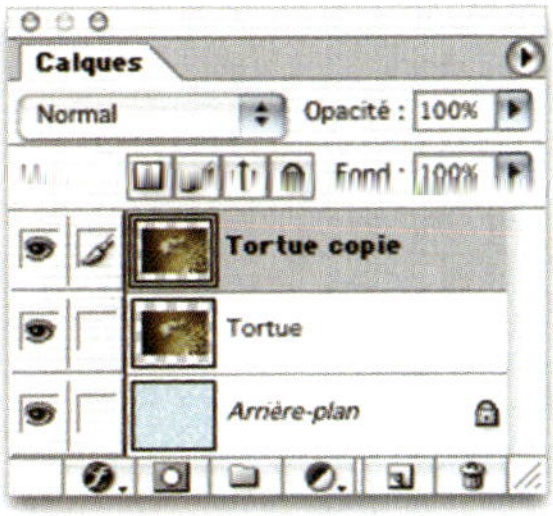

4 On active la copie du calque et on crée une sélection rectangulaire à l'intérieur de chacune des vignettes. On intervertit la sélection (Sélection > Intervertir la sélection), puis on supprime la zone sélectionnée (Édition > Couper). On enregistre une version de l'image avec ses calques (au cas où d'autres modifications seraient requises), puis on l'aplatit et on l'enregistre dans un format adapté au logiciel de PAO.

Chapitre 12

Travail efficace dans Photoshop

Dans ce chapitre, nous allons présenter une liste de raccourcis qui, pour la plupart, ne sont pas mentionnés dans le guide de l'utilisateur. Il est inutile d'essayer de tous les mémoriser ; utilisez plutôt ces pages en tant que référence, en fonction de vos besoins.

Pour qu'un travail soit efficace, le facteur le plus important est une bonne planification. Avant toute chose, il faut réfléchir au résultat que l'on cherche à obtenir. Ainsi, si l'image finale doit être en basse résolution, on doit d'emblée réduire la résolution de toutes les composantes de l'image, et non pas travailler en haute résolution et la réduire en fin de travail. Les temps de traitement seront bien moindres en procédant ainsi.

Lorsqu'un projet nécessite des essais préalables, mieux vaut travailler en basse résolution. Notez ou enregistrez les paramètres que vous utilisez dans l'image basse résolution, puis appliquez-les à l'image haute résolution. Vous observerez toutefois que certains réglages des filtres devront sans doute être modifiés dans la mesure où, avec des valeurs identiques, leur effet est parfois différent en fonction de la résolution de l'image. Vous pouvez également enregistrer en tant que script la suite d'opérations appliquées à l'image basse résolution et exécuter le script pour l'image haute résolution. Des exemples de scripts sont présentés sur le site www.andactions.com. Nous reviendrons sur les scripts à la fin de ce chapitre.

Dans les tableaux présentés ci-après, nous ne mentionnons que les raccourcis Macintosh, faute de place. Cependant, les raccourcis Windows sont identiques, à ceci près que la touche Cmd est remplacée par la touche Ctrl, et la touche Opt par la touche Alt. Par ailleurs, en fonction de votre clavier, vous devrez parfois utiliser la touche Maj pour accéder à certains caractères (les chiffres ou le caractère « + », par exemple). Dans ce cas, la touche Maj n'est pas indiquée dans le raccourci correspondant. Voici les raccourcis relatifs à la boîte à outils.

Boîte à outils	
Raccourci	**Fonction**
A	Sélection directe/Sélection d'élément de tracé
B	Pinceau/Crayon
C	Recadrage
D	Couleurs de premier et d'arrière-plan par défaut
E	Gomme/Gomme d'arrière-plan/Gomme magique
F	Bascule entre les trois modes d'affichage du document
Maj+F	Masque/affiche la barre des menus dans les deux modes plein écran
G	Dégradé/Pot de peinture
H	Main
Espace	Bascule vers la main lorsqu'un autre outil est actif
I	Pipette/Échantillonnage de couleur/Mesure
J	Correcteur/Pièce
K	Tranche/Sélection de tranche
L	Lasso/Lasso polygonal/Lasso magnétique
M	Rectangle de sélection/Ellipse de sélection
N	Annotations/Annotations audio
O	Densité +/Densité –/Éponge
P	Plume et outils associés
Q	Mode Masque/Mode Standard
R	Netteté/Goutte d'eau/Doigt
S	Tampon/Tampon de motif
T	Texte
U	Outils de forme : Rectangle/Rectangle arrondi/ Ellipse/Polygone/Trait/Forme personnalisée
V	Déplacement
Cmd	Bascule vers l'outil Déplacement lorsqu'un autre outil est actif (sauf la Plume)
Touches fléchées	Déplace le contour de la sélection 1 pixel à la fois
Touches fléchées	Lorsque l'outil Déplacement est sélectionné : déplace le contenu de la sélection 1 pixel à la fois
Maj+Touches fléchées	Déplacement par pas de 10 pixels
W	Baguette magique
X	Permutation des couleurs de premier et d'arrière-plan
Y	Forme d'historique/Forme d'historique artistique
Z	Loupe
Opt	Loupe –
Cmd+Espace	Bascule vers la Loupe +
Opt+Espace	Bascule vers la Loupe –

Pour passer d'un outil masqué à l'autre, enfoncez la touche Opt et cliquez sur le bouton de l'outil dans la Boîte à outils, ou enfoncez la touche Maj et appuyez sur la touche correspondant à l'outil. Ainsi, si le Pinceau est sélectionné, enfoncez la touche Opt et cliquez sur le Pinceau ou appuyez sur Maj+B pour accéder au Crayon. Une option de la section Général de la boîte de dialogue Préférences vous permet également de parcourir les outils sans utiliser la touche Maj.

Optimisation des performances

Attribuez à Photoshop autant de RAM que possible, et évitez de faire fonctionner d'autres logiciels en même temps. Ouvrez aussi peu de fichiers à la fois que possible. Surveillez la taille du disque de travail à l'aide de la barre d'état, en choisissant l'option Fichiers de travail. Lorsque la valeur de gauche dépasse celle de droite, Photoshop a recours au disque de travail. Pour copier sélections et calques entre documents, effectuez un glisser-déposer plutôt qu'un copier-coller. Cela vous évite de devoir recourir au Presse-papiers. Enregistrez au format Photoshop ou TIFF sur votre disque dur et non sur un disque amovible, et n'utilisez pas un tel disque en tant que disque de travail.

Menu Fichier

Raccourci	Fonction
Cmd+N	Nouveau fichier
Cmd+Opt+N	Nouveau fichier avec les paramètres précédemment utilisés
Cmd+O	Ouvrir
Cmd+Maj+O	Ouvrir l'Explorateur de fichiers
Cmd+W	Fermer
Cmd+Maj+W	Tout fermer
Cmd+S	Enregistrer
Cmd+Maj+S	Enregistrer sous
Cmd+Maj+Opt+S	Enregistrer pour le Web
Cmd+Opt+P	Options d'impression
Cmd+Maj+P	Format d'impression
Cmd+P	Imprimer avec Aperçu/Imprimer (selon les paramètres des Préférences)
Cmd+Maj+Opt+P	Imprimer un exemplaire
Cmd+Maj+M	Basculer vers l'application « Passer à » par défaut
Cmd+Q	Quitter
F5	Actualiser l'arborescence de l'Explorateur de fichiers
F12 (Mac OS seulement)	Version précédente
Esc ou N	Ne pas enregistrer (commande système)
Esc	Annuler (commande système)

Menus contextuels

Nombre de commandes sont accessibles d'un seul clic de souris dans les menus contextuels. Pour y accéder, enfoncez la touche Ctrl et cliquez (Mac OS), ou cliquez avec le bouton droit de la souris (Windows). De très nombreux menus contextuels spécifiques aux situations rencontrées sont disponibles, tant dans la fenêtre du document que dans les palettes.

Menu Édition

Raccourci	Fonction
Cmd+Z	Annuler la dernière opération (selon les préférences)
Cmd+Maj+Z	Aller vers l'avant dans l'Historique
Cmd+Opt+Z	Aller vers l'arrière dans l'Historique
Cmd+Maj+F	Atténuer la dernière opération (filtre, réglage…)
Cmd+X	Couper
Cmd+C	Copier
Cmd+Maj+C	Copier avec fusion
Cmd+V	Coller
Cmd+Maj+V	Coller dedans
Opt+Suppr/Ret. Arr.	Remplir avec la couleur de premier plan
Cmd+Suppr/Ret. Arr.	Remplir avec la couleur d'arrière-plan
Opt+Maj+Suppr/Ret. Arr.	Remplir avec la couleur de premier plan en préservant les zones transparentes
Cmd+Maj+Suppr/Ret. Arr.	Remplir avec la couleur d'arrière-plan en préservant les zones transparentes
Maj+Suppr/Ret. Arr.	Ouvre la boîte de dialogue Remplir
Cmd+Opt+Suppr/Ret. Arr.	Remplir à partir de l'Historique
Cmd+T	Transformation manuelle
Cmd+Maj+T	Répète la précédente transformation
Cmd+Opt+T	Transformation manuelle avec duplication
Cmd+Opt+Maj+T	Répète la précédente transformation avec duplication
Cmd+Maj+K	Paramètres de gestion des couleurs
Cmd+K	Préférences générales
Cmd+Opt+K	Préférences générales (affiche la section précédemment employée de la boîte de dialogue)

Sélection

Enfoncez la touche Maj lors de l'utilisation du Rectangle ou de l'Ellipse de sélection pour dessiner un carré ou un cercle.

Avec ces mêmes outils, la touche Opt/Alt permet de créer un contour de sélection centré sur le point d'origine d'application de l'outil. Vous pouvez combiner les touches Maj et Opt/Alt.

Lors du dessin d'une sélection, le fait d'enfoncer la barre d'espace permet de déplacer librement la sélection qui est en cours de création. Relâchez ensuite la barre d'espace et finalisez votre sélection.

Lorsque l'image comprend une sélection, vous pouvez la modifier comme suit avec les outils de sélection :

- avec la touche Maj, la nouvelle sélection s'ajoute à la sélection existante ;
- avec la touche Opt/Alt, la nouvelle sélection est soustraite à la sélection existante ;
- avec les touches Opt/Alt et Maj, la sélection finale est le produit de l'intersection entre l'ancienne et la nouvelle sélection.

Affichage des fenêtres

Choisissez Fenêtre > Documents > Cascade pour afficher les fenêtres empilées les unes sur les autres, du coin supérieur gauche au coin inférieur droit de l'espace de travail de l'application. La commande Fenêtre > Documents > Juxtaposer permet d'afficher les fenêtres bord contre bord.

Déplacement et copie de sélections

Pour ne déplacer que le contour de la sélection, placez le pointeur à l'intérieur de la sélection et faites glisser. Pour déplacer le contenu de la sélection, utilisez la touche Cmd/Ctrl pour basculer provisoirement vers l'outil Déplacement. Pour copier le contenu d'une sélection sans créer un nouveau calque, enfoncez les touches Opt/Alt et Cmd/Ctrl, puis faites glisser.

Menu Image

Raccourci	Fonction
Cmd+L	Niveaux
Cmd+Maj+L	Niveaux automatiques
Cmd+Maj+Opt+L	Contraste automatique
Cmd+Maj+B	Couleur automatique
Cmd+M	Courbes
Cmd+B	Balance des couleurs
Cmd+U	Teinte/Saturation
Cmd+Maj+U	Désaturation
Cmd+I	Négatif
Cmd+Maj+F	Estomper
Opt+Image > Dupliquer	Enfoncez la touche Opt/Alt en choisissant la commande Dupliquer pour éviter l'apparition de la boîte de dialogue Dupliquer

La touche Opt/Alt combinée avec la plupart des raccourcis présentés avant permet d'ouvrir la boîte de dialogue correspondante avec les paramètres précédemment employés. Il s'agit d'une convention d'interface générale pour Photoshop. La commande Estomper permet d'estomper l'effet des filtres, mais aussi des réglages et des outils de dessin.

Menu Sélection

Raccourci	Fonction
Cmd+A	Tout sélectionner
Cmd+D	Désélectionner
Cmd+Maj+D	Resélectionner
Cmd+Opt+D	Contour progressif
Cmd+Maj+I	Intervertir la sélection

Menu Filtre

Raccourci	Fonction
Cmd+F	Appliquer le filtre précédent (avec les mêmes paramètres)
Cmd+Maj+F	Estomper le filtre
Cmd+Opt+F	Afficher la boîte de dialogue du filtre avec les derniers paramètres utilisés
Cmd+Opt+X	Extraire
Cmd+Maj+X	Fluidité
Cmd+Maj+Opt+X	Placage de motif

Menu Calque

Raccourci	Fonction
Cmd+Maj+N	Nouveau calque
Cmd+Opt+Maj+N	Nouveau calque (sans boîte de dialogue)
Cmd+G	Grouper avec le calque inférieur
Cmd+Maj+G	Sortir le calque du groupe d'écrêtage
Cmd+E	Fusionner avec le calque inférieur
Cmd+Opt+E	Copier le contenu du calque dans le calque inférieur
Cmd+J	Calque par copier
Cmd+Maj+J	Calque par couper
Cmd+Maj+E	Fusionner les calques visibles
Cmd+Maj+;	Amener le calque au premier plan
Cmd+;	Rapprocher le calque
Cmd+Maj+,	Envoyer le calque à l'arrière-plan
Cmd+,	Éloigner le calque

Menu Affichage

Raccourci	Fonction
Cmd+Y	Couleurs de l'épreuve
Maj+Cmd+Y	Couleurs non imprimables
Cmd++ (plus)	Zoom avant avec redimensionnement de la fenêtre
Cmd+– (moins)	Zoom arrière avec redimensionnement de la fenêtre
Cmd+Opt++ (plus)	Zoom avant sans redimensionnement de la fenêtre (Mac OS)
Cmd+Opt+– (moins)	Zoom arrière sans redimensionnement de la fenêtre (Mac OS)
Cmd+$	Taille écran
Double-clic sur la Main	Taille écran
Opt+Cmd+0 (zéro)	Taille réelle
Double-clic sur la Loupe	Taille réelle
Cmd+H	Afficher/Masquer les extras (Sélection/Tracé/Grille/Repères/Tranches/Annotations)
Cmd+R	Afficher/Masquer les règles
Cmd+"	Afficher/Masquer la grille
Cmd+Maj+;	Magnétisme
Cmd+Maj+&	Verrouiller les repères
Double-clic sur un repère avec l'outil Déplacement	Afficher la section Repères, grille et tranche de la boîte de dialogue Préférences
Cmd+Tab	Basculer entre fenêtres de document ouvertes (Mac OS)

Menu Fenêtre	
Raccourci	**Fonction**
Tab	Afficher/Masquer les palettes, la boîte à outils et la barre d'options
Maj+Tab	Afficher/Masquer les palettes sauf la boîte à outils et la barre d'options

Astuces diverses

Double-cliquez sur l'une des règles pour afficher la section Unités et règles de la boîte de dialogue Préférences. Lorsqu'un outil de dessin ou de remplissage est sélectionné, utilisez les chiffres du clavier pour définir son opacité (1 = 10 %, 9 = 90 %, 0 = 100 %). Pour une valeur d'opacité plus précise, entrez rapidement les deux chiffres (par exemple, 04, 25, 96…). Lorsque le champ d'opacité est sélectionné, avec les touches Flèche haut et Flèche bas, vous pouvez augmenter ou réduire l'opacité par pas de 1 % (ou par pas de 10 %, en les combinant avec la touche Maj).

La même chose est vraie pour le champ de rapport de zoom de la palette Navigateur. Lorsque vous entrez une valeur dans ce champ, appuyez sur Maj+Entrée pour appliquer le nouveau rapport de zoom, tout en gardant le champ actif. Vous pouvez agrandir la palette pour augmenter d'autant l'affichage de la vue en réduction de l'image. Pour afficher une zone spécifique de l'image, enfoncez la touche Cmd/Ctrl et faites glisser dans la vue en réduction de l'image pour définir la zone à agrandir

Menu Navigation	
Raccourci	**Fonction**
Page haut	Défilement d'un écran vers le haut
Page bas	Défilement d'un écran vers le bas
Maj+Page haut	Défilement vers le haut par petites étapes
Maj+Page bas	Défilement vers le bas par petites étapes
Maj+Page haut/Page bas	Défilement d'une image vers le haut ou le bas dans un fichier Filmstrip
Cmd+Page haut	Défilement d'un écran vers la gauche
Cmd+Page bas	Défilement d'un écran vers la droite
Cmd+Maj+Page haut	Défilement vers la gauche par petites étapes
Cmd+Maj+Page bas	Défilement vers la droite par petites étapes
Origine	Afficher le coin supérieur gauche de l'image
Fin	Afficher le coin inférieur droit de l'image

Utilisation des scripts

Avec Photoshop, il est possible d'enregistrer en tant que script une série d'opérations. Ce script peut ensuite être appliqué à une autre image, et même transmis à un tiers qui pourra ainsi répéter automatiquement la série d'opérations que vous avez effectuées. Et, pour simplifier encore les choses, vous pouvez appliquer automatiquement un script à tous les fichiers d'un dossier donné à l'aide de la commande Automatisation.

Exécution d'un script

Par défaut, Photoshop 7 est livré avec une série de scripts. Pour essayer ces scripts, ouvrez une image et cliquez sur l'un d'eux dans la palette Scripts, puis sur le bouton de lecture. Il faut toutefois prendre garde à un point : si le nombre d'étapes du script dépasse le maximum autorisé pour les étapes de l'Historique, vous ne pourrez pas rétablir l'image initiale à l'aide de la palette Historique. Par mesure de précaution, il est donc préférable d'enregistrer le fichier ou d'en créer un instantané avant de lui appliquer un script. Vous pouvez charger des ensembles de scripts supplémentaires en choisissant Charger des scripts dans le menu de la palette Scripts. Ainsi, les scripts de l'ensemble Commandes.atn affectent des touches de fonction à différentes fonctions courantes du logiciel (affichage des palettes, opérations sur les sélections, etc.).

Le dossier Photoshop 7.0\Paramètres prédéfinis\Scripts Photoshop contient un document PDF qui décrit tous les scripts prédéfinis du logiciel. Enfin, si Photoshop est fermé, vous pouvez double-cliquer sur un fichier de scripts pour lancer Photoshop et ajouter les scripts à la palette Scripts.

Enregistrement d'un script

Enregistrez tout d'abord votre script en vous basant sur une image provisoire. Cliquez sur le bouton de nouveau script de la palette Scripts, donnez un nom à votre script et attribuez-lui éventuellement une touche de fonction, puis cliquez sur Enregistrer. Effectuez ensuite la série d'opérations que vous souhaitez enregistrer, puis cliquez sur le bouton d'arrêt de la palette Scripts.

Les scripts permettent d'enregistrer la plupart des opérations effectuées dans Photoshop : utilisation des tracés, des outils de forme vectorielle ou de la palette Historique, filtre Éclairage, commande Appliquer une image, etc. Les opérations effectuées avec le Rectangle et l'Ellipse de sélection ou avec l'outil Dégradé sont enregistrées en fonction de l'unité des règles. Par conséquent, si vous souhaitez obtenir un positionnement relatif, choisissez pour les règles l'unité % (pourcentage) dans la section Unités et règles de la boîte de dialogue Préférences.

Évitez les opérations qui ne peuvent pas être enregistrées ; il s'agit principalement des opérations effectuées avec les outils de dessin et de retouche.

Veillez à ne pas effectuer des actions basées sur des calques ou des couches qui ont des noms définis ; ces derniers seront présents dans l'image provisoire, mais pas dans celles auxquelles vous appliquerez le script. Assurez-vous aussi que vos scripts ne nécessitent pas que l'image soit dans un mode de couleur défini ou qu'elle soit d'une taille définie.

Dans le cas d'un script complexe, il est préférable de planifier à l'avance la série d'opérations à effectuer. Vous pouvez interrompre l'exécution d'un script par l'affichage d'une boîte de dialogue comportant le message de votre choix. Ce message indiquera par exemple à quelles conditions le script fonctionnera sur une image donnée. Enfin, si vous enfoncez les touches Opt+Cmd (Alt+Ctrl) en choisissant la commande Enregistrer les scripts, vous créez un fichier de texte qui renferme la description de tous les scripts de l'ensemble, les scripts eux-mêmes n'étant pas enregistrés.

Résolution de problèmes liés aux scripts

Vérifiez que le mode de couleur de l'image de départ est correct. Nombre de scripts, en particulier ceux qui font appel aux filtres, ne fonctionnent qu'avec une image en mode RVB. Dans le cas de certains scripts, l'image devra respecter des critères donnés : comporter un calque de texte, par exemple. Si le script que vous avez enregistré ne fonctionne pas comme vous le souhaitez, vous pouvez afficher le détail des opérations qu'il effectue en cliquant sur la flèche située à sa gauche. Enfoncez la touche Cmd/Ctrl et cliquez sur le bouton de lecture pour exécuter le script une commande à la fois. Si une commande pose problème, double-cliquez dessus dans la palette Scripts pour l'enregistrer à nouveau.

Traitement par lots

L'un des principaux intérêts des scripts est qu'ils permettent de traiter en une seule fois une série de fichiers. Ouvrez la boîte de dialogue Traitement par lots (Fichier > Automatisation > Traitement par lots), choisissez un dossier source, et éventuellement un dossier de destination ; il est aussi possible de traiter toutes les images ouvertes. Les figures 12.1 et 12.2 montrent comment configurer la fonction de traitement par lots.

1 Pour créer un script, il est préférable de se baser sur une image provisoire, d'enregistrer la série d'opérations à effectuer, puis de tester le script. Il sera toujours possible d'y ajouter ou d'ôter des commandes par la suite.

2 Ce script est destiné à ajouter un calque à l'image, et à le remplir avec un dégradé. Lors de l'enregistrement d'un script, il faut veiller à rester aussi général que possible. Si vous cliquez sur un calque pour le sélectionner, le nom du calque sera enregistré dans le script et ce dernier ne fonctionnera que si le document comprend un calque avec le nom correspondant. Par conséquent, il est préférable d'utiliser les commandes du menu Calque ou un raccourci clavier pour sélectionner un calque.

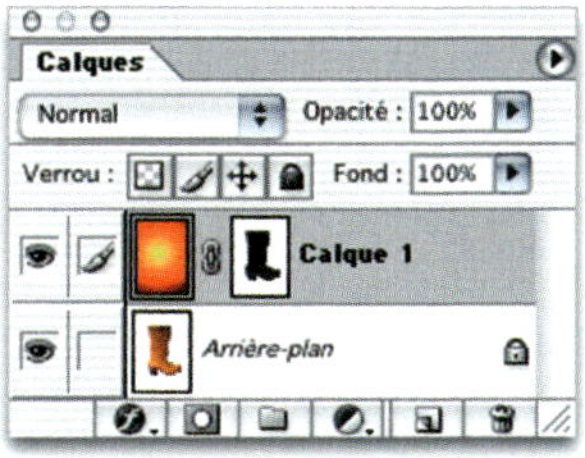

3 Ici, le calque a été créé et rempli avec un dégradé. Ce script nécessite la présence d'une couche alpha qui est transformée en masque de fusion, lequel rend visible l'objet qui se trouve sur le Fond.

Photographie : Davis Cairns. Client : Red or Dead Ltd.

4 Une fois que l'enregistrement est terminé, cliquez sur le bouton d'arrêt de la palette Scripts, puis affichez les étapes du script pour les examiner en détail. Ici, nous avons inséré un point d'arrêt avec « autorisation de continuer » pour afficher des informations sur le fonctionnement du script. Le point d'arrêt permet à l'utilisateur de choisir entre l'arrêt et la poursuite de l'exécution d'un script.

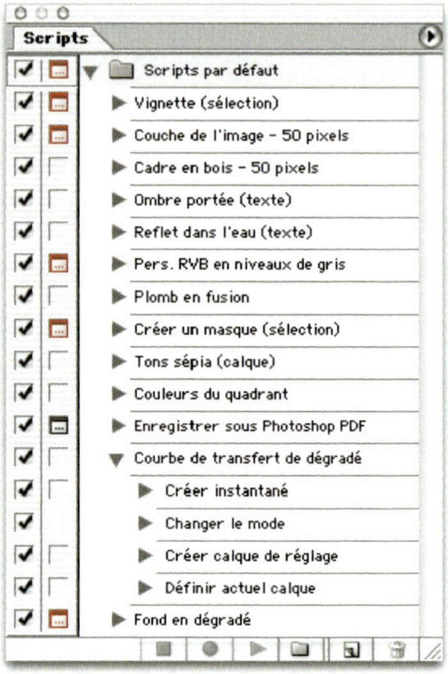

Programmation de scripts et autres fonctions d'automatisation

Figure 12.1 Ici, la boîte de dialogue Traitement par lots a été configurée pour appliquer un script prédéfini aux fichiers d'un dossier. Choisissez à l'aide des deux premières listes déroulantes le script à appliquer. Sélectionnez ensuite le dossier source qui contient les images à traiter. Vous pouvez au choix remplacer les fichiers existants par les fichiers modifiés, ou sélectionner un dossier de destination où les fichiers traités seront enregistrés. Dans le bas de la boîte de dialogue, vous pouvez déterminer avec précision le nom des fichiers résultants.

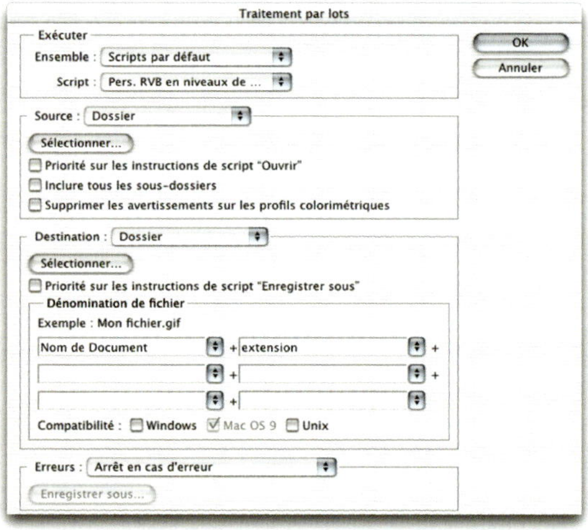

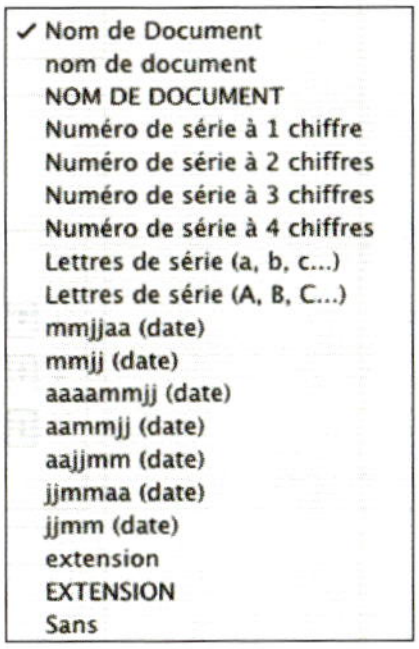

Figure 12.2 Au moment de déterminer le nom du document résultant, il est possible de spécifier différentes règles. Vous pouvez par exemple utiliser le nom du document lui-même, ou encore ce même nom tout en majuscules ou en minuscules. Vous pouvez aussi définir l'extension du nom de la même manière. Comme le montrent les listes ci-contre, de très nombreuses options sont offertes pour définir le nom des fichiers traités. Un exemple de nom s'affiche dans la boîte de dialogue (voir la figure précédente).

Il est maintenant possible d'écrire pour Photoshop des scripts en JavaScript ou en Visual Basic pour effectuer des opérations scriptées complexes. Bien entendu, des connaissances en programmation sont nécessaires pour pouvoir exploiter cette fonction. Il faut au préalable télécharger et installer le plug-in activant cette fonction ; vous le trouverez sur le site Web d'Adobe (il se nomme Photoshop 7.0 Scripting plug-in).

Adapter l'image

La commande Fichier > Automatisation > Adapter l'image permet de redimensionner l'image à la manière de la boîte de dialogue Taille de l'image, mais en indiquant des dimensions maximales en pixels (plutôt que des dimensions exactes), ce qui la rend particulièrement adaptée au traitement d'images destinées au Web. Dans le même menu, la commande Changement de mode conditionnel permet de modifier le mode de couleur d'une image en fonction du mode initial de l'image.

Collection d'images

Avec la commande Collection d'images, il est possible de reproduire une même image selon plusieurs résolutions sur une même page ; dans l'exemple de la figure 12.3, la même page comprend une image au format 5 x 7, deux images au format carte postale et quatre vignettes plus petites. La liste déroulante Disposition propose toutes sortes de combinaisons de formats. La section Libellé vous permet d'ajouter un texte à chaque image, et même sur chaque image (position centrée) si vous souhaitez insérer le texte en filigrane. Avec l'option Utiliser : Dossier, la commande est appliquée à toutes les images du dossier sélectionné. Vous pouvez également créer vos propres dispositions d'images ; pour plus d'informations, consultez le fichier Lisez-moi.txt (Windows) ou Ouvrez-moi.txt (Mac OS) qui se trouve dans le dossier Photoshop 7.0\Paramètres prédéfinis\Dispositions.

Figure 12.3 La boîte de dialogue Collection d'images.

Planche Contact II

Comme son nom l'indique, la commande Planche Contact II permet de créer automatiquement une planche contact à partir des fichiers d'un dossier donné et d'indiquer sous chaque vignette le nom du fichier.

L'utilisation de cette commande n'appelle pas de commentaire particulier : choisissez simplement un répertoire source, un format de page et le nombre de vignettes par page, puis cliquez sur OK et laisser travailler Photoshop. Vous observerez toutefois que le nombre de caractères des noms de fichiers en légende est limité à douze dans le document résultant.

Figure 12.4 La boîte de dialogue Planche Contact II et un exemple de planche contact obtenue à partir de cette commande.

Exportation de l'image transparente et Redimensionnement de l'image

Ces deux fonctions d'automatisation se trouvent dans le menu Aide et sont destinées à assister les utilisateurs débutants lors de l'exportation d'une image transparente et du redimensionnement d'une image en fonction du support de sortie. Les deux commandes se présentent sous la forme d'assistants qui demandent à l'utilisateur de répondre à une série de questions avant de modifier l'image en conséquence.

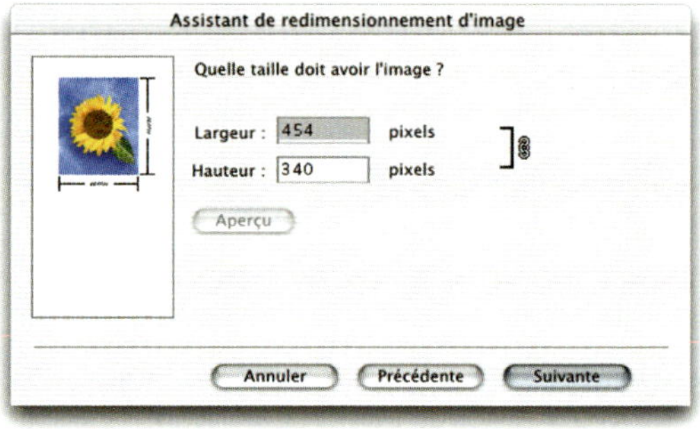

Figure 12.5 Deux boîtes de dialogue des assistants fournis avec Photoshop. L'assistant Exporter l'image transparente sélectionne automatiquement les paramètres adéquats lors de l'enregistrement d'une image transparente. L'assistant Redimensionnement de l'image choisit (et applique) automatiquement une résolution adéquate en fonction de l'utilisation prévue de l'image.

Galerie Web Photo

Cette commande permet de créer automatiquement à partir d'un dossier d'images une galerie de photos Web comprenant une page pour chaque image, ainsi que des vignettes et des liens pour naviguer entre les différentes images. Supposons que vous souhaitiez présenter une série de photos à un client : utilisez la commande Galerie Web Photo pour créer un mini-site Web, puis envoyez le dossier de pages HMTL généré par Photoshop dans un répertoire distinct de votre serveur Web. Il vous suffira ensuite de communiquer l'URL correspondante à votre client pour qu'il puisse visualiser vos images.

Utilisez comme source n'importe quel dossier d'images RVB et attribuez à ces dernières de préférence un profil sRVB. Onze modèles de galerie sont disponibles ; certaines sont relativement simples, alors que d'autres font appel au JavaScript. En fonction du modèle que vous choisissez, vous pouvez ensuite définir divers autres paramètres du site : taille et qualité JPEG des images et des vignettes, titre des pages, polices utilisées, couleurs des liens etc., mais toutes les options que vous définissez ne sont pas prises en compte par tous les modèles de galerie. Enfin, si vous avez un peu d'expérience dans le domaine du HTML, vous pouvez définir vos propres modèles de sites. Pour cela, inspirez-vous du contenu des dossiers existants (Photoshop 7.0\Paramètres prédéfinis\Galerie Web Photo). Bien entendu, vous pouvez aussi modifier à volonté les pages Web générées par Photoshop à l'aide d'un éditeur HTML tel que GoLive.

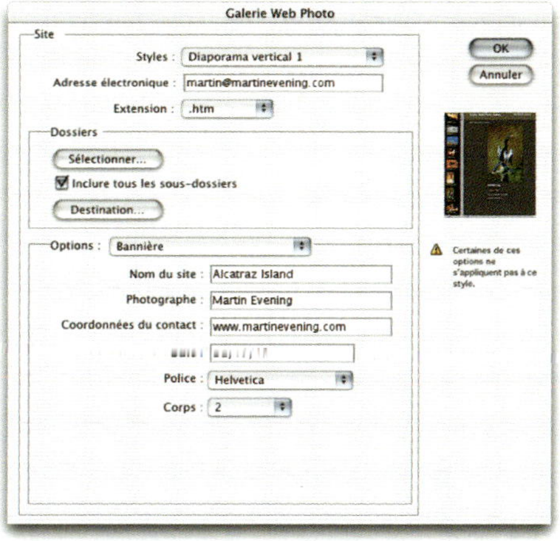

Figure 12.6 La boîte de dialogue Galerie Web Photo, qui a été revue et améliorée dans Photoshop 7. Vous disposez maintenant de nombreux formats de page, et vous pouvez ajouter un filigrane visible à vos images.

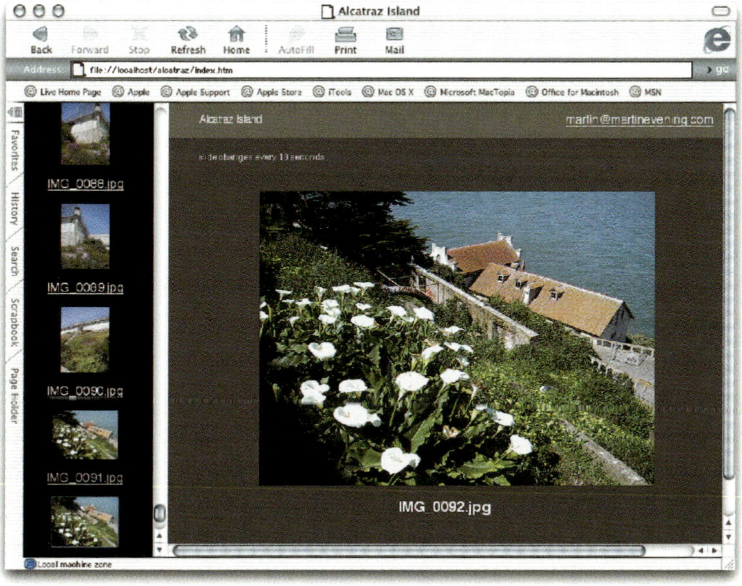

Création d'un droplet

Les scripts de Photoshop peuvent être convertis en mini-applications nommées droplets qui peuvent être placées n'importe où sur le disque dur. Lorsqu'on fait glisser un ou plusieurs fichiers sur un droplet, Photoshop est lancé et le script est appliqué au(x) fichier(s). Les options de la boîte de dialogue Créer un droplet (Fichier > Automatisation > Créer un droplet) sont identiques à celles de la boîte de dialogue Traitement par lots. Pour pouvoir être utilisés sous Windows, les droplets doivent comporter l'extension .exe. Pour pouvoir utiliser un droplet Windows sous Mac OS, faites-le glisser sur l'icône de l'application Photoshop.

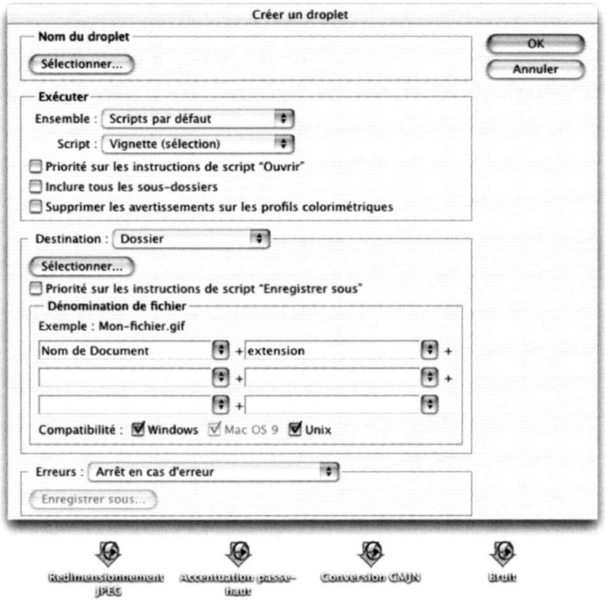

Figure 12.7 La boîte de dialogue Créer un droplet.
Lorsque vous faites glisser un fichier sur un droplet, Photoshop démarre et exécute le script correspondant au droplet. Vous pouvez spécifier un dossier de destination pour les fichiers traités par le droplet.

Formes d'outil

Raccourci	Fonction
, (virgule)	Réduire la taille de la forme d'outil
: (deux-points)	Augmenter la taille de la forme d'outil
Cmd+Maj+F	Estomper la dernière application de l'outil
Verr. Maj.	Basculer entre pointeur précis et pointeur forme d'outil
Double-clic sur une forme prédéfinie dans la palette Formes	Renommer la forme
Clic dans un espace vide dans la palette Formes	Créer une forme
Opt+clic sur une forme prédéfinie dans la palette Formes	Supprimer la forme
Ctrl+clic/clic droit avec un outil de dessin ou de retouche	Afficher la liste des formes d'outil. Entrée pour refermer la liste
Maj	Enfoncer la touche Maj après avoir commencé à dessiner avec l'outil pour contraindre les déplacements à l'horizontale ou la verticale

Palette Nuancier

Raccourci	Fonction
Clic sur un carré	Définir la couleur de premier plan
Opt+clic sur un carré	Définir la couleur d'arrière-plan
Clic dans un espace vide	Définir un nouveau carré à partir de la couleur de premier plan et lui donner un nom
Maj+Opt+clic dans un espace vide	Définir un nouveau carré à partir de la couleur de premier plan sans lui donner de nom
Maj+clic sur un carré	Remplacer la couleur par la couleur de premier plan
Cmd+clic sur un carré	Supprimer le carré

Palette Couleur

Raccourci	Fonction
Maj+clic dans la barre de couleurs	Basculer entre les différentes gammes de couleurs
Ctrl+clic/clic droit dans la barre de couleurs	Choisir une gamme de couleurs
Clic sur le symbole « danger »	Sélectionner la couleur imprimable la plus proche

Palette Historique	
Raccourci	**Fonction**
Cmd+Z	Annuler/Rétablir
Cmd+Opt+Z	En arrière d'une étape dans l'historique
Cmd+Maj+Z	En avant d'une étape dans l'historique
Clic sur le bouton de nouvel instantané	Créer un nouvel instantané
Clic sur le bouton de nouveau document	Créer un nouveau document à partir de l'état sélectionné
Opt+clic sur un état d'historique	Dupliquer l'état d'historique

Calques et couches

Chaque calque ajouté à un document augmente la taille du fichier et la consommation de RAM du logiciel. Par ailleurs, les calques ralentissent aussi le rafraîchissement de l'affichage du document (lorsque vous modifiez le rapport d'affichage ou que vous faites défiler l'image). Si vous travaillez fréquemment avec des documents très volumineux (50 Mo et plus), augmentez le nombre de niveaux de mémoire cache dans la section Mémoire et mémoire cache de la boîte de dialogue Préférences. Les calques de réglage n'occupent généralement que peu de place en mémoire et dans le fichier, mais ils ralentissent aussi l'affichage. Vous pouvez y remédier de deux manières : soit en masquant provisoirement ces calques, soit en les fusionnant avec les calques sous-jacents pour appliquer les réglages d'une manière définitive.

Un document comportant de nombreuses couches produira un fichier enregistré au format Photoshop moins volumineux qu'au format TIFF, sauf si vous utilisez l'une des options de compression TIFF.

Palette Calques	
Raccourci	**Fonction**
Clic sur le bouton de nouveau calque	Crée un nouveau calque vide
Opt+clic sur le bouton de nouveau calque	Crée un nouveau calque vide et affiche la boîte de dialogue Nouveau calque
Faire glisser un calque sur le bouton de nouveau calque	Duplique le calque
Cliquer ou faire glisser sur la corbeille	Supprime le calque
Opt+clic sur la corbeille	Supprime le calque (sans message de confirmation)
Opt+, (virgule)	Active le calque suivant
Opt+; (point-virgule)	Active le calque précédent

Palette Calques (suite)	
Raccourci	**Fonction**
Maj+Opt+, (virgule)	Active le dernier calque
Maj+Opt+; (point-virgule)	Active le premier calque
Double-clic sur le nom du calque	Renomme le calque
Opt+double-clic sur le calque	Affiche la boîte de dialogue Style de calque
Double-clic sur la vignette du calque de réglage	Affiche la boîte de dialogue de la commande de réglage
Opt+double-clic sur le nom du calque de réglage	Affiche la boîte de dialogue Style de calque
Double-clic sur le nom de l'effet de calque	Affiche la boîte de dialogue Style de calque
Chiffres du clavier	Lorsqu'aucun outil de dessin ni de retouche n'est sélectionné, modifie l'opacité du calque (1 = 10 % ; 9 = 90 % 0 = 100 % 06 = 6 %, etc.)
Flèche haut	Augmente de 1 la valeur du champ actif
Flèche bas	Réduit de 1 la valeur du champ actif
Maj+Flèche haut	Augmente de 10 la valeur du champ actif
Maj+Flèche bas	Réduit de 10 la valeur du champ actif
Clic sur l'icône de l'œil	Masque et affiche le calque
Opt+clic sur l'icône de l'œil	Masque et affiche tous les autres calques
Cmd+clic sur une vignette	Récupère le contenu de la vignette en tant que sélection
Cmd+Maj+clic sur une vignette	Ajoute le contenu de la vignette à la sélection
Cmd+Opt+clic sur une vignette	Soustrait le contenu de la vignette à la sélection
Cmd+Opt+Maj+clic sur une vignette	Crée une intersection entre la sélection existante et le contenu de la vignette
Clic sur le bouton Ajouter un masque de fusion	Crée un masque de fusion qui garde visible le contenu de la sélection
Opt+clic sur le bouton Ajouter un masque de fusion	Crée un masque de fusion qui masque le contenu de la sélection
Opt+clic sur la vignette du masque de fusion	Affiche le masque de fusion dans la fenêtre du document
Clic dans la case de lien	Relie le calque au calque actif ou désactive le lien
Clic sur l'icône de lien entre la vignette du calque et la vignette du masque	Annule et rétablit le lien entre calque et masque
Maj+clic sur la vignette du masque de fusion ou de calque	Désactive/active le masque
Double-clic sur la vignette du masque de fusion	Affiche les options d'affichage du masque de fusion
Maj+Opt+clic sur la vignette du masque de fusion	Affiche le masque en tant que voile rouge dans la fenêtre du document

Palette Calques (suite)	
Raccourci	**Fonction**
Opt+clic sur la ligne séparant	Crée ou annule un groupe d'écrêtage
	deux calques/ (barre oblique) Verrouille/déverrouille les pixels transparents du calque
Cmd+Opt+Maj+E	Fusionne une copie de tous les calques visibles avec le calque actif
Opt+Fusionner avec le calque inférieur	Fusionne une copie du calque actif avec le calque inférieur
Opt+Fusionner les calques liés	Fusionne une copie de tous les calques liés avec le calque actif
Bouton Nouveau groupe de calques	Crée un nouveau groupe de calques
Ctrl+clic sur le bouton Nouveau groupe de calques	Crée un nouveau groupe de calques sous le calque actif
Opt+clic sur le bouton Nouveau groupe de calques	Crée un nouveau groupe de calques et affiche la boîte de dialogue

Si vous ne disposez que d'une quantité de RAM limitée, vous serez amené à fusionner de temps à autre les calques que vous ne prévoyez plus de modifier. En cas de doute, enregistrez des versions successives de votre document afin de pouvoir revenir à une version antérieure si besoin est.

Mode de Fusion	
Raccourci	**Fonction**
Maj++ (plus)	Mode de fusion suivant
Maj+– (moins) (Mac OS)/Maj+) (parenthèse fermante) (Windows)	Mode de fusion précédent
Opt+Maj+N	Mode Normal
Opt+Maj+I	Mode Fondu
Opt+Maj+K	Mode Obscurcir
Opt+Maj+M	Mode Produit
Opt+Maj+B	Mode Densité couleur +
Opt+Maj+A	Mode Densité linéaire +
Opt+Maj+G	Mode Éclaircir
Opt+Maj+S	Mode Superposition
Opt+Maj+D	Mode Densité couleur –
Opt+Maj+W	Mode Densité linéaire –
Opt+Maj+O	Mode Incrustation
Opt+Maj+F	Mode Lumière tamisée

Mode de Fusion (suite)	
Raccourci	**Fonction**
Opt+Maj+H	Mode Lumière crue
Opt+Maj+V	Mode Lumière vive
Opt+Maj+J	Mode Lumière linéaire
Opt+Maj+Z	Mode Lumière ponctuelle
Opt+Maj+E	Mode Différence
Opt+Maj+X	Mode Exclusion
Opt+Maj+U	Mode Teinte
Opt+Maj+T	Mode Saturation
Opt+Maj+C	Mode Couleur
Opt+Maj+Y	Mode Luminosité

Palette Couches	
Raccourci	**Fonction**
Cmd+clic sur une couche	Récupère le contenu de la couche en tant que sélection
Cmd+Maj+clic sur une couche	Ajoute le contenu de la couche à la sélection
Cmd+Opt+clic sur une couche	Soustrait le contenu de la couche à la sélection
Cmd+Opt+Maj+clic sur une couche	Crée une intersection entre la sélection existante et le contenu de la couche
Maj+clic sur une couche	Active ou désactive la couche
Cmd+chiffre	Active la couche correspondante (1 = Rouge ou Cyan, 2 = Vert ou Magenta, etc.)
Cmd+<	Active la couche composite (RVB ou CMJN)
Cmd+Opt+chiffre	Récupère le contenu de la couche correspondante en tant que sélection
Clic sur le bouton de nouvelle couche	Crée une nouvelle couche alpha
Opt+clic sur le bouton de nouvelle couche	Crée une nouvelle couche alpha et affiche la boîte de dialogue Nouvelle couche
Cmd+clic sur le bouton de nouvelle couche	Crée une nouvelle couche de ton direct
Clic sur le bouton Mémoriser la sélection sur une couche	Crée une nouvelle couche alpha à partir de la sélection
Opt+clic sur le bouton Mémoriser la sélection sur une couche	Crée une nouvelle couche alpha à partir de la sélection et affiche la boîte de dialogue Nouvelle couche
Clic sur le bouton Récupérer la couche comme sélection	Crée une sélection à partir de la couche active

Palette Couches (suite)

Raccourci	Fonction
Maj+clic sur le bouton Récupérer la couche comme sélection	Ajoute le contenu de la couche active à la sélection
Opt+clic sur le bouton Récupérer la couche comme sélection	Soustrait le contenu de la couche active à la sélection
Opt+Maj+clic sur le bouton Récupérer la couche comme sélection	Crée une intersection entre la sélection existante et le contenu de la couche active
Clic ou faire glisser sur la corbeille	Supprime la couche
Opt+clic sur la corbeille	Supprime la couche sans message de confirmation

Palette Tracés

Raccourci	Fonction
Clic sur le bouton Créer un tracé	Crée un nouveau tracé
Opt+clic sur le bouton Créer un tracé	Crée un nouveau tracé et affiche la boîte de dialogue Nouveau tracé
Faire glisser un tracé sur le bouton Créer un tracé	Duplique le tracé
Clic ou faire glisser sur la corbeille	Supprime le tracé
Opt+clic sur la corbeille	Supprime le tracé sans message de confirmation
Double-clic sur le nom d'un tracé	Renomme un tracé
Clic sur le bouton Convertir la sélection en tracé	Convertit la sélection en tracé
Opt+Clic sur le bouton Convertir la sélection en tracé	Convertit la sélection en tracé après avoir affiché la boîte de dialogue Convertir en tracé de travail (permet de définir la tolérance)
Double-clic sur un tracé de travail	Mémorise le tracé
Faire glisser un tracé de travail sur le bouton Nouveau tracé	Mémorise le tracé
Cmd+clic sur un tracé dans la palette	Crée une sélection à partir du tracé
Clic sur le bouton Récupérer le tracé comme sélection	Crée une sélection à partir du tracé
Opt+clic sur le bouton Récupérer le tracé comme sélection	Crée une sélection à partir du tracé après avoir affiché la boîte de dialogue Définir une sélection
Cmd+Entrée	Lorsqu'un tracé est actif, crée une sélection à partir du tracé
Clic sur le bouton Contour du tracé	Applique la couleur de premier plan au périmètre du tracé

Palette Tracés (suite)

Raccourci	Fonction
Opt+clic sur le bouton Contour du tracé	Applique un outil de dessin ou de retouche au périmètre du tracé via la boîte de dialogue Contour du tracé
Clic sur le bouton Fond du tracé	Applique la couleur de premier plan à l'intérieur du tracé
Opt+clic sur le bouton Fond du tracé	Applique un remplissage à l'intérieur du tracé via la boîte de dialogue Fond du tracé
Clic dans une zone vide de la palette	Désactive le tracé

Plume

Raccourci	Fonction
Cmd	Bascule vers l'outil Sélection directe
Opt	Bascule vers l'outil Conversion de point
Clic sur un point d'ancrage	Supprime le point d'ancrage
Clic sur un segment de tracé	Ajoute un point d'ancrage
Maj	Contraint le tracé à des multiples de 45°
Cmd+clic sur un tracé	Active tous les points d'ancrage sans les sélectionner
Cmd+Maj+clic sur un point d'ancrage	Sélectionne/désélectionne un point d'ancrage
Cmd+Opt+clic sur un tracé	Sélectionne le tracé entier (ou l'élément de tracé)
Cmd+Opt+Maj faire glisser un tracé	Duplique le tracé (enfoncez la touche Maj après duplication pour contraindre le déplacement à des multiples de 45°)

Raccourcis généraux

Raccourci	Fonction
Esc/Échap	Annule l'opération en cours
Touche Suppr/Ret.Arr.	Rend transparents les pixels de la zone sélectionnée (calque) ou remplit la zone sélectionnée avec la couleur de premier plan (Fond)
Opt	Bascule vers la Pipette lorsqu'un outil de dessin est sélectionné
Tab	Dans une boîte de dialogue, passe au paramètre suivant
Opt	Dans une boîte de dialogue, transforme le bouton Annuler en bouton Réinitialiser

Chapitre 13

Effets de noir et blanc

Pour un photographe, le fait que Photoshop permette de reproduire différentes techniques utilisées dans la chambre noire présente un intérêt particulier. Lorsqu'on numérise une image en couleurs, une plage de valeurs de gris est enregistrée pour chacune des trois couches (R, V et B) et l'image. Quand l'image est ensuite convertie en mode Niveaux de gris dans Photoshop, le logiciel effectue une moyenne compensée entre les trois couches en se basant grosso modo à 60 % sur la couche verte, à 30 % sur la couche rouge et à 10 % sur la couche bleue. Plutôt que d'utiliser ces valeurs, vous pouvez adapter le rapport entre les trois couches en fonction des images afin d'obtenir la meilleure image possible en niveaux de gris. Pour cela, faites appel au Mélangeur de couches.

Une image en noir et blanc peut être imprimée de plusieurs manières. Une image 8 bits en niveaux de gris comprend un maximum de 256 niveaux de gris. Or un tiers des informations de l'image est perdu lors de l'impression offset, d'où une apparence peu flatteuse, surtout si l'image est présentée à côté d'éléments imprimés en couleurs. De ce fait, pour obtenir une reproduction de qualité à partir d'une image en niveaux de gris, on utilise soit deux encres (bichromie), soit les quatre encres habituelles (CMJN). L'utilisation de deux ou plusieurs plaques lors de l'impression permet d'étendre considérablement la gamme de tons qui peuvent être reproduits dans une image monochrome.

Le mode Bichromie

Le mode Bichromie concerne les images utilisant plusieurs plaques d'impression pour reproduire une image en noir et blanc, que le nombre de plaques soit deux (bichromie), trois (trichromie) ou quatre (quadrichromie). Pour obtenir une image en mode Bichromie, on doit se baser sur une image en niveaux de gris, puis choisir la commande Image > Réglages > Bichromie. Chaque carré de couleur représente une encre utilisée lors de l'impression, le nom de l'encre apparaissant à sa droite. Le graphique à gauche du carré de couleur permet de déterminer la proportion d'encre qui est employée en fonction des niveaux de luminosité de l'image. Pour ouvrir la courbe de transfert correspondante, cliquez sur le graphique ; avec la courbe qui apparaît, il est alors possible de déterminer la répartition de l'encre à la manière de la boîte de dialogue Courbes. Par défaut, les encres sont classées de haut en bas, de la plus foncée à la plus claire dans la boîte de dialogue Bichromie.

Photoshop est livré avec une série de bichromies prédéfinies qui se trouvent dans le dossier Photoshop 7.0\Paramètres prédéfinis\Bichromie. Pour y accéder, cliquez sur le bouton Charger de la boîte de dialogue Bichromie.

Impression de bichromies

Les seuls formats de fichier qui prennent en charge le mode Bichromie, à l'exception du format Photoshop (PSD), sont les formats EPS et DCS. Attention toutefois, si vous utilisez des encres personnalisées dans une bichromie, vous devez en informer l'imprimeur ; par ailleurs, si ces encres s'ajoutent aux encres CMJN, le prix de la publication en sera augmenté. Il est possible de convertir une image bichrome en image CMJN ; dans ce cas, on se limite aux couleurs qui peuvent être imprimées en CMJN.

Quel est l'intérêt d'utiliser le mode Bichromie, dans ce cas ? Il est courant pour un dépliant de faire appel à une ou deux plaques supplémentaires en plus des quatre plaques habituelles. Ces plaques supplémentaires sont par exemple indispensables pour imprimer du texte en couleurs.

Dans ce type de situation, une bichromie est plus économique dans la mesure où elle ne nécessite que l'utilisation de la plaque noire et des plaques supplémentaires de tons directs pour l'impression du texte et des images en niveaux de gris, soit trois ou quatre plaques en tout au lieu de six ou sept.

Deux encres : 159 dk orange bl 4 (Pantone)

Deux encres : 327 aqua (50 %) bl 1

Deux encres : 506 burgundy (75 %) bl 3

Trois encres : BMC blue 2 (primaires)

Normal – Mode Niveaux de gris

Trois encres : Bl 313 aqua 127 gold (Pantone)

Quatre encres : Bl 541 513 5773 (Pantone)

Quatre encres : Personnalisé (primaires)

Quatre encres : Extra Warm (primaires)

Figure 13.1 Exemples de bichromies prédéfinies, appliquées à une image en niveaux de gris. Certaines de ces bichromies ne font appel qu'aux couleurs process CMJN standard, mais il est également possible d'employer des encres personnalisées Pantone ou autres.

1 Photoshop tente d'afficher à l'écran l'image telle qu'elle se présentera une fois qu'elle sera imprimée. Ouvrez la boîte de dialogue Couleurs et entrez l'engraissement (*dot gain*) prévu lors de l'impression. Vous définissez ainsi l'espace de travail de Photoshop pour tous les documents en niveaux de gris nouvellement créés ou convertis dans ce mode. Si vous travaillez sur une image en niveaux de gris qui est destinée à être affichée sur un moniteur, activez l'option Affichage > Couleurs de l'épreuve, puis choisissez Affichage > Format d'épreuve > RVB Windows.

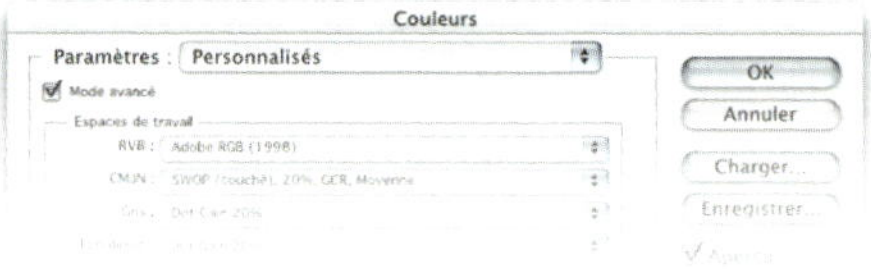

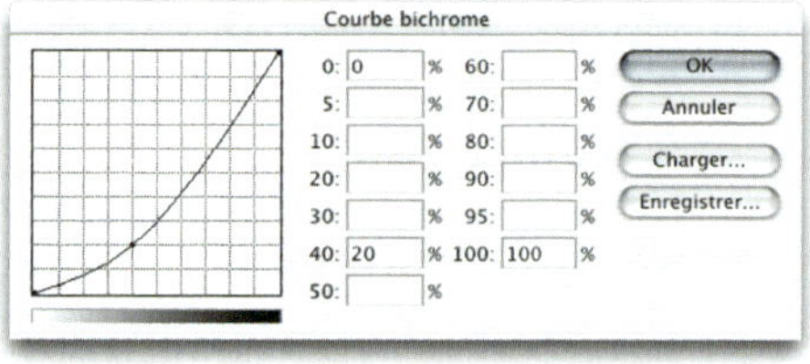

2 Lorsque l'option Aperçu est cochée dans la boîte de dialogue Bichromie, toutes les modifications que vous apportez sont immédiatement répercutées dans l'image. Ici, nous avons choisi une trichromie personnalisée, et nous avons ouvert la courbe correspondant à l'encre orange, que nous avons ensuite modifiée. La boîte de dialogue Courbe bichrome fonctionne d'une manière fort similaire à la boîte de dialogue Courbes. La barre de dégradé, en bas dans la boîte de dialogue Bichromie, montre la gamme des tons de l'image, du plus clair au plus foncé.

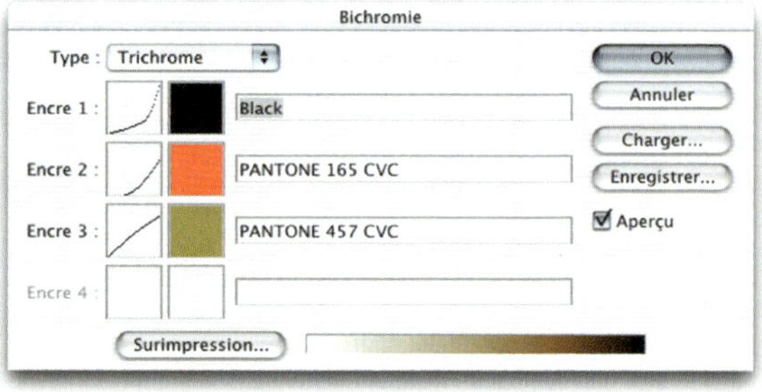

Virage coloré

La boîte de dialogue Bichromie affiche instantanément un aperçu de l'image modifiée, ce qui permet de se livrer à toutes sortes d'expérimentations. L'image peut ensuite être convertie en mode RVB ou CMJN. Il existe des alternatives à la commande Bichromie, qui se basent sur l'utilisation d'une image en mode Niveaux de gris convertie en mode RVB.

Parmi les plus simples, on peut citer la commande Balance des couleurs, qui permet de travailler d'une manière très intuitive en modifiant au choix les tons foncés, moyens ou clairs de l'image. Cette commande peut aussi être appliquée en tant que calque de réglage, ce qui permet par exemple de donner des couleurs très vives à l'image, puis d'atténuer l'effet en réduisant l'opacité du calque de réglage.

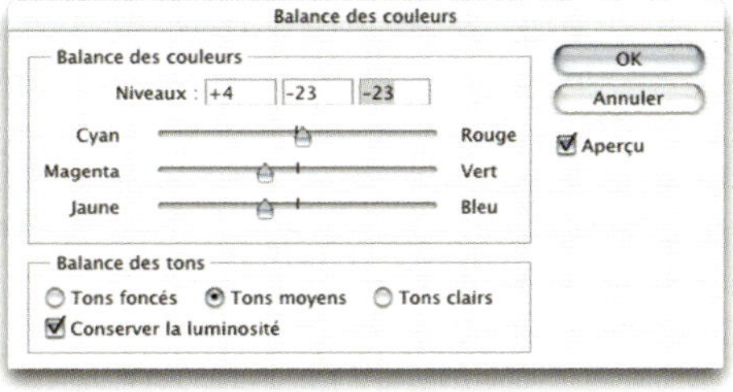

Photographie : Éric Richmond.

1 On convertit l'image en niveaux de gris en image RVB ou on désature une image RVB (Image > Réglages > Désaturation). On peut aussi faire appel à la technique de conversion en niveaux de gris décrite plus bas dans ce chapitre. On ajoute ensuite un calque de réglage de type Balance des couleurs. On sélectionne l'option Tons foncés, puis on fait glisser les curseurs pour modifier les tons foncés de l'image.

2 On répète cette opération pour les tons moyens et clairs de l'image. On corrige ensuite à nouveau les tons foncés, si nécessaire. Le calque de réglage permet de modifier l'effet obtenu à tout moment par la suite. On peut également le modifier en réduisant l'opacité du calque de réglage.

3 Si l'image initiale est en mode RVB ou CMJN, la commande Mélangeur de couches est un autre outil qui peut s'avérer intéressant pour obtenir un « virage » à partir d'une image en noir et blanc. Nous décrirons au chapitre 14 comment l'utiliser dans ce contexte.

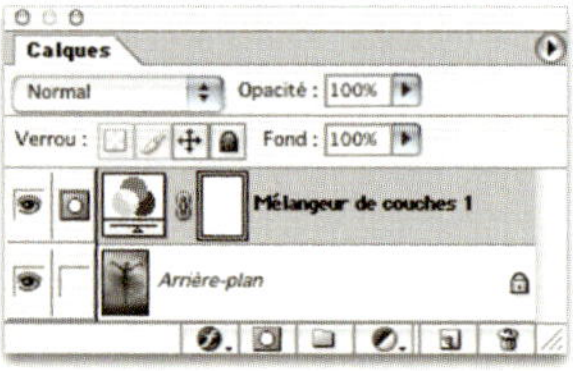

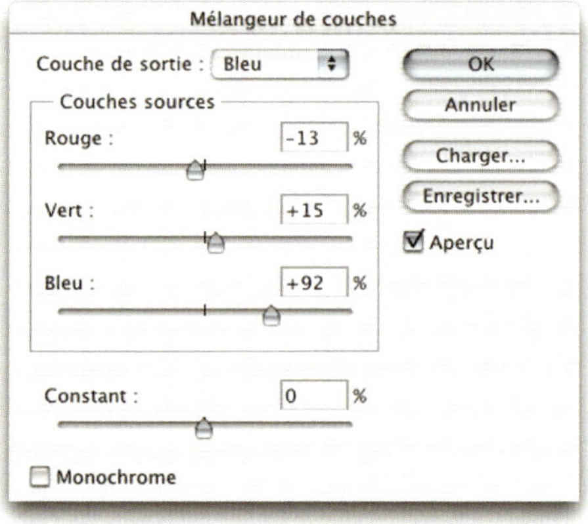

Virages successifs

Il est possible d'appliquer à une photo en noir et blanc plusieurs virages partiels successifs, ou de ne la blanchir que partiellement avant le virage proprement dit. On obtient ainsi des transitions de couleurs intéressantes. Pour reproduire cet effet dans Photoshop, nous utilisons ici les modes de fusion des calques et des calques de réglage.

1 Première étape : convertir votre image RVB en image monochrome en utilisant la commande Image > Réglages > Désaturation ou le Mélangeur de couches en mode Monochrome.

2 Colorez l'image désaturée en utilisant un calque de réglage de type Balance des couleurs (voir l'exemple précédent). Modifiez les tons moyens et foncés de l'image. Gardez cochée l'option Conserver la luminosité pour préserver l'uniformité de la luminosité.

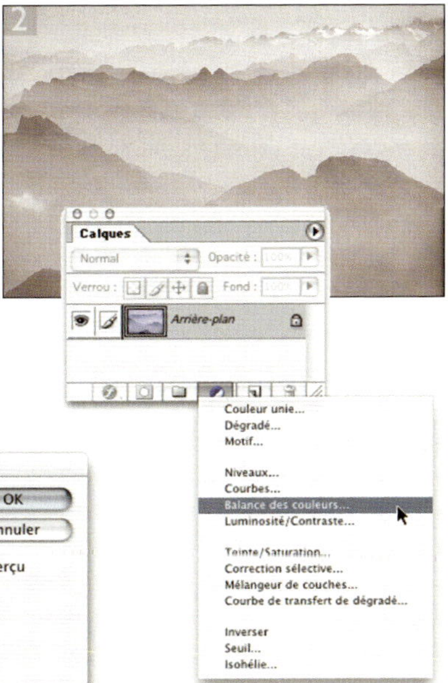

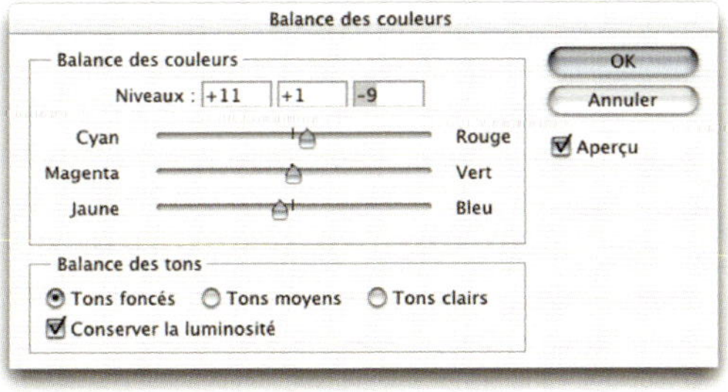

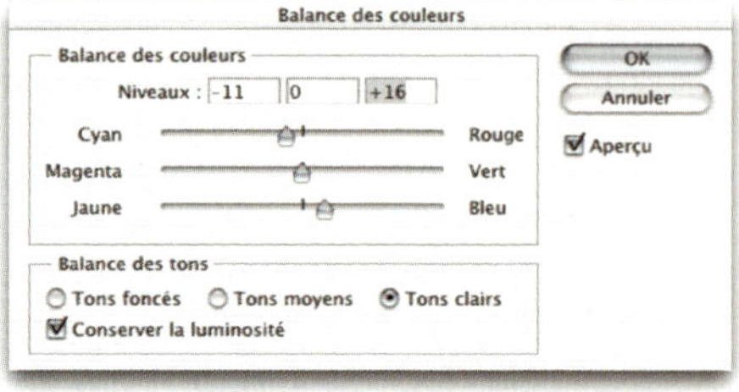

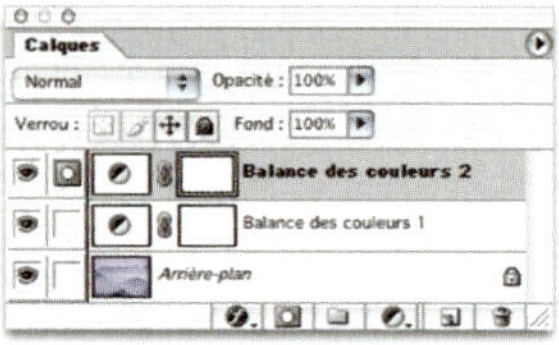

3 Ajoutez un deuxième calque de réglage de type Balance des couleurs, mais modifiez cette fois les tons moyens et clairs de l'image.

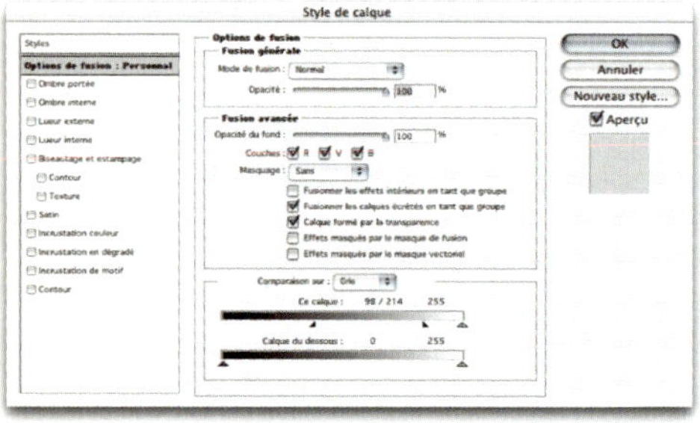

4 Double-cliquez sur le calque de réglage pour afficher la boîte de dialogue Style de calque. Enfoncez la touche Opt/Alt puis, dans les options de Fusion avancée, faites glisser vers la droite la moitié droite du curseur qui se trouve sous « Ce calque ». Déplacez ensuite vers la droite la moitié gauche du curseur comme cela est montré dans la figure ci-dessus. Le fait que les deux moitiés du curseur soient très éloignées l'une de l'autre permet d'obtenir une transition très douce entre les tons.

Solarisation

De l'avis de nombre d'utilisateurs, le filtre Solarisation de Photoshop manque de précision et de finesse, et nous partageons ce point de vue. Il est de loin préférable d'utiliser la boîte de dialogue Courbes pour obtenir cet effet. C'est l'artiste Man Ray qui a été l'initiateur de cette technique, qui consiste à exposer brutalement à la lumière le papier photo à la fin de son développement. Dans le laboratoire photographique, on peut obtenir des effets intéressants en effectuant une solarisation partielle : après une exposition partielle, la photo est placée sous une lumière blanche, puis le papier est partiellement masqué lorsqu'on termine l'exposition. Bien entendu, les résultats de cette technique sont aléatoires ; en travaillant avec une image numérique, on peut parvenir plus aisément au résultat souhaité.

1 Commencez avec une image en niveaux de gris. Ajoutez-y un calque de réglage de type Courbes (vous modifierez par la suite le masque de ce calque pour qu'il n'affecte que partiellement l'image sous-jacente).

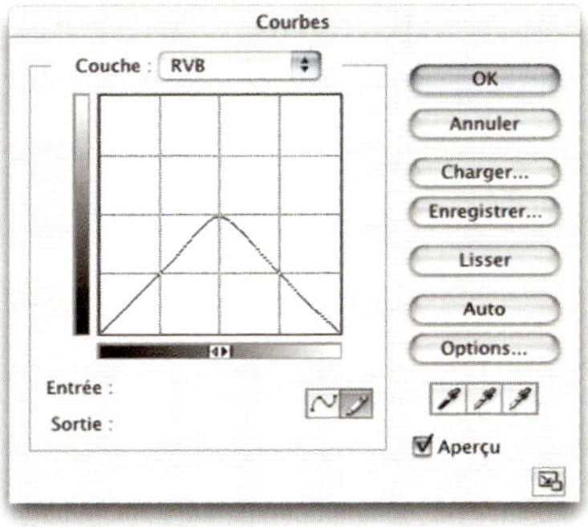

2 Dans la boîte de dialogue Courbes, cliquez sur le crayon et dessinez un « V » inversé. Pour dessiner des lignes droites, enfoncez la touche Maj et cliquez.

3 Modifiez le masque du calque de réglage : assurez-vous que le masque est bien activé, puis utilisez le Lasso pour définir les zones de l'image qui ne doivent pas être affectées par le calque. Donnez ensuite un contour progressif à la sélection en utilisant une valeur élevée. Ici, nous avons employé une valeur de 80 pixels.

4 Examinez votre sélection en mode Masque. Votre sélection n'a pas besoin d'être parfaite ; vous pourrez modifier par la suite le masque qui en résulte.

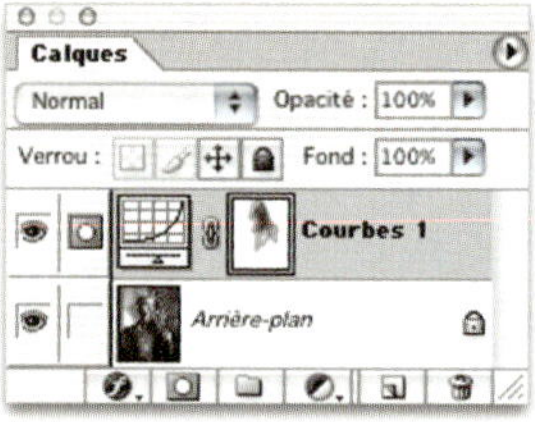

5 Revenez en mode Normal, assurez-vous que le masque de fusion du calque de réglage est toujours actif, puis remplissez de noir la sélection. Désélectionnez, puis utilisez le Pinceau avec une opacité faible pour agrandir la zone solarisée (avec du blanc) ou pour la réduire (avec du noir).

6 Pour finir, fusionnez les calques, convertissez la sélection en mode RVB puis, si vous le souhaitez, effectuez un « virage » comme dans l'exemple précédent.

Conversion de couleurs en noir et blanc

En qualité de photographe, on n'effectue pas les mêmes choix de composition, d'éclairage, etc., selon que l'on utilise une pellicule couleurs ou noir et blanc ; par conséquent, en principe, il est préférable d'effectuer directement une prise de vue soit en couleurs, soit en noir et blanc. Cela n'empêche pas, bien sûr, de convertir des images en couleurs en images en noir et blanc dans Photoshop. Dans ce cas, le Mélangeur de couches permet de simuler l'effet d'un filtre coloré, placé devant l'objectif de l'appareil.

1 Voici un bon exemple de l'utilisation du Mélangeur de couches avec l'option Monochrome, qui va permettre d'imiter l'utilisation d'un filtre coloré placé devant l'objectif de l'appareil. Ici, nous simulerons un filtre rouge ou orange, qui renforcera le contraste entre les nuages et le ciel.

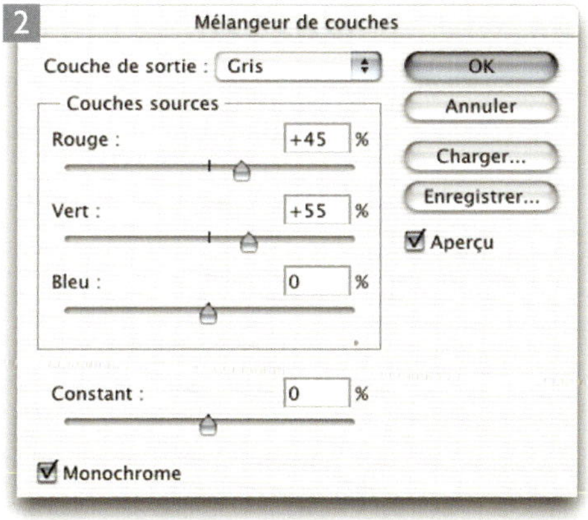

2 On clique sur le bouton de nouveau calque de réglage, dans la palette Calques, et on choisit Mélangeur de couches. On coche la case Monochrome, puis on fait glisser les curseurs pour modifier l'apparence de l'image en noir et blanc. Pour obtenir le meilleur résultat possible, faire en sorte que le total des trois champs soit de 100 %. Ce n'est pas une obligation : avec une valeur supérieure ou inférieure à 100 %, le résultat sera respectivement plus clair ou plus foncé.

3 Par défaut, la conversion en mode Niveaux de gris donne une image dont le contraste tonal peut être jugé acceptable (à droite). Dans la version obtenue à l'aide du Mélangeur de couches (à gauche), le contraste entre les nuages et le ciel est renforcé.

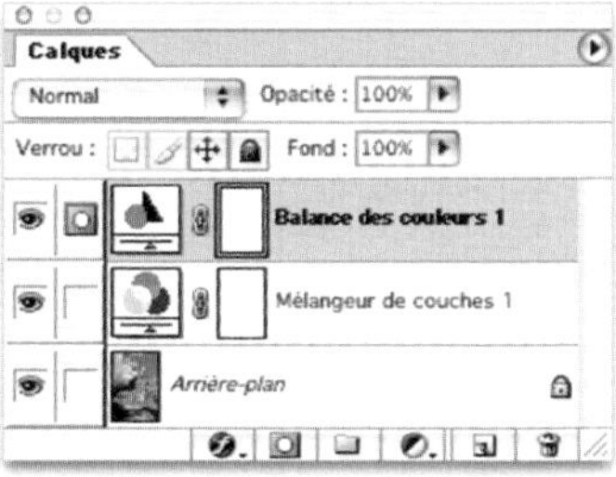

4 Pour finir, nous avons ajouté à l'image un calque de réglage de type Balance des couleurs pour obtenir un effet de virage coloré.

1 C'est sans doute Russell Brown, le directeur de création de l'équipe Photoshop, qui a été le premier à suggérer cette méthode de conversion d'une image en couleurs en image monochrome.

2 Ouvrez une image RVB et ajoutez-y un calque de réglage Teinte/Saturation. Réduisez la saturation au minimum pour obtenir une version monochrome de l'original. On obtient ainsi une image similaire à celle produite par la commande Désaturation.

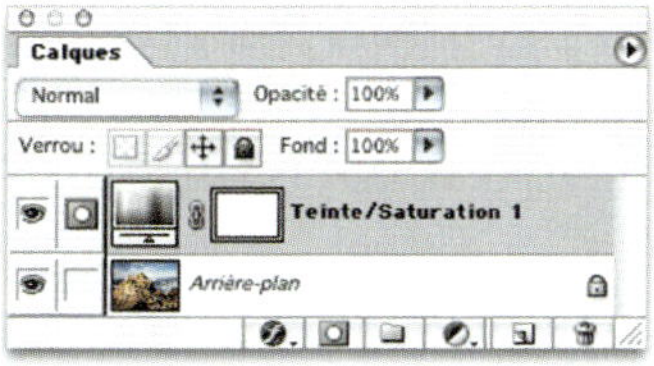

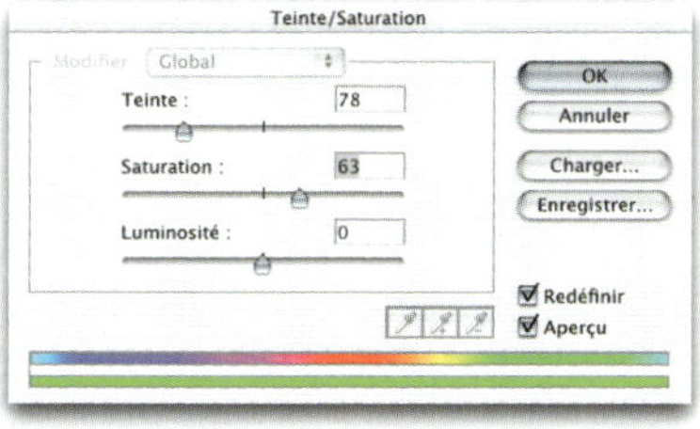

3 Activez l'Arrière-plan et ajoutez un deuxième calque de réglage Teinte/Saturation au-dessous du premier. Choisissez le mode de fusion Couleur et cochez l'option Redéfinir dans la boîte de dialogue Teinte/Saturation. En déplaçant ensuite le curseur de Teinte, vous obtenez des résultats similaires à ceux produits dans l'exemple précédent qui faisait appel au Mélangeur de couches. Vous pouvez également modifier la Saturation et la Luminosité pour affiner encore la conversion en image monochrome.

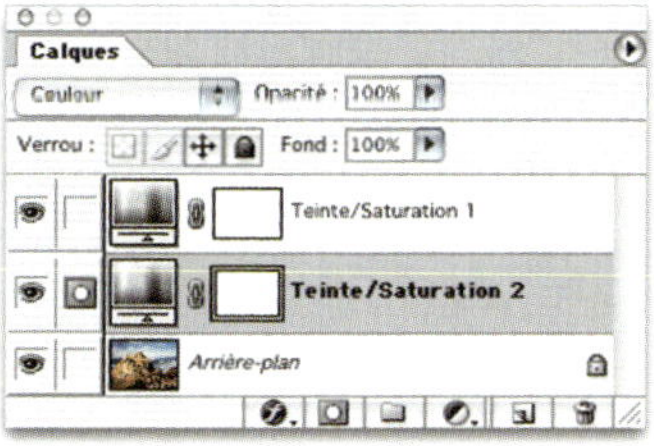

Simulation d'un film infrarouge

Aucune pellicule photographique ne reproduit avec exactitude le spectre lumineux perçu par l'œil humain ; la plupart des pellicules sont notamment sensibles aux ultraviolets, qui sont invisibles pour l'homme.

Il existe aussi un type de pellicule particulier, la pellicule infrarouge, qui est particulièrement sensible au rayonnement infrarouge. Les images qui en résultent comportent beaucoup de grain ; lorsqu'on photographie de la végétation avec ce type de pellicule, le feuillage apparaît très lumineux, presque iridescent.

1 Cette image de sous-bois comporte beaucoup de verdure. Elle se prête donc bien à un essai de la technique de simulation avec pellicule infrarouge, qui est une variante de l'utilisation du Mélangeur de couches que nous avons vue précédemment.

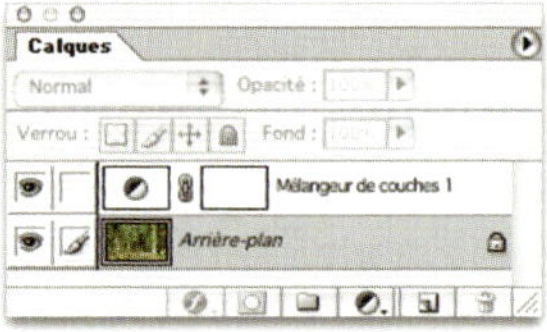

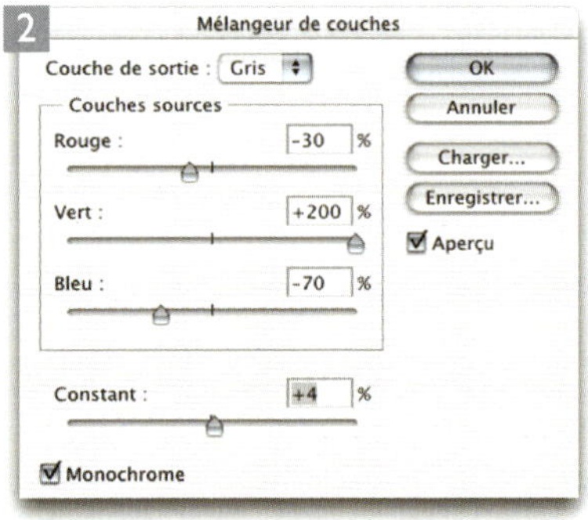

2 Nous allons cette fois éclaircir autant que possible la couche verte, où se trouvent les feuilles. La valeur maximale possible est 200 %, ce qui aura pour effet de « brûler » toutes les zones vertes de l'image.

Comme nous cherchons à obtenir un total de 100 %, nous utiliserons une valeur de – 30 % pour la couche Rouge (les feuilles ayant une légère dominante cyan) et de – 70 % pour la couche Bleu.

3 Après application du Mélangeur de couches, l'image est toujours en mode RVB. Dans la palette Couches, nous avons sélectionné la couche Vert et nous lui avons appliqué un Flou gaussien avec une valeur de rayon importante. Le résultat n'est pas exactement celui que nous recherchons, aussi avons-nous estompé l'effet du filtre (Édition > Estomper Flou gaussien) en utilisant une valeur d'opacité de 26 % et le mode Superposition.

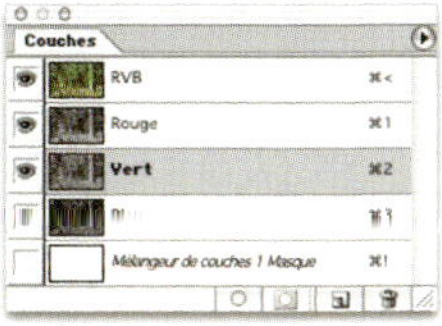

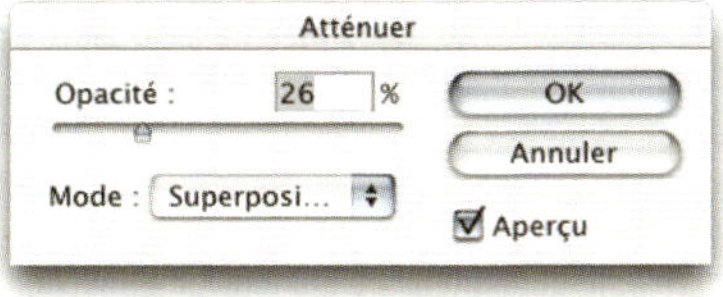

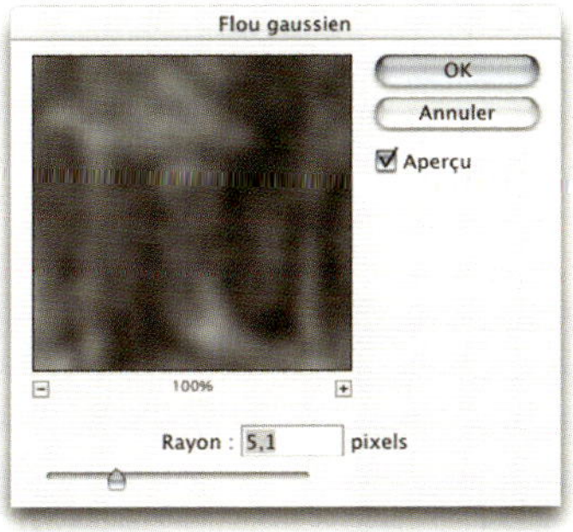

4 Voici le résultat obtenu après l'utilisation du Mélangeur de couches et l'application de flou à la couche verte. Pour finir, vous pouvez ajouter une quantité importante de bruit gaussien, soit à la couche verte, soit à l'ensemble de l'image, pour simuler le grain du film.

Ajout d'une bordure photographique

Dans ce dernier exemple, nous allons combiner différentes techniques de noir et blanc dont il a été question dans ce chapitre. Ici, notre intention est d'appliquer à une photo une bordure noire du type de celle qui est obtenue à partir d'une émulsion Polaroid. Pour cela, nous avons scanné le Polaroid, puis nous avons combiné ce scan avec l'image voulue et appliqué le mode de fusion Produit. Le scan du Polaroid doit comporter des zones blanches à 100 % afin qu'elles soient transparentes en mode Produit.

Après différents essais, il nous semble que la boîte de dialogue Courbes offre la meilleure méthode pour imiter ces effets. La figure 14.1 montre comment on peut imiter le traitement d'un film C-41 dans un bain E-6. Vous observerez l'ajustement des tons clairs pour les couches rouge et bleue, qui permettent d'obtenir un blanc crémeux dans l'image. Dans les tons foncés, la forme des courbes, pour ces mêmes couches, crée une dominante bleu cyan dans les tons foncés.

Les courbes de la figure 14.2 montrent que la plage tonale n'est pas écrasée comme dans l'exemple précédent. Le contraste est renforcé pour les couches verte et rouge, et réduit pour la couche bleue. Le résultat final est une image plus contrastée que l'original, similaire à celle que l'on obtient en développant une pellicule inversible E-6 dans un bain pour négatifs C-41.

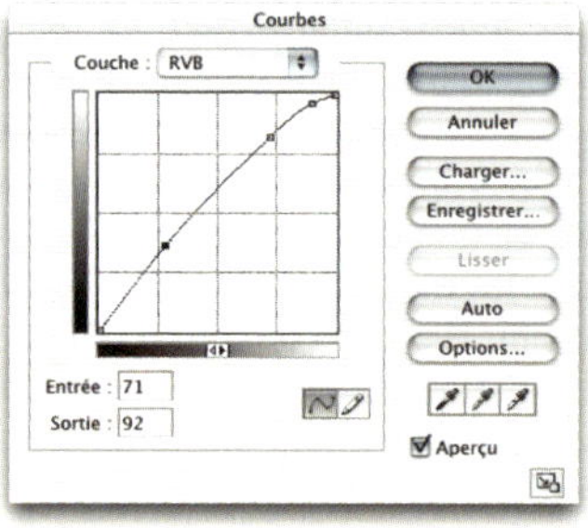

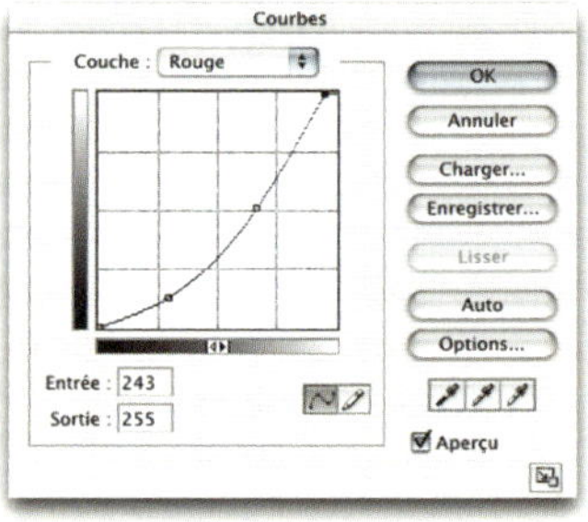

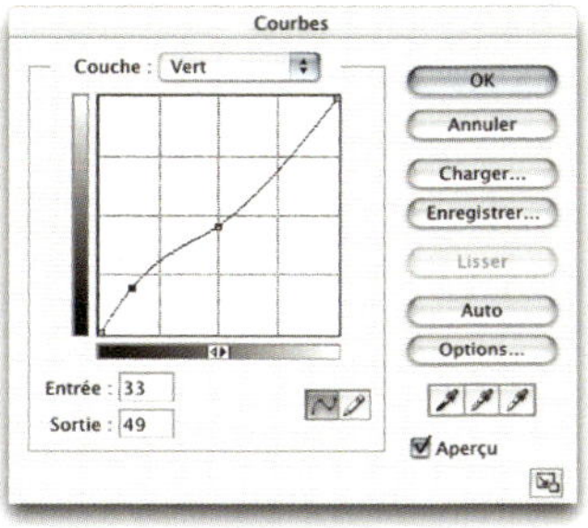

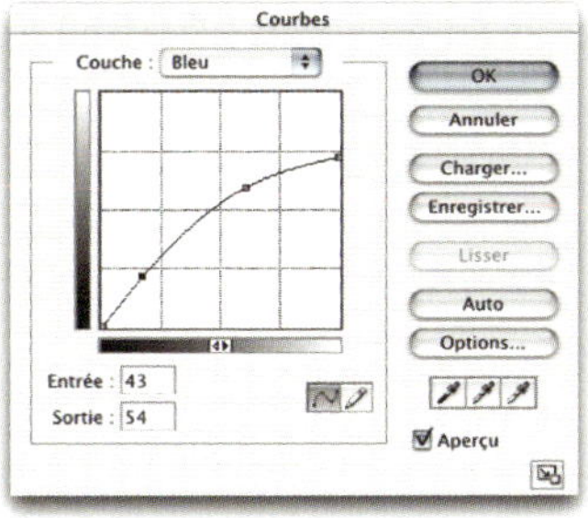

Figure 14.1 L'effet obtenu en développant une pellicule C-41 dans un bain E-6.

Client : West Row, Leeds.

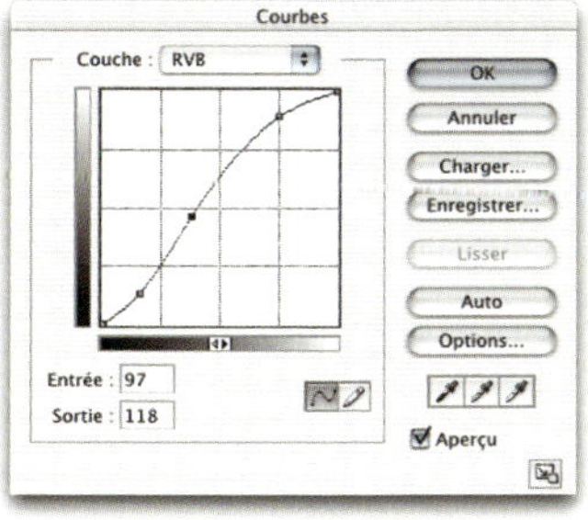

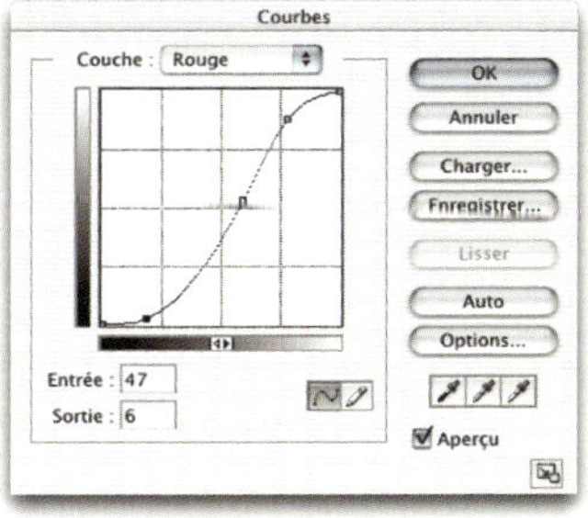

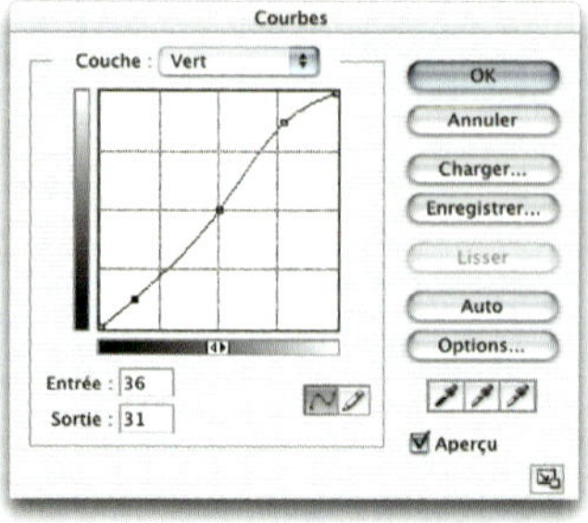

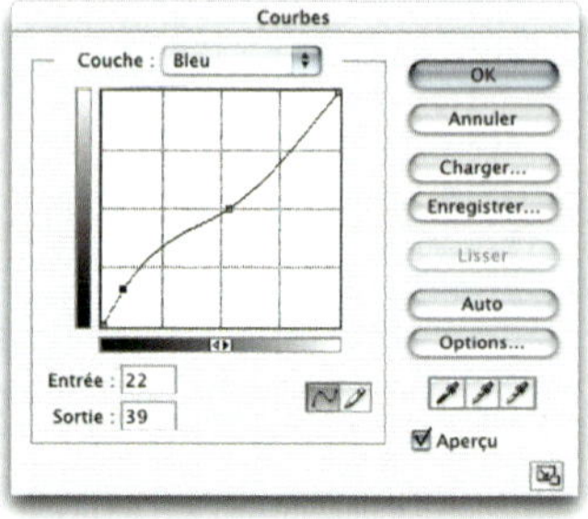

Figure 14.2 L'effet obtenu en développant une pellicule E-6 dans un bain C-41.

Modèle : Ane Linge. Photographie : Thomas Fahey.

Utilisation du Mélangeur de couches

Les utilisateurs des versions antérieures de Photoshop choisiront peut-être de se servir du Mélangeur de couches plutôt que de la commande Appliquer une image. Le Mélangeur de couches permet d'intervertir les informations de couleur entre les couches, en modifiant les couleurs de l'image d'une manière qu'il serait difficile, voire impossible, d'obtenir autrement. Toutefois, l'utilisation du Mélangeur de couches n'est pas particulièrement intuitive. Voici comment donner l'impression qu'une image a été prise au moment du coucher du soleil ; globalement, les tons de l'image ont été rendus bien plus chauds qu'ils ne le sont.

1 Cette image ne comporte aucune dominante colorée ; nous souhaitons donner l'impression qu'elle a été prise au moment du coucher du soleil, lorsque la lumière est bien plus chaude. Nous allons employer ici le Mélangeur de couches en lieu et place de la boîte de dialogue Courbes.

2 Les principales modifications concernent la couche rouge. Cette dernière a été renforcée (+ 125 %) et complétée par la couche verte (+ 13 %), alors que la couche bleue a été appliquée d'une manière négative (– 34 %). Les deux autres couches n'ont été que très légèrement modifiées ; le total de leurs pourcentages est très proche de 100 %.

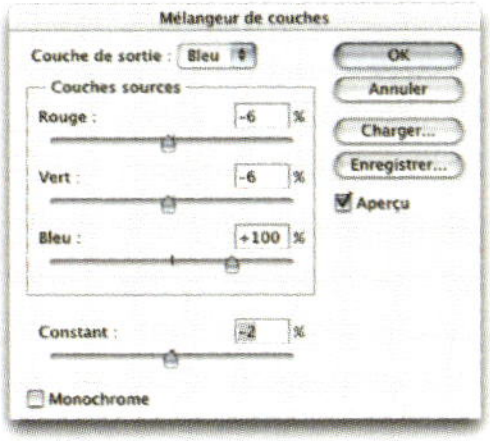

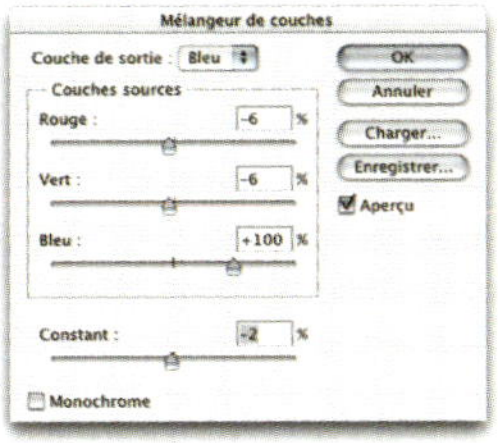

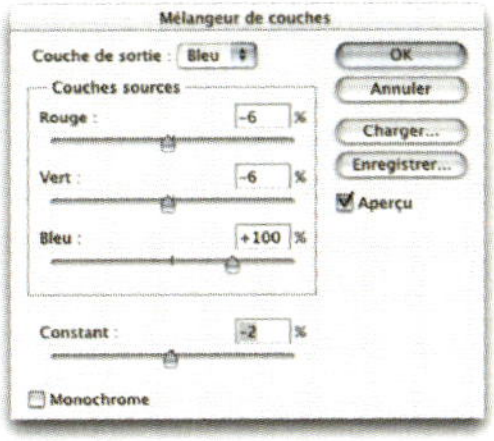

Modes de fusion

Il existe de nombreuses méthodes pour coloriser une image dans Photoshop ; l'une de nos méthodes préférées consiste à lui ajouter un calque de remplissage de couleur unie, puis à appliquer à ce calque le mode de fusion Couleur ou Superposition. Vous pouvez également essayer d'autres modes de fusion ; vous en trouverez une description détaillée au chapitre 11.

C'est généralement le mode Superposition qui donne les résultats les plus satisfaisants. Ajoutez à l'image un calque de remplissage avec une couleur unie puis choisissez pour ce calque le mode Superposition (ou Couleur pour un effet plus délavé) et réduisez l'opacité à une valeur de 20 à 30 %. La technique suivante montre comment utiliser le mode Superposition pour simuler l'effet d'un éclairage coloré.

1 Cette technique, qui imite l'effet d'un éclairage coloré, est très simple à mettre en œuvre. Vous devez au préalable disposer d'un sujet se trouvant devant un fond blanc uni. Ajoutez un calque de remplissage de type Dégradé à votre image et cliquez sur OK pour accepter le dégradé par défaut.

Choisissez ensuite le mode Superposition dans la palette Calques et réduisez éventuellement l'opacité. Double-cliquez sur la vignette du calque de remplissage et choisissez un dégradé ainsi éventuellement qu'un style de dégradé. Nous avons choisi ici le dégradé Bleu, Rouge, Jaune et le style Radial, et nous avons coché les options Inverser et Simuler.

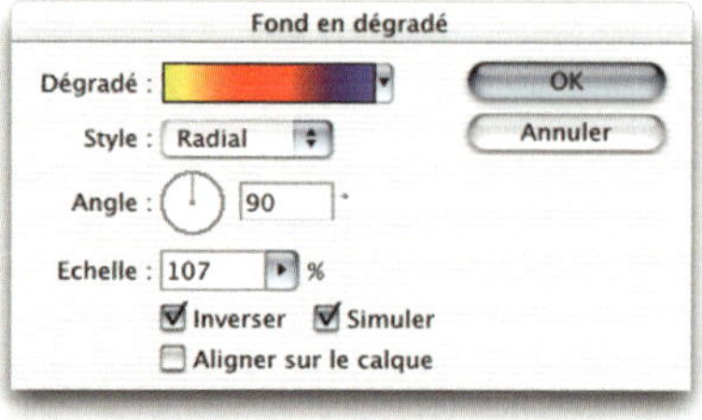

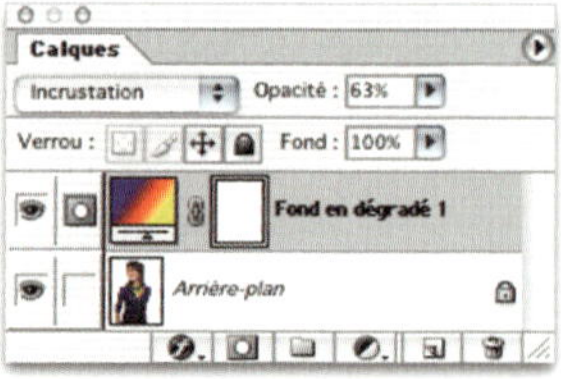

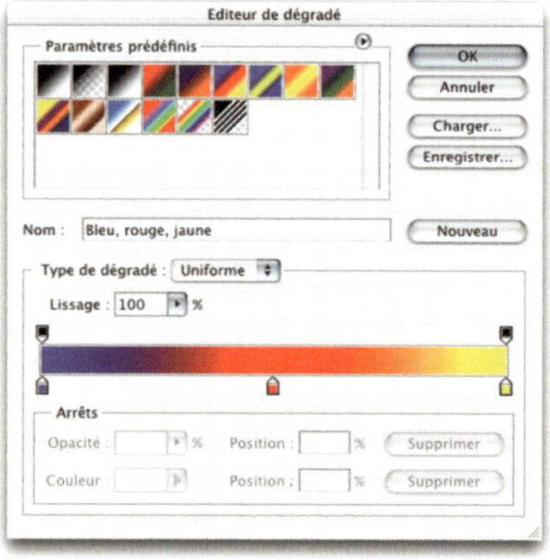

2 Voici l'apparence qu'aurait le dégradé en mode Normal. Mais en mode Dégradé, il permet de colorer l'image sous-jacente, comme le montre l'image 3.

3 Quand l'option Aligner sur le calque est désactivée, vous pouvez déplacer le dégradé en le faisant glisser directement dans l'image. Vous pouvez également définir un dégradé personnalisé en cliquant directement sur le dégradé de la boîte de dialogue pour afficher l'Éditeur de dégradé. Le paramètre d'échelle permet d'agrandir ou de réduire le dégradé.

Retouche avec les modes de fusion

Voyons de quelle manière les modes de fusion peuvent être utilisés pour retoucher une photo. Supposons que vous disposiez d'une photo de paysage et que vous cherchiez une méthode simple pour faire disparaître les nuages et obtenir un ciel bleu. Vous pourriez faire appel au Tampon ou copier-coller des sélections, mais il vous faudrait alors être très prudent pour éviter que la retouche ne soit visible, par exemple autour des branchages.

Dans l'image, le ciel apparaît comme un dégradé qui s'éclaircit vers l'horizon. Le moyen le plus simple d'effectuer cette retouche consiste à remplir le ciel avec un dégradé en mode Obscurcir. Les couleurs des deux extrémités du dégradé peuvent être prélevées dans le ciel. Le mode Obscurcir évite que le dégradé ne soit appliqué aux zones de l'image plus foncées, ce qui est le cas pour les arbres, qui ne seront presque pas modifiés. Le dégradé est appliqué à l'image sous la forme d'un calque de remplissage (en cliquant sur le bouton des calques de réglage et en choisissant Dégradé) pour lequel nous avons choisi le mode Obscurcir. Les couleurs du dégradé ont été directement prélevées dans l'image et définies en tant que couleurs de premier et d'arrière-plan. Enfin, avant de créer le calque de remplissage, nous avons créé une sélection basée sur la couche Bleu, qui est celle qui comprend le plus fort contraste entre le ciel et les arbres. Ainsi, lors de la création du calque de remplissage, celui-ci comporte automatiquement un masque de fusion qui masque les arbres et le sol.

1 L'image initiale comprend un ciel nuageux. On prélève des échantillons de couleur en haut et en bas dans le ciel pour définir les couleurs de premier et d'arrière-plan.

2 On récupère la couche Bleu en tant que sélection, puis on clique sur le bouton « Créer un nouveau calque de remplissage ou de réglage », en bas dans la palette Calques, et on choisit Dégradé.

Dans la boîte de dialogue qui apparaît, on choisit le premier dégradé de la liste et on utilise les paramètres énoncés ci-après, puis on clique sur OK.

On choisit ensuite le mode Obscurcir pour le calque de remplissage. La sélection que l'on a créée est transformée en masque de fusion qui fait office de masque pour les arbres et le sol.

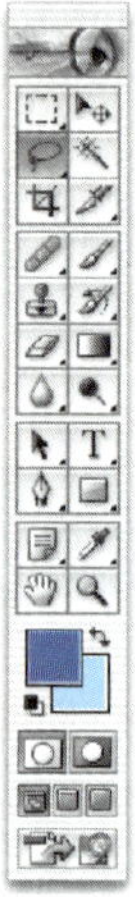

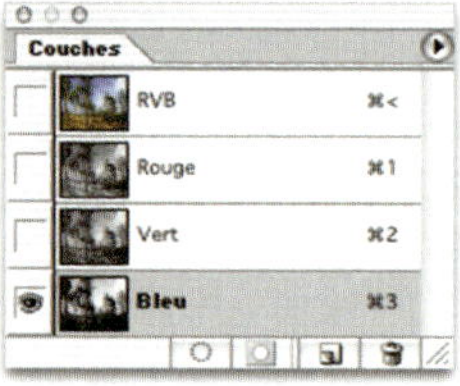

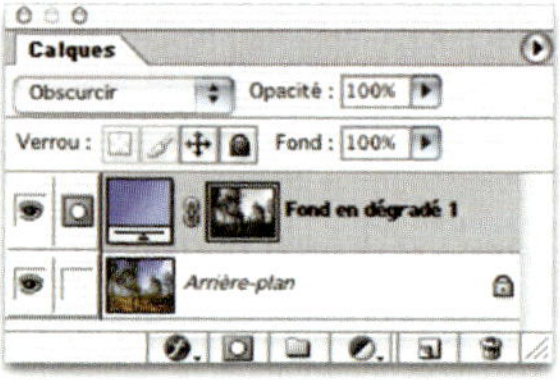

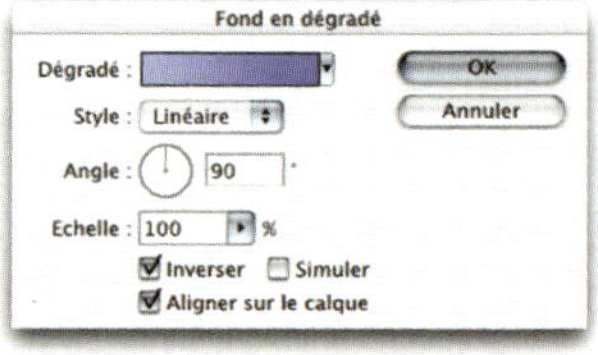

Courbe de transfert de dégradé

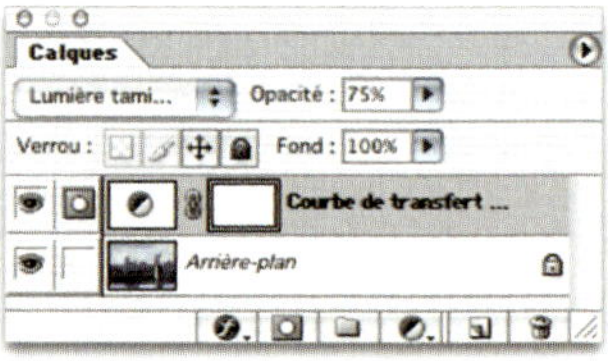

Figure 14.3 Les exemples présentés ci-dessus montrent différentes possibilités de transformations des couleurs d'une image réalisées en recourant à cette fonction. Les résultats peuvent également être intéressants avec l'option Bruit. En général, il est intéressant d'essayer différents paramètres de Cassure et de type de dégradé en gardant ouvert l'Éditeur de dégradé. N'hésitez pas non plus à utiliser cette fonction en tant que calque de réglage et à expérimenter avec différents modes de fusion et valeurs d'opacité.

Client : Crescendo Ventures. Agence : Moline Willett.

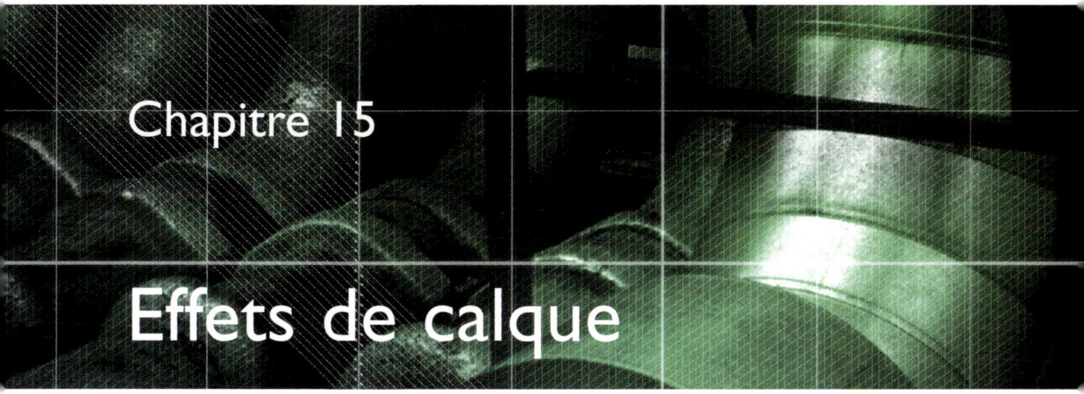

Chapitre 15

Effets de calque

Les effets de calque permettent d'obtenir d'une manière automatique différents effets visuels (ombre portée, relief, halo, etc.) basés sur les zones opaques d'un calque. Les effets de calque peuvent être appliqués aux calques de texte, d'image, de remplissage ou de réglage qui comprennent un masque de fusion ou vectoriel. Pour créer ou modifier un effet, vous pouvez utiliser au choix le menu Calque ou le bouton « Ajouter un style de calque » de la palette Calques. La boîte de dialogue Style de calque qui s'affiche alors vous permet de déterminer les paramètres de l'effet. Vous pouvez appliquer plusieurs effets de calque à un même calque et enregistrer la combinaison d'effets dans la palette Styles, ce qui vous permettra par la suite de l'appliquer instantanément à un autre calque. Une fois que vous avez ajouté un nouvel effet à un calque, un *f* en italique apparaît dans le calque et, sous ce dernier, le nom de l'effet (ou des effets) s'affiche. En double-cliquant sur le *f* ou

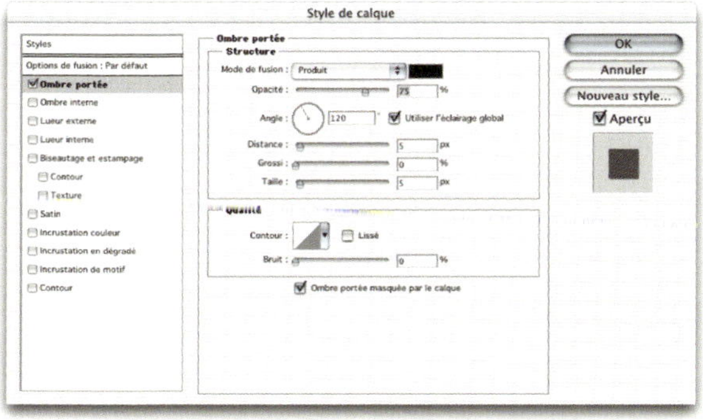

sur le nom de l'effet, vous affichez à nouveau la boîte de dialogue Style de calque, et vous pouvez donc modifier l'effet à volonté. Enfin, les effets peuvent être copiés d'un calque à l'autre par glisser-déposer.

Ombre portée

Pour chaque effet de calque, nombre d'options sont disponibles. Par défaut, l'Ombre portée utilise le mode de fusion Produit et la couleur noire, mais vous pouvez utiliser une autre couleur, un autre mode de fusion et une autre valeur d'opacité pour créer, par exemple, un effet de « lueur portée ». Les autres options sont les suivantes :

- L'angle peut être défini soit en faisant glisser l'« aiguille » qui se trouve à l'intérieur du cercle, soit en entrant une valeur dans le champ adjacent.
- Par défaut, l'option Éclairage global est activée, ce qui signifie que la valeur d'angle employée pour cet effet est la même que pour tous les effets de tous les calques du document. Si vous désactivez cette option, vous pouvez définir un angle qui s'appliquera exclusivement à cet effet.
- L'option Distance permet de définir la distance de l'effet par rapport au contenu du calque, et l'option Grossi d'étendre ou de réduire l'effet d'une manière relative.
- L'option Longueur détermine la taille de l'effet d'une manière absolue.
- L'option Bruit ajoute du bruit à l'effet ; vous pouvez utiliser cette propriété pour obtenir un effet de grain, ou pour réduire le cas échéant les transitions brutales entre tons (voir la figure 10.2, au chapitre 10).

Les options de contour sont traitées un peu plus bas dans ce chapitre.

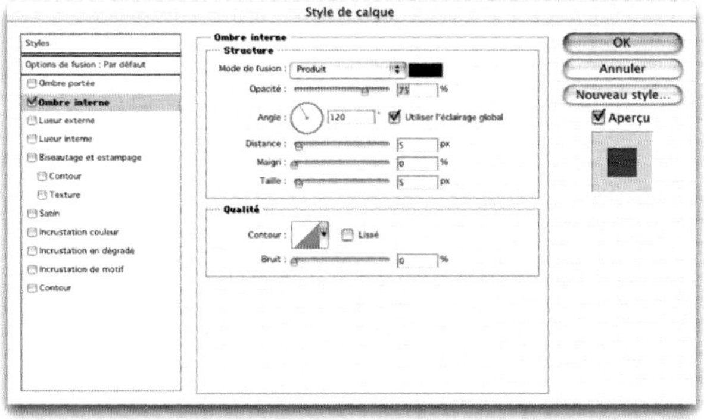

Ombre interne

L'effet d'Ombre interne est similaire à celui de l'Ombre portée, à ceci près qu'il apparaît à l'intérieur des zones opaques du calque et non à l'extérieur. Visuellement, on obtient ainsi l'apparence d'un relief, soit en creux, soit convexe, selon l'angle choisi pour l'effet.

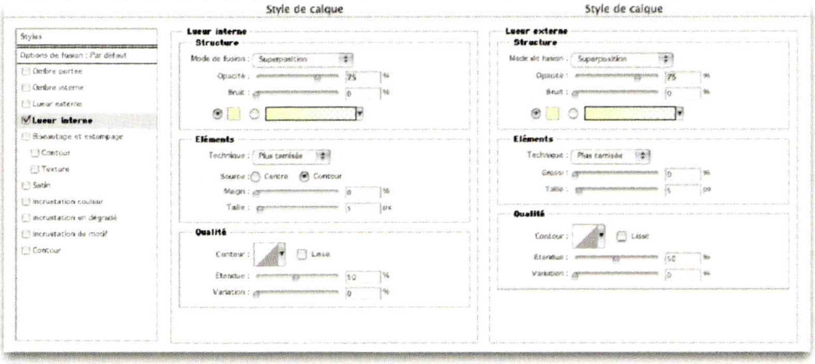

Lueur externe/Lueur interne

Les options disponibles pour ces deux effets sont similaires. La Lueur externe est similaire à l'Ombre portée, à ceci près qu'elle se diffuse d'une manière uniforme vers l'extérieur à partir des bords des zones opaques du calque.

La Lueur interne se diffuse, quant à elle, soit vers l'intérieur à partir des bords des zones opaques du calque (Source : Contour), soit vers l'extérieur à partir du milieu des zones opaques du calque (Source : Centre). Pour ces deux types de lueur, vous pouvez choisir d'utiliser un dégradé plutôt qu'une couleur unie.

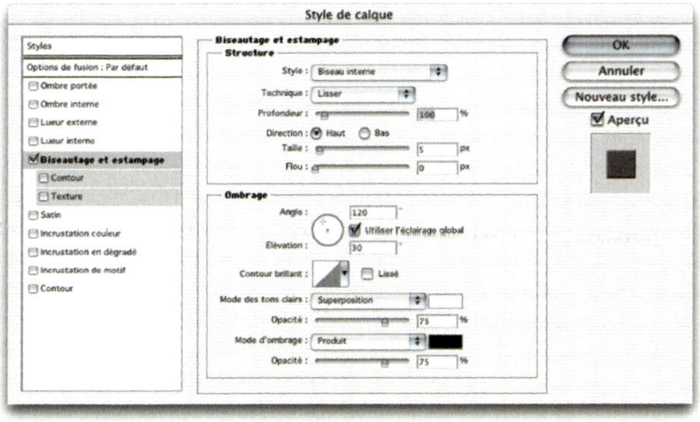

Biseautage et estampage

Selon la variante choisie, cet effet ajoute un reflet et une ombre soit à l'intérieur, soit à l'extérieur des zones opaques du calque, soit les deux, produisant ainsi un effet de relief. De nombreuses options sont disponibles ici ; vous pouvez en particulier définir la manière dont l'« éclairage » s'applique au calque (Contour brillant), modifier le relief (Contour) ou appliquer une texture en relief (Texture) aux zones opaques du calque.

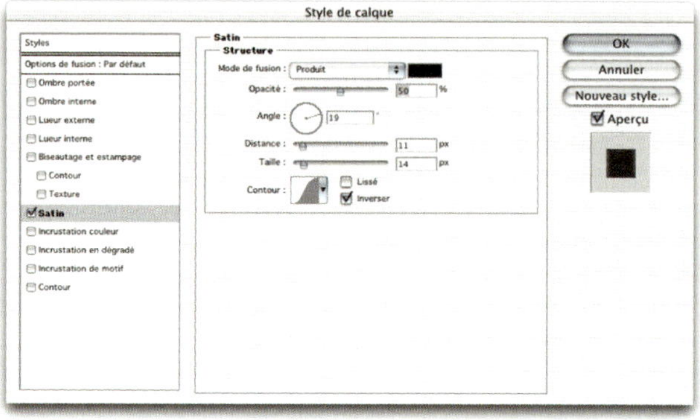

Satin

Comme son nom l'indique, ce procédé produit un effet satiné sur les zones opaques du calque. Vous serez généralement amené à modifier les valeurs de Distance et de Longueur en fonction de la taille du document.

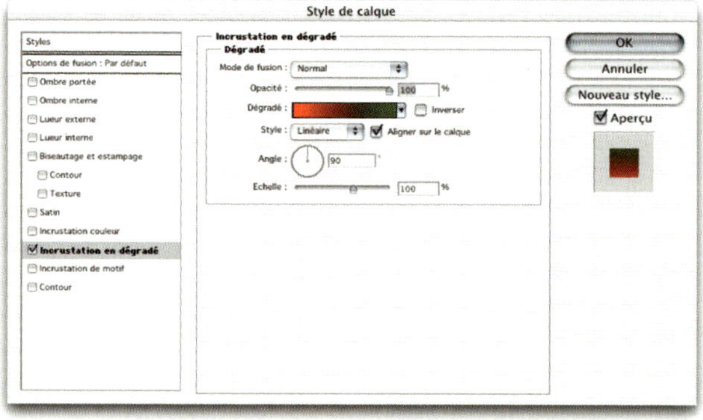

Incrustation en dégradé

L'effet Incrustation en dégradé remplit les zones opaques du calque avec un dégradé, dont vous pouvez définir la couleur, l'angle, l'opacité et d'autres paramètres. L'option Aligner sur le calque aligne le dégradé avec le centre des zones opaques du calque ; l'option Échelle permet de modifier l'échelle du dégradé.

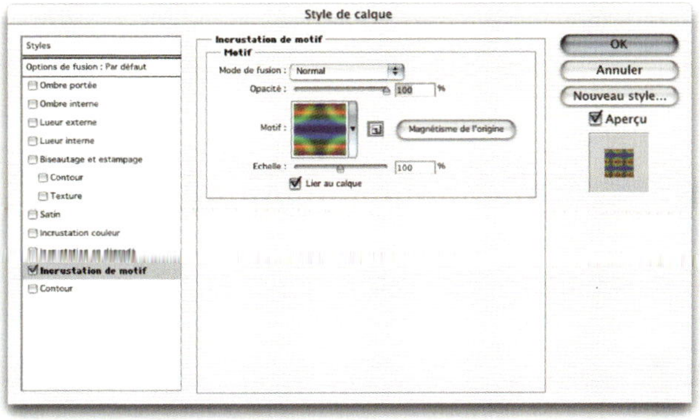

Incrustation de motif

Cet effet est similaire au précédent, à ceci près que c'est un motif (de la liste des motifs) qui est appliqué aux zones opaques du calque et non un dégradé. L'option Lier au calque verrouille la position du motif par rapport au calque.

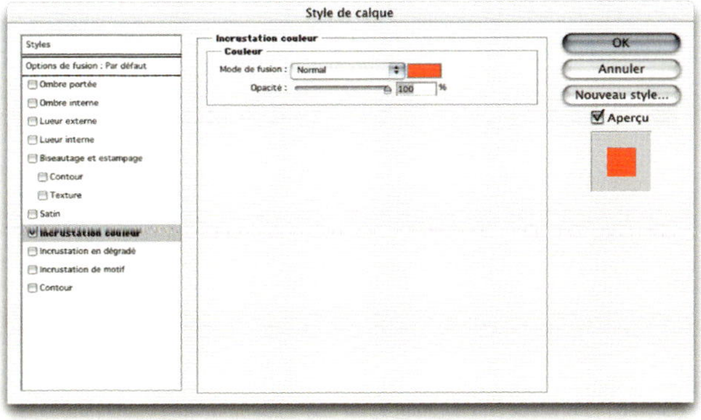

Incrustation couleur

Cet effet colore simplement les zones opaques du calque avec la couleur de votre choix. Vous pouvez modifier le mode de fusion et l'opacité de la couleur qui est appliquée au calque.

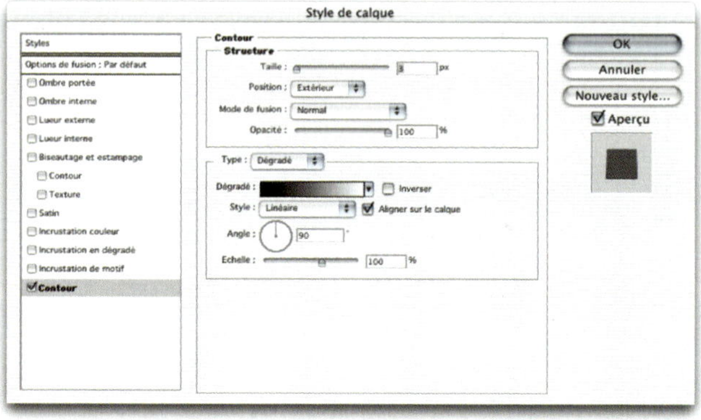

Contour

L'effet Contour applique un contour coloré aux bords des zones opaques du calque ; vous pouvez également choisir d'appliquer un dégradé ou un motif. Les options proposées sont similaires à celles de la commande Édition > Contour, à ceci près que vous disposez de davantage d'options et que, comme pour les autres effets de calque, l'effet sera modifié si vous changez le contenu du calque.

Création de styles

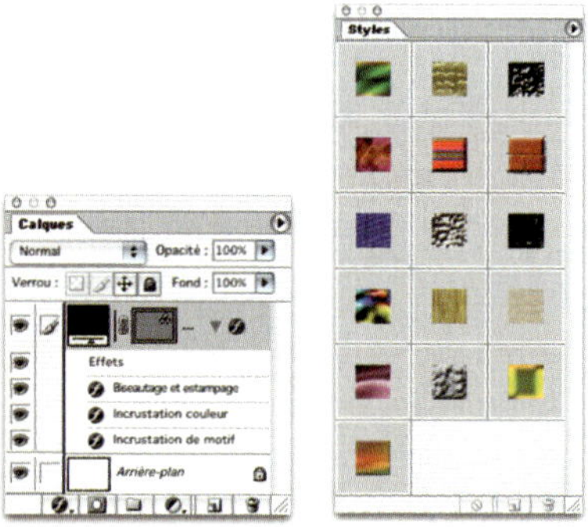

Figure 15.1 Si vous ajoutez plusieurs effets à un calque, ils apparaîtront dans l'ordre que leur conférera la boîte de dialogue Style de calque. Vous pouvez afficher et masquer séparément chacun des effets en cliquant sur l'icône correspondante de l'œil, ou tous les effets à la fois en cliquant sur l'icône située à gauche de la mention « Effets ». Pour enregistrer un effet ou une combinaison d'effets que vous souhaitez réutiliser, sélectionnez le calque correspondant puis cliquez sur le bouton Créer un nouveau style, dans la palette Styles. Photoshop est livré avec plusieurs séries de styles prédéfinis ; les styles ci-contre sont ceux du fichier Textures.asl avec l'option d'affichage Grandes vignettes.

Application d'effets à des calques

Les illustrations présentées ci-après montrent des exemples d'application d'effets de calque à des calques. De même que les calques de réglage, les effets de calque ne modifient pas l'image d'une manière définitive et peuvent être modifiés à tout moment tant que vous n'aplatissez pas l'image.

Différentes options supplémentaires sont disponibles pour les effets de calque :

- La « taille » des effets de calque est indépendante de la taille de l'image. Vous pouvez cependant la modifier selon vos besoins et en une seule opération en choisissant la commande Calque > Style de Calque > Mise à l'échelle des effets.
- Il est généralement préférable d'utiliser le même angle d'éclairage pour tous les effets de calque d'un document. Vous pouvez définir cet angle dans la boîte de dialogue Style de calque ou avec la commande Calque > Style de calque > Éclairage global. Cependant, si vous le souhaitez, vous pouvez attribuer à un effet un angle d'éclairage différent en désactivant l'option Éclairage global pour cet effet dans la boîte de dialogue Style de calque.
- La commande Calque > Style de calque > Créer des calques permet de créer des calques distincts à partir des différents éléments qui constituent les effets d'un calque, ce qui permet ensuite de les modifier séparément.
- Pour copier et coller des calques entre documents ou entre calques, choisissez les commandes Copier le style de calque et Coller le style de calque qui se trouvent dans le sous-menu Calque > Style de calque.

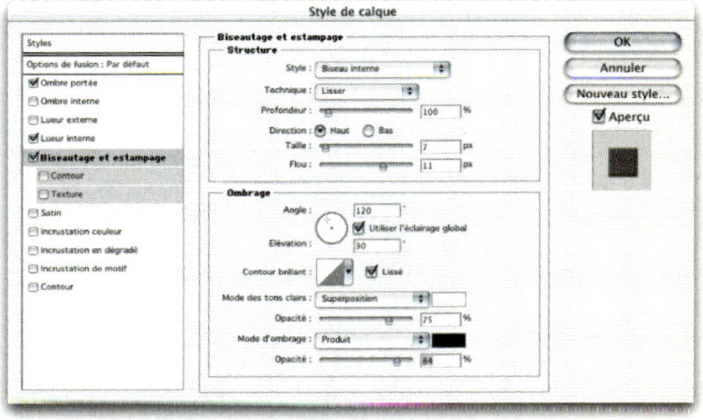

1 Les effets de calque peuvent être appliqués à un calque de texte, mais aussi à un calque composé de pixels (calque bitmap). Ici, nous avons importé dans Photoshop un logo au format EPS à l'aide de la commande Fichier > Importer. Une fois que le logo est redimensionné à la taille voulue, il est « pixellisé » et apparaît sur un calque distinct.

2 Trois effets ont été appliqués au logo : Biseautage et estampage, Lueur interne et Ombre portée. Vous noterez que, pour l'effet Biseautage et estampage, vous pouvez déterminer à la fois l'angle et la « hauteur » de l'éclairage.

3 Si l'on ajoute un masque de fusion au calque et que l'on en masque une partie, les effets de calque s'adapteront en conséquence et continueront à suivre les contours visibles du calque.

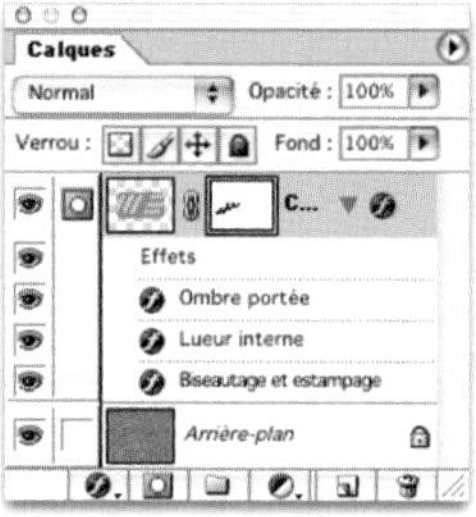

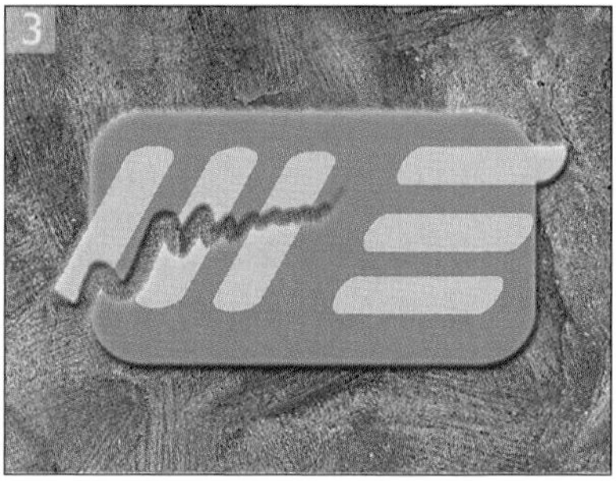

Effets de dessin

Les effets de calque permettent de dessiner en 3D, comme le montrent les exemples présentés ci-après. Pour ce faire, basez-vous sur un calque vide et ajoutez-y un ou plusieurs effets de calque, Ombre portée, Lueur interne et Biseautage et estampage, par exemple. Lorsque vous appliquez ensuite un outil de dessin au calque, les effets s'appliquent automatiquement à chacun de vos traits de pinceau.

Une autre possibilité consiste à ajouter à une image un calque qui contient une texture, à ajouter à ce calque un masque de fusion qui le masque entièrement, puis à dessiner avec du blanc sur ce masque de fusion pour dévoiler une partie de la texture.

1 La texture que nous avons employée ici est une pierre couverte de lichen. Cette texture a été ajoutée à l'image en tant que calque, auquel nous avons ajouté un masque de fusion en cliquant sur le bouton correspondant de la palette Calques (et en enfonçant la touche Opt/Alt pour que le calque soit masqué).

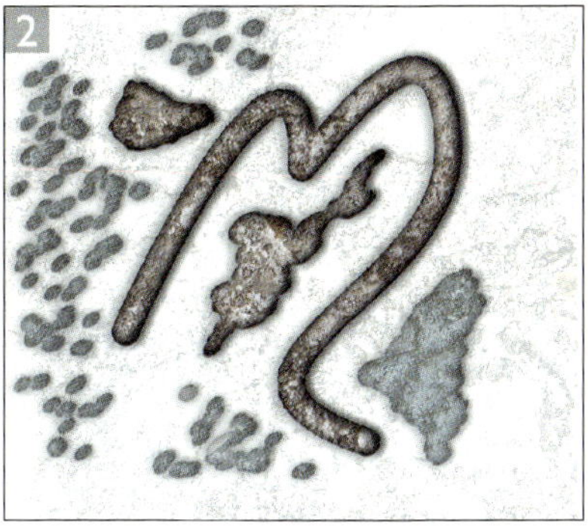

2 Le masque de fusion étant actif, on dessine avec du blanc pour rendre visible le contenu du calque. Si on a auparavant appliqué un ou plusieurs effets au calque, ces derniers seront instantanément appliqués à chacun de vos coups de pinceau. Bien entendu, chaque effet de calque peut être modifié à tout moment.

Paramètres de contour

La boîte de dialogue Style de calque comprend trois paramètres différents qui se nomment tous trois « contour » ; celui dont il est question ici se trouve sous « Qualité », pour les effets d'Ombre portée, d'Ombre interne, de Lueur externe et de Lueur interne. Les paramètres « Contour brillant » de l'effet Biseautage et estampage et « Contour » de l'effet Satin ont une fonction quelque peu différente : ils déterminent la texture de surface du calque, ce qui permet d'obtenir des effets métalliques intéressants. Avec le « sous-effet » Contour il est possible de modifier le relief du bord biseauté lui-même. Les exemples présentés ci-après montrent à quoi ressemblent les effets d'Ombre portée, de Halo externe et de Biseautage et estampage avec différents types de contour.

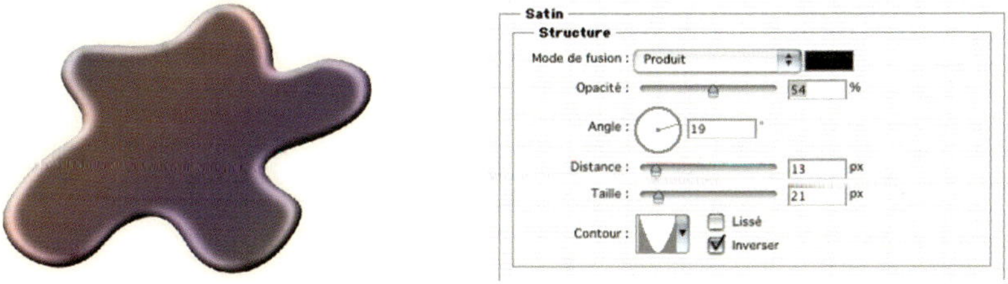

Figure 15.2 Ici, on a obtenu un effet nacré en remplissant le calque avec un dégradé et en lui appliquant l'effet Satin, pour lequel on a choisi un Contour en forme de « V ».

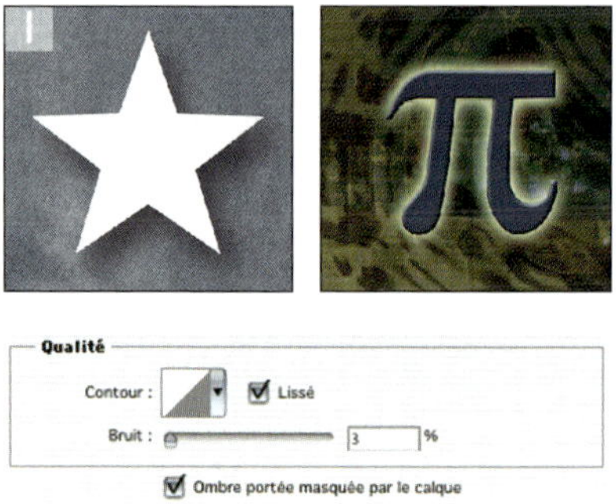

1 Le contour linéaire par défaut. Dans cet exemple et les suivants, nous avons ajouté une Ombre portée à l'étoile et les effets Lueur externe et Biseautage et estampage à la lettre pi.

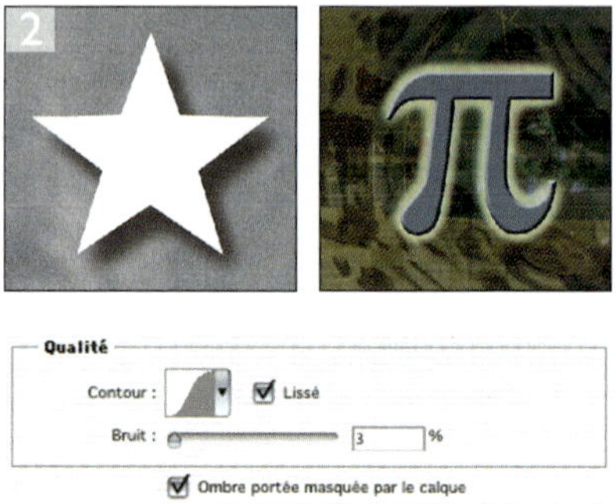

2 Le contour « Gaussian » accentue le contraste des bords des effets, qui apparaissent moins diffus qu'avec le contour par défaut.

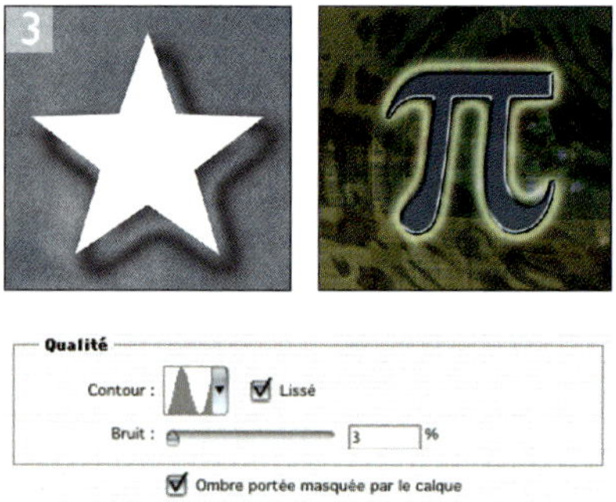

3 Avec une valeur de Distance faible, le contour « Ring » permet d'obtenir un effet de relief subtil. Pour la lueur externe, nous avons employé une valeur d'Étendue de 100 %.

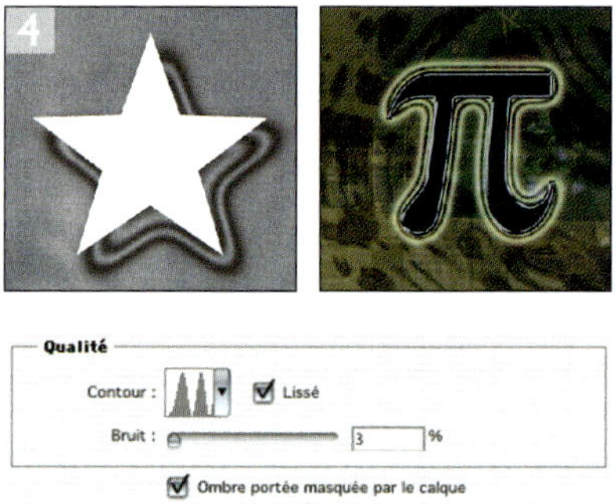

4 et **5** Les contours double auréole et triple auréole permettent d'obtenir un effet plus graphique. Comme on le voit ici, les ombres portées évoquent une lumière au néon et l'effet Biseautage et estampage donne à la lettre pi une apparence chromée. Dans les deux cas, la valeur d'Étendue choisie pour la lueur externe a été de 70 %.

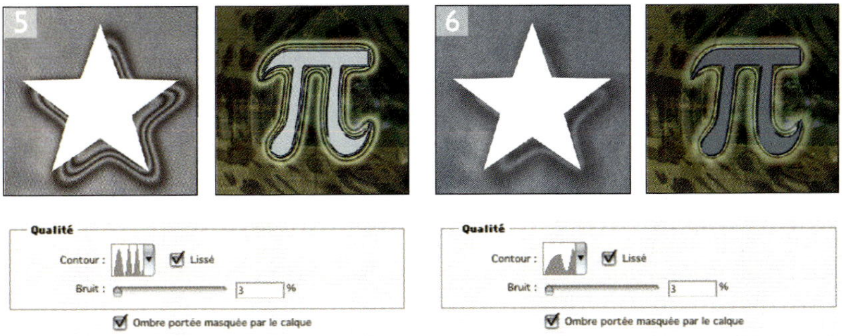

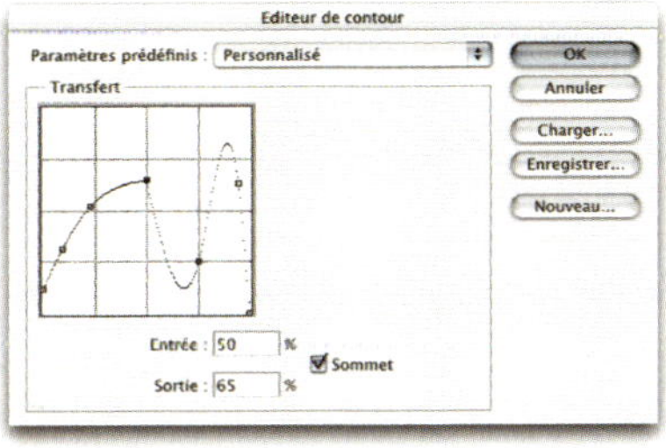

6 On clique sur le contour pour afficher l'Éditeur de contour. Celui-ci permet de charger, d'enregistrer et de créer des contours personnalisés. Les modifications apportées au contour dans l'Éditeur sont immédiatement répercutées dans l'image. On coche l'option Sommet pour transformer en sommet le point sélectionné.

Transformation et alignement

Vous pouvez répéter la dernière transformation que vous avez effectuée au moyen de la commande Édition > Transformation > Répéter (raccourci : Cmd/Ctrl+Maj+T), même si vous avez appliqué d'autres opérations à l'image entre-temps.

Les calques liés peuvent être alignés entre eux à l'aide des commandes du sous-menu Calque > Aligner les calques liés, ou des boutons de la barre d'options de l'outil Déplacement. Ces fonctions sont particulièrement utiles lorsqu'on travaille sur du texte ou des éléments graphiques, mais elles peuvent également être employées avec des éléments photographiques, comme cela est montré dans l'exemple présenté ci-après.

Pour aligner des calques, assurez-vous d'abord qu'ils sont bien liés entre eux. Vous pouvez ensuite soit aligner leurs bords horizontalement ou verticalement, soit aligner leurs centres, soit enfin les distribuer horizontalement ou verticalement (autrement dit, faire en sorte que les centres des calques liés soient équidistants les uns par rapport aux autres). Vous noterez enfin que tous les alignements s'effectuent par rapport au calque actif, qui reste immobile.

1 et **2** Nous avons créé un masque qui correspond à la tranche et à la portion de fromage, que nous avons transformées en calque à l'aide de la commande Calque > Nouveau > Calque par copier (raccourci : Cmd/Ctrl+J). Nous avons ensuite appliqué une transformation au calque en réduisant légèrement sa taille et en le faisant pivoter vers la droite.

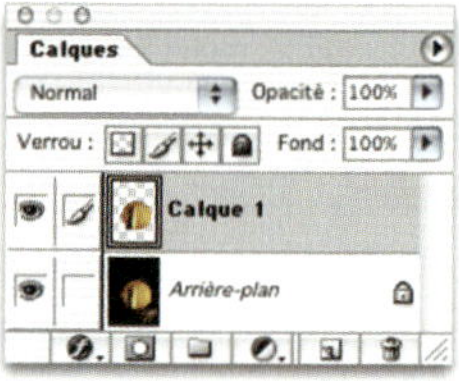

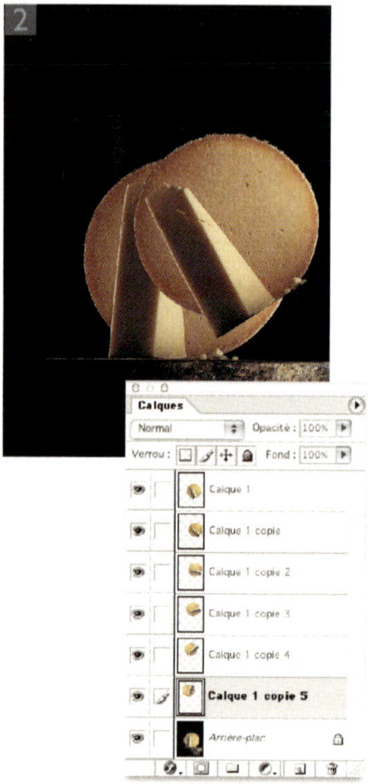

3 Nous avons ensuite dupliqué le calque et nous lui avons appliqué la commande Répéter la transformation (Cmd/Ctrl+Maj+T). Ces deux opérations ont été répétées cinq fois pour obtenir au total six disques de fromage en plus de l'original. Nous avons ensuite modifié l'ordre des calques de façon que le plus grand disque de fromage apparaisse au premier plan et le plus petit au dernier plan.

4 Pour finir, nous avons fusionné tous les calques entre eux, puis nous avons ajouté au calque résultant un masque de fusion qui correspond au calque initial afin que les six disques copiés soient masqués par le Fond.

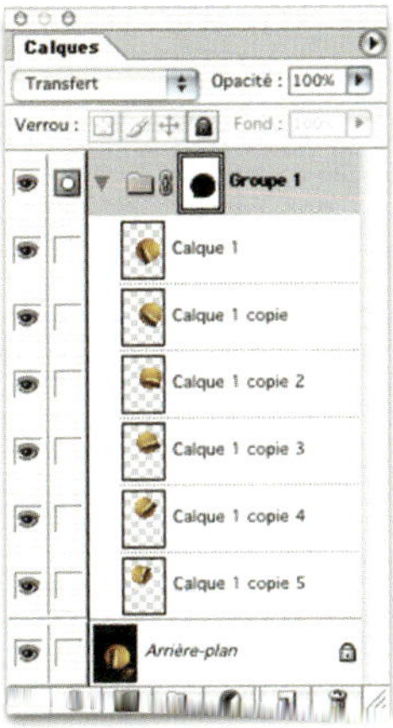

Photographie : Laurie Evans.

Ombre portée

Cet exemple montre comment obtenir l'ombre créée par un éclairage artificiel. Vous devez au préalable créer un masque précis pour l'objet ; une fois cette étape accomplie, les autres opérations sont très simples à effectuer. La valeur utilisée pour le contour progressif du premier masque détermine l'étendue de l'ombre ; essayez différentes valeurs pour déterminer celle qui vous convient le mieux. Vous pouvez obtenir l'effet inverse (un halo lumineux) en vous basant sur cette technique, mais dans ce cas aussi, il est important de créer d'abord un masque précis pour l'objet.

1 La photographie a été prise devant un fond rouge situé relativement loin du modèle. Des filtres colorés ont été employés pour obtenir un éclairage bleu, et quelques modifications supplémentaires ont été apportées à l'aide de la commande Teinte/Saturation.

2 Nous nous sommes ensuite basés sur les couches de l'image pour créer un masque qui corresponde au contour du modèle (voir le chapitre11) ; ce masque a été enregistré en tant que couche alpha. Ensuite, nous avons récupéré une sélection à partir du masque et avons appliqué à cette sélection un contour progressif de 200 pixels.

Client : Alta Moda.
Modèle : Melody, agence Storm.

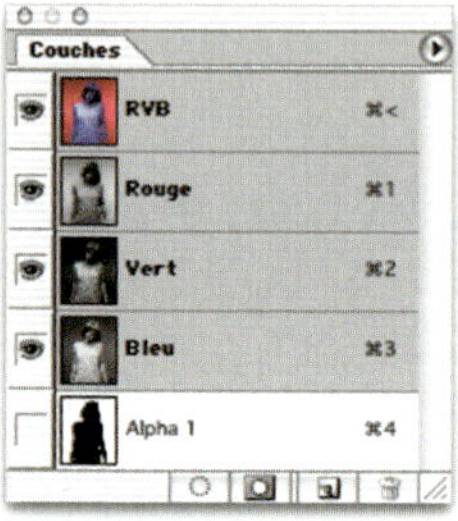

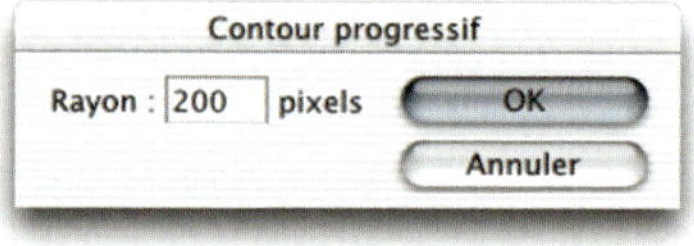

3 La sélection progressive a elle-même été mémorisée en tant que couche alpha, et le masque initial (la première couche alpha) a été ajoutée à la seconde couche. Cette opération peut être effectuée de différentes manières, par exemple en choisissant Image > Appliquer une image, en sélectionnant la couche Alpha 1 comme source et l'opération Produit avec une opacité de 100 %.

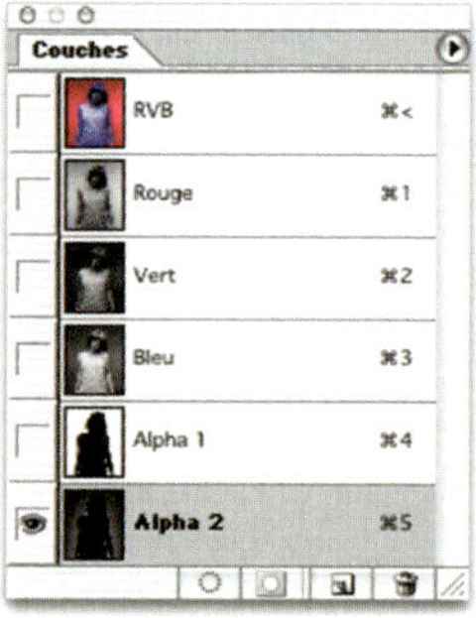

4 Nous avons ajouté un peu de bruit à la nouvelle couche alpha pour éviter les transitions visibles entre tons qui auraient pu être générées par le contour progressif. Nous avons ensuite récupéré ce calque en tant que sélection, puis créé un nouveau calque de réglage de type Niveaux. La sélection est alors transformée en masque de fusion. La boîte de dialogue Niveaux nous a permis d'assombrir une partie de l'arrière-plan, le résultat consistant en une ombre portée projetée par le modèle.

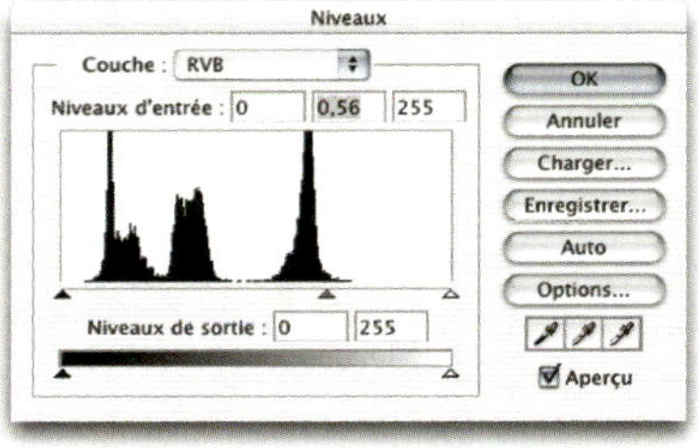

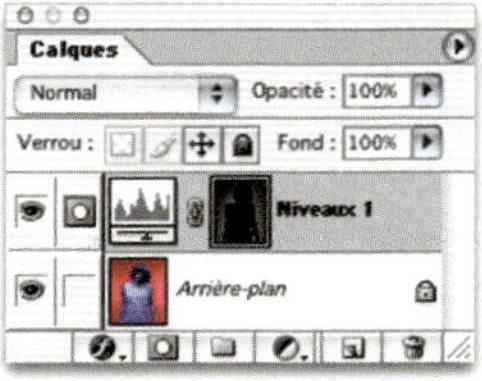

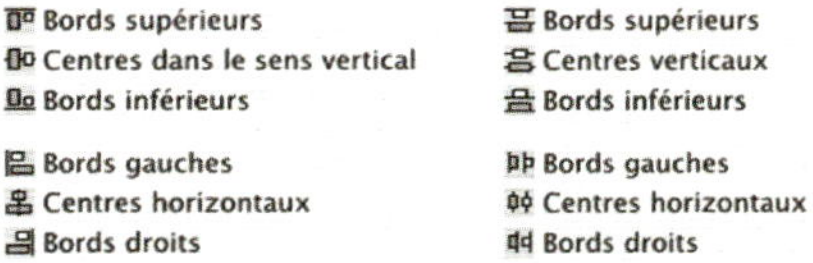

Figure 15.3 Les quatre calques ont été reliés entre eux puis alignés à l'aide de la commande Calque > Aligner les calques liés > Centres dans le sens horizontal. Ils ont ensuite été répartis verticalement d'une manière uniforme au moyen de la commande Calque > Répartir les calques liés > Centres verticaux.

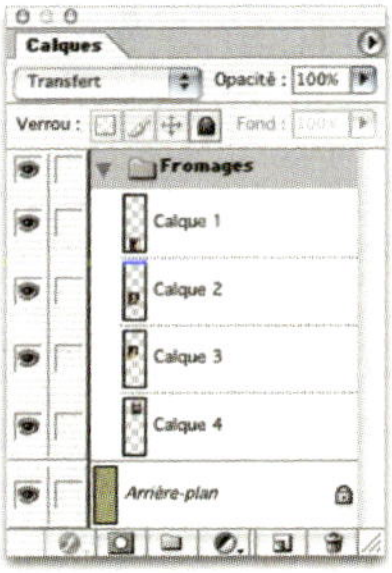

Couches de tons directs

Photoshop est capable de simuler l'effet d'un ton direct ajouté à l'image. Un ton direct est une encre supplémentaire qui est ajoutée à l'image ; des sociétés telles que Pantone en proposent une gamme très large, tant en ce qui concerne les couleurs situées à l'intérieur de la gamme CMJN que les « couleurs » spéciales telles que des encres fluorescentes ou métalliques. On utilise des tons directs lorsqu'il est important d'obtenir une couleur précise à l'impression et lorsqu'on imprime de petits caractères en couleurs. Voici un exemple d'utilisation d'une couche de ton direct

1 On choisit Nouvelle couche de ton direct dans le menu de la palette Couches. Dans la boîte de dialogue qui apparaît, on clique sur le carré coloré, puis sur le bouton Personnalisé du Sélecteur de couleur. On choisit ensuite l'une des encres de la gamme Pantone. On sélectionne ensuite une valeur d'« uniformité », autrement dit d'opacité. La plupart des encres sont opaques (100 %) alors que les vernis sont entièrement transparents (0 %). Ici, nous avons rempli une sélection avec un gris clair dont nous avons réduit l'opacité.

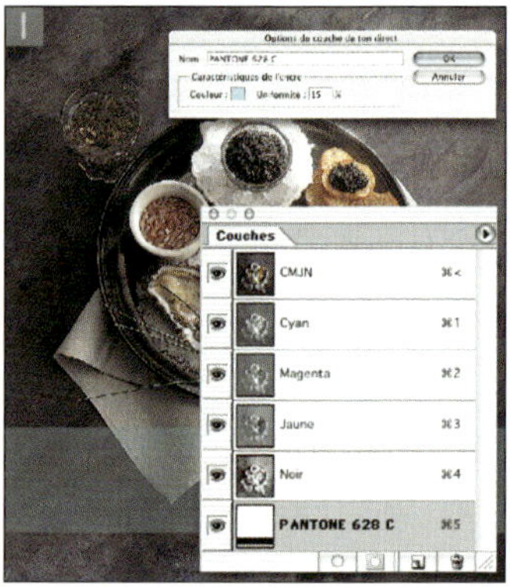

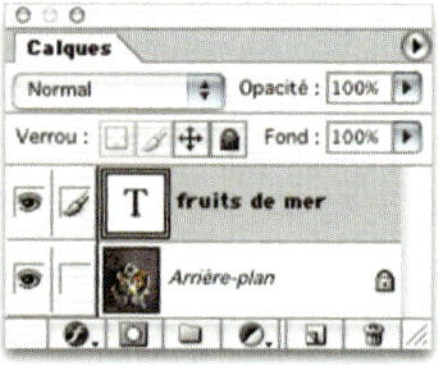

2 Si la couche de ton direct reste active et qu'on sélectionne l'outil Texte, le texte saisi sera automatiquement ajouté à la couche de ton direct pour peu que le noir soit la couleur de premier plan. Le texte prend tout d'abord l'apparence d'un masque posé devant un voile rouge (comme en mode Masque), puis, une fois qu'il est confirmé (avec Cmd/Ctrl+Entrée), il apparaît sous la forme d'une sélection flottante que l'on peut repositionner à volonté. Une fois désélectionné, le texte est définitivement ajouté à la couche de ton direct.

Le texte en blanc a quant à lui été ajouté en tant que calque de texte (après avoir sélectionné la couche composite). L'avantage des calques de texte est qu'ils stockent les informations sous une forme vectorielle, ces informations étant préservées jusqu'à l'impression pour peu que vous enregistriez le fichier au format PSD ou PDF.

Photographie : Laurie Evans.

Ajout de texte

L'ajout de texte dans Photoshop se fait par l'intermédiaire de calques de texte. Les calques de texte peuvent être « pixellisés » (transformés en calques « normaux »), en tracés de travail ou en masques de calque vectoriels. Vous pouvez également enregistrer en tant que formes personnalisées des logos ou d'autres formes vectorielles. Pour créer des textes brefs, cliquez dans le document et saisissez le texte ; pour du texte plus long, faites glisser l'outil Texte dans le document pour définir le rectangle dans lequel s'inscrira le texte.

Les polices OpenType et les fonctions qui y sont associées sont prises en charge par Photoshop. Les palettes Paragraphe et Caractère proposent des paramètres de formatage du texte identiques à ceux que l'on trouve dans InDesign. Vous pouvez modifier séparément les paramètres de chaque caractère : corps, couleur, etc.

Veillez à maintenir activée l'option Largeurs fractionnaires du menu de la palette Caractère ; cette option permet à Photoshop de calculer l'approche des caractères en se basant sur des fractions de pixels. Ne la désactivez que si vous utilisez de très petites polices destinées à être affichées à l'écran ; la distance entre les caractères sera alors calculée en nombre entier de pixels.

Cinq options de lissage (anti-aliasing) sont proposées dans la barre d'options de l'outil Texte : Sans, Net, Précis, Fort et Léger. Avec l'option Sans, les contours de vos caractères seront crénelés. L'option Fort est généralement la plus adaptée pour le graphisme. L'option Précis est celle qui atténue le moins les contours des caractères ; utilisez-la lors de la création de petits textes destinés à être affichés sur une page Web. Utilisez la palette Outils prédéfinis pour enregistrer les paramètres de texte que vous employez le plus couramment.

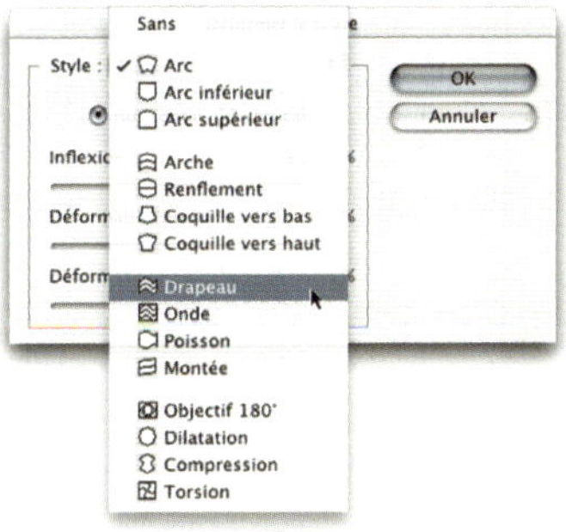

Figure 15.4 Les options de déformation de texte sont accessibles via la barre d'options de l'outil Texte. Cliquez sur le bouton Déformer le texte, puis sélectionnez un style et des paramètres de déformation dans la boîte de dialogue qui s'affiche. Par la suite, vous pouvez à tout moment revenir en arrière et modifier les paramètres de la déformation.

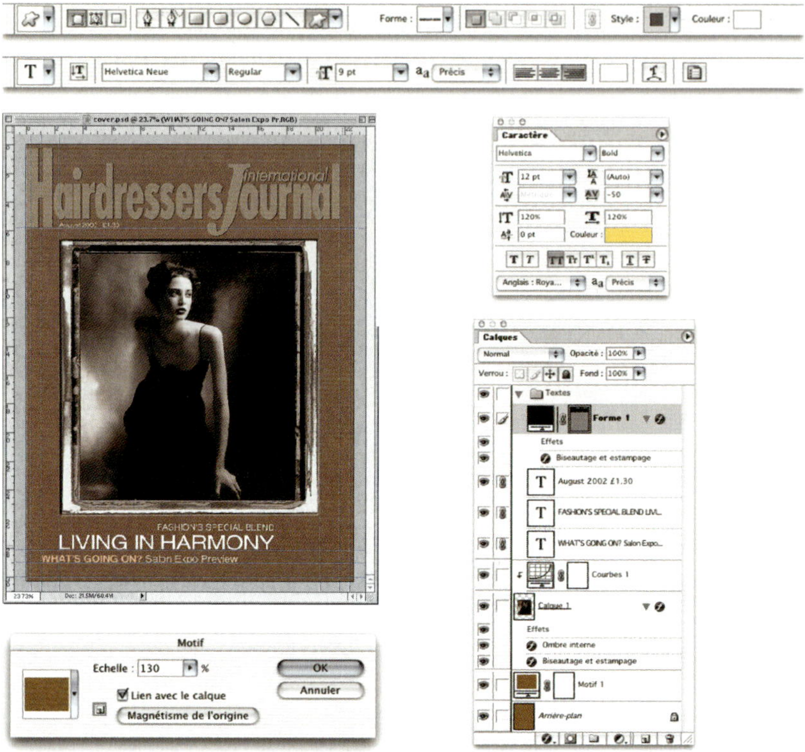

Figure 15.5 Une couverture de magazine telle que celle-ci peut maintenant être réalisée entièrement dans Photoshop. Le titre a été réalisé dans Illustrator, puis importé dans Photoshop par copier-coller. Nous l'avons ensuite transformé en forme personnalisée (Édition > Créer une forme personnalisée), puis nous l'avons ajouté à l'image en tant que forme. L'arrière-plan « papier Kraft » a été ajouté en tant que calque de remplissage de type Motif. Nous avons ensuite ajouté quelques effets de calque à l'image principale afin de créer un léger effet de relief. Le texte a été ajouté sur des calques distincts, et, dans l'un d'entre eux, nous avons changé de couleur et de style de police sur le calque même.

Sortie vectorielle

Les informations vectorielles contenues dans le document de la figure 15.5 peuvent être interprétées par n'importe quelle imprimante PostScript, ce qui permet d'obtenir une sortie vectorielle, comme si le fichier avait été créé dans un logiciel de PAO. Si vous enregistrez le fichier au format PDF, vous pouvez utiliser l'option de compression JPEG pour réduire la taille du fichier ; les éléments vectoriels de l'image n'en seront pas affectés.

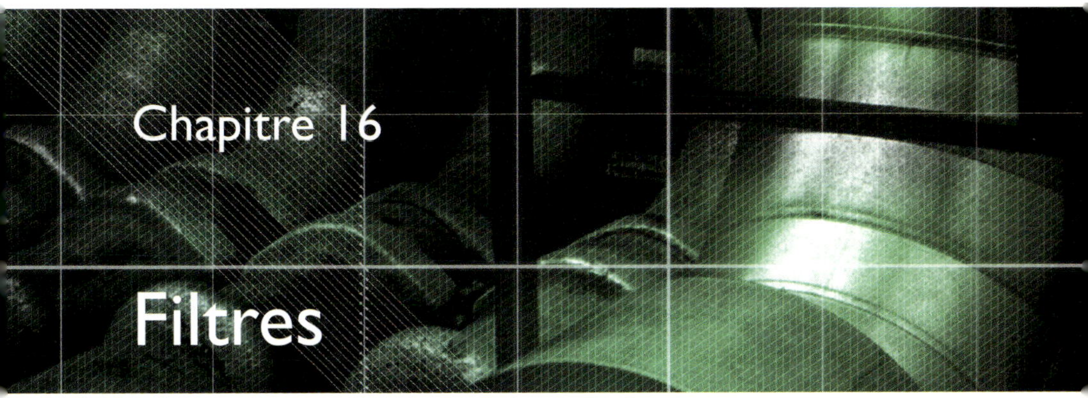

Chapitre 16

Filtres

Dans ce chapitre, nous allons voir comment il convient d'utiliser différents filtres pour améliorer l'apparence d'une image. Nous ne pourrons pas décrire tous les filtres de Photoshop ; certains devraient déjà vous être familiers (tel le filtre Renforcement). Nous mettrons donc l'accent sur les filtres créatifs les plus intéressants, et sur ceux que l'auteur apprécie particulièrement.

Filtres d'atténuation

Avec le filtre Flou radial, on peut créer l'illusion d'un mouvement de rotation : on peut ainsi mettre en mouvement les roues d'une voiture photographiée à l'arrêt. L'option Zoom permet d'obtenir l'effet d'un « coup de zoom » lors de la prise de vue. L'inconvénient de ce filtre est que son application est très lente, surtout si on choisit la qualité supérieure. Le filtre Flou directionnel est bien plus rapide ; il permet de déterminer à la fois la direction et la longueur de l'effet. Par défaut, l'effet s'applique dans les deux sens à la fois, mais vous pouvez copier sur un nouveau calque l'objet auquel vous appliquez le filtre, puis placer ce calque sous l'original et le décaler avec l'outil Déplacement pour que le déplacement ne soit visible que dans une seule direction.

La commande Estomper

La commande Estomper permet d'étendre les possibilités des filtres, comme le montre la figure 16.1. Cette commande se base sur l'image non modifiée qui est stockée en mémoire ; vous pourriez obtenir le même effet en copiant l'image sur un calque avant d'appliquer le filtre, puis en modifiant l'opacité et le mode de fusion du calque qui comporte l'image filtrée.

Il est possible d'utiliser la palette Historique en lieu et place de la commande Estomper. Assurez-vous que l'option Accepter un historique non linéaire est bien activée, appliquez le filtre, puis revenez à la version non filtrée de l'image dans la palette Historique. Utilisez ensuite la Forme d'historique en vous basant sur la version filtrée de l'image pour rétablir cette dernière par endroits.

Flou optimisé

Ce filtre rend l'image floue tout en préservant ses « contours », autrement dit les zones qui comprennent des transitions nettes entre tons. Il peut servir de complément au filtre Médiane pour « nettoyer » des couches colorées qui présentent du bruit ou pour atténuer artificiellement les tons de chair en créant un effet d'aérographe.

Filtres de bruit

Contrairement au filtre Ajout de bruit (qui ajoute du bruit à l'image, comme son nom l'indique), les trois autres filtres de cette catégorie servent à réduire le bruit présent dans l'image. Le filtre Flou intérieur est destiné à supprimer le bruit et les artefacts qui apparaissent lors de la numérisation (il arrive que l'opérateur du scanner soit en cause). Le filtre Médiane effectue une moyenne entre les valeurs colorées de pixels voisins ; son effet est très visible même avec une valeur de rayon minimale (1 pixel). Nous vous conseillons d'examiner chacune des couches de l'image et de n'appliquer ce filtre qu'aux couches les plus endommagées. Le filtre Antipoussière est une sorte de filtre Médiane sophistiqué qui permet de définir un seuil à partir duquel il est appliqué. Ne l'utilisez jamais sur une image entière : sélectionnez au préalable la zone précise sur laquelle vous souhaitez l'appliquer, ou utilisez la technique décrite au chapitre 10, où le filtre est combiné avec la Forme d'historique.

Filtres destinés aux couches alpha

Le sous-menu Divers propose plusieurs filtres qui peuvent s'avérer utiles lorsqu'on travaille sur des couches alpha. Le filtre Translation décale le contenu de la couche ou du calque actif ; il vous servira par exemple pour créer une texture qui se répète sans raccords visibles. Avec les filtres Minimum et Maximum employés ci-après, on peut agrandir ou réduire un masque qui a été enregistré en tant que couche alpha. Le filtre Passe-haut, enfin, permet de détecter et de renforcer les zones à fort contraste avant de convertir en masque une couche colorée de l'image.

1 Voici la dernière étape de l'ajout d'un fond coloré à une image dont l'arrière-plan initial est blanc. Le fond coloré se trouve au-dessus de l'image elle-même sur un calque de remplissage qui est muni d'un masque de fusion. Vous pouvez constater que ce masque laisse apparaître un contour blanc tout autour du jouet.

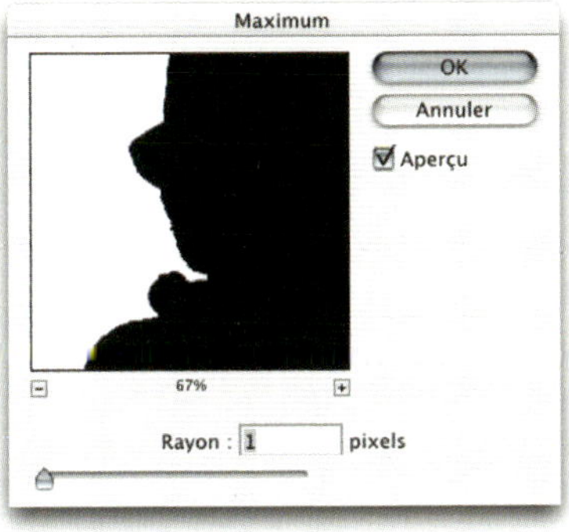

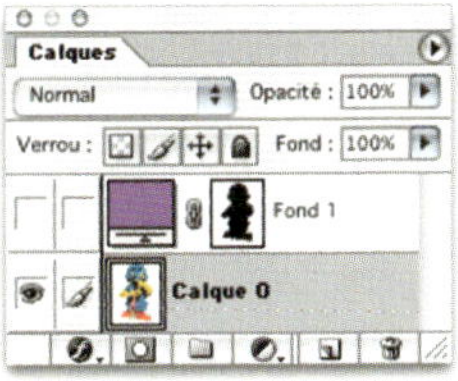

2 Pour remédier à ce problème, nous avons activé le masque de fusion et nous lui avons appliqué le filtre Divers > Maximum avec une valeur de 1 pixel. Ainsi, le masque est contracté de un pixel, ce qui fait presque entièrement disparaître le contour blanc en une seule étape. On peut ensuite finaliser le masque de fusion au Pinceau et éliminer les zones de contour blanc encore visibles. La technique appliquée au « Spirit of St Louis », au chapitre 11, montre comment appliquer des manipulations supplémentaires à un tel type de masque.

1 Ici, nous avons fait appel à un filtre externe, en l'occurrence FraxFlame, qui fait partie de KPT 5 (un ensemble de filtres commercialisés par ProCreate). Ce filtre nous a servi à créer l'image de base.

2 L'effet Blurrrr a ensuite été appliqué pour adoucir les formes créées avec FraxFlame.

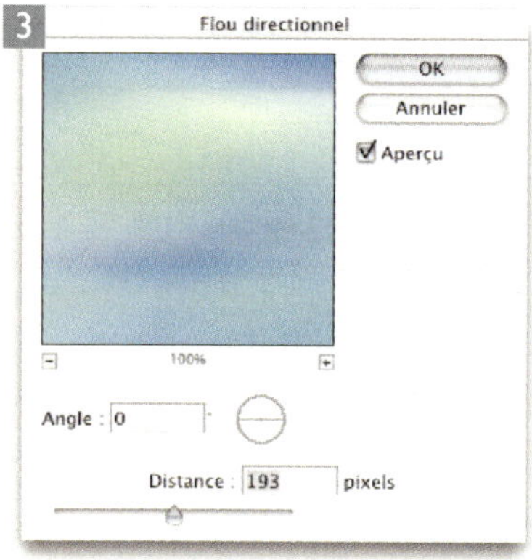

3 Pour atténuer encore l'image, nous avons appliqué le filtre Flou directionnel de Photoshop avec une valeur élevée.

4 Le résultat final est très doux par rapport à l'original. Nous avons réduit la vivacité des couleurs à l'aide de la commande Teinte/-Saturation et ajouté un peu de bruit pour faire disparaître les effets de bande. Les mêmes filtres ont servi à créer l'arrière-plan qui est utilisé dans une des techniques de montage décrites au chapitre 11.

1 Nous avons pris cette photo il y a quelques années de cela pour illustrer une campagne sur le thème des poissons qui étouffent dans les rivières polluées par les pluies acides. Le tirage en noir et blanc a été viré chimiquement, puis scanné en RVB (beaucoup de filtres ne fonctionnent ni en mode CMJN ni en mode Couleurs indexées).

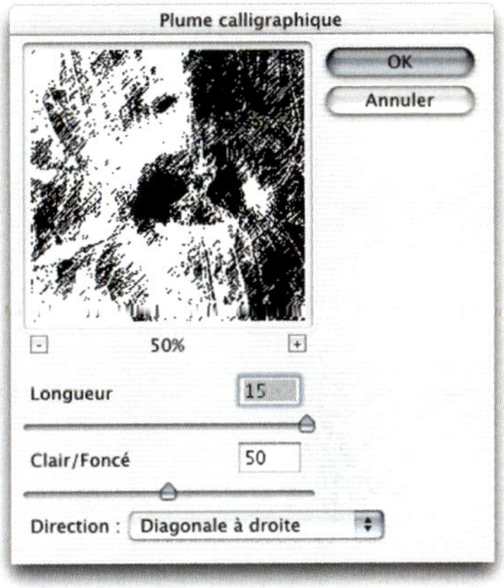

2 Nous avons d'abord appliqué le filtre Esquisse > Plume calligraphique. Les filtres de la catégorie Esquisse produisent toujours une image monochrome (à l'exception du filtre Papier humide). Il est souvent intéressant d'appliquer ensuite la commande Estomper ; ici, nous avons réduit l'opacité à 30 % en gardant le mode de fusion Normal

3 Nous avons ensuite appliqué le filtre Artistiques > Découpage.

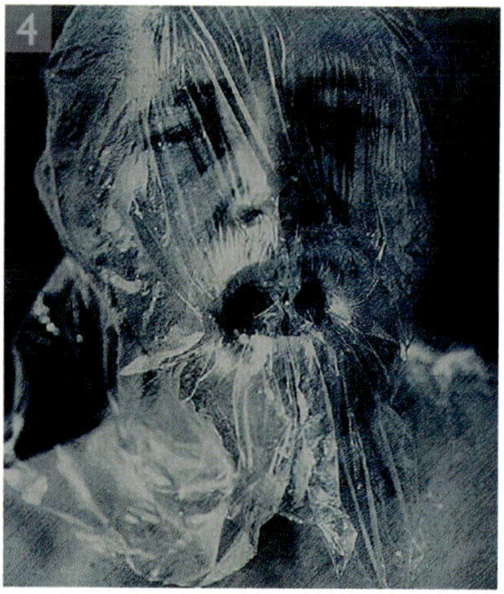

4 Ce filtre a lui aussi été estompé en utilisant une opacité de 35 % et le mode de fusion Différence.

L'image est maintenant plus sombre et elle a perdu tous ses tons clairs, mais cela convient bien au thème qu'elle doit illustrer. Toutes les images ne doivent pas obligatoirement comporter une gamme complète de tons.

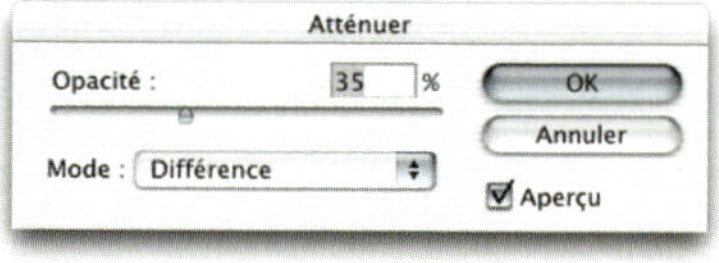

Le filtre Dispersion

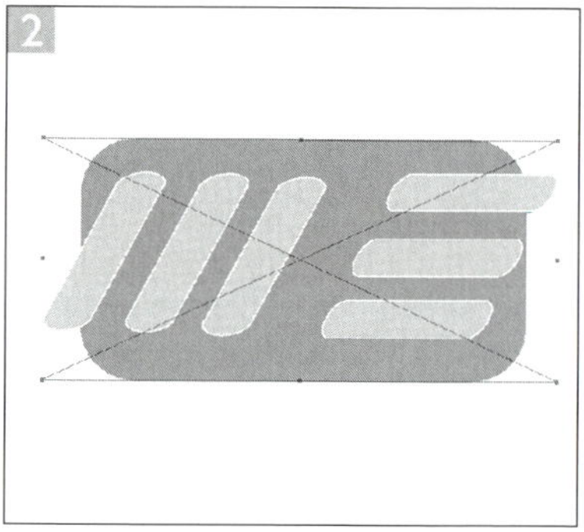

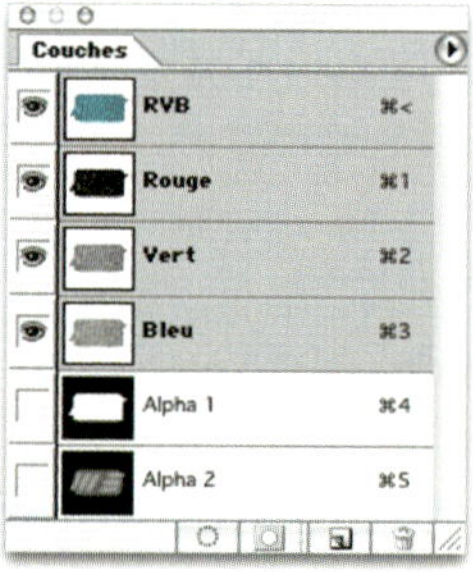

1 Le filtre Dispersion sera appliqué à l'image de l'eau, mais l'utilisation de ce filtre nécessite de disposer d'une image supplémentaire, l'image de référence, qui déterminera la déformation.

2 Nous avons d'abord créé une nouvelle couche dans l'image de destination, puis nous avons importé le fichier Illustrator (Fichier > Importer) sur cette couche que nous avons dupliquée.

3 Après avoir appliqué un flou gaussien à la copie de la couche, nous avons créé par copier-coller une nouvelle image (Édition > Tout sélectionner, Édition > Copier, Fichier > Nouveau, Édition > Coller, Calque > Aplatir l'image) que nous avons enregistrée.

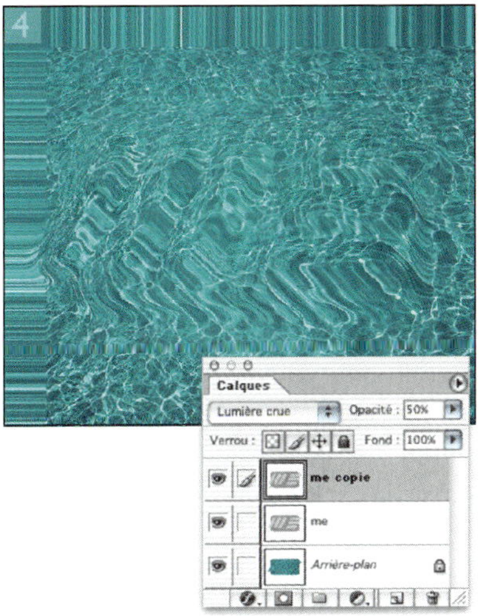

4 Nous avons ensuite sélectionné Filtre > Déformation > Dispersion. Dans la boîte de dialogue du filtre, nous avons utilisé des valeurs d'échelle de 50 % et les options Adapter et Pixels du contour. Lorsqu'on clique ensuite sur OK, la boîte de dialogue Ouvrir/Charger s'affiche pour permettre de sélectionner l'image de référence. Les zones foncées de l'image de référence déplacent les pixels de l'image initiale en fonction des valeurs choisies dans la boîte de dialogue du filtre, alors que les zones claires les laissent inchangés.

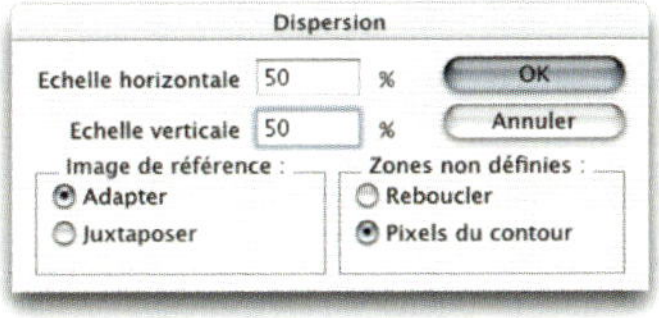

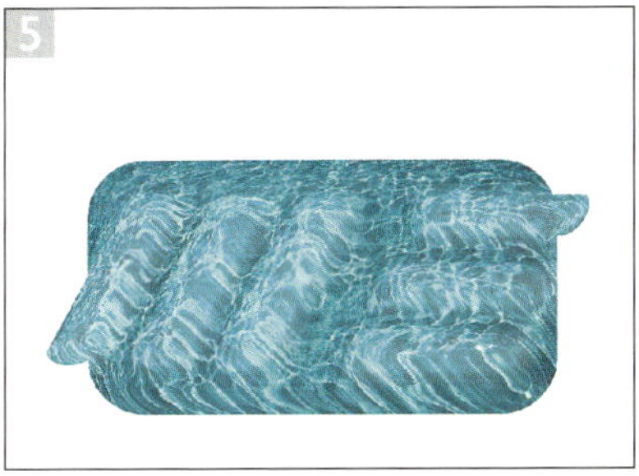

5 Pour finir, nous avons utilisé l'image de référence initiale pour masquer les zones extérieures au logo. Nous avons également ajouté à l'image deux calques, basés sur ce logo, et nous leur avons donné le mode de fusion Lumière crue et une opacité de 49 %.

La technique ci-dessus montre comment il est possible d'importer une image vectorielle à partir d'Illustrator et de l'utiliser en tant qu'« image de référence » avec le filtre Dispersion. Ce filtre permet d'obtenir des effets de déformation assez prononcés, mais son utilisation n'est pas particulièrement intuitive. Il est généralement préférable d'employer une image de référence floue. Vous trouverez sur le CD-Rom du logiciel un grand nombre de fichiers qui peuvent servir d'images de référence pour créer des surfaces en relief.

Fluidité

Avec le filtre Fluidité, le résultat dépend d'une image externe, l'image de référence ; la commande Fluidité permet d'obtenir des résultats similaires mais en travaillant « à la main ». Cette commande (que nous classerions plutôt parmi les filtres, mais qui se trouve dans le menu Image) permet d'appliquer toutes sortes de déformations à une image ; ces déformations ne sont définitivement appliquées que lorsqu'on referme la boîte de dialogue en cliquant sur OK. Dans Photoshop 7, vous pouvez enregistrer et charger le filet (la grille) de déformation, un outil supplémentaire s'est ajouté à la boîte de dialogue et l'aperçu affiche les autres calques de l'image.

Figure 16.1 La commande Fluidité peut être employée de diverses façons. Ici, nous avons utilisé la commande Estomper avec le mode de fusion Différence après avoir modifié l'image avec la commande Fluidité.

Photographie : Laurie Evans.

Figure 16.2 L'outil Blocage permet d'empêcher la déformation des zones de l'image auxquelles il est appliqué, ou d'empêcher toute déformation ultérieure de zones déjà déformées.

L'outil Déformation permet de déplacer les pixels dans le sens dans lequel vous l'appliquez. Le nouvel outil Turbulence produit une déformation aléatoire. Les outils Tourbillon horaire et Tourbillon antihoraire , comme leurs noms l'indiquent, créent un effet de tourbillon. Les outils Contraction et Dilatation ont un effet similaire au filtre Contraction. L'outil Glissement des pixels décale les pixels à 90° par rapport au sens dans lequel vous l'appliqucz ; avcc la touchc Opt/Alt, le sens du décalage des pixels est inversé. L'outil Miroir est sans doute celui dont l'usage est le plus délicat, puisqu'il copie les pixels avec un angle de 90° par rapport au sens dans lequel on l'applique, ce qui inverse l'image à cet endroit. L'outil Reconstruction peut s'avérer très utile : il rétablit l'image initiale. Au moyen de l'outil Blocage , vous pouvez protéger des zones de l'image pour empêcher qu'elles ne soient modifiées ; les zones bloquées sont recouvertes d'un voile rouge, comme quand on utilise le mode Masque. Pour annuler ce blocage, utilisez l'outil Libération . L'outil Zoom agrandit (ou réduit) l'affichage de l'image, et la Main permet de faire défiler l'aperçu.

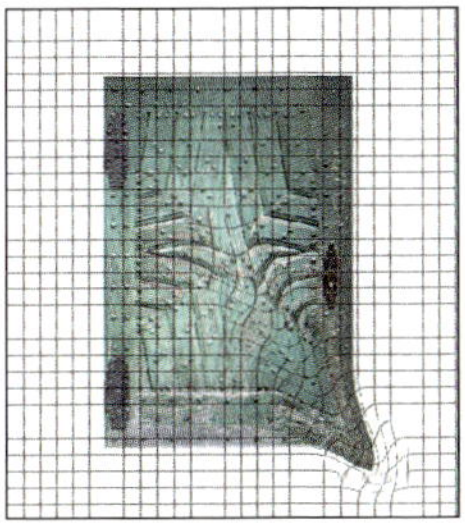

Outil Déformation

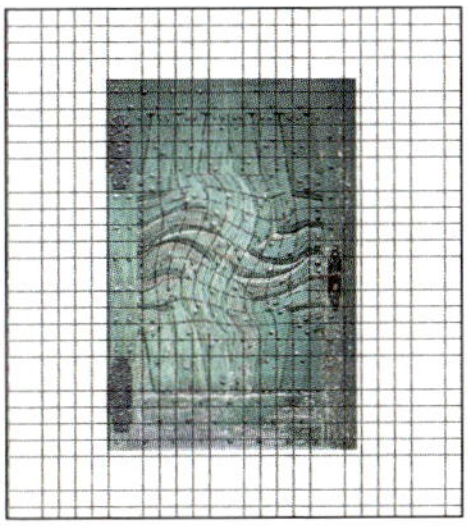

Outil Tourbillon horaire

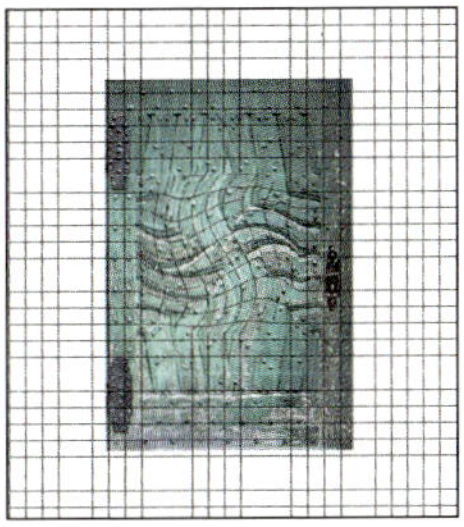

Outil Tourbillon antihoraire

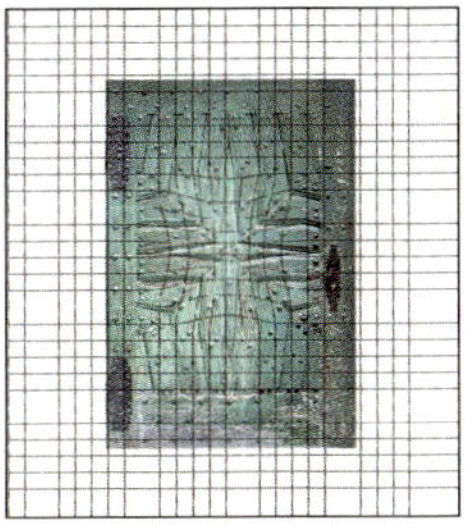

Outil Contraction

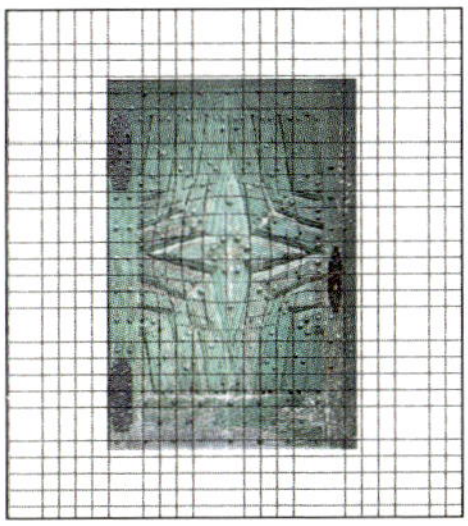

Outil Dilatation

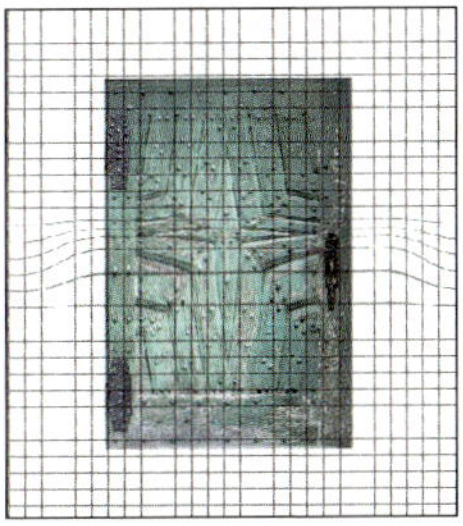

Outil Glissement des pixels

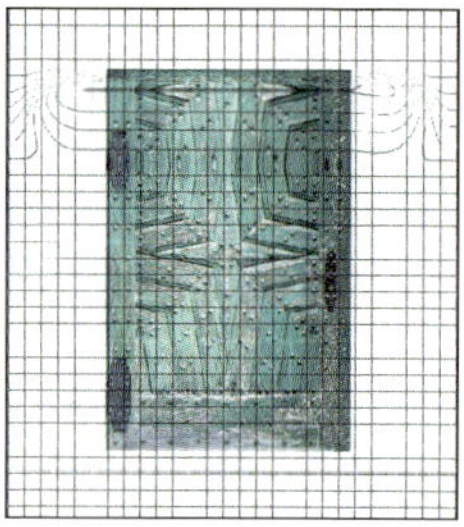

Outil Miroir

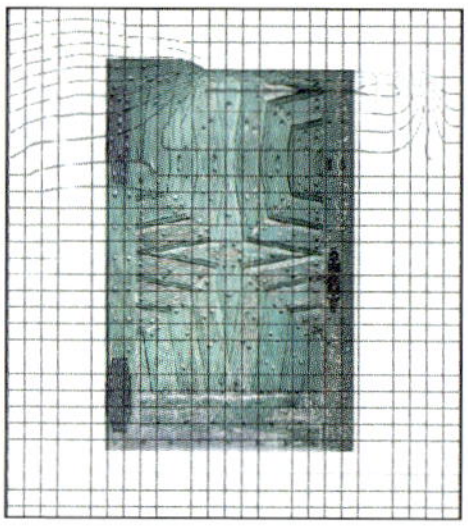

Outil Reconstruction

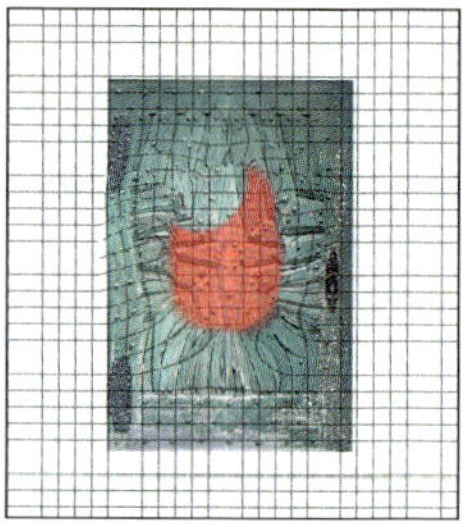

Outil Blocage

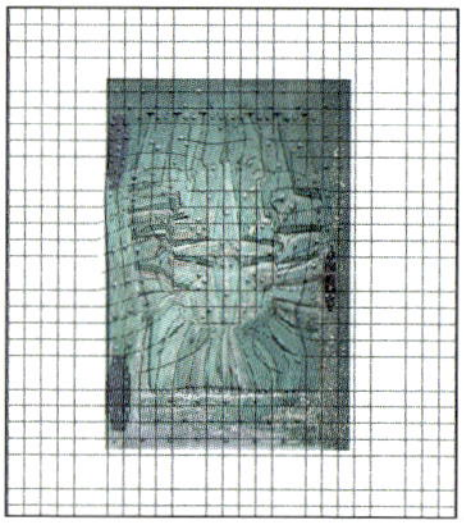

Outil Libération

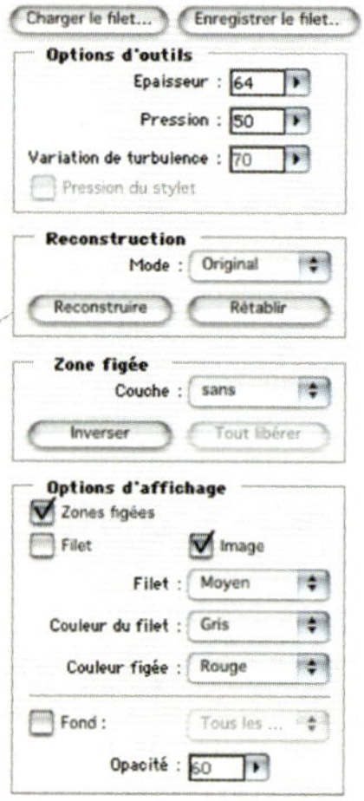

Figure 16.3 Avec les options d'outil, on peut définir la taille et la pression des outils. En bas, les options d'affichage permettent d'afficher et de masquer le filet, autrement dit la grille qui est visible dans les illustrations présentées ci-dessus. On peut se baser sur une couche alpha pour définir la zone de l'image qui sera figée. Les modes de reconstruction permettent de rétablir l'image par étapes successives ; avec le mode Rigidité, vous rétablissez immédiatement l'image en cliquant avec l'outil Reconstruction ; les modes Propagation, Lissage et Continuité permettent un rétablissement progressif en fonction de différents algorithmes. En cliquant sur le bouton Reconstruction, le rétablissement se fait d'une manière automatique, mais on peut interrompre le processus en appuyant sur la touche Esc/Echap. N'appuyez qu'une fois sur cette touche, sans quoi vous fermerez la boîte de dialogue et votre travail sera perdu.

Le « filet » permet de voir quelles zones de l'image sont modifiées, et dans quelles proportions. L'outil Fluidité est parfaitement adapté à toutes sortes de retouches légères des formes d'une image, par exemple quand il s'agit de modifier un visage. Les options d'affichage permettent d'afficher en surimpression un calque de l'image au choix ou tous les calques à la fois.

L'application de la commande Fluidité nécessite beaucoup de calculs. De ce fait, lorsqu'on travaille sur une grande image, les déformations sont parfois très lentes à s'appliquer. Dans ce cas, effectuez vos déformations sur une image plus petite et enregistrez la déformation (bouton Enregistrer le filet). Ouvrez ensuite l'image initiale et choisissez Charger le filet pour y appliquer des déformations identiques.

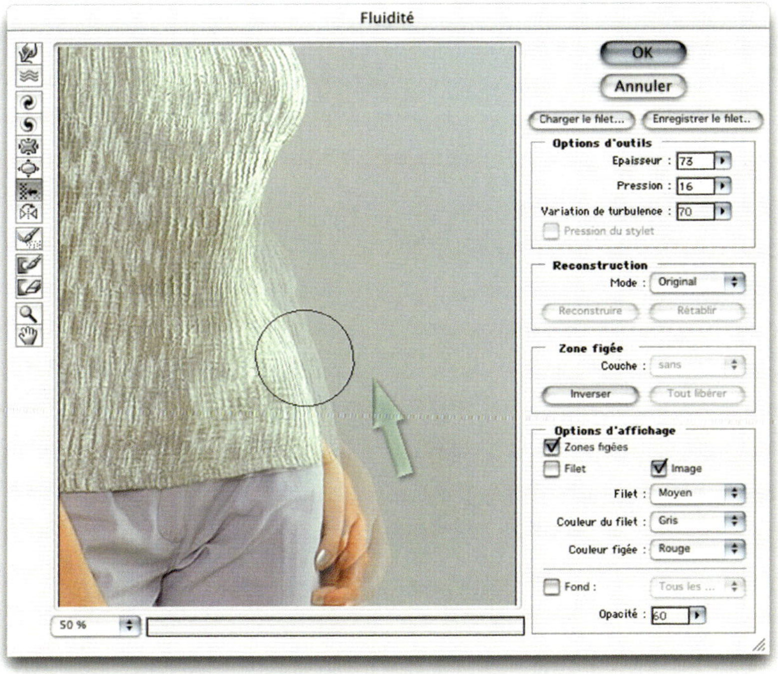

Figure 16.4 L'outil Glissement des pixels peut servir à faire mincir un modèle. Les pixels sont décalés vers la gauche par rapport à la direction de déplacement de l'outil : ici, nous avons donc fait glisser l'outil vers le haut. L'option Fond étant activée dans les Options d'affichage, l'image non déformée apparaît en surimpression.

1 Le filtre Fluidité permet d'imiter un décollage d'émulsion de film Polaroid. L'image ci-contre comporte un Arrière-plan, un calque comprenant un tronc (auquel est associé un calque de réglage) et au-dessus, un cadre d'image en mode Produit.

2 Nous avons activé le calque du tronc et ouvert la boîte de dialogue Fluidité, puis nous avons utilisé les outils Turbulence et Tourbillon pour obtenir les déformations ci-dessous. Nous avons cliqué sur Enregistrer le filet pour pouvoir appliquer cette déformation à nouveau.

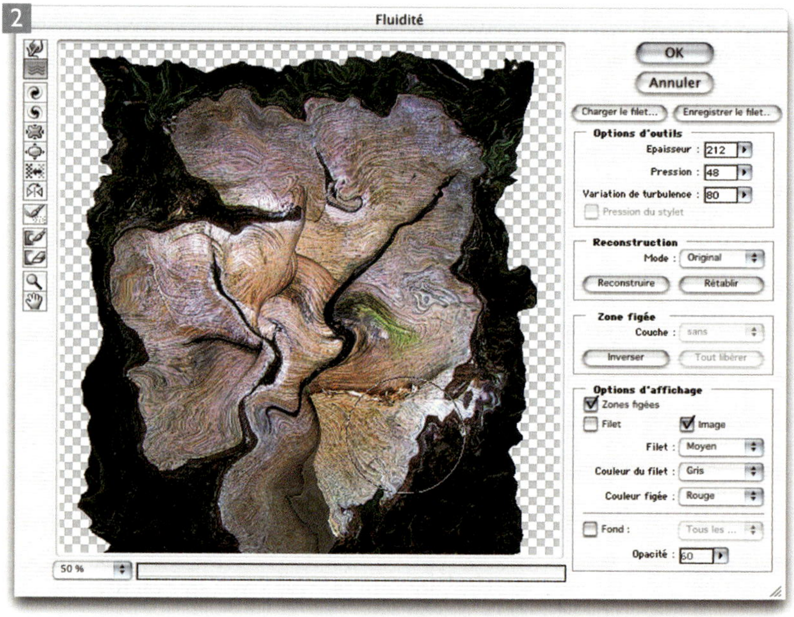

3 Nous avons ensuite sélectionné le calque comportant le cadre d'image et ouvert une deuxième fois la boîte de dialogue Fluidité. Ensuite, il nous a suffit de cliquer sur Charger le filet pour appliquer à ce calque la même déformation qu'au calque du tronc.

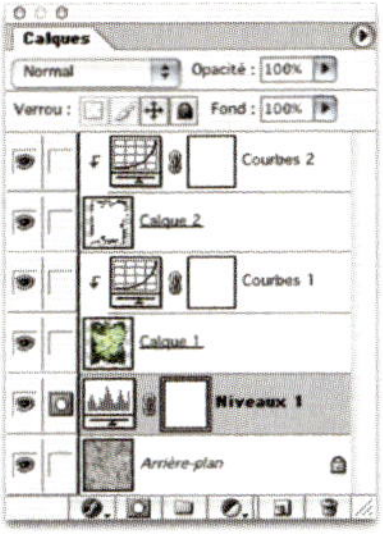

Filtres de rendu

Il existe toutes sortes de filtres de rendu mais ils offrent des possibilités que vous serez sans doute amené à exploiter fréquemment. Nous allons voir ici comment employer les filtres Nuages, Halo, Éclairage et Transformation 3D.

Nuages et Nuages par différence

Le filtre Nuages remplit l'image ou la zone sélectionnée avec un motif aléatoire qui rappelle des nuages. Utilisez le raccourci Cmd/Ctrl+F pour créer plusieurs variantes successives, ou Cmd+Opt+F (Mac OS) ou Ctrl+Alt+F (Windows) pour obtenir des nuages plus contrastés. Le filtre Nuages par différence permet d'obtenir le même effet que si vous aviez appliqué le filtre Nuages à un calque en mode Différence. Une application répétée du filtre Nuages par différence permet d'obtenir des couleurs de plus en plus contrastées, pour peu que l'image initiale soit colorée.

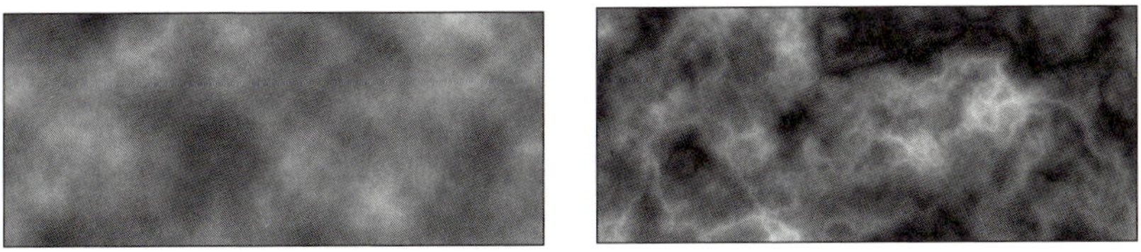

Figure 16.5 Exemples d'utilisation du filtre Nuages (à gauche) et du filtre Nuages par différence (à droite).

Halo

Ce filtre permet d'imiter l'effet de halo qui se produit parfois lors d'une prise de vue à contre-jour ; le résultat est assez réaliste. Vous pouvez aussi l'appliquer à un calque rempli de noir placé au-dessus de l'image, puis choisir pour ce calque le mode Superposition. Ainsi, le halo peut être repositionné à volonté en déplaçant le contenu du calque. La photo qui figure ci-après représente la centrale électrique de Battersea.

1 On enfonce la touche Alt/Opt et on clique sur le bouton de Nouveau calque, on choisit le mode Superposition et on coche l'option Couleur neutre pour le mode Superposition. On clique sur OK pour créer le calque.

2 On applique ensuite le filtre Halo. L'aperçu de la boîte de dialogue permet de positionner le centre du halo. On enfonce la touche Opt/Alt et on clique sur l'aperçu pour afficher la boîte de dialogue ci-dessous, qui permet de définir avec précision le point central du halo.

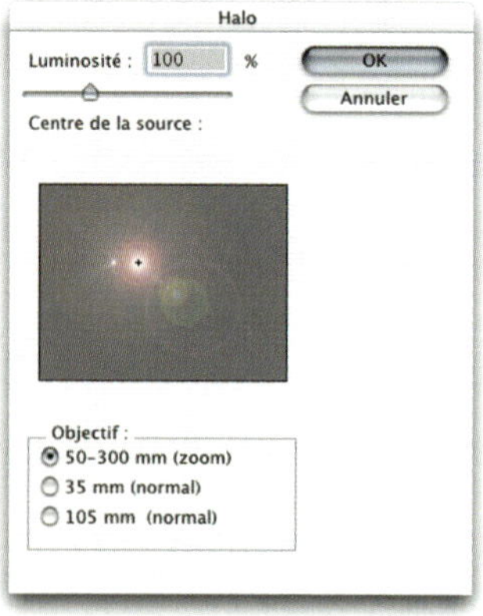

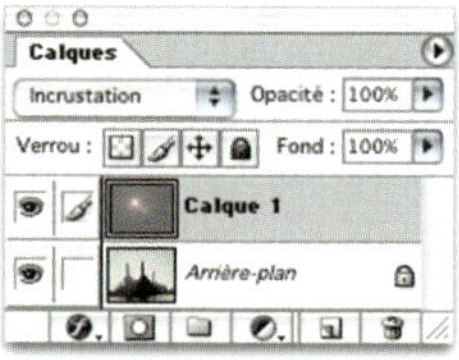

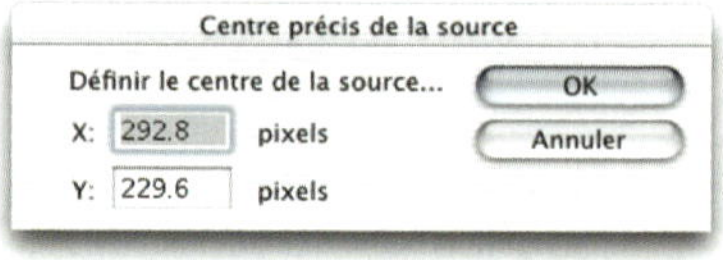

Éclairage

1 Créez une version en niveaux de gris qui représente le volume de la souris (*bump map*), les tons foncés signifiant les niveaux de relief inférieurs, et les tons clairs les niveaux supérieurs. Veillez à ce que les transitions entre tons soient très progressives. Enregistrez l'image sur une couche alpha, et utilisez une autre couche pour stocker le contour. (Utilisez le fichier mouse01.jpg sur le site www.editions-eyrolles.com)

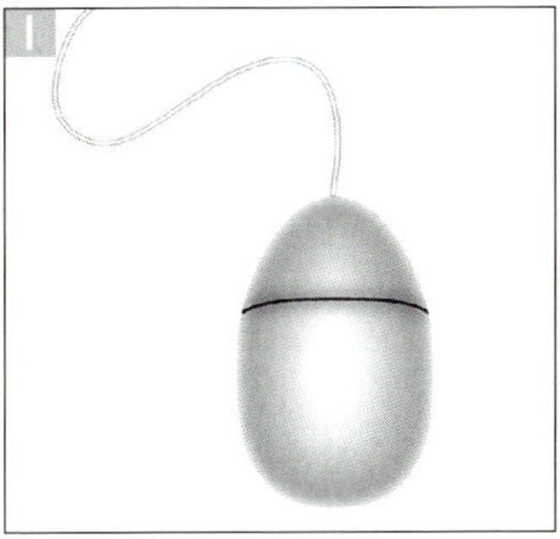

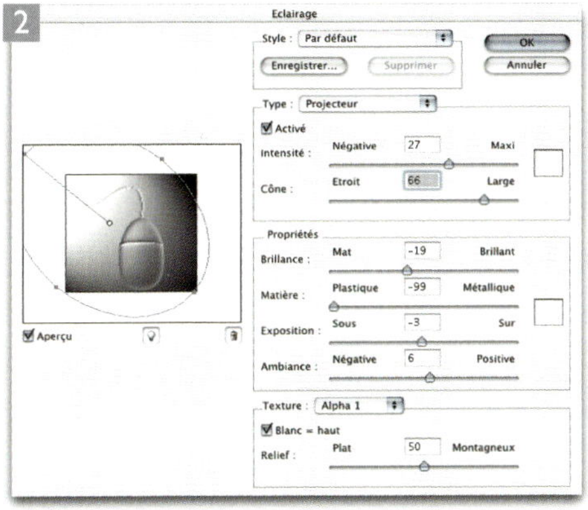

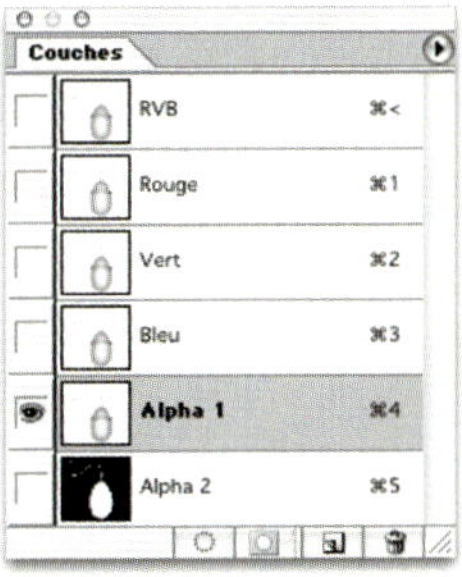

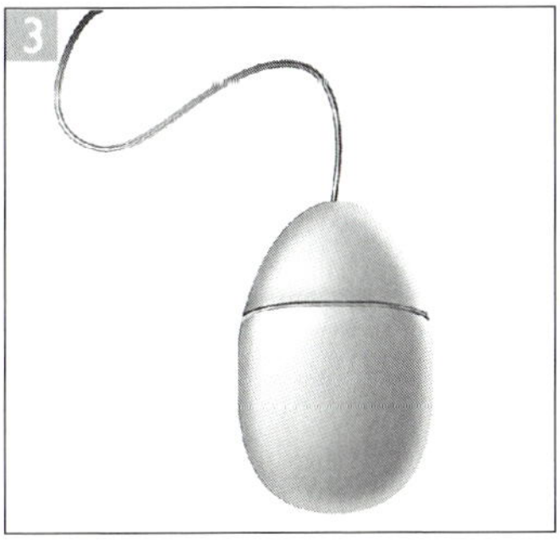

2 Ouvrez la boîte de dialogue Éclairage puis, dans la liste déroulante Texture, choisissez la couche Alpha 1 (celle qui contient le *bump map*) et assurez-vous que l'option Blanc = haut soit cochée. Le curseur de relief permet de déterminer la profondeur de l'effet ; la valeur par défaut (50 %) convient bien ici. Inspirez-vous de la figure présentée ci-contre pour les autres paramètres.

3 Le résultat ne s'applique qu'à la zone sélectionnée. L'image est un peu sombre : éclaircissez-la en estompant le filtre avec une valeur d'opacité de 50 % environ.

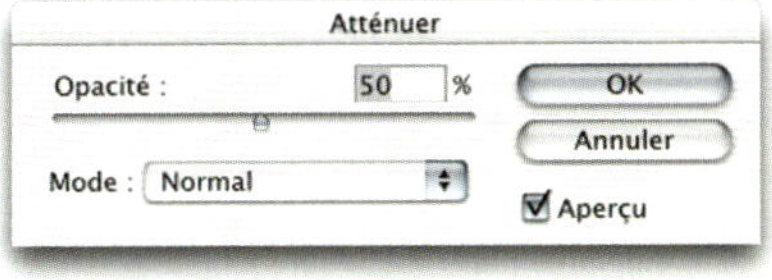

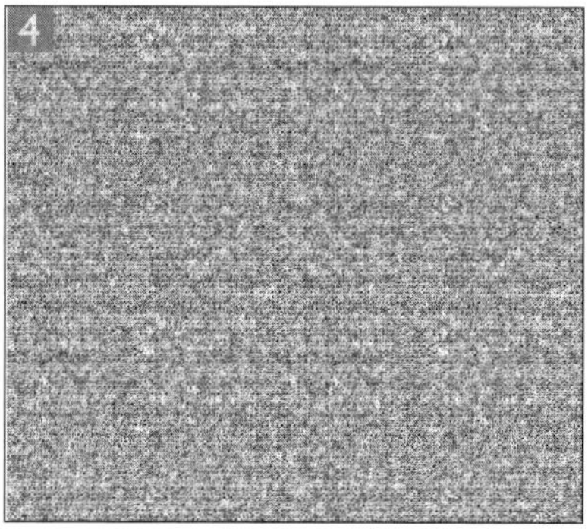

4 Créez une troisième couche alpha, qui servira cette fois de base à la texture de fond. La couche étant sélectionnée, choisissez Sélection > Tout sélectionner, puis Filtre > Rendu > Texture, et sélectionnez un fichier de texture (ici, nous avons utilisé Burlap.psd, qui est fourni sur le CD-Rom de Photoshop).

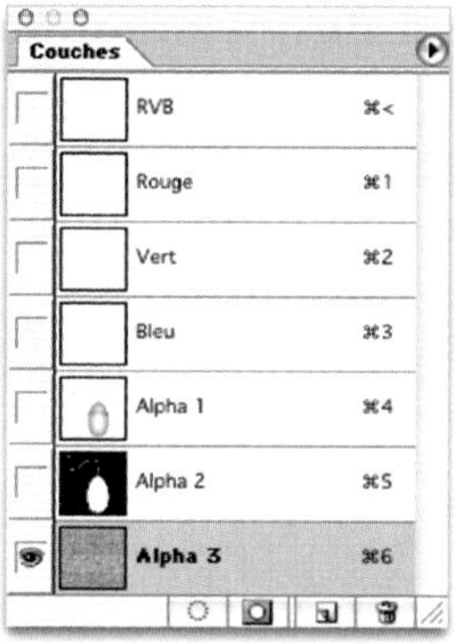

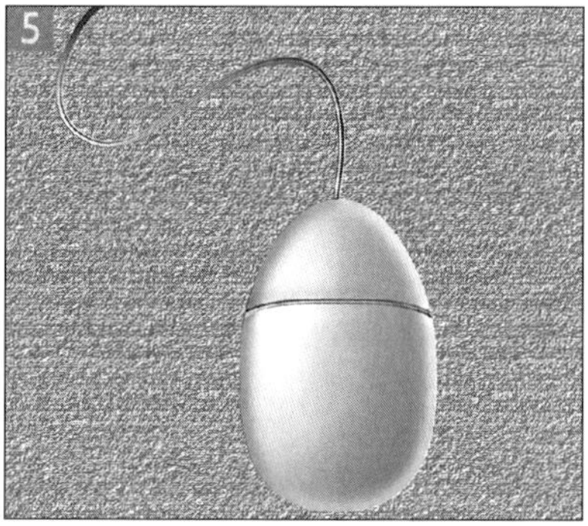

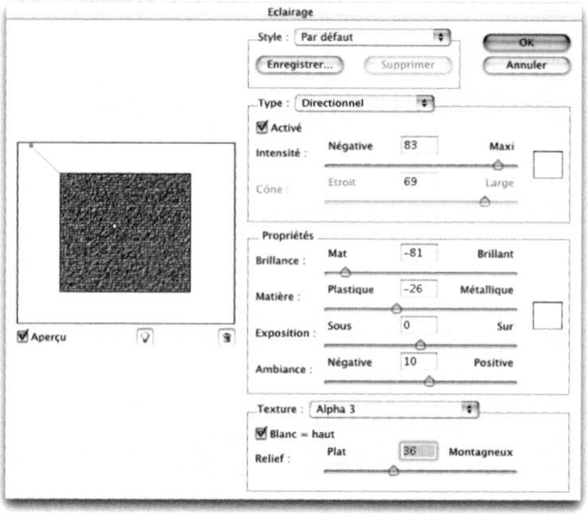

5 Activez la couche composite (Ctrl+<), puis récupérez en tant que sélection le contenu de la couche Alpha 2 (le contour de la souris) et intervertissez cette sélection ; enfin, appliquez le filtre Éclairage en utilisant cette fois comme Texture la couche Alpha 3 (la texture) et un seul éclairage de type Projecteur.

6 Pour finir, colorez séparément la souris et l'arrière-plan en vous basant sur la couche Alpha 2. Créez une ombre en ajoutant un effet d'ombre portée au calque de la souris.

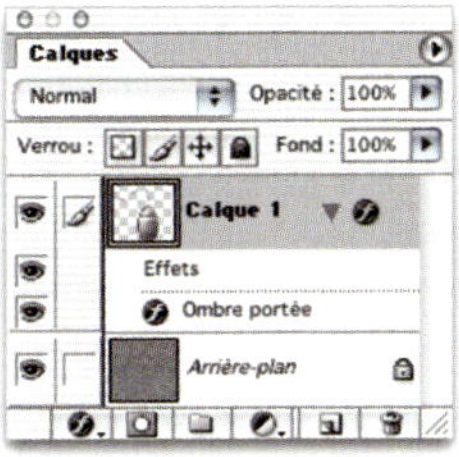

Ce dernier exemple montre que, même si Photoshop ne peut remplacer un « vrai » logiciel de 3D, les possibilités du filtre Éclairage sont plus étendues qu'il n'y paraît au premier abord. Bien entendu, vous pouvez aussi employer ce filtre d'une manière plus classique pour imiter un éclairage et non pour créer des effets de 3D.

Placage de motif

Le filtre Placage de motif est une autre nouveauté de Photoshop 7. Comme vous l'avez vu au chapitre 10, elle permet de créer ses propres motifs, ce qui peut s'avérer utile lors d'opérations de retouche photo, entre autres.

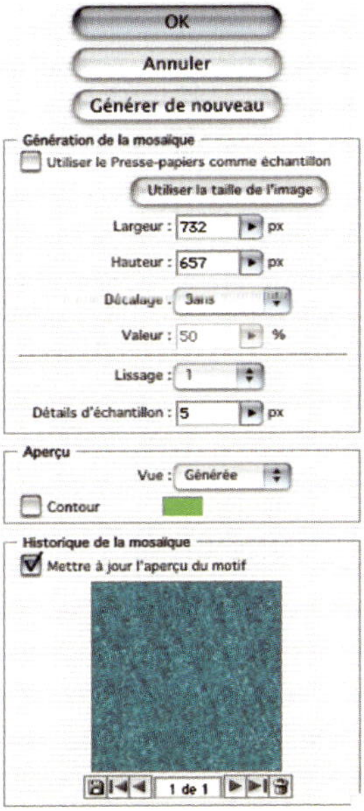

Figure 16.6 Les paramètres de la boîte de dialogue Placage de motif. Vous pouvez créer un motif de la taille de l'image en cours, ou choisir des dimensions précises. Le motif peut être décalé horizontalement ou verticalement. Une valeur de Lissage plus importante donne de meilleurs résultats, mais augmente le temps de traitement. Une valeur de détail élevée préserve l'apparence de l'original alors qu'une valeur faible produit des motifs plus abstraits.

Cliquez sur le bouton de la disquette, en bas, pour enregistrer le motif en cours dans la liste des motifs. Tant que la boîte de dialogue reste ouverte, vous pouvez parcourir tous les motifs que vous avez générés à l'aide de la section Historique de la mosaïque.

1 Cette photo a été utilisée dans le cadre d'une campagne publicitaire pour la marque Tresemme. Le filtre Éclairage servira ici à ajouter un éclairage supplémentaire *a posteriori,* en l'occurrence un spot dirigé sur l'arrière-plan. Nous avons donc d'abord dessiné un tracé autour de l'arrière-plan, en excluant le modèle et les bords. Ce tracé a été converti en sélection, à laquelle nous avons appliqué un contour progressif de 2 pixels.

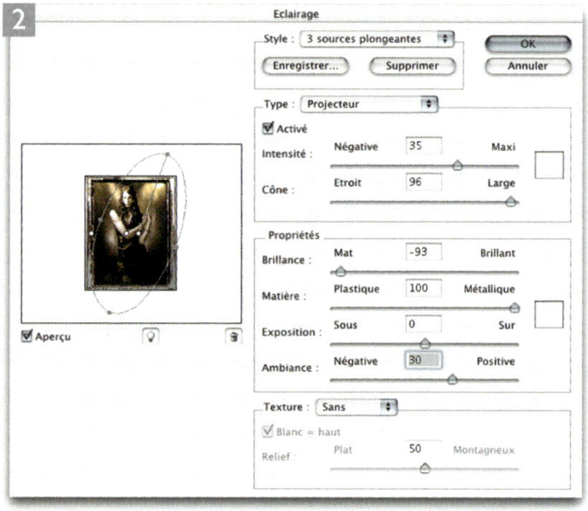

2 Dans la boîte de dialogue du filtre Éclairage, nous avons choisi le Style « Phare plongeant ». Chaque source lumineuse peut être modifiée en faisant glisser le point rond qui représente son centre, ou les points carrés qui définissent l'ellipse où l'éclairage s'applique. Pour créer une nouvelle source, on fait glisser l'icône de l'ampoule sur l'aperçu de l'image.

3 Ici, les deux sources lumineuses sont de type Projecteur ; on peut déterminer les caractéristiques de chacune d'elles en les sélectionnant dans l'aperçu, puis en modifiant les paramètres qui se trouvent sous « Type ». Les paramètres qui figurent sous « Propriétés » concernent l'image entière (et non les sources lumineuses prises séparément) : la Brillance et la Matière permettent de définir l'aspect de surface de l'objet éclairé ; avec l'Exposition, on peut renforcer ou atténuer toutes les sources lumineuses à la fois, et l'Ambiance éclaircit ou assombrit l'ensemble de la scène.

Client : Tresemme/Hairdressers Journal.
Modèle : Karen, agence Models One.

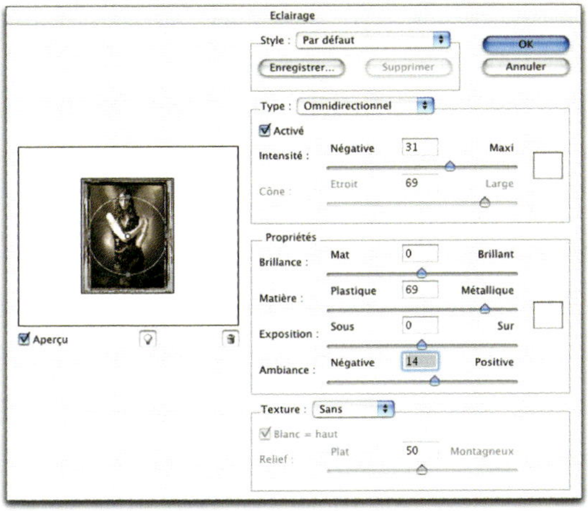

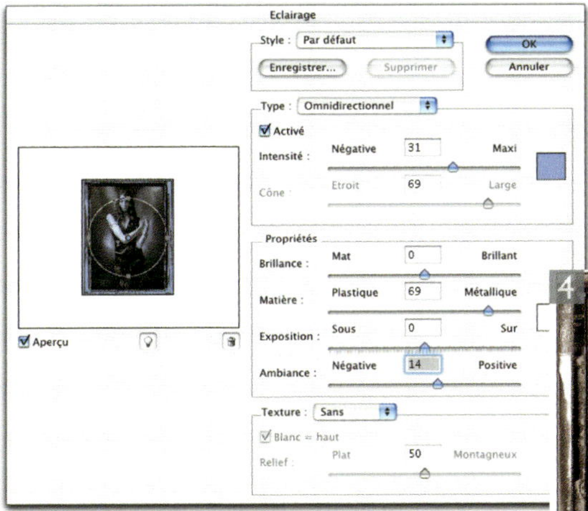

4 La source lumineuse Omnidirectionnel est une lumière ronde et diffuse ; centrée derrière le modèle, elle crée un léger effet de contre-jour. On peut choisir de colorer la source lumineuse en cliquant sur le carré qui se trouve à droite du curseur d'Intensité. La combinaison de sources lumineuses multiples, des propriétés de l'objet et de couches alpha (pour obtenir des effets de relief) ouvre de très nombreuses possibilités créatives.

Transformation 3D

Ce filtre permet de modifier dans une certaine mesure la perspective d'un objet. Bien entendu, une image en 2D ne peut être transformée en image en 3D, aussi les modifications de perspective sont-elles limitées ; en outre, l'utilisation de ce filtre n'est pas des plus simples. Ici, nous nous en sommes servi pour modifier l'angle d'une caméra.

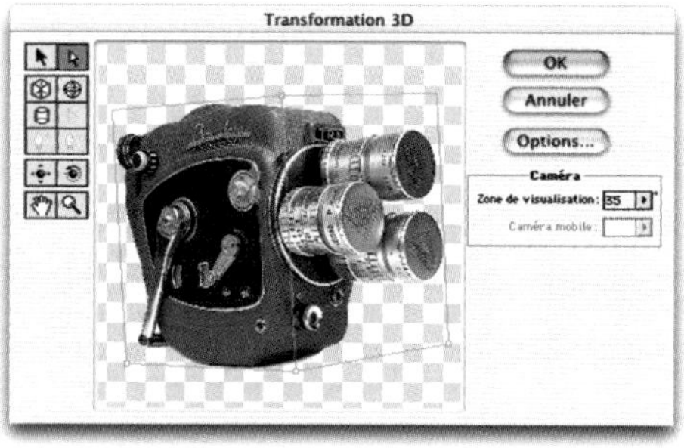

1 Avant d'appliquer le filtre Transformation 3D, séparer l'objet de son arrière-plan et le placer sur un nouveau calque. Lorsqu' on ouvre ensuite la boîte de dialogue du filtre, cette dernière affiche un aperçu en niveaux de gris de l'objet. On choisit l'un des trois outils de forme en 3D (Cube, Sphère ou Cylindre) et on dessine une forme « fil de fer » en relief correspondant au volume de l'objet. On modifie la forme « fil de fer » à l'aide des outils Sélection et Sélection directe, puis on applique la modification de perspective au moyen des outils Panoramique et « Boule roulante ». On clique ensuite sur ok.

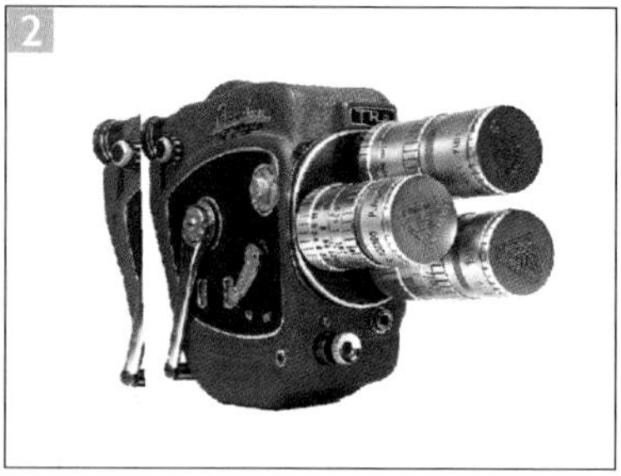

2 Une fois que la transformation a été appliquée, nous avons supprimé l'image de l'Arrière-plan en le remplissant de blanc.

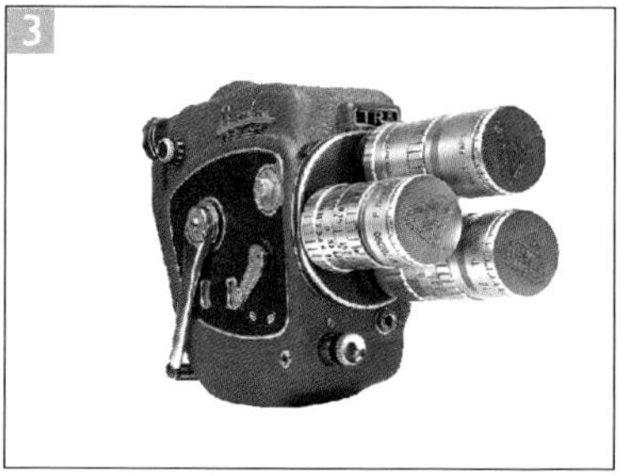

3 La caméra est maintenant davantage orientée vers le spectateur. Vous noterez qu'il n'est pas possible d'effectuer des transformations trop importantes avec le filtre Transformation 3D. En effet, même Photoshop ne peut pas « inventer » l'arrière de l'objet.

Utilisation pratique des filtres

D'une manière générale, les utilisateurs de Photoshop ont une attitude très tranchée par rapport aux filtres : soit ils les ignorent sciemment, soit ils y recourent d'une façon excessive. Selon nous, il existe une voie médiane : il n'y a pas de raison qu'un photographe ne se livre pas à des expérimentations avec les filtres de Photoshop ; ils peuvent aussi être utilisés de manière plus discrète pour compléter des photographies « traditionnelles ».

Bien entendu, la question se pose ensuite de savoir si une photo est véridique ou « photoshopée ». Lorsqu'il est important de préserver l'intégrité de l'image, comme dans le cas du photojournalisme par exemple, nous préférerions que les photographes n'altèrent pas la photo d'une manière artificielle. Dans le domaine de la photographie commerciale, tout dépend du but recherché. Si Photoshop permet d'obtenir rapidement et efficacement le résultat souhaité, mieux vaut modifier l'image numérique et consacrer le temps ainsi gagné à la production ou à la création plutôt que de passer du temps supplémentaire en studio.

Nous espérons que les astuces et les techniques que nous avons présentées vous auront montré dans quelle mesure Photoshop peut se révéler un outil indispensable pour le traitement professionnel des photographies numériques. Par ailleurs, un site Web (en anglais luis aussi) est consacré au livre : www.photoshopforphotographers.com. Tout comme nous avons pu pour notre part en faire l'expérience, nous espérons que la découverte des possibilités de Photoshop sera une source de satisfaction personnelle et un ferment pour votre créativité.

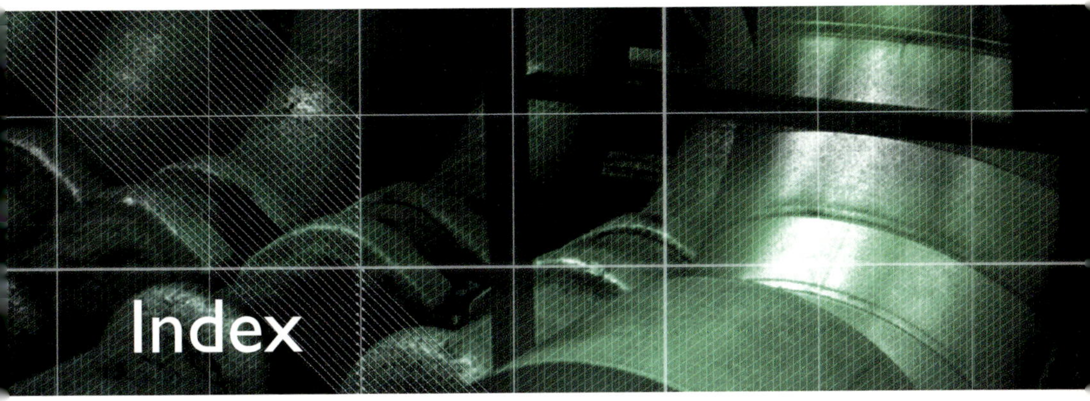

Index

12 bits/couche, 5
16 bits/couche, 196
24 bits, 2
48 bits, 2

A

accentuation, 223
    gain, 173
    impression, 173
    rayon, 175
    sélective, 175
    seuil, 175
Accentuation, 172
Accepter un historique non linéaire, 269
ACE, 63
acquisition, 1
Adobe Gamma, 47
Adobe Online, 112
Adobe RGB (1998), 51
affichage (mode), 140
Affichage
    Afficher
        Contour de la sélection, 239
        Grille, 96
    Afficher les extras, 137
    Couleurs de l'épreuve, 197
    Couleurs non imprimables, 193
    Nouvelle vue, 95
    Règles, 96
agrandisseurs numériques, 73
Ajout de bruit, 362
Algorithme de réduction des couleurs, 156
aliasing, 237
Aligner les calques liés, 118
Aligner sur le Web, 157
alpha (couche), 233, 235
Alt, 114
analyse d'image, 165
Annotation audio, 138
Annotations, 138
antialiasing, 237
Antipoussière, 204, 362
appareils photo numériques
    dos CCD, 12
    dos scanner, 15
Apple RGB, 51
archivage d'images, 81
arrière-plan (couleur), 140
atténuation, 361
Atténuer, 228
Attribuer un profil, 57
automatisation, 303

B

Baguette magique, 112, 233, 237, 238
tolérance, 112
Balance des couleurs, 181, 183, 323
barre d'état, 94
barre d'options, 102
barre de titre, 95
bases de données d'images, 81
Bichromie, 318
Biseautage et estampage, 346
bitmap, 2
bloc de texte, 137
boîte à outils, 110
bordure, 331
bouton droit de la souris, 114
BruceRGB, 62
bruit, 362
bruit numérique, 8

C

cache, 93, 283
Cadre, 237
calibrage du moniteur, 44
Calque
Ajouter le masque du calque
Tracé sélectionné, 267
Ajouter un masque de fusion
Faire apparaître la sélection, 249
Masquer la sélection, 249
Tout faire apparaître, 249
Tout masquer, 249
Aligner les calques liés, 353
Cache
Retirer le cache noir/blanc, 283
Supprimer la frange, 283
Désactiver le masque de fusion, 251
Nouveau
Calque par copier, 216
Pixellisation
Masque vectoriel, 267
Style de calque
Créer des calques, 349
Éclairage global, 349
Mise à l'échelle des effets, 349
Supprimer le masque de fusion
Appliquer, 251
Supprimer, 251
calques, 240, 310
couleurs, 241, 257
de réglage, 126, 193, 202, 217, 276, 287, 310
combinaison, 193
effets, 343, 360
fusion, 256
groupes, 241, 254
liens, 253
masque vectoriel, 249
palette, 108
styles, 348
verrouillage, 257
Caractère (palette) 103
carreaux, 126
CD-Rom, 1, 32, 81
cellule de trame de demi-teinte, 24
cheveux, 270
clavier, 219, 291-315
Cmd, 101
CMJN
conversion à partir du RVB, 62
paramètres personnalisés, 65
Collection d'images, 303
Colorimétrie
absolue, 65
relative, 64
ColorMatch RGB, 51
ColorSync, 74
Compatibilité amont, 89
Compensation du point noir, 65
Configuration, 31-38
matérielle, 31
Conserver les profils incorporés, 53
Contour (effet de calque), 348
Contour (paramètre), 351
Contour de la sélection, 239
contour progressif, 239
Contracter, 237
Contraste automatique, 182
conversion entre profils, 56
Convertir en profil, 56
copie de zones de l'image, 215
Copyright, 85

Correcteur 122, 206
problèmes, 208
techniques, 212
utilisation d'un motif, 206
correction automatique, 182
correction de couleurs, 177
correction de la perspective, 164
Correction sélective, 193, 197
couches, 2, 231, 271
alpha, 233, 235
palette, 109, 234
tons directs, 358
couleur
arrière-plan, 140
non imprimable, 91
premier plan, 140
Couleur (mode de fusion), 223, 248
Couleur (palette), 107
Couleur automatique, 182
couleurs, 52, 177-198, 333-341,
Couleurs de l'épreuve, 80, 197
Couleurs non imprimables, 65
Courbe de transfert de dégradé, 340
Courbes, 184, 230, 239, 269, 287, 325, 334
Crayon, 123
Crénelage, 237
Ctrl, 114
Curseurs dynamiques, 88

D

DCS, 146
Découpage (filtre), 365
déformation, 259, 367
texte, 137
Déformation de texte, 359
dégradés, 107, 218, 347
bruit, 133
éditeur, 132
outil, 131
Simuler, 202
Densité –, 231
outil, 136
Densité couleur – (mode de fusion), 244
Densité couleur + (mode de fusion), 243
densité du noir, 69
Densité linéaire – (mode de fusion), 244
Densité linéaire + (mode de couleur), 243
Densité +, 231
outil, 136
Déplacement, 260, 274
Déplacement (outil), 118, 216, 219
Désaturation, 321
détourage, 285, 287
Différence (mode de fusion), 247
Digimarc, 85
Dilater, 237
dimensions de l'image
modifier, 26
Dispersion (filtre), 367
disque de travail, 34, 92
Doigt, 134, 223
dominante
correction automatique, 182
dominantes colorées, 181, 186
dos CCD, 12
dos scanner, 15
dpi, 22
droplet, 308
durée, 95

E

Échantillonnage de couleur, 139, 186
Éclairage (filtre), 375
Éclairage global, 349
Éclaicir (mode de fusion), 243
éditeur de dégradé, 132
Édition, 258
Estomper, 228
Purger
Historique, 126
Transformation
Homothétie, 266
Répéter, 353
Transformation manuelle, 217, 258, 266
Effets de calque, 343
échelle, 349
éclairage, 349
efficacité, 94
Ellipse, 137
Ellipse de sélection, 112
Encore plus net, 172
engraissement, 67, 167, 320

Enregistrement, 143
Enregistrer l'espace de travail, 99
Enregistrer pour le Web, 153
environnement de travail, 38
Éponge, 136, 193
épreuves 73-85
- affichage, 80
- écran, 65, 79
- pour sortie offset, 76

EPS, 145
- codage, 145

Epson, 74
espace de travail, 80
- enregistrer, 99

espace de travail RVB, 50
Estomper, 228, 361
étalonnage du moniteur, 44
- Adobe Gamma, 47

État (barre), 94
Étendre, 114, 237, 238
Exclusion (mode de fusion), 247
EXIF, 83
Explorateur de fichiers, 84, 99
- renommer des fichiers, 84

Exporter l'image transparente, 304
extension de nom de fichier, 89
Extraire, 131, 277

F

fenêtres, 295
fichier
- Automatisation
  - Adapter l'image, 303
  - Traitement par lots, 300
- Enregistrer pour le Web, 153
- formats, 143-159
- de travail, 94
- stockage, 81

filigrane, 85
film infrarouge, 330
filtres, 361-381
- Ajout de bruit, 362
- Antipoussière, 362
- atténuation, 361
- Découpage, 365
- Dispersion, 367
- Éclairage, 375
- estomper, 361
- Flou directionnel, 364
- Flou intérieur, 362
- Flou optimisé, 362
- Flou radial, 361
- Halo, 374
- Maximum, 362
- Médiane, 362
- Minimum, 362
- Nuages, 373
- Nuages par différence, 373
- Passe-haut, 362
- Placage de massif, 377
- Plume calligraphique, 365
- Transformation 3D, 380
- Translation, 362

FireWire, 32, 35
Flou artistique, 228
Flou directionnnel, 364
Flou gaussien, 221, 240
Flou intérieur, 362
Flou optimisé, 362
Flou radial, 361
Fluidité, 368
Fondu (mode de fusion), 242
Format d'épreuve, 63, 80
Format d'impression, 75
formats de fichier, 143-159
- Web, 151

Forme d'historique, 124, 205
Forme d'historique artistique, 128
Forme personnalisée (outil), 137
formes, 104, 107
FraxFlame, 364
Fuji, 11
fusion avancée, 256

G

Galerie Web Photo, 306
gamma, 169
GCR, 68
Généraliser, 237
Gestion de bases de données d'images, 81
Gestion des couleurs, 39-72, 74
- boucle fermée, 41

choix d'un espace de travail, 50
conversion entre profils, 56
flux de travail, 72
niveaux de gris, 58
paramètres avancés, 60
règles, 53
Gestionnaire des paramètres prédéfinis, 107
GIF, 151
entrelacé, 157
transparence, 157
Gomme, 129, 286
Gomme d'arrière-plan, 130
Gomme magique, 130
Goutte d'eau, 134, 223
grille, 91, 96
groupes
de calques, 254
d'écrêtage, 275
de détourage, 275

H

Halo, 374
Hewlett Packard, 74
high key, 168
histogramme, 165
historique, 124, 205
non linéaire, 127
options, 124
palette, 108
purger, 126

I

ICC, 41
ICM, 74
IEEE 1394, 35
Image
24 bits, 2
48 bits, 2
analyse, 165
Appliquer une image, 272, 356
archivage, 81
bitmap, 2
Extraire, 131, 277
Fluidité, 368
niveaux de gris, 2
protection, 85
Réglage
Balance des couleurs, 183
Correction sélective, 197
Courbes, 184
Désaturation, 321
Négatif, 230
Niveaux, 165, 181
Remplacement de couleur, 191
Teintes/Saturation, 177
Variantes, 181
Rotation, 163
Paramétrée, 164
Taille de la zone de travail, 163
terne, 217
volume, 27
Impression, 74-85
CMJN, 74
jet d'encre, 74
longévité, 74
offset, 76
options, 75
imprimante à jet d'encre, 24
imprimer, 75
avec aperçu, 75
Inclinaison, 260
Incrustation
couleur, 348
de motif, 347
en dégradé, 347
Incrustation (mode de fusion), 245
InDesign, 287
Infos, 172, 188
Infos (palette), 101
infrarouge, 330
Iris, 74

J

JavaSript, 302
Jaz, 81
Jet d'encre, 74
JPEG, 149
Modifier la qualité, 154
progressif, 153

K

Kodak Photo CD, voir Photo CD, 8

L

Lasso, 115, 233
Lasso magnétique, 115
Lasso polygonal, 115, 216
lecteur de CD-Rom, 32
ligne directrice, 262
lignes/pouce, 22
linéature, 22
Lisser, 113, 237
longévité des tirages, 74
Loupe, 139, 219
Lpp, 22
Lueur
    externe, 345
    interne, 345
Lumière crue (mode de fusion), 245
Lumière linéaire (mode de fusion), 246
Lumière ponctuelle (mode de fusion), 246
Lumière tamisée (mode de fusion), 245
Lumière vive (mode de fusion), 246
luminosité, 2, 169
Luminosité (mode de fusion), 248
Lysonic, 75

M

Mac OS X, 36
magnétisme, 97
Main, 139, 219
Masquage, 255
Masque
    cheveux, 270
    de fusion, 218, 249
        affichage, 249
        et sélection, 249
        suppression, 251
        vide, 249
    exportation, 287
    vectoriels, 253, 267
Masque (mode), 140
masquer les palettes, 140
Maximum (filtre), 362
Médiane, 221, 362
Mélangeur de couches, 323, 327, 336
mémoire cache, 93
mémoire vive, 34
Mémoriser la sélection sur une couche, 229
menus contextuels, 114, 294
Mesure, 139
Minimum (filtre), 362, 268
mode
    d'affichage, 140
    de fusion, 223, 242, 337
        retouche, 339
        Transfert, 255
    Masque, 140, 223, 234, 235
    Normal, 140
    Standard, 234
Modules externes, 92
moirures, 221
    suppression, 220
moniteur
    étalonnage, 44
motif, 107, 347
    et Correcteur, 206
    filtre Placage de motif, 377

N

Navigateur (palette), 100
navigation, 139
Négatif, 230
négatif couleur, 202
netteté, 134, voir accentuation, 172, 233
Nikon, 11
niveaux, 165, 239, 268
    correction, 166
    dominantes colorées, 181
    gamma, 169
Niveaux automatiques, 182
niveaux de gris, 2, 58
noir et blanc, 327
nom de fichier
    extension, 89
Normal (mode de fusion), 242
Normal (mode), 140
nouveau document, 25
Nouvelle vue, 95
Nuages, 373
Nuages par différence, 373
nuances, 107
Nuancier (palette), 106
numérisation, 8

O

Obscurcir (mode de fusion), 242
Obscurcir (mode), 205

Ombre interne, 345
Ombre portée, 344, 355
ombres, 229
Opt, 114
optimisation des performances, 293
options, 102
options d'impression, 75
OS X, 36
outils
de dessin, 122
sélection, 112
Outils prédéfinis, 103
Ouvrir
Photo CD, 10

P

PageMaker, 287
palette, 97-110
ancrage, 98
Calques, 108
Caractère, 103
Couches, 109, 234
Couleur, 107
Formes, 104
Historique, 108
Infos, 101, 172, 188
masquer, 140, 220
Navigateur, 100
Nuancier, 106
Outils prédéfinis, 103
Paragraphe, 104
Scripts, 108
Styles, 106
Tracés, 110, 264
Pantone, 358
Paragraphe (palette), 104
Passe-haut, 362
Passer à (bouton), 141
PDF, 146
importation, 148
Perceptive, 64
performances, 293
Permuter les couleurs de premier et d'arrière-plan, 140
perspective, 260
correction, 164
Photo CD, 8, 173
ouvrir, 10
Photomontage, 265
PICT, 148
Pictrography, 74
Pièce, 122, 209
Pinceau, 123, 286, 288
Pipette, 138
pixel, 2, 19
Pixels contigus, 113
pixels/pouce, 22
Pixl, 42
Placage de motif, 377
Plage de couleurs, 193
plage dynamique, 5
Planche Contact II, 304
Plein écran, 140
Plug-ins, 92
Plume, 136, 235, 253, 261, 266
apprentissage, 262
Plume calligraphique, 365
Plume libre, 115
Plus net, 172
PNG, 158
point
blanc, 167, 171
noir, 167, 172
point d'ancrage, 262
point de demi-teinte, 22
point directeur, 262
pointeurs, 90
points/pouce, 22
Polygone, 137
postérisation, 166
PostScript, 145
compatibilité, 149
Pot de peinture, 134
poussière, 204
préférences, 87-94
Général, 88
Gestion des fichiers, 89
premier plan (couleur), 140
pré-presse, 84
Presse-papiers, 88
processeur, 33
Produit (mode de fusion), 243
profils ICC, 6, 39, 41, 53, 94

attribuer, 57
conversion, 56
convertir, 56
fichiers anciens, 58
utilisation, 49
protection des images, 85
purger
historique, 126
Purger le Presse-papiers, 35

Q

QuarkXPress, 146, 287

R

raccourcis, 291-315
raccourcis clavier, 219
RAM, 34, 312
rapport de zoom, 94
recadrage, 119, 161
correction de la perspective, 164
Rectangle, 137
Rectangle de sélection, 112, 233
Récupérer la couche comme sélection, 231
Redimensionnement de l'image, 304
rééchantillonnage, 26
réglages automatiques, 182
règles, 91, 96
règles de gestion des couleurs, 53
Remplacement de couleur, 191
renommer des fichiers, 84
Répartir les calques liés, 118
repères, 91, 96
répéter une transformation, 261
résolution, 19-29
et impression, 24
scanner, 4
restauration d'image, 217
Retirer le cache, 283
retouche
avec les modes de fusion, 339
d'image, 199
négatif couleur, 202
visages, 224
RIP, 23
Rogner, 121
Rotation, 163, 259
précise, 164
RVB, 2, 52
conversion en CMJN, 62
personnalisation, 62

S

Satin, 346
saturation
conversion CMJN, 64
Saturation (mode de fusion), 248
scanner
12 bits/couche, 5
à plat, 4
à tambour, voir scanner rotatif, 4
logiciel, 6
plage dynamique, 5
profils ICC, 6
résolution, 4
rotatif, 4
vitesse, 6
Scitex, 74
scripts, 299
enregistrement, 299
exécution, 299
palette, 108
problèmes, 300
programmation, 302
traitement par lots, 300
SCSI, 33
sélection, 112, 233, 295
cadre, 237
Contour progressif, 239, 273
déplacer, 237
Étendre, 114, 238
Lisser, 237
masques de fusion, 249
Mémoriser la sélection, 233
Modifier, 237
Contracter, 237
Dilater, 237
Lisser, 237
Plage de couleurs, 193, 233
Récupérer la sélection, 233, 234
transformation, 261
Sélection de tranche, 122
Sélection directe, 265, 266

séparation, 68
solarisation, 324
sortie, 73-85
vectorielle, 360
Spirit of St Louis, 265
sRGB, 51
stockage de fichiers, 81
style de calque, 255, 348
styles, 107
Styles (palette), 106
Stylet, 122
Stylus Photo, 74
Superposition (mode de fusion), 244
suppresion de moirures, 220
Supprimer la frange, 283
SureSign, 85

T

Tab, 220
Tablette graphique, 33, 122
Taille de l'image, 26
Taille de la zone de travail, 163
Tampon, 123, 199, 232, 285
Aligné, 199
point d'origine, 199
Tampon de motif, 123
Teinte (mode de fusion), 247
Teinte/Saturation, 177, 193, 197
Redéfinir, 178
terne (image), 217
Texte, 137, 139
bloc, 137
deformation, 137, 359
TIFF, 144
tirage, 73-85
Tolérance, 112, 238
tons directs, 109, 358
Tout faire apparaître, 164
Tracés, 235, 261
de travail, 110, 264
palette, 110, 235, 264
transformation, 261
Trait, 137
traitement croisé, 333
Traitement par lots, 300
trame, 22
Tranche, 122
Transfert (mode de fusion), 255
transformation, 258, 353
manuelle, 285
paramétrée, 260
répéter, 261
sélection, 261
tracé, 261
Transformation 3D (filtre), 380
Transformation manuelle, 217
Translation, 362
transparence, 91
transparent, 73
TSL, 177

U

UCA, 68
UCR, 68
unités, 91
USB, 32

V

Variantes, 181, 182
vecteur, 20
vectorielle (image), 20
verrouiller des calques, 257
vignettes, 89
virages, 321
successifs, 323
visage
retouche, 224
Visual Basic, 302
volume d'image, 27

W

Web
formats de fichier, 151
Windows XP, 38

X

Xpress, 146

Y

yeux, 224

Z

Zoom, 94

Dépôt légal : décembre 2003
N° d'éditeur : 7036
Imprimé en Allemagne